游戏运营与发行

从入门到实践

许哲 / 著

电子工业出版社
Publishing House of Electronics Industry
北京·BEIJING

内 容 简 介

本书面向有 0~3 年工作经验的游戏运营人员，可以帮助游戏运营人员构建游戏运营和游戏发行基础的业务框架，掌握相关业务常识，快速入门游戏运营。游戏发行公司和研发公司中除运营外的其他岗位人群，例如游戏策划人员、广告优化师、商务人员等，如果对游戏运营感兴趣，想要了解游戏发行流程、游戏运营相关工作内容，也可以阅读本书。

本书首先介绍手游行业的大体情况、游戏运营的职业发展路径，以及游戏运营人员需要具备的技能。然后从"基础运营""版本管理""渠道运营""版本调优""商业化运营""用户运营""广告变现与投放""游戏数据分析""游戏用户研究"多个方面解读游戏运营人员在实际业务中需要掌握的技能和方法。

未经许可，不得以任何方式复制或抄袭本书之部分或全部内容。
版权所有，侵权必究。

图书在版编目（CIP）数据

游戏运营与发行：从入门到实践 / 许哲著. —北京：电子工业出版社，2024.4
ISBN 978-7-121-47625-9

Ⅰ．①游… Ⅱ．①许… Ⅲ．①游戏－电子计算机工业－工业企业管理－运营管理
Ⅳ．①F407.67

中国国家版本馆 CIP 数据核字（2024）第 068875 号

责任编辑：陈晓猛
印　　刷：三河市鑫金马印装有限公司
装　　订：三河市鑫金马印装有限公司
出版发行：电子工业出版社
　　　　　北京市海淀区万寿路 173 信箱　　　邮编：100036
开　　本：720×1000　1/16　　印张：25.5　　字数：489.6 千字
版　　次：2024 年 4 月第 1 版
印　　次：2024 年 4 月第 1 次印刷
定　　价：108.00 元

凡所购买电子工业出版社图书有缺损问题，请向购买书店调换。若书店售缺，请与本社发行部联系，联系及邮购电话：（010）88254888，88258888。

质量投诉请发邮件至 zlts@phei.com.cn，盗版侵权举报请发邮件至 dbqq@phei.com.cn。
本书咨询联系方式：faq@phei.com.cn。

前　　言

　　游戏行业是一个较为封闭的圈子，市面上有关游戏运营和发行的书相对于"产品经理""产品运营"这些类目来说少之又少。我入行的时候，除了领导"传帮带"，很难在网络上找到太多有用的资料，也无法在市面上找到一本可以帮我全面构建知识框架的书。所以在构建业务认知的阶段，我花了很多时间摸索，也走了很多弯路。从那时起，我就有想法写一本可以全面介绍游戏运营相关业务的书，让对游戏运营和发行感兴趣的人少走弯路。因为我自己"淋过雨"，所以希望能给别人"撑伞"。

　　大概在 2019 年的夏天，我开始正式动笔写这本书，希望尽可能全面地介绍游戏发行流程、游戏运营各个模块的业务知识，以及游戏运营人员需要掌握的技能。从 2019 年至今，随着项目经历的增加，自己的业务认知水平在提升，认知的边界在不断拓宽，游戏发行和运营相关的业务知识在不断丰富，书也在不断地删改增补和重构。

　　但是某一天我突然发现，随着工作年限的增加，未来必然还会有新的业务认知和业务感悟出现，如果我为了所谓的"完美呈现"而一直反复修改下去，无穷无尽地追求书中内容的尽善尽美，就会忽略以实用为目的的业务类图书的现实作用了，因为一本永远不会出版的书是没有任何价值的。于是在 2022 年，我开始加速书的写作和出版流程。

　　随着写作过程的推进，我愈发感受到自己在这个领域的渺小，书中的许多命题还有着非常宽广的探索空间，自己只是把这些命题归纳总结并简单、粗浅地论述观点而已。本着抛砖引玉的目的，希望有更多的读者质疑、讨论书中的内容，并沿着书中的脉络思考有关游戏运营和发行的各类问题，拓展自己的业务认知边界。

　　本书的定位是尽可能全面地介绍初级游戏运营人员需要掌握的业务知识和方法，所以每章的内容都是从游戏运营的各个子业务模块或技能模块出发的，相对系统地介绍对应领域的业务内容，各个章节的独立性比较强，也便于读者根据自己的需求选择性地阅读。在各个章节内部又会按照自身的业务特点构建逻辑自洽的业务框架，尽可能地帮助读者对一个个业务模块快速建立该业务的知识结构。

第 1 章：对手游发行行业的宏观情况、行业各岗位设置、手游发行的大致流程、游戏运营的职业发展路径及需要具备的技能和能力做了简要介绍。

第 2 章：着重阐述游戏运营人员入行后的基础工作内容，包括撰写公告、邮件时的注意事项，以及客服工作的内容、流程和经验。

第 3 章：以游戏上线的流程作为线索，按照上线前筹备、正式上线、稳定运营的顺序详细介绍了各个阶段需要重点关注的版本管理工作内容。

第 4 章：针对不同类型的渠道，分别介绍运营重点和核心工作内容。

第 5 章：从"开发者定义""市场定义""用户定义""数据定义"四个维度出发，描述版本调优的具体方法。

第 6 章：按照"了解游戏商业化体验定位""优化资源投放节奏""设计商业化具体内容""分析商业化数据"的顺序层层推进，从宏观到微观拆解商业化运营的工作内容。

第 7 章：从"用户运营是什么""在用户运营筹备阶段做什么""在用户运营维护阶段做什么"三个维度讲述用户运营的工作内容。

第 8 章：既从发行侧广告投放获客的角度讲解游戏运营人员应当了解的广告投放基础知识，也从广告商业化运营的角度阐述广告商业化变现的基础逻辑和业务知识点。

第 9 章：从有 0~3 年工作经验的游戏运营人员的实际数据分析需求出发，介绍什么是游戏数据、游戏数据分析常用方法、经营数据和业务数据分析惯用框架。

第 10 章：按照"游戏用户研究的目的和流程""不同阶段的游戏用户研究内容""游戏用户研究方法"的顺序讲述游戏运营人员在业务实践入门阶段需要掌握的游戏用户研究技能和方法。

因为项目经历和业务能力水平有限，本书在尽可能追求"全面"的同时无法在各个业务领域达到"精深"的地步，还望各位读者理解。恳请广大读者对书中出现的纰漏、错误予以批评、指正，感激之情不吝言表。

许哲

致　　谢

本书的撰写并非我一人之功。我的前东家金山世游培养了我，前直属领导刘异对我而言亦师亦友，在业务上毫无保留地指点我。负责金山管培生项目的娟姐（田丽娟）和丹姐（程海丹）是我在金山那些年的引路人，总是在我迷茫和无助的时候伸出援手。还有众多的前同事，感谢他们在我成长过程中的指导和帮助。

我的妻子蔡师杰在我写作过程中陪伴我左右，给予我鼓励和支持，没有她就没有这本书的面世。

感谢电子工业出版社博文视点的陈晓猛老师在本书出版过程中给予的大力支持，以及前同事张绪歌为本书提供的校对工作。

序

游戏是一个充满了创造力、挑战和机遇的行业。这本《游戏运营与发行：从入门到实践》对于热爱游戏、热爱游戏运营、想要进入或刚刚进入这个行业的读者来说是非常实用的工具书。

《游戏运营与发行：从入门到实践》没有烦琐的理论阐述，更接地气，它是一本为有 0~3 年工作经验的游戏运营人员精心打造的指南，旨在帮助初级游戏运营人员建立坚实的业务基础，掌握必要的技能和知识，以迅速融入这个充满活力和变革的行业。希望读者读完本书以后，在实际工作中还能时不时地拿出来看一看。

本书作者毕业之后就进入金山世游工作，是一位不断进取、勇于创新的年轻人。有非常好的归纳总结和独立思考能力，在日常工作中一直保持记录、复盘和总结工作方法的习惯。正是这份热情驱使他创作出这本富有实战意义的图书。

本书共 10 章，涵盖了游戏运营的方方面面，从游戏运营到游戏发行，从基础运营到版本管理，再到渠道运营、用户运营、数据分析和用户研究，每一章都为你提供了宝贵的知识和实际操作经验。无论你是初学者还是有一些经验的运营者，都能够在本书中找到有益的信息和指导。

无论你是正在追求游戏运营事业的梦想，还是已经身处其中，本书都将成为你的得力助手。希望你能从中获得启发，获得知识，获得成功。让我们一起踏上这个令人兴奋的游戏运营之旅，探索游戏行业的精彩世界。

祝你在游戏运营的道路上获得巨大的成就！

金山世游发行副总裁　刘昇

目　　录

第1章　从游戏运营到游戏发行 1

  1.1　手游行业上下游的情况 1

    1.1.1　手游行业参与者 1

    1.1.2　国内手游行业的基本情况 4

    1.1.3　国内手游出海的基本情况 9

  1.2　发行模块的基本情况 11

    1.2.1　运营部门 11

    1.2.2　市场部门 15

    1.2.3　技术部门 17

    1.2.4　美术部门 17

    1.2.5　商务部门 18

    1.2.6　数据部门 18

    1.2.7　用户研究部门 19

    1.2.8　市场研究部门 19

    1.2.9　产品评审委员会 19

    1.2.10　财务、法务、人力部门 20

  1.3　游戏运营人员的成长路径和能力要求 20

    1.3.1　游戏运营人员的成长路径 20

    1.3.2　游戏运营人员的专业能力 23

    1.3.3　游戏运营人员的通用能力 25

    1.3.4　游戏运营人员的知识模型 26

    1.3.5　游戏运营人员的核心素质 27

                1.3.6　运营负责人的管理能力 27
        1.4　游戏发行全流程概述 28
                1.4.1　游戏发行外部流程分类 28
                1.4.2　游戏发行内部流程 31
                1.4.3　发行内部流程各模块配合情况 36
                1.4.4　信息收集与分析的各个概念辨析 38

第 2 章　基础运营 45
        2.1　基础运营的工作内容 45
                2.1.1　公告 45
                2.1.2　邮件 47
        2.2　客服相关问题 48
                2.2.1　客服做什么 48
                2.2.2　客服工作的流程化 50

第 3 章　版本管理 64
        3.1　版本管理 64
                3.1.1　版本管理的工作流程 64
                3.1.2　版本管理的注意事项 65
        3.2　版本管理全流程 66
                3.2.1　版本节奏确定 67
                3.2.2　前期筹备 71
                3.2.3　功能技术项接入 84
                3.2.4　非功能技术项接入 107
                3.2.5　测试与验收 108
                3.2.6　游戏预约 113
                3.2.7　上线前确认 115
                3.2.8　正式上线 122
                3.2.9　稳定运营 124

第 4 章　渠道运营 134
        4.1　渠道概述 134
                4.1.1　国内外渠道情况 134

目 录

- 4.1.2 渠道相关工作内容 135
- 4.1.3 应用分发渠道、登录方式、广告投放媒体渠道的区别 135
- 4.2 国内渠道运营 136
- 4.3 海外渠道运营 137
  - 4.3.1 Google Play Store 137
  - 4.3.2 App Store 147
  - 4.3.3 其他安卓渠道 164
  - 4.3.4 谷歌和苹果应用商店的其他注意事项 166

第 5 章 版本调优 168

- 5.1 关于版本调优 168
  - 5.1.1 版本调优是做什么的 168
  - 5.1.2 发行团队与研发团队在产品调优上如何配合 169
  - 5.1.3 版本调优与其他工作模块的联系与区别 171
- 5.2 用户定义产品 174
  - 5.2.1 用户群体分类 174
  - 5.2.2 玩家建议和反馈的收集 181
  - 5.2.3 通过用户研究得到玩家反馈 183
- 5.3 数据定义产品 185
  - 5.3.1 留存和流失行为分析 186
  - 5.3.2 活动、功能、玩法效果分析 193
  - 5.3.3 用户单一类型行为分析 194
- 5.4 市场定义产品 195
  - 5.4.1 市场分析 195
  - 5.4.2 产品分析 199
  - 5.4.3 产品借鉴与差异化 218
- 5.5 开发者定义产品 220
  - 5.5.1 心流区间与游戏难度设计 220
  - 5.5.2 信息释放节奏 222
  - 5.5.3 游戏目标感 223
  - 5.5.4 游戏的 Aha moment 223
  - 5.5.5 多视角产品体验的差异化 224

IX

第 6 章　商业化运营 225

6.1　关于商业化运营 225
6.1.1　商业化运营的工作内容 225
6.1.2　商业化运营与其他工作模块的联系和区别 226

6.2　资源投放节奏的优化 228
6.2.1　了解商业化背景信息 228
6.2.2　资源产出消耗循环结构分析 229
6.2.3　优化商业化付费点 240
6.2.4　资源投放节奏的调整 243

6.3　商业化资源投放形式设计 254
6.3.1　固定商业化形式介绍 254
6.3.2　非固定商业化形式设计 255

6.4　商业化数据分析 259

第 7 章　用户运营 267

7.1　用户运营是什么 267
7.1.1　用户运营的目的 267
7.1.2　用户运营的作用 267
7.1.3　用户运营相关概念的区分 271
7.1.4　用户运营与其他岗位的分工 271

7.2　用户运营筹备阶段 273
7.2.1　挑选用户运营平台 273
7.2.2　用户运营平台介绍 274
7.2.3　媒介形象确定与虚拟偶像 275
7.2.4　媒体运营矩阵思维 276
7.2.5　如何设计社群运营方案 277

7.3　用户运营维护阶段 281
7.3.1　社群内容运营 281
7.3.2　社群活动运营 283
7.3.3　搭建外团 287
7.3.4　获客拉新 288
7.3.5　搭建用户运营体系 289

第 8 章 广告变现与投放 292

8.1 程序化广告的基础逻辑 292
8.1.1 什么是程序化广告 293
8.1.2 程序化广告的参与者和基础逻辑 293
8.1.3 程序化广告交易模式与效果评价标准 294

8.2 广告变现 297
8.2.1 游戏广告变现的参与者 297
8.2.2 游戏广告变现的基础逻辑 300
8.2.3 游戏广告变现效果调优 306

8.3 游戏广告投放 315
8.3.1 概述 315
8.3.2 游戏上线前 320
8.3.3 游戏上线后 14 天 326
8.3.4 稳定运营期 327

第 9 章 游戏数据分析 329

9.1 数据分析 329
9.1.1 数据分析是什么 329
9.1.2 数据分析的通用流程 341

9.2 游戏数据分析 343
9.2.1 游戏数据分析概述 343
9.2.2 游戏指标解读 347
9.2.3 游戏数据分析思维 350
9.2.4 游戏数据分析 352

第 10 章 游戏用户研究 370

10.1 什么是游戏用户研究 370
10.1.1 概述 370
10.1.2 游戏运营与游戏用户研究 371

10.2 游戏用户研究的目的与流程 372
10.2.1 研究目的 372
10.2.2 研究流程 376

10.3 游戏不同阶段的用户研究内容 378
    10.3.1 前期立项阶段 379
    10.3.2 测试阶段 381
    10.3.3 公测阶段 382
10.4 游戏用户研究方法 383
    10.4.1 问卷调查 385
    10.4.2 用户访谈 390
    10.4.3 发声思维法 394

第 1 章
从游戏运营到游戏发行

1.1 手游[①]行业上下游的情况

想要做好手游的游戏运营，必然要了解手游行业的基础常识，知道行业参与者在产业链中扮演着什么样的角色，才能更加透彻地理解游戏运营和游戏发行的定位和价值。

1.1.1 手游行业参与者

手游行业的主要参与者包括研发商、发行商、分发渠道、第三方参与者和玩家。如图 1-1 所示，研发商、发行商、分发渠道在手游行业属于上下游关系，玩家为终端消费者。如果将游戏行业类比成图书出版行业，那么研发商就是书的作者，发行商就是出版社，书店就是分发渠道，读者就是用户群体，印刷厂就是第三方参与者。

[①] 本书中所讲的游戏运营与游戏发行均指手游的游戏运营与游戏发行。

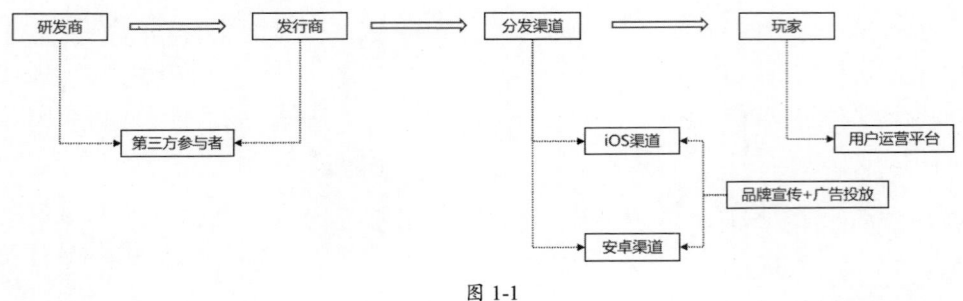

图 1-1

1. 研发商[①]

研发商负责制作游戏,也被称为 CP,即 Content Provider。研发团队内部可粗略分为策划、美术和程序三部分,项目负责人为制作人。

研发商的核心能力是游戏制作能力,不同人对于游戏制作能力的解释和理解也不同,但是必然少不了好的游戏玩法(策划)、用户满意的视听体验(美术)、流畅的战斗体验(技术),以及团队的执行能力。

2. 发行商[②]

发行商负责产品的宣发工作,通过各种方式把玩家吸引到游戏中来,与研发商通力合作给玩家创造良好的游戏体验,维护正常的游戏生态。

发行商的关键业务能力是获客,也就是把符合产品目标用户定位的用户用最合适的成本吸引到游戏中来的能力,以及变现的能力(让用户在游戏内付费),实现游戏的盈利目标。

3. 渠道

渠道负责导量[③],所有的获客方式均可被称为渠道。

从发行商的角度出发,发行商希望用户最终都产生付费行为,完成自身作为企业的利润目标。但在这之前,从时间顺序上看,用户需要"建立对游戏的认知→强化认知→下载游戏→在游戏中活跃",最终才会产生付费行为。渠道的定义有许多种,促成上述转化行为的途径都可以被归为渠道。

---

① 即"研发公司"。
② 即"发行公司"。
③ 导量是指将游戏目标用户通过各种方式吸引到游戏中来。

常见的渠道有很多种，比如市场侧的品牌宣传渠道、基于广告投放平台的买量渠道，以国内联运渠道、不参与分成的游戏平台（例如TapTap）、提供应用下载的应用商店（如小米应用商店、Google Play Store[①]等）、官网渠道为代表的各类应用分发渠道。

站在发行商的角度来看，渠道的核心能力是导量能力。导量能力的衡量标准包括渠道上的用户量级有多大、用户价值是否高、渠道对于自己平台上用户群体的号召力和影响力有多大，以及渠道进行导量的时候用户的导入是否精准。

4. 第三方参与者

第三方参与者包括IP[②]方和第三方服务提供商等。

IP方是IP的所有者，给研发公司的产品开发或发行公司的IP联动提供IP授权。近些年来，IP游戏化是手游市场的一大趋势，尤其漫画、小说、影视作品IP的游戏化趋势较为明显。

第三方服务提供商包括第三方工具、第三方平台及其他第三方服务的供应商，第三方平台有支付平台、广告变现平台、广告投放平台、数据分析平台、整合营销平台，第三方工具有风控工具、语音转文字工具、翻译工具等，其他第三方服务包括文本本地化服务和游戏配音服务等。

这些第三方平台、第三方工具和其他第三方服务，要么是随着手游行业的发展而衍生出来的，要么是基于自身的产品能力，将业务拓展到手游领域。例如，风控工具所服务的对象包括众多行业，游戏只是其中一个。

从ToB的角度来说，第三方参与者也可以继续细分为IaaS、SaaS与PaaS。这些游戏行业的第三方参与者与研发商和发行商开展业务合作，共同为用户创造良好的产品体验。

5. 用户

游戏的用户也被称为"玩家"，在游戏行业，用户基本上可以和玩家划等号。玩家是游戏产品的体验者和消费者，根据具体的业务场景和需求，可以通过不同的维度将玩家进行分层。例如根据游戏品类对玩家进行分层，根据用户所属文化区域进行玩

[①] 即谷歌应用商店，海外的安卓应用分发渠道之一。
[②] 即Intellectual Property，直译为"知识产权"，可以理解为小说、动漫、电影、游戏等各类型艺术作品所塑造的拥有一定知名度的艺术形象或其他艺术符号，如《西游记》中的孙悟空。

家分层，根据用户付费金额进行玩家分层等。

1.1.2 国内手游行业的基本情况

国内的研发商基本集中在一线城市和部分省会城市，例如北京、上海、深圳、广州、成都等。发行是资源敏感性的行业，基本集中在一线城市，除了自研自发类公司，二线和省会城市少有发行公司。国内的产品分发渠道尤其是安卓平台的各类渠道相对复杂，合作方式和参与者多样，早些年一直有"渠道为王"的说法。

但近些年来内容营销逐渐兴起，以抖音、B 站为代表的短视频、长视频平台发展迅速，占据了大量的用户注意力。受近些年大量涌入手游市场参差不齐的游戏产品影响，玩家对游戏的玩法、美术质量的要求也逐渐攀升。这些现状导致以联运渠道为代表的安卓分发渠道压力剧增。

1. 安卓渠道合作方式多样

对比国内与海外的手游行业，宏观上两者的各个参与者的定位和配合逻辑大致是相同的。由于苹果之于 iOS 系统的独占性，不考虑本地化因素，国内与海外在 iOS 系统上的应用分发逻辑并没有本质上的区别。国内相比于海外，最明显的区别在于安卓分发渠道的差异。

根据安卓分发渠道是否提供SDK[①]、是否有应用商店、是否为手机厂商，以及分成方式的不同，可以将渠道粗略地分为官网渠道、联运渠道、CPS[②]渠道，具体如表1-1 所示。

表 1-1

渠道			是否有应用商店	是否提供 SDK	是否为手机厂商	分成方式	举例
官网渠道			无	官方使用自己的 SDK	否	厂商几乎 100%自己入账	游戏官网
联运渠道	传统联运渠道	第三方应用联运渠道	有	提供	否	双方基本 55 分成，渠道给厂商结款	应用宝
		手机厂商联运渠道	有	提供	是	双方基本 55 分成，渠道给厂商结款	硬核联盟
	非传统联运渠道		有	提供	否	渠道不参与分成	TapTap

---

① Software Development Kit 的缩写，一般翻译为"软件开发工具箱"，可以理解为第三方为实现某个软件功能开发的工具包。

② Cost Per Sale 的缩写，即按销售计费。

续表

渠道	是否有应用商店	是否提供SDK	是否为手机厂商	分成方式	举例
CPS渠道	部分有	不提供	否	厂商给渠道结款	直播CPS包

联运渠道：只要是可以提供 SDK 的渠道，基本都倾向于以联运的方式与发行商进行合作。联运渠道分为传统联运渠道和非传统联运渠道。

在传统联运渠道下，渠道给发行商进行结款，这样对于渠道而言可以将现金流把控在自己手里。

如果渠道自身搭建了应用商店，那么渠道可以依托自己的商店做平台活动，例如充值优惠活动，对于渠道而言有更多的业务拓展空间。近些年来出现了一些非传统联运渠道，例如 TapTap，平台不要求分成，提供 SDK，但不强制接入。

CPS 合作渠道：一般情况下，私域流量的合作方会选择 CPS 分成，他们对自己的流量非常有信心，否则会选择以广告形式直接变现。

官网渠道：相比海外，国内官网渠道的分发模式是比较特殊的，用户可以在游戏官网直接下载游戏包并安装。

如果是自然流量[①]或通过SEO[②]导流到官网的玩家，则可以直接在官网点击下载游戏包并安装。如果是通过广告投放获得的玩家，那么为了降低中间的转化损耗，用户点击广告即可下载游戏，不需要跳转到官网再进行下载。

2. 用户对产品倾向于"先批判，再认可"

一方面，用户对于产品的挑剔程度和审美水平越来越高。另一方面，用户和游戏研发商、发行商极易产生对立情绪和态势，用户普遍采取"先批判，再认可"的态度。

随着近些年来手机硬件水平的不断提升和智能手机的普及，手游市场的涌入者越来越多，产品也层出不穷。其中不乏浑水摸鱼只想要"捞快钱"的公司，存在部分厂商产品粗制滥造、营销和运营手段没有底线的情况，这些产品"伤透了"玩家的心。玩家群体在被这类产品"坑"过多次后，对于市场上新产品"犯错"的容忍度逐渐降

---

① 指被游戏本身吸引到的用户。
② Search Engine Optimization，即搜索引擎优化，利用搜索引擎的排名规则调整被优化对象的相关要素，以提高被优化对象的自然搜索排名。

低，容易滋生负面情绪，具体体现为玩家对游戏的玩法设计、发行商的运营手段总是报以怀疑态度。一旦官方[①]或产品出现问题和负面舆论，玩家的集体情绪极易被点燃并快速蔓延，导致产品被用户集体嘲讽、攻击或差评。不过如果官方能够及时响应玩家诉求，积极解决问题，并快速迭代产品，产品口碑也可以逐渐回升，重新获得玩家的认可，市面上不乏这类案例。

3. 研运一体是大趋势

在玩家对游戏要求越来越高的市场大背景下，粗制滥造的小研发商逐渐被市场淘汰，市面上的大研发商进行资源整合以后，马太效应越来越强。对他们而言，自建发行业务线，吃掉产业链上下游的利润成为一个非常自然的选择。

甚至很多依靠渠道起家的公司，也逐渐开始组建自己的研发和发行部门[②]，具体方式既可能是投资入股、收购，也可能是纯内部自建。

从工作效率上来说，在研运一体模式下，研发和发行部门长期配合，彼此熟悉，合作和沟通的成本更低，相比于发行公司独立代理第三方研发公司产品的情况，省去了前期建联、磨合的过程，节省了时间和精力成本。

从业务角度上来说，发行商对于市场变化的敏感度更高，和玩家接触的路径更多，也掌握第一手的游戏数据。研发商在产品创意和产品设计上更具优势，双方可以互补，灵活性也会更高。同时，发行团队可以在产品立项早期就介入项目，把控立项上的细节问题，这一点也是独立的发行公司很难做到的地方。

从商业利润的角度来看，研运一体也更具竞争力。无论国内还是海外，游戏营收的核心分配对象都是研发商、发行商和渠道。但随着市场的红海效应越来越强，买量成本越来越高。纯独立发行的逻辑下，发行公司几乎没有利润可言。如果研运一体，那么公司可以从研发业务和发行业务一体的角度考虑利润和变现情况，整体的抗风险能力增强，利润压力稍小。

研运一体也意味着研发部门和发行部门在业务上形成了更深层次的绑定关系。发行部门的业务能力需求早已不简单局限于买量与变现，发行部门会从市场、用户和数据三个角度，帮助研发部门确定做什么产品、怎么做，以及后期怎么进行产品调优。

---

① 本书中的"官方"在单独出现时均指"游戏官方"，含义等同于"研发商+发行商"。
② 在部分公司内，研发业务和发行业务只是诸多业务方向之一，因此公司内部存在"研发部门"与"发行部门"。

4. 内容营销成为手游宣发的趋势

市场营销是指将产品推广出去，说服目标用户购买、使用产品，以及用户在使用后形成评价与口碑的过程，其中涉及消费心理学、消费行为、传播学、社会学等相关学科的知识。

游戏发行过程中常说的"营销"，一般指的是"市场营销"。而"内容营销"是"营销"概念下某一个维度切分出的子领域，也可以理解为，用内容来做市场营销。具体到游戏行业，就是"用游戏内容做市场营销"。

游戏内容是指"游戏故事+游戏玩法"，也就是产品的"厚度"。传统的市场营销，局限于产品本身的故事和玩法，没有太多创新。宣传内容也只是停留在产品内故事和玩法的表面。而内容营销会根据产品本身的故事和玩法进行深度挖掘和演绎。

与内容营销相对应的是传统广告营销。传统广告营销会对游戏产品优点和让玩家感到价值满足的点进行表达和宣传。例如，传统广告营销的惯用宣传思路可能是"游戏高福利，不肝不氪[①]"。而内容营销可能会根据游戏剧情制作一个剧场动画来打动玩家，从而让玩家自发地了解游戏、体验游戏。

游戏内容营销属于逐渐兴起的游戏市场营销思路，从某种程度上说，手游在回归"内容"的本质。

内容营销近些年蔚然成风的原因如下：

- 游戏是可互动的内容产品，它的本质是内容。使用游戏相关内容打动用户去继续深入感受和使用产品，是一个非常顺其自然的事情。
- 原有的市场营销内容过分同质化、不深刻，同时缺乏个性化的亮点，用户已经逐渐疲倦。行业呼唤更加深刻、打动人心的内容让玩家眼前一亮。
- 短视频、长视频兴起，越来越多的平台提供了为游戏产品做"内容营销"的舞台。在以往的文字时代、图文时代，无法充分展现游戏本身的魅力，短视频和长视频很好地解决了这个问题。
- 随着各类社交工具和自媒体的兴起，产品口碑的重要性日渐显现。好的内容可以占领这些高地，用户也会通过二次传播的方式将这些内容传递给更多的人，扩大产品的影响力。

但是内容营销的特殊性在于，"内容属性"较强的产品才能足够支撑"内容营销"，

[①] "肝"是指游戏非常消耗玩家精力和时间，"氪"是指游戏对玩家的付费要求高。

要么故事好听，要么玩法好玩。这种内容属性具体体现为以下四方面：

- 拥有丰富的世界观和剧情，产品对人物的塑造深刻且足够深入人心。
- 具备较强的社交娱乐性或玩家互动性，例如《Among us》。
- 具备强竞技性和观赏性，例如《PUBG》。
- 具备极强的玩家 DIY 属性，例如《蛋仔派对》。

如果将游戏发行工作中市场模块的流程抽象化，则可分为信息触达、建立认知、下载体验、二次传播四个阶段，如图 1-2 所示。发行商通过各种方式推送信息，给玩家建立对产品基础的认知，玩家被吸引以后下载游戏进行体验，如果体验良好，那么玩家会自发地帮助产品进行二次口碑传播。

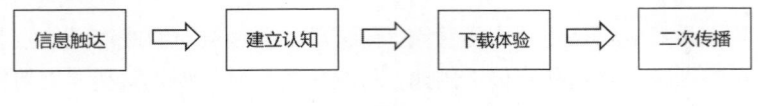

图 1-2

对比以往传统的市场营销思路和现在的内容营销思路，这四个阶段的具体实施方法都不同。

信息触达：传统市场营销模式会倾向于通过品牌活动、异业合作、代言人、PR 稿件等方式进行推广，集合渠道内资源给游戏导入新用户，通过投放效果广告获客。这一套"三板斧"所传播的内容干瘪、形式上同质化严重，玩家在一次又一次的信息轰炸情况下，逐渐感到麻木。

由于厂商竞争越来越激烈，而用户的注意力又有限，如果想要获取用户的注意力，就要通过活泼生动、有趣的内容打动用户。同时，随着新的内容平台如 B 站、小红书、抖音、快手和新的形式如短视频、长视频、直播的快速发展，玩家身处的内容环境从图文时代进入视频时代、直播时代，内容的传播影响力越来越强，表达方式渐趋多样性。

有了新的平台和内容形式，就可以对游戏世界观、玩法、美术等要素进行二次创作和衍生，将传统的"三板斧"转变为用户喜闻乐见的内容。

建立认知：内容是建立认知的桥梁，在传统的市场营销模式下，建立认知的过程略显生硬。在内容营销的模式下，认知的建立是渐进式的，玩家由被动接受变为主动了解。

下载体验：类似 TapTap 的新兴渠道在逐渐崛起。除此以外，各类新兴的私域流量也为发行公司进行内容营销和精准触达玩家提供了渠道。

二次传播：在传统的宣发平台和宣发模式下，内容本身不具备唤起玩家进行分享的欲望，且官方自己生产的内容无法培育良好的内容生态，因此内容很难进行更广泛的二次传播。而在新的内容宣发平台的平台级内容生态影响下，除了官方制作的PGC[①]内容，玩家进行二创的UGC[②]内容极大地丰富了内容生态。良好的内容伴随着不同玩家圈层的分享和传播，展现了更强的传播力。在快捷的传播渠道和社交网络的助力下，游戏用户人群的聚集程度不断提高，无论是正面的产品口碑还是负面的舆论评价，他们的二次传播速度都在不断加快。

但需要特别注意，推崇内容营销并不是全盘放弃原有的传统市场营销方式，而是在传统市场营销方式的基础上，根据产品的具体情况，增加或者偏重内容营销的传播路径和传播方式。

1.1.3　国内手游出海的基本情况

1. 国内厂商出海是大趋势

国内的手游市场竞争越发激烈，为了拓展更多的市场份额，越来越多的公司开始出海[③]，这也逐渐成为近些年的大趋势。

在出海的厂商中，一类几乎只专注于海外业务，国内名气稍微"小一些"，属于"闷声发大财"的类型，这些厂商往往专注于一个游戏品类，例如 SLG、休闲游戏、卡牌等。另一类是本身立足于国内，后续开始拓展海外业务的厂商，这类厂商往往会将自己国内已经成功的产品本地化之后进行海外发行，或者根据海外市场情况定制产品，调整目标品类和产品类型。

2. 海外渠道情况

海外渠道与国内最大的区别在于海外安卓渠道更加集中和简单，Google Play Store 一家独大。海外安卓用户也已经养成了在 Google Play Store 上下载应用的习惯。

除了 Google Play Store，各个地区和市场也存在自己的小众联运渠道和安卓商店，例如韩国本土的 ONE Store、日本本土的"DMM GAMES"联运渠道。国内硬件厂商

[①] Professional Generated Content，即专业生产的内容，一般多指官方产出的内容。
[②] User Generated Content，即用户自发产生的内容。
[③] 指拓展海外市场。

在海外也有联运渠道，例如海外的 OPPO 应用商店、vivo 应用商店、华为应用商店和小米应用商店 GetApps。还有一些第三方商店，例如 apkmonk、APKPure、Bemobi Mobile Store、Samsung Galaxy store、Uptodown、亚马逊应用商店等。以上安卓渠道量级总体占比较小。

3. 海外市场划分

海外手游市场的划分标准不是地理意义上国家的概念，而是文化群，例如韩国和日本都属于东亚地区，但属于不同的文化群，所以用户产品喜好和市场发行策略完全不同，如表 1-2 所示。

表 1-2

文化群	一级市场	二级市场
欧美文化群	欧美市场	北美、欧洲（西欧、北欧、东欧、南欧）
日本文化群	日本市场	
韩国文化群	韩国市场	
东南亚文化群	东南亚市场	泰国、马来西亚、印尼等
阿拉伯文化群	中东北非市场	沙特阿拉伯等
南亚文化群	南亚市场	印度等
拉美文化群	拉美市场	巴西、阿根廷、智利等
非洲文化群	非洲市场	

同一个文化群，意味着市场中的用户群体针对美术、题材和玩法类型的喜好相对趋同。

4. 出海策略

出海策略大致分为以下两种。

1）以单一核心市场为主研发和发行本地化产品

核心市场是指游戏市场体量较大的市场，例如欧美市场、日本市场、韩国市场，针对这些核心市场研发本地化产品。无论是游戏类型、核心玩法，还是题材、美术风格等，均贴合本土玩家喜好。在发行过程中，无论是品牌活动还是广告投放，都侧重于核心市场。

一般来说，在单一市场获得成功后，发行商会扩大产品的发行区域，例如核心市场是欧美，那么也会开启针对中东北非、东南亚、拉美等市场的泛投和试水。如果核心市场是日本，那么在后期也会开启针对东南亚市场、韩国市场的发行计划。在实现良好成本回收的情况下,发行商会增加更多的市场预算。

2)针对全球市场的产品研发和发行

对全球用户都可接受的品类,例如SLG品类、射击品类或休闲游戏,结合全球用户都可接受的题材和美术风格进行包装,逐渐开启全球泛投[①]和试水,根据市场反馈,针对重点区域进行后续投入和本地化侧重。

如果产品自身足够优秀,也可以打破市场上玩家的固有审美和题材偏好所构建起来的壁垒,也就是"好的产品不区分国界和文化"。

带有全球化 IP 的产品,受品类限制的影响较小,例如《火影忍者》《七龙珠》《最终幻想》这类 IP 的全球影响力都比较大。

1.2 发行模块的基本情况

不同公司的组织架构不同,对于各个岗位的定义和叫法不同。本节内容都是以"发行业务是独立板块且内部各个业务子模块均独立运行"作为前提展开的。

之前提到,发行商的基础能力是获客和变现,从这两个业务目标出发,发行商内部需要有市场部门(支持品宣与广告投放)和运营部门,直接服务于项目。而为了支持业务的正常开展,需要有技术部门、美术部门及商务部门做基础支撑。

发行团队为了更好地实现帮助研发团队"确定做什么产品、怎么做,以及后期怎么进行产品调优"的目的,需要配备数据分析部门、用户研究部门、市场研究部门,也可以成立产品评审委员会,集中公司的核心力量研究产品引入的相关问题。

除了以上部门,还需要财务、法务、人力部门,帮助业务部门解决财法上的困难及组织管理框架上的问题。

1.2.1 运营部门

运营部门内部分为基础运营、版本运营、商业化运营、用户运营、项目管理(PM)、渠道运营、赛事运营(电竞运营)七个模块,版本运营、商业化运营是必设岗位。如果团队人力不足,或者项目处于产品末期或者早期且各个模块工作量不大的情况下,

---

① 泛投是指在多个国家进行少量效果广告投放尝试。

基础运营、用户运营、项目管理、赛事运营的工作可能会由版本运营或者商业化运营的人员兼任。所以在实践过程中，业务模块和岗位的关系不一定是一一对应的。

运营部门是发行体系中的中枢，扮演着发动机的角色。

游戏总体发行策略的落地过程所围绕的核心主线是产品的上线和正常更新与维护，其他所有的行为均是围绕这个核心展开，而运营部门的主要工作正是负责产品上线和维护，所以运营部门在业务实际执行过程中自然而然成为发行内部正常推进项目的信息枢纽及负责协调的部门。产品发行过程中的许多工作可能有专门的部门负责落地，但是计划的形成、需求的发起、过程的推进和结果的验收都需要运营部门参与其中或牵头。

1. 基础运营

基础运营是游戏运营人员[①]入行最先接触的模块，具体内容包括撰写和发布面向玩家的公告、撰写和发送面向玩家的邮件，以及客服相关工作。

在游戏上线后，针对玩家在游戏中遇到的问题，提供客户服务帮助玩家解决问题。客户服务是产品体验中非常关键的一环，也是玩家和官方直接对话的少数途径，客户服务的体验直接影响了玩家对于开发者[②]和游戏的评价。

2. 版本运营

版本运营主要包括两个方向的工作，分别是版本管理和版本调优。

1）版本管理

版本管理在某些公司的岗位规划中等于项目管理。

无论是内测、封测还是公测，都是向用户交付产品的过程，都需要运营人员在产品上线前进行筹备，在上线期间确认各个模块的细节并推进流程，通过渠道向用户交付产品，在上线后维护产品、监控产品状况，以上都是版本管理的岗位工作范畴。

版本管理的工作强调对流程时间线和时间节点的把控和推进，对各个模块的判断和协调，对落地过程中各个细节的关注。版本管理人员需要和研发团队一同对版本的制作进度、质量和稳定性负责。

[①] 后文简称为"运营人员"。
[②] 海外一般将研发商称为"Developer"，国内直译为"开发者"，含义等同于研发商。但由于"发行商"和"研发商"利益高度捆绑且共同对游戏内容负责，因此本书中"开发者"的概念可理解为"发行商+研发商"。

2）版本调优

版本调优的核心工作职责是帮助研发团队调优产品，与研发团队对产品的留存数据和用户产品体验共同负责。涉及游戏内的功能、玩法、系统，都是版本调优人员可以帮助研发团队优化的地方。

在非研运一体的情况下，研发团队和运营部门的关系相对割裂，甚至只局限于公司之间的商务合作。版本调优人员和研发团队的游戏策划人员很难建立起良好的沟通机制，很容易陷入无所事事的境地，逐渐沦为研发团队和发行团队的中间传话人。

在研运一体的情况下，版本调优人员与研发团队的关系较为紧密，甚至可能直接以策划运营的身份参与到研发团队的诸多功能玩法的讨论与落地实现过程中。在这种情况下，更容易发挥版本调优的价值。

3. 商业化运营

商业化是产品产生流水[1]的重要环节，但是纵观整体脉络，核心还是产品本身。没有玩家会为一个他觉得不好玩的游戏付费，产品的好坏对商业化起到了决定性的作用，而商业化的模式和具体的操作细节是影响产品营收的重要因素。

商业化运营工作核心之一是把握好玩家游戏体验与商业化变现之间的平衡，在这个基础上，尽可能地获得更高的流水与收益。

游戏的商业化模式主要有以下四种。

- 游戏内容付费购买：付费购买游戏内容进行游玩，也被称为"买断制"，主机游戏中最常见这种商业化模式，手游中也有一部分产品采用这种变现模式，但是相对较少。

- 游戏计时付费：以端游为主，例如《魔兽世界》和《剑网3》，两者都是点卡制游戏中的代表。

- 内购变现（IAP[2]）：内购变现是手游变现的主流模式，使用这种变现模式的游戏往往被称为F2P游戏[3]。大部分中重度游戏通过内购进行变现。

---

[1] 在游戏行业内，"游戏流水"一般指游戏在某个时间段内的"总营业额"，即"营收"。"游戏收入"的定义存在争议，一种观点认为游戏收入等同于游戏流水，另一种观点认为游戏收入为游戏流水扣除渠道分成、研发商分成、税费后发行商到手的部分，本书采用后一种观点。

[2] In App Purchase，应用内购买，即内购。

[3] Free to Play，即免费加入游戏，但游戏内有额外的消费内容。

- 广告变现（IAA[①]）：产品接入广告变现平台，通过在游戏内植入Banner、插屏广告、激励视频广告进行广告变现，这也是大部分超轻度休闲游戏的主要变现模式。

手游的常用变现模式为"内购变现"与"广告变现"，由此派生出商业化运营的两个方向，即针对"内购变现"的内购商业化运营和针对"广告变现"的广告商业化运营。行业内一般将"内购商业化运营"直接简称为"商业化运营"，本书后续也沿用此称谓。

1）商业化运营（内购商业化运营）

商业化运营的工作内容包括参与产出消耗循环结构设计与游戏内货币体系设计、优化资源投放节奏，以及设计商业化资源投放形式、分析商业化效果。只要是涉及玩家商业化行为的功能、系统、玩法、活动，都是商业化运营需要关注的重点。但是受限于和研发团队的具体配合情况，不同项目的商业化运营工作涉及的深度不同。

2）广告商业化运营

广告商业化运营的工作内容包括协助研发团队接入广告变现相关功能、设计广告形式、确定广告位并通过多种手段调优游戏广告变现效果。

4. 用户运营

用户运营是游戏官方和用户直接进行沟通的渠道和桥梁。

用户运营的工作重点是在客户端以外的平台阵地上，帮助官方建立起良好的玩家生态。具体工作可能包括但不限于维护各类社群媒体平台，在各类平台上进行内容运营、活动运营，并和用户互动、交流，维持用户的黏性。

5. 渠道运营

国内的安卓渠道较多，每家都有自己的运营规则和接入、上架流程要求。这部分对接、上架及维护的工作被单独从版本管理中拆分出来进行专人维护。所以渠道运营岗位多出现在国内发行项目中，海外发行过程中，该板块一般都由版本管理人员直接负责。

渠道运营的具体工作包括根据渠道要求完成渠道包的打包、上架、审核、发布流程，协调渠道需要的物料，完成渠道平台的维护，和渠道一起排查产品问题，监控并

[①] In App Advertising，应用内广告。

分析渠道数据。核心责任之一是保证产品可以按照发行计划完成渠道上架和发布及正常运营。

在此基础上，渠道运营需要协调渠道商务向渠道获取更多的资源，包括渠道广告位、渠道编辑推荐位和联运资源（资源排期和渠道活动）等。

渠道运营需要熟悉各个渠道的平台规则、玩法和特点，便于通过各种方式确保产品在渠道稳定运营并获得尽可能多的资源。

6. 项目管理（PM）

项目管理在不同公司的定位不同。一种理解是，项目管理等同于版本管理，对项目版本的进度和质量负责，核心责任是协调各模块资源、统筹各个模块的工作进度。

另一种理解是，项目管理的角色更类似于部门助理，主要负责协助项目负责人和版本管理人员完成项目的财务、法务及公司内部各类流程的跟进，确定发行计划各模块的最新进度情况，发挥催促和提醒的作用，不针对各个模块工作开展中的问题做决策。例如，在登录 SDK 接入时，需要确定接入哪些第三方登录方式，这需要版本管理人员进行确认，而项目管理人员只负责提醒并跟进确认这件事的落地时间点是否符合整体发行计划即可。

7. 赛事运营（电竞运营）

像《League of Legends》《CS:GO》这类竞技属性比较强的游戏，发行商会专门举办游戏赛事调动玩家积极性，扩大游戏影响力。

赛事运营人员承担与之相关的一系列工作，具体包括赛事的规划和执行落地、游戏内电竞相关功能的策划与设计（例如OB系统[1]）、根据赛事活动展开针对赛事人群的用户运营与活动运营。

1.2.2 市场部门

市场部门的工作职责是通过一系列信息宣传手段达成某个转化行为目的（例如下载游戏、游戏内消费），一般分为品牌宣传和效果广告两大模块。

---

[1] OB 是 Observe/Observer 的缩写，OB 系统即观察系统/观察者系统，赛事运营方可以通过 OB 系统以观战视角无差别地看到所有玩家的动向。

1. 品牌宣传

根据产品定位和目标人群定位情况，通过特定的媒介传播形式和载体，将以产品为核心的品牌观念传递给特定人群。降低认知成本，形成品牌概念，促使目标用户发生目标转化行为。

品牌宣传活动的传播媒介形式在大多数情况下不是程序化广告[1]，所以品牌宣传活动的效果往往很难量化。例如，很难精准测算机场的广告牌带来了多少有效曝光和行为转化。

品牌宣传活动的持续时间往往伴随整个游戏生命周期。上线前进行预热，促使用户预约。上线后持续拉新，扩大品牌影响力。产品运营后期召回流失用户，尽可能延长游戏生命周期。

品牌宣传活动可以通过填补用户认知的空缺，降低产品广告投放的成本，也就是"品效合一"。

2. 效果广告

通过投放效果广告（程序化广告）的方式获得用户，数据导向比较直观，可直接计算 CPI 成本。成熟的广告投放团队会对某一些广告投放平台、某一类用户、某一个地区、某一个类型游戏，具备深度广告投放经验，一般来说，经验丰富的广告投放团队需要通过不断实践并消耗大量的预算才能培养出来。

广告投放团队的工作职责是依据产品需求，通过投放程序化广告的方式，获得目标用户群体和目标用户产生预期的行为转化。例如，某公司正在发行一款女性向产品[2]，希望年龄在 25～40 岁之间且有付费习惯的女性用户（目标人群）可以下载、注册并体验产品，最好可以在产品里付费（每个步骤均是转化行为）。

广告投放团队根据需求，选定合适的广告投放平台和合适的媒体渠道，设定好一系列的参数以后，获得目标用户群体，并监控整体的成本情况和转化情况，实时进行调整。

---

[1] 即 Programmatic Advertising，指通过技术手段完成广告的精准投放、展示、交易和数据测算。
[2] 专门面向女性群体开发的游戏产品，例如《恋与制作人》。

1.2.3 技术部门

发行侧的诸多工作需要技术相关的支持,包括"发行SDK"[①]的开发和维护、网页产品的开发和维护、服务器运维、产品测试,以及其他各类产品与功能的开发工作。

1. 发行 SDK 的开发与维护

发行 SDK 用于支持游戏中的通用功能,例如登录、支付、分享等,核心功能是登录与支付。

2. 网页产品的开发与维护

发行侧网页的开发工作包括但不限于游戏客户端内的网页活动开发、游戏预约[②]页面开发、市场的品宣网页开发、游戏官网开发、游戏论坛开发等。

3. 服务器运维

负责处理服务器相关业务,和研发团队共同完成服务器的部署、测试和维护工作。

4. 测试

针对游戏产品进行功能性测试、性能测试、内容测试等,保证产品的上线质量。

5. 其他各类功能

除各类常规功能外,技术部门还负责其他各类产品、功能的开发。比如用户运营平台的开发,即在整个公司的 SDK 账号体系上,构建一个公司所有游戏互通的用户运营平台,帮助运营部门沉淀自己的用户池。另外,也存在基于单个游戏的用户运营体系开发用户运营平台的情况。

其他各类产品还包括问卷系统、客服系统、风控系统等。如果公司内部技术团队的技术水平与人力资源足以支持开发这些功能,就能节省使用第三方 SDK 的成本。

1.2.4 美术部门

美术部门承接市场部门和运营部门的各类美术需求。

---

① 也被称为"发行聚合 SDK"。
② 游戏预约也被称为游戏预注册、游戏预订,几种表述在本书中的含义相同。

市场部门的需求包括广告投放素材和各类品宣素材的制作。如果美术部门的工作量超负荷，就需要和美术外包合作。此时，美术部门还需要对外包的工作过程和结果进行监督与把控。

运营部门的需求包括但不限于渠道使用的五图[①]素材、用户运营中各类社媒平台的内容运营素材，以及官网、游戏活动页面的设计和素材制作。

1.2.5 商务部门

1. 渠道商务

渠道商务负责拓展新渠道、维护老渠道。拓展新渠道很好理解，维护老渠道则包括通过各种方式与渠道保持良好的沟通和合作关系，互利共赢。尽可能地获得渠道对产品的认可，尽可能地拿到渠道可以提供的资源。

例如，可以通过商务渠道申请海外谷歌应用商店和苹果应用商店的推荐资源，帮助游戏在上线时获得更多的曝光。

2. 产品引入商务

在公司层面确定了市场细分领域的发行战略以后，产品引入商务团队会开始寻找合适的产品与研发商，这一阶段主要是在细分领域进行粗筛，获得一批可以进入公司评审流程的产品源。

如果公司内部确定了某款产品的代理意向，那么商务还需要负责推进产品代理的进程，促进前期合作意向最终落地。

1.2.6 数据部门

数据部门是承接分析和处理游戏数据相关工作的部门。从数据的采集、存储、清洗、分析、可视化的流程来说，他们主要工作包括两部分，一部分是建设平台级的数据处理与分析系统，完成数据处理、分析的工具和产品搭建，这部分工作更加偏向技术层面。另一部分是基于业务需求完成数据分析流程的梳理和落地执行。

对于中小公司来说，建设平台级的数据处理与分析系统无疑是非常漫长和高成本的过程，所以往往会选择接入并私有化部署第三方成熟的数据处理与分析系统。

---

① 应用商店内游戏宣传图，一般会做五张，所以行业内将其俗称为"五图"。

基于业务的数据分析流程需要数据分析部门的分析师介入项目，满足项目提出的数据提取、数据清洗、数据分析、专项分析报告撰写与定制化报表制作要求。

1.2.7 用户研究部门

用户研究部门可以通过用户研究的方式了解游戏玩家对产品的态度和想法，用户研究的具体方式包括问卷调查、用户访谈等。

1.2.8 市场研究部门

市场研究部门可以理解为公司的战略分析部门。发行商需要对市场保持足够的敏锐度，了解目前整体的市场行情和具体某种类型产品的市场、用户反馈。如果不考虑市场情报，公司负责人或者业务线负责人只从个人主观角度去做战略决策，往往带有局限性。

通过相对客观、准确的分析方法完成市场调研，得到一个可以视为独立第三方的调研结果，为公司决策提供参考信息，这是市场研究部门的核心作用。

例如，公司领导层听说最近在日本地区消除类游戏比较热门，于是向市场研究部门提出需求，要求调研日本地区消除类游戏的市场情况，包括用户群体画像与游戏习惯、目前市面上该品类的主流产品有哪些、这些产品的发行策略、产品数据表现情况等。在这个市场报告完成后，领导层根据公司的战略规划（是否有进军日本市场的计划）和资源情况（人力、财力、外界有没有适合的研发合作方）通盘考虑要不要做这个方向。

部分发行公司会将用户研究部门与市场研究部门合并为一个部门，组建市场和用户研究部门（MUR[①]），MUR会以业务支撑部门的身份介入项目，满足业务需求。

1.2.9 产品评审委员会

在公司战略层面上确定要布局某种品类游戏并计划在某地区发行以后，商务负责人负责在市面上初筛符合要求的产品，发行团队二次评测，选出候选产品，再将产品交由产品评审委员会进行评审，通过完整的评审流程，对产品进行评级并确定要不要进行代理发行。

[①] Marketing and User Research。

确定一款产品是否成为公司的发行对象，是一件非常慎重的事情，需要根据市场、用户、产品品质、研发团队配置、公司自身发行经验、发行团队资源配置等情况进行综合考虑。其中最重要的是产品本身的品质情况。

1.2.10 财务、法务、人力部门

财务、法务和人力部门在发行体系中起着基础支撑的作用，人力不赘述，财务除了处理整个公司层面上的各种财税问题，还需要处理发行业务流程中的收款、税收、结算等问题。

法务需要协助业务方解读目标发行地区或国家的相关法律法规与渠道政策，帮助产品进行内容合规性审查，根据渠道/商店的要求和当地法律法规起草《用户协议》《用户隐私协议》和《用户账号删除协议》，依据公司的业务需求起草或审查和其他公司合作所使用的合同。

1.3 游戏运营人员的成长路径和能力要求

在刚刚成为游戏运营的前几年，我始终对游戏运营这个岗位所产生的价值抱有深深的怀疑，一度认为游戏运营对于产品没有话语权，是一个边缘化且没有任何核心竞争力和核心价值输出的岗位，也没有什么学习深度和成长空间，那时的自己一度想要离开这个岗位，转行成为产品经理或者游戏策划。

随着我在这个岗位上工作时间的拉长、项目经历的丰富，我逐渐认识到游戏运营是一个门槛低但是上限非常高的岗位。只要足够勤奋和努力，通过不断的学习、思考与总结，任何人都可以在运营的岗位上一步步成为运营负责人、发行负责人，发挥发行的价值，帮助产品定方向、调优，通过配置、协调资源将产品成功地推向市场并稳定运行。

另外，由于游戏运营在发行体系中充当着"发动机"的角色，定位较为特殊，所以游戏运营的能力要求项较多且杂，游戏运营也需要对其他部门的工作内容有一定的了解。

1.3.1 游戏运营人员的成长路径

游戏运营的成长路径有以下两种。

第 1 章 从游戏运营到游戏发行

一种是专业路线，即从版本运营、商业化运营、用户运营三个岗位出发，不断地提升自己的业务水平，从初级水平、中级水平、高级水平、资深水平直到专家水平，在垂直领域上不断地精进自己的业务能力。

另一种是管理路线，除了掌握基础的业务能力以外，同时需要具备管理能力。从运营执行人员走向运营负责人，最终走向发行负责人的岗位。

这里主要阐述第二种管理路线的成长路径，图 1-3 是以运营人员视角所建构的发展路线图，游戏运营从业者入行后从运营执行人员做起，经过不断成长，最终成为发行负责人。

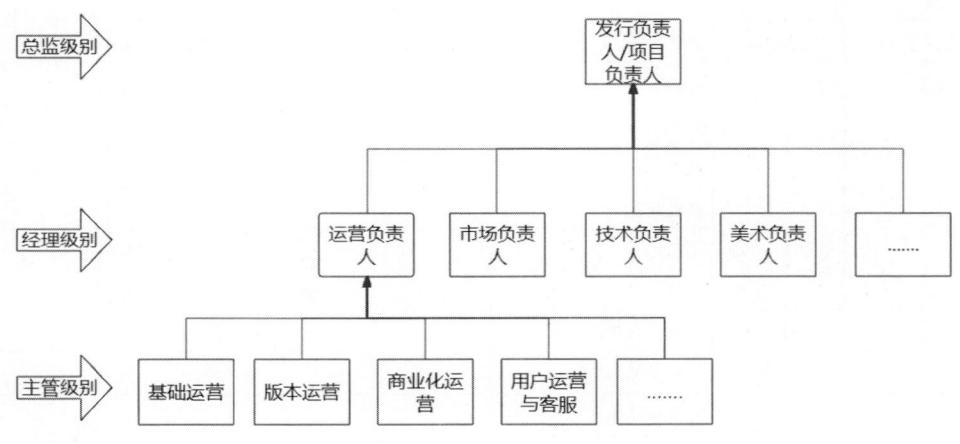

图 1-3

实际的成长路径比图 1-3 所描绘的过程复杂且困难得多。

工作 1~5 年，运营执行人员（主管级别）：从基础运营做起，以客服的身份聆听用户的反馈，逐渐过渡到用户运营，从用户运营的角度了解用户的想法。再在版本运营和商业化运营的岗位上，至少负责过 1~2 个项目的对应模块，并掌握游戏数据分析的基础方法和思路。在运营执行阶段，游戏运营需要对各个运营执行岗具备广度上的理解，并对核心岗位（版本运营与商业化运营）拥有一定纵深的认知。

工作 5~8 年，运营负责人（经理级别）：在具备各个运营模块的基础能力之后，拓展自己协调资源、跨部门沟通合作，以及推进发行项目各个模块按照固定时间节点落地的能力，尤其是要协助版本管理人员按时完成产品的版本交付和正常维护。另外，在项目数据模块，需要具备从项目角度关注成本、利润关系的项目经营数据分析能力。在业务能力以外还需要培养自己的团队管理能力，成为一个合格的项目运营负责人。

工作 8~10 年，发行负责人（总监级别）：负责一个或多个产品线的发行管理工作，对内具备制订项目发行策略与计划、协调公司层面资源、管理数十人团队的能力，对外具备商务谈判能力，以及至少对于一个游戏品类的玩家群体、市场状况、竞品动态、产品逻辑具备深刻的认知和理解。

每个公司的人力相关制度中都会对不同的职级阐明对应的能力要求，如表 1-3 所示。从运营执行人员、运营负责人到发行负责人，所需要具备的能力项数量由少到多，单项能力素质要求由浅至深。

表 1-3

能力项			职级		
一级能力项	二级能力项	具体指标	运营执行人员	运营负责人	发行负责人
专业能力	垂直能力	基础运营	√	√	√
		版本管理	√	√	√
		版本调优	√	√	√
		商业化运营	√	√	√
		渠道运营	√	√	√
		用户运营	√	√	√
	发行能力	成本预算管理		√	√
		发行策略制定			√
		品牌营销策略			√
		广告投放计划与效果衡量		√	√
		视觉素材审查与创意评估			√
		经营数据分析		√	√
		产品引入与评估能力			√
通用能力		数据分析能力	√	√	√
		用户研究能力	√	√	√
		市场分析能力		√	√
		商务谈判能力		√	√
知识模型		计算机基础原理	√	√	√
		消费行为学		√	√
		心理学		√	√
		统计学基础原理		√	√
		Office 基础原理和操作	√	√	√
		Photoshop 基础原理和操作	√	√	√

续表

能力项			职级		
一级能力项	二级能力项	具体指标	运营执行人员	运营负责人	发行负责人
核心素质		执行能力	√	√	√
		沟通协调能力	√	√	√
		学习总结能力	√	√	√
		逻辑思考能力	√	√	√
		规划能力	√	√	√
		目标导向	√	√	√
		抗压能力	√	√	√
管理能力	团队管理	人才培养		√	√
		团队协作		√	√
		目标和绩效管理		√	√
	业务管理	战略思考		√	√
		流程管理		√	√
		资源协调和配置		√	√
		核心问题解决		√	√

在实际情况中，职级会详细地分成 P3~P12 或更多层次，不会简单粗暴地区分为运营执行人员、运营负责人、发行负责人三阶，能力要求的梯度也会相应划分得更详细。

1.3.2　游戏运营人员的专业能力

游戏运营人员的专业能力包括垂直业务能力和发行能力，垂直业务能力主要是指对各个运营子模块的业务认知和操作能力，发行能力是对项目整体的把控、分析等业务实操能力的概括，具体可参考表 1-4。

表 1-4

能力项			职级		
一级能力项	二级能力项	具体指标	运营执行人员	运营负责人	发行负责人
专业能力	垂直业务能力	基础运营	√	√	√
		版本管理	√	√	√
		版本调优	√	√	√
		商业化运营	√	√	√

续表

能力项			职级		
一级能力项	二级能力项	具体指标	运营执行人员	运营负责人	发行负责人
专业能力	垂直业务能力	渠道运营	√	√	√
		用户运营	√	√	√
	发行能力	发行策略制定			√
		成本、收入与预算管理		√	√
		品牌营销策略			√
		广告投放计划与效果衡量		√	√
		美术素材判断与创意评估			√
		经营数据分析	√	√	√
		产品引入与评估			√

垂直业务能力中的基础运营、版本管理等能力项在之前的章节中进行了介绍，这里不再赘述。

发行能力中的"发行策略制定"是指根据自己对产品、用户、市场行情、公司内外部资源情况的分析，结合公司内部对该产品的定位，输出产品整体的发行思路和策略。

"成本、收入与预算管理"是指项目负责人要有较强的项目成本、收入和预算意识，可以按照周、月、季度监控、核算项目过往成本和收入并制定未来预算、预估未来收入。关于成本和预算的内容，可以判断支出项性价比、价格和服务是否对等、价格是否适中、支出项是否合理、是否有必要性和紧急性。项目负责人要对产品的毛利润和净利润负责，所以必须知道项目的每一笔钱花在哪里，以及花得是否合适。

"品牌营销策略"能力并不是指输出市场落地方案，项目负责人需要做的是判断品牌营销策略是否符合整体的发行思路和计划并评估品牌营销战略落地后的执行效果。

"广告投放计划和效果衡量"能力也并不是指在一线完成广告投放的操作，而是判断当前的广告投放计划，包括采量规模、出价事件、出价价格、预算、广告素材储备情况等是否符合整体的发行思路和节奏，并针对投放计划的前端和后端数据指标效果进行评估。

"美术素材判断与创意评估"能力是指在市场团队进行产品包装设计时，项目负责人可以判断视觉产品（例如KV[①]和PV[②]）是否符合产品整体的发行思路，并针对视

---

① Key Vision，即主视觉，平面设计用语。
② Promotion Video，即宣传视频。

觉创意进行评估。可以从专业的角度给出具体的建议和想法,而不是提供抽象和过于感性的点评。

"经营数据分析"能力是指将产品流水指标拆解为新增、留存、活跃、付费等宏观指标,并以周、月、季度的维度,关注产品核心指标变化情况。同时要做到可以根据核心指标(产品健康度指标)的变化情况,为后续产品整体的决策做数据铺垫。也可以根据当前的数据情况和未来的发行计划,预估未来的新增、活跃、付费等数据。"经营数据分析"和"成本、收入与预算管理"的区别在于,"成本、收入与预算管理"关注成本、预算和收入,以及在这个基础上的成本回收率[①]、毛利润和净利润情况。而"经营数据分析"更关注产品的宏观指标情况,并抓取关键的产品健康度指标,依据指标的变化监控、分析产品情况。

"产品引入和评估"能力是指根据市场分析结果、结合公司战略定位和产品线规划、公司内外部资源情况,引入外部研发公司的产品并进行评估或反向找研发商定制产品的能力。有些公司也会有之前章节所提到的产品引入商务帮助引入产品、产品评审委员会帮忙评估产品,但是这些都无法替代项目负责人的独立思考和判断,负责人需要发起和驱动产品的引入和评估流程,并能够根据结论做出自己最后的判断。

1.3.3 游戏运营人员的通用能力

游戏运营人员的通用能力是指无论是在运营执行阶段还是在运营负责人或发行负责人阶段都会使用或部分使用到的能力,包括数据分析能力、用户研究能力、市场分析能力、商务谈判能力,详见表 1-5。

表 1-5

能力项			职级		
一级能力项	二级能力项	具体指标	运营执行人员	运营负责人	发行负责人
通用能力		数据分析能力	√	√	√
		用户研究能力	√		√
		市场分析能力		√	√
		商务谈判能力		√	√

数据分析能力:需要熟悉游戏的各类指标定义,可以根据各类数据指标监控产品情况,发现问题并提出数据分析思路和需求给数据分析师,通过数据追踪版本、商业

---

① 成本回收率=收入/成本,用于衡量成本回收情况。

化的效果，可以使用各种数据分析方法对数据做简单处理和分析，并最终输出结论。

用户研究能力：需要掌握基础的定量和定性用户研究方法，包括但不限于问卷调查、玩家访谈等，可以设计、执行用户研究方案并输出具体的用户研究报告。

市场分析能力：可以通过案头调研、行业数据分析、竞品调研等方式，了解宏观市场和游戏垂直品类的情况，为产品定位和后续的优化调整提供市场侧的参考信息。

商务谈判能力：需要能够提前掌握双方基础信息、诉求及利益出发点，了解对方的个性特点和性格，提前制定各类情况的应对预案，维护己方利益，在谈判过程中保持情绪克制、合理表达，最终可以和对方在合理方案的基础上达成合作。

1.3.4 游戏运营人员的知识模型

游戏运营人员的知识模型是指在运营工作中需要掌握的基础知识，包括计算机基础原理、消费行为学、心理学常识、统计学基础原理、Office 基础原理和操作方法、Photoshop 的基础原理和操作方法，详见表 1-6。

表 1-6

能力项			职级		
一级能力项	二级能力项	具体指标	运营执行人员	运营负责人	发行负责人
知识模型		计算机基础原理	√	√	√
		消费行为学		√	√
		心理学		√	√
		统计学基础原理		√	√
		Office 基础原理和操作方法	√	√	√
		Photoshop 基础原理和操作方法	√	√	√

计算机基础原理包括客户端、服务端、数据库相关基础知识等，游戏运营需要了解计算机相关的常识和名词含义，例如 API、Token、SDK 等。掌握的目的是降低与技术同事沟通的成本。

消费行为学和心理学常识包括各类心理学效应、消费者行为路径等基础知识，掌握以上知识便于在进行数据分析和用户研究的过程中，确保推论过程符合逻辑，结论更加有信服力。

统计学基础原理可以从纯学术理论的角度帮助运营人员更好地分析数据。

Office 基础原理和操作方法的具体掌握内容包括 Word、Excel 和 PPT 的基础应用，运营人员需要熟练使用 Excel 中的基础公式和数据透视表，具备设计 PPT 的排版、配色、文本与数据可视化能力。

Photoshop 基础原理和操作方法的具体掌握内容包括图片尺寸的调整与裁剪、图层的基础应用、Photoshop 基础工具的使用（例如仿制图章等）。在日常的运营工作中，掌握基础的 Photoshop 技巧可以提高工作效率。

1.3.5　游戏运营人员的核心素质

游戏运营人员的核心素质在其他工作岗位也会涉及，但是因为游戏运营的工作具有细节多、事务繁杂、业务对接协调部门多的特点，所以游戏运营岗位的执行能力、沟通协调能力、抗压能力要求相对其他岗位要高。学习总结能力、逻辑思考能力、规划能力、目标导向等素质，伴随着职级的上升，要求会不断提高，具体如表 1-7 所示。

表 1-7

能力项			职级		
一级能力项	二级能力项	具体指标	运营执行人员	运营负责人	发行负责人
核心素质		执行能力	√	√	√
		沟通协调能力	√	√	√
		学习总结能力	√	√	√
		逻辑思考能力	√	√	√
		规划能力	√	√	√
		目标导向	√	√	√
		抗压能力	√	√	√

1.3.6　运营负责人的管理能力

在完成由运营执行人员到运营负责人、发行负责人的晋升以后，运营人员的管理能力要求接踵而来，具体如表 1-8 所示。管理能力分为团队管理能力与业务管理能力两大模块。团队管理面向的是团队中的成员，负责人需要考虑团队内的协作问题、人才培养的方式和流程、团队和成员的目标及合理的绩效管理。

业务管理能力是在专业能力的基础上抽象而来的，包括针对业务的宏观战略思考能力，产品引入和发行过程中各类流程的管理和把控能力，针对部门内、跨部门和跨公司的资源协调和配置能力，以及精准定位当前项目所面临的核心矛盾、关键问题、最大风险点并针对性地制作解决方案和风险预案的能力。

表 1-8

能力项			职级		
一级能力项	二级能力项	具体指标	运营执行人员	运营负责人	发行负责人
管理能力	团队管理能力	人才培养		√	√
		团队协作		√	√
		目标和绩效管理		√	√
	业务管理能力	战略思考		√	√
		流程管理		√	√
		资源协调和配置		√	√
		核心问题解决		√	√

1.4 游戏发行全流程概述

如图 1-4 所示，游戏发行的全流程包括市场调研、初立项、Demo 测试、测试（包括首次测试、第二次测试、第 N 次测试）、最终立项、正式公测、稳定运营共 9 个阶段。其中的每个阶段，都涉及研发、运营、市场、数据、技术等业务模块的交叉配合。

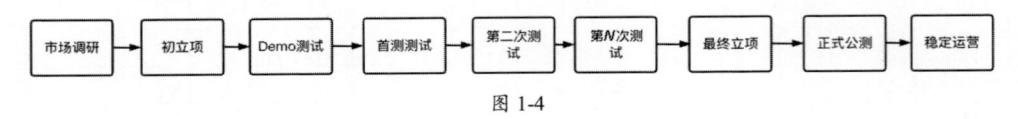

市场调研 → 初立项 → Demo测试 → 首测测试 → 第二次测试 → 第N次测试 → 最终立项 → 正式公测 → 稳定运营

图 1-4

这里暂且以独立发行公司的视角进行分类，将上述流程细分为外部对接流程和内部对接流程，外部对接流程即发行公司和外部研发公司合作的流程，内部流程即发行公司内部的运营、市场、技术、数据、MUR[①]等部门的配合流程。无论是内部流程还是外部流程，整体都为了发行流程中的各个环节而服务。

1.4.1 游戏发行外部流程分类

在产品的立项和测试阶段，针对不同的产品和合作的研发商，发行公司参与的程度是不同的。发行商可能也可以在产品研发的任何阶段介入，介入越早，可以做的事情越多，与研发公司合作绑定及磨合的程度越深。

根据发行商介入产品开发阶段的时间早晚可以将发行外部流程分为如下三类情

---

① Market and User Research，即市场与用户研究部门。有些公司会将市场研究部门和用户研究部门合并为一个部门执行相关工作。

况，如图 1-5 所示。

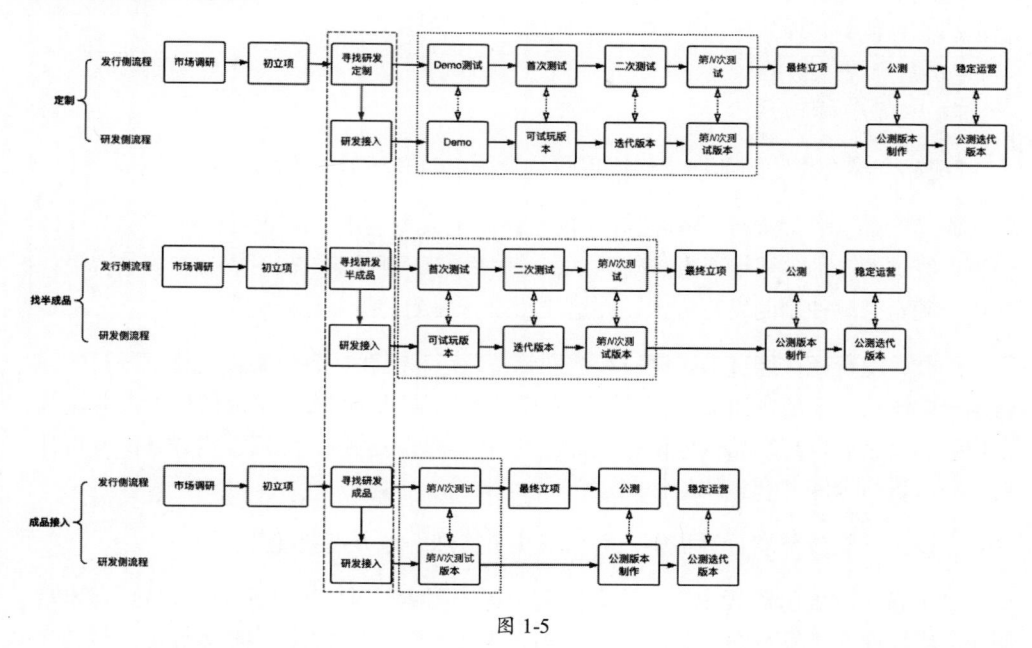

图 1-5

1. 发行定制产品

发行商独立进行市场调研，结合自身情况，决定在某地区发行某个品类的产品，并进行初步立项，即预估项目整体的成本收益情况，评估市场可行性、制定产品需求方案与基础发行方案。

发行商会根据以上材料寻找适合的研发团队定制产品，并展开后续测试工作。由于市场情况在变化，在测试版本的迭代过程中，产品的内容和数据也在调整和变化，所以在最终测试完成后，准备公测前，完成最终立项，即制定公测使用的完整发行计划，包括品宣、广告投放等方案，在这之后正式进行公测上线并稳定运营等相关工作。

2. 半成品产品合作

"半成品产品[①]合作"的前期工作同"发行定制产品"一致，不同的是：

发行团队根据调研材料寻找已经开发为半成品的产品并说服研发团队将产品的代理发行权给到发行商，然后进行后续测试，在最终测试完成后，进行最终立项，制

---

① 半成品产品一般为可试玩版本或首次线上测试的版本。

作公测使用的完整发行计划，包括品宣、广告投放等方案，之后正式进行公测上线并稳定运营等相关工作。

3. 成品产品合作

"成品产品合作"的前期工作流程同"发行定制产品"一致，不同的是：

成品产品合作是基于调研材料寻找已经完全成型但未公测或者已经在单一地区公测上线过的产品，视情况再进行测试，最终确定公测版本，在正式公测前进行最终立项，确定公测使用的发行方案，在这之后进行公测上线并稳定运营。

例如，发行商在经过市场调研和前期筹备以后，想要在海外某国发行某题材的回合制卡牌游戏，于是找到某个已经在国内成功上线某回合制卡牌产品的研发商并达成合作意向，之后进行产品本地化并在目标发行国家进行测试，然后制定详细的发行计划，随后进行公测并在上线后稳定运营。

在以上三类外部发行流程中，有以下几个特殊的地方需要注意。

（1）在实际发行流程中还有许多需要考虑的因素，并没有以上概括得这么简单，例如，研发商或者发行商很有可能在测试阶段放弃产品，或者因为政策原因，某类产品失去上线资格。发行或者研发团队内部也可能出现问题，导致项目无法继续。

（2）以上三类发行流程是从独立发行公司的角度梳理的，因此并没有说明研发公司主动拿自己的产品找发行公司的情况。实际上，无论是发行商找研发商还是研发商找发行商，必然建立在发行商对目标发行地区或国家、市场和相关品类产品有调研和了解，且基于公司目标和定位有相应发行计划的基础上。如果一个发行公司基于自己的战略目标和定位都没有对此类产品和市场进行发行的计划，则不太可能因为研发商找上门来就单独开辟一条业务线专门去发行该产品。

总的来说，只有研发商的产品本身就符合发行商的发行定位和战略规划，双方才可能有进一步的合作。所以在双方合作初期，谁找谁对于整体流程的影响并不大，故在以上流程中没有做特殊的说明。

（3）每个公司对立项的定义不同，本书中，立项意味着制定发行计划。在市场调研后及产品测试前所进行的初步立项，是指制定一个粗线条的发行计划，即基于某个地区某个品类和目标人群的简要发行思路，并非落地的发行计划。这个方案也是发行公司说服研发商将产品代理权给到自己的重要材料之一。

产品的早期开发流程和各个测试阶段总共会持续至少 1~3 年的时间甚至更长，此时的外部市场环境已经产生了变化，产品经过多轮测试也已经做出了一些优化和调整。在这种情况下，在正式公测前需要参考最早的初立项方案，依照最新的市场调研情况制定正式的可落地的发行计划。这就是为什么发行立项分为初立项与最终立项的原因。

1.4.2 游戏发行内部流程

游戏发行的内部流程如图 1-6 所示，包括前期调研、初立项、Demo 测试、测试（封测与内测）、最终立项、公测上线、稳定运营。

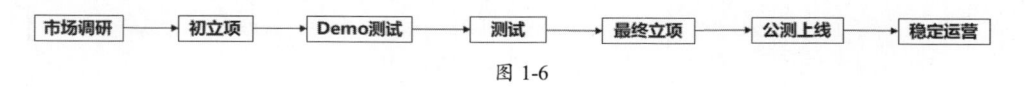

市场调研 → 初立项 → Demo测试 → 测试 → 最终立项 → 公测上线 → 稳定运营

图 1-6

1. 市场调研

市场调研即针对市场的调查和研究，以期获得全面、精确且有效的市场信息，为公司的产品决策乃至战略方针制定提供参考信息，市场调研只做信息收集并根据收集到的市场信息做初步判断，整体视角偏宏观。所谓市场，就是各个商业体一系列商业行为的集合。

针对不同的垂直领域，市场调研所涉及内容不同。例如，互联网行业、快消品行业及金融行业的市场调研，无论是调查方法还是研究框架都不一样。针对不同的需求，市场调研的范围可大可小，重点也会有所变化。

游戏发行侧的市场调研一般分为以下两种情况。

第一种情况：以调研某个国家或者地区的整体游戏市场情况为目的，如表 1-9 所示。

表 1-9

调研维度		具体调研内容
国家与社会层面	国家政策和规定	政府目前对于游戏行业的政策及法律法规相关要求，例如准入要求、游戏内容合规要求、产品功能要求
	社会文化	本国国家或民族文化历史，以及国家整体的文化和题材偏好倾向
	社会价值观与行为特点	民族或者群体性格、价值观的具体情况，民族或者群体的行为特点分析
	本国的移动互联网发展现状	移动设备用户群体有多大，整体的设备硬件水平和网络水平，游戏支付的基础建设情况
		移动设备用户聚集在哪些流量平台上，占据用户大量时间的互联网服务是什么
		有哪些广告投放平台，具体情况是怎样的
		主要的游戏分发渠道有哪些

续表

调研维度		具体调研内容
行业宏观层面	本国游戏行业的上下游分工与合作现状	通常情况下手游的产业链分工是比较明确的，但是不同的品类和不同的国家可能略有不同，需要做进一步的分析
	本国游戏行业的参与者现状	在本国游戏行业产业链上，核心或占据主要地位的参与者是谁以及它的基本情况如何
	本国游戏行业的市场份额与产值情况	本国游戏行业目前的市场份额情况，需要细分到品类市场
	本国游戏行业的商业逻辑以及核心关键点	需要分析产业链各参与者的利益关系，进而分析行业现状的底层商业逻辑。游戏行业的核心关键点例如技术壁垒、政府许可、产品的特殊玩法与功能点等，根据实际情况罗列
	本国游戏行业品宣相关信息	游戏玩家相对集中的流量平台有哪些
		本国游戏常用的、被本地游戏玩家接受的常规营销手段有哪些
		本国游戏行业整体的广告投放价格情况如何、广告投放趋势是什么
	本国游戏行业的发展历史	针对本国游戏行业的上下游分工与合作、本国游戏行业的参与者、本国游戏行业的市场份额与产值情况的过往历史轨迹进行简略分析
游戏产品情况	品类分析	目前占据整体游戏市场份额大头的若干品类是哪些
	头部产品分析	这些细分游戏品类中占据细分品类市场份额前三、前十的产品是哪些
	产品情报收集	产品的发行商、研发商、上线时间（用于判断目前产品处于什么阶段）、题材、IP（若有）、美术风格和核心玩法、新增用户情况和流水数据情况
游戏用户情况		包括游戏用户群体数量情况、游戏用户分层情况、各个分层的用户画像（偏向于人口学）、各个分层的用户游戏习惯

第二种：以调研某个国家或者地区的某个细分品类的市场情况为目的，如表 1-10 所示。

表 1-10

调研维度		具体调研内容
细分品类整体情况	国家政策和规定	国家对这个细分领域是否有政策和法律法规的特殊要求，例如对博彩类游戏的特殊法律规定
	细分品类的市场份额	目前该细分品类的市场份额有多少，以及占据主要份额的产品是什么
	细分品类领域的商业逻辑以及核心关键点	需要分析细分品类领域各参与者的利益关系，进而分析行业现状的底层商业逻辑。细分品类领域的核心关键点，例如技术壁垒、政府许可、产品的特殊玩法与功能点等，根据实际情况罗列
	细分品类品宣相关信息	此品类玩家相对集中的流量平台。此品类游戏在本国常用的、被本地游戏玩家接受的常规营销手段。此品类产品在本国的安卓与 iOS 平台的广告投放价格、广告投放趋势

续表

调研维度		具体调研内容
细分品类参与者情况	基础现状	公司规模、员工数量、价值观、公司定位
	业务架构、业务线分布情况和核心产品情况	
	流水和产值规模	上市公司参考财报,非上市公司进行估算
	发展历史	对公司的基础信息、业务架构、业务线分布、核心产品、流水和产值规模的过往情况进行概述
细分品类头部产品情况	基础产品情况	题材、美术风格、上架时间、版本更新历程
	产品核心点分析	对产品品类的关键点进行剖析,例如回合制卡牌游戏的角色养成、资源产出和核心战斗情况,以及该品类中不同产品的产品定位分析、设计差异分析
	基础数据	尽可能收集到DAU、ARPPU、新增用户数量、留存数据、流水数据[①]
	用户情况	用户反馈:核心用户阵地的用户反馈和建议情况
		核心用户群体与用户分层情况:该产品的核心用户群体有哪些,分为哪几类,特点是什么
	产品的发行情况	获客相关:核心产品的品宣策略、广告投放策略调研
		用户运营相关:游戏使用了哪些用户运营方案与手段
		发行思路:尽可能反推整体的发行思路
细分品类用户情况	该细分品类的用户分层情况	
	各个分层的用户细分群体的人口学画像	
	各个分层的细分用户群体的游戏习惯、玩此类游戏的爽点和不爽点	

针对市场调研报告,需要注意以下几点:

- 报告不写废话,在考虑受众的背景知识的情况下,如果是基础常识或者行业常识,那么不需要考虑报告结构的整体完整性,对这些内容直接一笔带过即可。不需要为了追求结构的完整而过分浪费笔墨,要突出重点信息。做业务的调研报告是为了更快更准确地做决策,而不是做学术。

- 调研报告也需要进行迭代。市场信息在不断变化,政府政策的变化、基于技术革新产生的行业变迁、产业链各个模块参与者的更迭,这些信息都需要不断更新。

- 制作调研报告的重点是获取情报,所以如何尽可能获得准确和最新的市场信息,是保证调研报告具备独特性的关键。

- 以上调研报告的调查框架在使用过程中需要根据实际情况有的放矢,不要直接

---

① DAU、ARPPU、新增用户等指标含义详见数据分析章节。

生搬硬套。在产品分析、用户分析等模块中，列举的都是相对比较宏观的调研维度，可根据需求进一步细化。

情报获取方式：

- 案头研究：对公开获取的情报和付费购买的数据进行归纳，总结市场规律与行业竞品现状。
- 参加各类线下论坛、沙龙：通过各类游戏线下论坛、线下沙龙和同行进行广泛交流，获取最新的市场信息。
- 专家访谈：跨公司跨地区寻找对应细分市场和模块的负责人并进行访谈，获取可共享的行业与市场信息。

2. 初立项

结合市场调研和用户调研结果，以及公司目前的战略方向和资源配置（团队情况、资金支持、经验沉淀）情况，确定是否要进行初立项。

发行侧的初立项一般意味着敲定基础发行计划，但因为此时产品的可玩版本还没有制作完成，发行计划更偏向于基于市场、用户和公司情况确定的宏观发行方向。

3. Demo 验证

游戏 Demo（Demonstration）从字面意思上看就是游戏的演示版本。不同的人对于游戏 Demo 的定义不同，本书对游戏 Demo 的定义是：可以通过直观的方式演示游戏核心玩法或美术设计的产品原型。

所谓直观，就是不管是通过 PPT、Flash、GM 动画还是任何方式，可以直接、明确地展现游戏核心玩法或美术设计。游戏 Demo 必须是可视化的，而不是简单地阐述游戏设计理念或者展示图片。

游戏 Demo 用于展示游戏核心玩法或美术设计，或是两者兼具，玩法是游戏的核心，不可省略。而美术设计可以反映美术风格与游戏题材，展示美术设计会极大地提高 Demo 中核心玩法的观赏美感。

游戏 Demo 的制作目的一般有三个：拉投资、拉团队、市场和用户验证。拉投资不赘述，就是字面意思。拉团队可能是组建自己的研发团队，通过 Demo 找到一群志同道合愿意共同开发游戏的伙伴，也可能是通过游戏 Demo 找到合适的且有合作意向的发行团队。而市场和用户验证是指发行团队通过线下的方式，找到在之前市场调研阶段确定的目标用户群体，开展玩法和美术的用户研究，然后将结论反馈给研发团队，视情况进行优化和迭代。这个过程可以持续和反复，并非一次性完成。

除此以外，在素材量允许的情况下，也可以通过广告投放平台针对素材进行吸量测试。通过吸量测试得到的数据来判断用户对于素材的喜好程度，为游戏美术风格、玩法的优化提供参考。

4. 封测

封测的目的是测试并优化产品的核心玩法。封测可能测试多次，根据更加具体的测试目的，例如测试次日留存、三日留存、七日留存，来确定游戏版本内容的筹备程度。封测的具体要求如表 1-11 所示。

表 1-11

产品阶段	是否删档	是否付费	测试人数	验证目的	周期和次数	获客来源
封测	删档	否	3000～5000	核心玩法、美术	依照版本情况	广告投放或联运渠道

5. 内测

内测也就是 CBT（Close Bate Test），一般会开启付费功能并进行付费测试，同时测试产品的稳定性。

内测是否删档取决于目标测试国家或地区的法律法规政策、产品本身的特点、测试范围和被测试地区用户受市场教育的情况。如果删档，则要做好付费玩家在公测上线后的返利方案和对应产品功能实现方案。内测的具体要求如表 1-12 所示。

表 1-12

产品阶段	是否删档	是否付费	测试人数	验证目的	次数	获客来源
内测	删档/不删档	是	5000～10000	付费、稳定性	2 次以内	广告投放或联运渠道

6. 最终立项

在完成多轮测试并准备上线时，距离初次立项已经过去了一段时间，外部市场的情况可能发生了比较大的变化，例如市场品宣侧的时兴策略、主流品牌合作方、流量市场的媒体渠道、广告投放策略、时下流行的广告投放素材方向都在变化。另外，产品经过多轮测试也可能发生了比较大的改动，所以需要根据当时的品类市场和外部合作资源及产品的具体情况，综合考虑后进行最终立项，制定最终的产品上线发行计划。

确定发行计划中的发行时间节点时，要避免和竞品[1]的宣发节奏撞车，尤其要和大厂的发行时间节点分开。用户的注意力是有限的，而大厂拥有更强的经济实力，如果在同一时期竞争同一批用户，会抬高广告投放获客价格造成两败俱伤，且小厂会更占劣势，损失更大。

7. 公测上线

经历了对游戏核心玩法、商业化内容、美术风格和产品稳定性的测试以后，产品开始正式大规模推广，也就是公测 OBT（Open Beta Test）。

在内测结束后，公测上线前，需要制作正式公测的上线时间轴，并按照规划的时间里程碑推进公测的各个节点，完成产品的上线工作。

8. 稳定运营

公测上线后，游戏进入稳定运营阶段，产品定期发布新版本、迭代游戏内容、修复产品问题，品宣和广告投放团队配合产品新版本持续发力。

1.4.3 发行内部流程各模块配合情况

假定发行公司内部已经具备各类独立的横向支持部门，运营人员需要根据发行计划中的各个流程和节点拉起不同部门的对接和配合。发行的总体流程大致分为四个阶段，即"调研和立项阶段""测试阶段""公测上线阶段""稳定运营阶段"。以下只针对大致流程进行阐述，后续章节会针对这些阶段中的运营工作做更加详细的介绍。

1. 调研和立项阶段

在调研和立项阶段，需要项目负责人对产品定位和公司内部及外部市场情况具备完整且逻辑自洽的认知水平。在这个基础上，项目负责人拉起 MUR 部门针对以上命题完成更加严谨的调研与分析。在这个过程中，项目负责人需要按照一定的逻辑框架将命题拆解成详细的子命题交付给支撑部门进行细致和更加专业的研究，不能只是将整个命题直接丢给支撑部门。

例如，公司计划在外部找研发公司针对欧美地区定制回合制卡牌产品，需要明确产品的定制思路。如果项目负责人顺手将这个命题丢给了 MUR 部门，就是属于不负责任的行为。正确的做法是，项目负责人应该根据自己理解，梳理出欧美地区回合制

---

[1] 同一游戏品类，类似题材、类似玩法、类似风格的产品。

卡牌产品定制的思路，在这其中，如果有细节问题不确定，例如，欧美地区回合制卡牌产品中的融合玩法设计方向有哪些？这些命题可以交给 MUR 部门协助进行研究，验证自己的想法，完善自己的思路。

2. 测试阶段

确定了测试上线的时间点后，需要倒推项目各个模块的接入时间轴，并拉起各个模块接入。运营部门内部负责版本调优和商业化的同事，需要和研发团队确认测试版本的相关内容，用户运营人员需要提前搭建社群、筹备测试期间需要使用的物料和内容。

在技术侧，研发商需要接入发行SDK、数据平台SDK并完成埋点[①]制作，运维需要根据需求搭建服务器等。广告投放团队需要提前规划素材创意，并交付美术部门提前制作、提前储备。如果是在国内进行测试，那么还需要做好渠道规划，提前制定渠道策略，拉起渠道商务开始对接渠道档期，准备渠道素材，锁定渠道资源。如果是在海外进行测试，那么还需要完成本地化工作。

在测试过程中，也可以根据需要针对相关命题进行用户研究，从用研角度获得更全面的用户反馈。测试结束后，需要专门针对测试进行复盘，复盘内容包括各部门流程配合情况、市场和用户反馈分析、本次测试中产品侧出现的重大产品问题分析等。

3. 公测上线阶段

正式公测上线阶段的筹备工作需要在测试阶段的基础上进行扩展。例如广告投放团队的素材储备数量会增加，公测的版本和商业化的内容会增加。市场品宣侧一般也会有更加频繁的动作，例如产品预注册推广和市场预热。如果在国内发行，对于渠道运营而言，则需要提前锁定更多的渠道资源。

技术侧的接入工作在这个阶段更关注稳定性和质量，例如服务器的承载能力以及产品的稳定性、适配性是否符合上线标准。

4. 稳定运营阶段

在稳定运营阶段，产品的版本和商业化内容按照计划正常更新，结合数据和用户研究结论，以及客服和用户运营侧获得的用户反馈与产品反馈进行产品优化。广告投放团队根据新增用户数量、广告投放的成本回收率等情况调整广告投放策略。在进行大版本更新的阶段，根据情况安排大版本的市场品牌宣传活动。

---

① 为了统计应用相关数据，在关注的事件节点埋入代码，事件发生后，代码会被触发并上报数据。

1.4.4　信息收集与分析的各个概念辨析

无论是对发行模块各个业务部门的介绍，还是对游戏运营成长路径和能力要求的分析，甚至对游戏发行流程的阐述，都无法绕开市场分析、行业分析、产品分析、战略分析、商业分析、数据分析、经营分析、财务分析、用户研究等一系列与"分析""研究"挂钩的名词，那么这些名词是什么意思？它们的区别是什么？它们在游戏发行流程中又发挥着怎样的作用？

1. 从决策能力谈起：什么是决策模型

决策能力的核心是分析模型和认知模型。决策模型是一个人如何思考、提取、组合、判断外界信息的过程。认知模型是一个人如何认知、研究外界事物的框架和流程。

每个人的决策模型都不同，一个人的决策模型由这个人过往的人生经历、性格和外界其他各类信息共同塑造，而且这三者也并非完全独立，也会互相影响。另外，每个人的决策模型会随着分析模型和认知模型的不断使用和验证而改变，所以每个人的决策模型所体现的决策水平会随着年龄增长呈现螺旋上升的态势。这也就是为什么人不能站在现在的角度去轻易批判自己过去做出的某个决定的原因，因为那个时候的自己的决策模型并没有螺旋上升到现在的高度，就算穿越时空，那个时候的自己也会做出一样的选择。

真实的决策过程是非常复杂的，为了方便讲解，可以将这个流程简单抽象成一个单向线性的过程。如图 1-7 所示，在输入足够多信息（包括对于自身情况及外界各类信息的判断）的情况下，通过决策模型的处理，最后输出决策（包括应该怎么做以及为什么这么做的原因）。这个决策的过程就是分析模型和认知模型运作的过程。这个运作过程和结果反馈在通过总结和反思之后，会重新强化自身的决策模型，实现决策能力的螺旋上升。

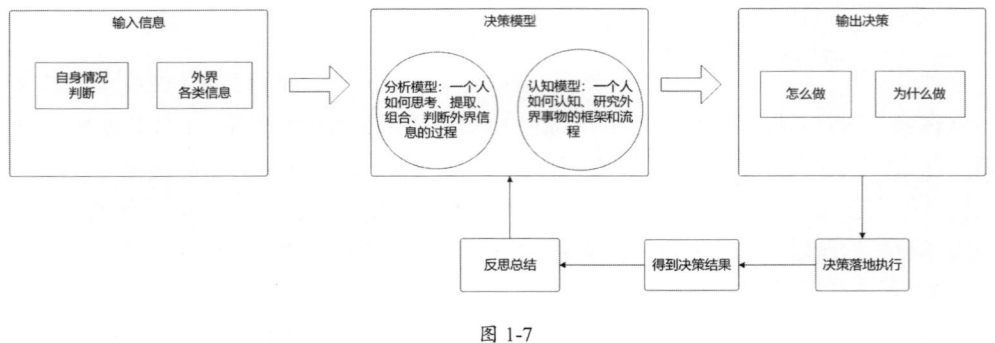

图 1-7

在发行业务开展的过程中，发行团队面临着各种需要进行决定、判断的事情，例如公司今年要不要进军某个国家的某个市场，公司的某条产品线的定位是什么，某个产品要不要引入，产品应该如何优化，产品的发行方案和策略应该如何制定。

为了确保决策的质量，除了需要不断地精进、完善、修炼决策模型以外，还有一个关键因素便是要保证输入的信息足够完整、客观、充分和恰当。

无论是战略分析、数据分析、行业分析、市场分析、用户研究、产品分析，还是经营分析、商业分析、财务分析，均是帮助发行团队在做决策时提供足够多的可参考信息，确保决策尽可能正确、客观。

2. 各类"分析""研究"之间的区别

战略分析、市场分析、产品分析、行业分析、经营分析、商业分析、财务分析为一类，都是搜集和分析信息的框架，只是目的不同，所以具体的框架结构不同，但存在互相嵌套或者部分重合的关系。用户研究与数据分析为一类，均是分析所用的工具。

1）各类分析的含义与区别

战略分析：解决公司战略层面上的问题，为组织的战略决策提供充分的信息，分析的对象涉及内部业务情况、外部市场状况、资本市场情况等。

市场分析：针对某个市场的上下游链条、商业逻辑、参与者、用户群体的分析。

商业分析：主要涉及两个大的范畴，一个是在战略层面上解决公司面临的大命题，主要体现为探索商业模式。另一个存在于业务执行层面上，商业分析师需要参与到业务当中去，以业务为出发点，具备业务逻辑的认知和分析能力，执行具体的业务分析工作。

财务分析：针对公司财务数据和财务状况所进行的一系列分析。

经营分析：针对项目核心指标的监控和分析。

行业分析：类似于市场分析，但更关注行业规律、行业上下游情况、行业参与者、行业商业逻辑。

产品分析：狭义上是指针对产品功能、内容的分析；广义上是指针对产品的发行策略、产品定位与功能、产品商业化各模块的分析。

2）用户研究与数据分析的区别和关系

数据分析和用户研究都是分析过程中所使用的工具。例如数据分析，既可以在行业分析中使用，也可以在市场分析中使用，即便是在用户研究中，也可以使用数据分析方法。

两者关系：

无论是游戏用户研究还是游戏数据分析，都以用户为重点研究对象，目的都是为了得到用户的反馈，然后优化产品和服务。在实操情况中，很多命题需要两者相结合才能得到最终的结论。

例如，某个版本调高了推送礼包的出现频率和频次，通过分析数据发现，推送礼包的付费率和付费总金额在这次调整以后都有了明显的上升，但运营人员无法通过这个数据结论就确定这次推送礼包的效果。于是通过用研的方式，以问卷调查和用户访谈的模式，调研玩家对目前游戏内推送礼包的整体体验和感受是如何的，并询问具体原因。最后得到的结论是：总体来说，推送礼包的弹出频率和频次还在玩家可接受的范围内，但是礼包所包含的具体内容不是很合适，有些时候并不是玩家想要的道具。所以后面的优化方向是，根据玩家的意见调整当前推送礼包的组合内容，提高礼包和用户群体的匹配度。

两者区别：

（1）用研是通过直接或间接询问和观察的方式，最终获得用户的评价和反馈。

不管是问一个人或者几个人（小组访谈或者一对一访谈），还是问一群人（通过问卷的形式大批量地询问），在不冒犯受访谈人或者问卷填写者的前提下，研究方可以询问与用户体验有关的任何问题，但是用户可能"不诚实"。另外，有些时候用户回答的内容和他们实际做的往往是两回事。

（2）数据分析是通过已经获得的埋点数据反推用户的行为路径，然后通过行为路径反推用户的动机和想法。

用户的行为数据是客观的，用户说什么不重要，做什么才重要。但通过数据反推用户的行为路径，再反推用户的想法与评价是一个考验分析者经验的事情，还需要考虑特殊情况对数据的影响，这个需要一定判断力。而且用户行为的动机可能有多个，很难拆分，不容易定位。

（3）游戏用户研究在游戏立项、测试、上线时均可以进行，即便产品没有上线，也可以找到目标用户群体进行用户研究。但数据分析必须是在产品上线后才能开展，产品上线且被用户使用后才会产生数据，没有用户使用产品就没有数据源，也没有办法进行数据分析。

（4）游戏数据分析基本上是以用户的群体数据作为研究对象，研究单个玩家数据的情况较为少见。而游戏用户研究中的"一对一访谈"和"用户行为观察"均是以个体作为研究对象展开的。

3）"道法术器"与分析逻辑

诸如产品分析、市场分析、战略分析、数据分析等，它们分析的逻辑过程可以笼统地划分为"道法术器"的过程。

"道"是指抽象的思维和理念，比较务虚。"法"是指分析问题的理论，例如麦肯锡的金字塔理论。"术"是在具体的分析过程中使用的技术和方法论，是针对具体业务而言的，例如分析游戏行业和医疗行业的市场情况，所使用的方法论肯定是不同的。"器"是指在分析过程中使用的工具和操作工具的能力。

从"道"到"器"也是从抽象到具体的过程，对道、法、术、器来说，越具体则适用的范围就越小，越抽象则适用的范围越广。

分析过程实际上就是，在非常抽象的思维和理念的指引下（道），通过分析理论（法）拆分自己需要得到答案的命题（是什么？为什么？怎么做？），拆分到可以通过具体的分析方法（定性分析、定量分析）（术）分析时，使用具体的分析工具（器），结合实际业务逻辑和业务指标，得到答案的过程。

3. 在发行各个阶段的作用

如果将发行的全流程简单分为三个阶段，即"市场调研与立项阶段""产品测试和调整阶段"和"产品稳定运营阶段"。每个阶段都有需要决策的内容。而决策的大致逻辑都是先收集到充分的信息，然后通过内部的决策流程及核心人物的决策模型，最终完成决策。

通过以终为始的方式反推决策的逻辑，可以明确在发行的这个三个阶段需要做出哪些决策，以及做出这些决策需要哪些信息，而这些信息又需要由哪些"分析"和"研究"方式提供，进而确定在发行的各个阶段，这些纷繁复杂的"分析"与"研究"方式的作用和意义。

1）市场调研与立项阶段

在市场调研与立项阶段，关键性的决策包括：

（1）某个国家的某个品类要不要做？

（2）公司需要一个什么样的产品进入这个细分领域（新产品定位）？这个产品是

找研发商定制还是找半成品或者成品？

（3）针对这个产品的发行思路是怎样的？

解答以上问题需要收集的信息如表1-13所示。

表1-13

需要收集的信息	分析方式	具体信息类型
公司本身的内外部信息收集	战略分析、商业分析、财务分析	公司目前的战略是什么
		这个市场在公司整体业务线和公司发展规划中的定位是什么
		公司目前的资源情况，包括现金流、人员储备、外部资源（例如合作伙伴）等资源情况是否满足进军这个市场的要求
市场信息的收集	市场分析、用户研究、产品分析	目标市场的情况是如何的
内部资源储备情况分析	战略分析、商业分析	公司目前已经储备的、正在接触的和市场上大致符合目标市场要求的产品有哪些？具备相关研发实力的研发商有哪些？这些产品与研发团队的基本情况如何

在收集以上信息以后，通过内部决策流程做出最终决策或者产出相关的方案。

2）产品测试和调整阶段

在产品测试和调整阶段需要做出的核心决策是：在"市场调研和立项阶段"已经初步确定的产品定位的基础上，应该如何优化游戏产品的功能、系统，完成立项时定下的目标，例如产品留存数据预期目标。

游戏在本质上是一种可互动的内容，能够满足人的精神需求，给人带来快乐。游戏作为第九艺术，同时具备艺术性和创造性，人的艺术创造力在制作游戏的过程中发挥着决定性的作用。

另外，产品好不好由用户决定，用户觉得游戏好玩与否才是最终决定游戏是否成功的关键。产品既不能因循守旧没有创新，也不能过分超脱时代，超脱当下用户的认知水平和游戏习惯。

游戏功能和系统被以下四方面同时定义：

（1）开发者定义：在"开发者定义"中，开发者既可能是游戏策划人员，也可能是运营人员，任何可以主导或者影响产品功能和系统的人，都可以被定义为开发者。开发者对于游戏中功能、玩法和系统的认知决定了一个产品的上限。而这些认知来源于开发者过往的经验、以往的知识储备、对用户和市场的理解，以及自己作为用户的体验和感受。随着时间的推移、经历的丰富和外界信息的涌入以及开发者本人的思考，这些认知也在不断迭代。这里的开发者定义，实际上就是决策模型中的认知模型具体到游戏产品上的体现。

（2）用户定义：产品好不好，用户说了算。运营人员需要了解用户对于产品的反馈和建议，但是用户只能针对已有的可体验的产品提出自己纯用户视角的建议。作为开发者需要有辨识能力，不能一味听取用户的意见，要从意见中抽象出用户真实的反馈和需求，不能唯用户要求是从。另外，用户的建议是没有办法超前的，用户只能从当前的认知中为未来产品提供建议，这些建议有一定的局限性。在产品的迭代过程中，一般通过游戏用户研究以及用户运营和客服板块收集用户的建议与反馈。

（3）市场定义：所谓市场定义，是指目前的用户群体已经被市场上的主流产品教育过了，他们对于产品的认知体系和游戏习惯已经形成了。因此游戏设计时要符合用户的固有认知。

另外，产品需要符合市场变化的大趋势。例如受到移动端硬件情况、使用场景的影响，手游偏向于弱沉浸感和弱操作性，使用时间呈现碎片化的趋势。这时就没有必要逆这个市场潮流而行。这并不是不鼓励创新，而是说在不理解市场大趋势，在没有一定的思考和把握情况下的创新是无本之木，有很大的风险。

"市场定义"环节需要收集的核心信息包括市场信息（大趋势）、主流产品信息（竞品的产品功能和系统是如何做的）。

（4）数据定义：通过数据分析用户的行为，推断用户的行为动机，以及对游戏功能、玩法、系统的态度和观点，帮助开发者优化和迭代产品。

3）产品稳定运营阶段

产品稳定运营阶段需要决策的内容是：产品后续的迭代方向和优化内容。

一般在稳定运营阶段，游戏用户群体已经相对固定，玩家群体氛围、产品调性、品牌形象也已经基本确定。后续的运营重心主要是围绕用户的反馈和需求，结合开发者定义的想法迭代产品。另外，需要着重关注玩家反馈的游戏硬性 Bug、产品设计上的显著缺陷，这些都需要及时响应及修复。

除此之外，开发者还需要紧跟时事和当下潮流玩法，增加游戏功能和玩法。至于如何添加，需不需要添加，应该视整个市场的趋势和形势、产品当前阶段的具体情况、基础条件是否允许而确定。

这个阶段需要收集的信息如表 1-14 所示。

表 1-14

信息来源	具体信息
用户侧	客服侧反馈的玩家意见
	游戏用户运营侧反馈的玩家建议
数据侧	通过游戏数据分析得到的结论
市场侧	通过市场趋势分析得到的结论
	通过对市面上竞品的产品功能和玩法调研得到的结论

第 2 章 基础运营

2.1 基础运营的工作内容

游戏入行的新人一般都会从基础运营工作做起，而基础运营的工作内容主要包括公告和邮件的撰写与发布，以及客服相关的工作。

2.1.1 公告

公告是官方在游戏客户端内告知用户相关信息的方式，面向所有的游戏用户，一般会在游戏登录界面展示给用户，内容包括但不限于近期的版本更新内容、官方声明、道歉说明、补偿说明等。

1. 公告的类型

常见的公告类型如表 2-1 所示。

表 2-1

公告类型	子类型	核心内容	是否有补偿	补偿力度
服务器类	停服公告	告知用户停服原因、时间以及开服后的补偿内容	无	

续表

公告类型	子类型	核心内容	是否有补偿	补偿力度
服务器类	开服公告	分为两种情况,一种正常开新服,则没有补偿;另一种是停服更新后开服,需要兑现停服时告知用户的停服补偿内容	有/无	低、中
	炸服公告	道歉并告知用户解决措施和措施落地时间	有	高
	合服公告	告知用户合服具体时间、具体合服的区服有哪些,以及合服后的影响	无	
Bug 类	充值类集体性 Bug	1.道歉并告知用户原因、解决措施及措施落地情况。如果没有办法及时定位原因且讨论出对策,也要先道歉并告知用户官方正在解决	有	高
	登录类集体性 Bug		有	高
	账号类集体性 Bug		有	高
	游戏内数据 Bug	2.解决问题后需要通过公告告知用户结果,并针对用户进行补偿	有	高
	其他 Bug		有	低、中、高
道歉公告		针对其他情况引发的问题发布道歉公告,说明事情原委和后续的处理措施,并给予用户补偿	有	低、中、高
其他	招募用户公告	例如需要招募用户进行一对一的线上或线下访谈,可以通过公告广而告之	无	
	社区导流公告	将用户导流到社群的公告	无	
游戏内容类	公测公告/开发者的话	游戏公测上线时,作为开发者想要和用户说的内容,相对感性一些	无	
	新版本上线公告	告知用户新版本上线内容、上线时间等情况	无	
	活动公告	告知用户新活动上线内容、上线时间等情况	无	
警示公告	公平游戏公告	告诫用户不要进行作弊、代充、代练和账号交易等行为劝告用户及时绑定自己的游客账号,防止丢失	无	
	健康游戏公告	告诫用户文明游戏,不要在游戏内语言攻击他人、传播违法犯罪内容	无	

2. 撰写和发布

公告整体的语气、措辞和口吻都与官方的形象息息相关,所以需要确定官方对外的整体形象,可以是高冷严肃型、调皮可爱型、风趣幽默型或其他符合游戏定位形象的类型。例如,《最强蜗牛》的官方形象就是风趣幽默型,游戏公告的风格也与之保持一致。

确定了整体形象以后,要根据游戏的核心元素确定针对用户的称谓,一般不会使用"亲爱的用户"这类表达。如果游戏是武侠游戏,那么称谓可能是"侠客",如果是魔幻 RPG,则可能是"冒险者"。官方的落款有两种,一种是"XX 游戏运营团队",另一种是游戏本身有内嵌的虚拟形象或官方的吉祥物,那么落款可能就是吉祥物或者虚拟形象的名字。

在撰写和发布公告的过程中需要注意：

（1）千万不能有错别字，这个是非常低级的错误。

（2）直达主题，把最重要的事情在最开始说清楚。遣词造句尽可能言简意赅，不要使用过长的句子，不要绕弯子和瞎铺垫，否则用户看了两句都没看到重点就会直接关闭公告。

（3）如果公告具备富文本功能，则将关键词和关键内容进行标粗和高亮。

（4）公告文本要做到语句通顺，不要有歧义。写完以后最好给其他同事读几遍，测试语义是否表达清晰。

（5）在正式发布之前，一定要在测试服进行测试，尤其是要看换行和排版是否符合预期，其他语种可能出现文本长度不同导致的换行问题。在测试服确定没问题后再发出，发出后也需要在正式服再次阅读检查，保证万无一失。

2.1.2 邮件

邮件与公告的主要区别在于，前者是在客户端内通过邮件系统直接推送给用户，并且可以携带补偿或奖励内容。公告中提及的补偿内容都需要通过邮件发送。与此同时，邮件可以设定发送范围，例如针对个人（满足发送条件的任意数量的用户）发送邮件、指定服务器或全服发送邮件。

1. 邮件的类型

常见的邮件类型如表 2-2 所示。

表 2-2

邮件类型	子类型	邮件说明	个人/单服/全服
补偿类	服务器类补偿	对停服、炸服情况为用户带来的不便进行补偿	全服
	Bug 类补偿	对各类 Bug 造成的问题进行补偿	个人/单服/全服
	道歉补偿	对其他问题进行道歉补偿	个人/单服/全服
非补偿类	补单	部分情况下，为解决充值掉单而产生的补单需求可通过邮件实现	个人
	资源返还	当产品问题给玩家造成资源损失时，需要给玩家返还或补偿资源	个人/单服/全服
	特殊信息定向推送	例如个别用户出现辱骂其他用户的行为，可通过邮件进行警告	个人

2. 撰写和发布

邮件的风格可以和公告一致，称谓可以根据收件人的情况灵活处理。在撰写和发送邮件的过程中需要注意：

（1）文本语言通顺，没有错别字。

（2）言简意赅，无歧义。

（3）在正式发送邮件之前，一定要在测试服进行测试，确保计划发送的奖励或补偿资源无误，种类和数量准确。在正式服发送邮件的时候，一定要多次检查发送的范围是否正确，资源是否遗漏或者多发，确认无误后再发放。

2.2 客服相关问题

2.2.1 客服做什么

1. 客服的工作内容

客服直面用户，承担了用户大多数的负面情绪和反馈。用户在遇到问题找到客服的时候，客服代表官方和用户进行沟通，客服的服务态度、沟通方式和问题处理效率直接影响了官方在用户心目中的形象。

在游戏运营过程中，客服的工作可能涉及以下内容。

（1）处理用户遇到的游戏功能相关问题。

例如登录、充值、网络等直接影响用户正常体验游戏的问题，此类问题需要优先处理。

（2）解答用户疑问。

解答用户关于游戏奖励、玩法规则、活动时间等内容的疑问，帮助用户更好地体验游戏。

（3）接收用户建议和 Bug 反馈。

收集用户的建议和 Bug 反馈并提供给研发团队进行优化和排查。

（4）审核用户上传的内容。

审查用户上传的头像、个人主页签名等可定制化模块内容。在正式上线时，通常会接入第三方审核系统来加快审核速度，但是也需要人工复核一部分系统无法识别的内容。

（5）人工核查并封禁违规、被举报用户。

对于游戏中辱骂他人、使用外挂作弊或其他原因被举报的用户，除了使用反作弊系统处理，还需要人工进行二次核查和确认。

（6）安抚用户情绪。

当遇到大面积突发事故时，客服会面临大量用户反馈与负面情绪。除了紧急定位和修复问题，还需要对用户反馈和抱怨情绪进行回应和安抚，以免引发玩家的群体舆论事件。

（7）维护商店评论。

回复商店内的用户评论，回应用户的反馈与诉求。

部分用户会选择在商店评论中反馈自己遇到的产品功能性问题，这类问题需要客服引导其通过客服平台或客服邮箱进行解决。

2. 客服和用户运营之间的关系

客服和用户运营的共同点在于两者都承担着与用户进行沟通的任务，在实际执行过程中双方需要互相配合。例如，玩家会在用户运营的各个平台反馈自己的诉求，官方需要将这些诉求分类筛选并同步到客服那里进行处理。

用户运营人员在官方和用户之间搭建开放式的社媒平台，在平台上，以官方为信息发布源头，用户围绕官方构建各式各样的生态关系。而客服的工作模式呈现点对点、一对一的特征，用户主动发起对话、客服被动应答。

在实际工作过程中也会有特殊情况，比如在针对大R用户[①]构建的VIP用户运营体系中，存在专属VIP一对一服务的情况。服务内容包括但不限于生日祝福、节日问候与定制礼物、专属客服24小时响应等。

对于用户体量较小或处于测试阶段的项目，客服和用户运营可以由同一人担任。

---

① 高付费用户。

2.2.2 客服工作的流程化

1. 客服团队搭建

客服岗位的设置一般由产品DAU[①]和产品类型所决定。

小 DAU 阶段：

在产品测试阶段或者公测后期，产品 DAU 不高。由于工作量不大，客服岗位不设专人，由其他运营人员兼任。

大 DAU 阶段：

产品公测前期 DAU 较高，客服整体的工作压力比较大，此时需要有专门的客服团队提供服务。

（1）公司内部提供横向支撑的客服团队。

拥有多项目发行和长期运营经验的发行公司，往往会在公司内部组建专业的客服团队，由公司进行培训，为所有的项目组提供客服支持。

（2）第三方客服团队。

当公司内部没有足够的人力资源可以支撑客服需求的时候，可以与第三方客服团队合作。例如，目标发行国家包括小语种国家时，发行团队没有小语种客服从事客服工作，此时可以考虑从外部引入客服资源。

（3）VIP 客服团队。

游戏流水大多符合"二八原则"，即 20%甚至更少的用户贡献了 80%以上的游戏流水，因此维护游戏大 R 用户的重要性不言而喻。大 R 用户往往由用户运营所构建的 VIP 用户运营体系进行维护，但同时也需要客服协助。所以在产品有 VIP 用户维护需求的情况下，用户运营和客服的负责人最好是同一个人。

无论 DAU 大小，VIP 用户都是需要重点维护的人群。

2. 客服工作流程梳理

用户会通过官方提供的各类沟通途径反馈信息，包括但不限于用户运营平台、客服邮箱、客服后台、应用商店等。其中客服负责的模块主要是应用商店和客服后台、

---

① Daily Active User，即日活跃用户数量。

客服邮箱。

面对不同渠道反馈的不同问题，需要分类进行流程化处理，如图 2-1 所示。

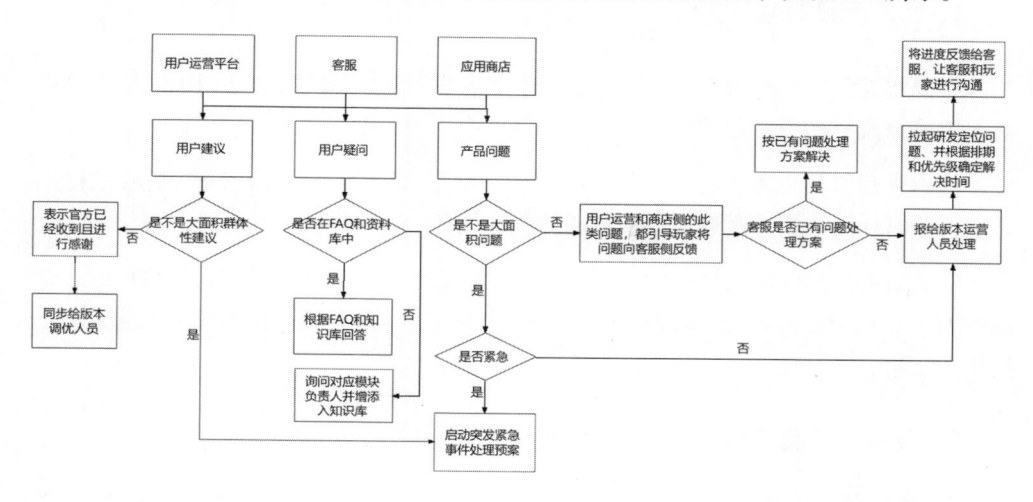

图 2-1

针对非群体性建议（个体性用户建议），首先需要告知用户官方已经收到他的建议并表达感谢，其次将建议整理后同步给版本调优人员。如果是大面积群体性建议，则启动突发紧急事件处理预案。

针对用户疑问，需要先在资料库和FAQ[①]库中进行查询。如果查询后依然无法回答用户的问题，就需要直接询问相应模块负责人，如游戏策划人员、运营人员等。完成当次问询后，需把新增的内容补充到FAQ库中，以备下次使用。

针对产品问题，客服只处理个体性问题，群体性问题需要视情况启动突发紧急事件处理预案[②]。

个体性问题分为以下三类。

第一类：在"产品问题解决流程库"中有明确解决步骤的，例如掉单问题。

针对这类问题，使用已经明确的流程处理即可。

第二类：在"产品问题解决流程库"中只有排查和建议尝试解决步骤，但是不确保可以解决的问题。

---

① Frequently Asked Questions，常见问题解答。
② 具体参见版本管理章节

客服需要先提供给用户排查的方案让对方自行排查，如果确实解决不了，则收集相关信息上报给版本管理人员。

第三类：不在"产品问题解决流程库"中，首次遇到的产品问题。

收集相关信息上报给版本管理人员，积极推进问题解决流程，并根据问题的具体情况把解决流程抽象并归纳到"产品问题解决流程库"中。

版本管理人员也需要将问题解决的进度和结果通过在线表格等形式同步给客服，客服再及时反馈给用户，形成信息沟通的良性循环。

除了解决产品侧的个性化问题，客服人员还需要协助判断产品侧群体性问题、帮助处理产品相关舆情。具体而言，客服人员需要监控日常舆情并在出现重大问题时安抚用户情绪。

3. 客服功能与工具筹备

1）客服相关工具

客服需要和用户一对一沟通，查询用户的相关信息（用于定位用户所反馈问题的原因），针对用户账号做相关调整（例如补发奖励、封禁账号、审核用户上传的内容等），对应用商店内的评论进行收集和回复。

因此客服需要具备和用户一对一沟通的途径、平台或工具，查询和调整用户账号的工具，以及可以登录应用商店后台的权限。

（1）沟通工具。

在不同的公司，客服和用户沟通的工具的搭建情况也不尽相同。

初级版本：

游戏客户端内没有专门的客服功能，用户只能通过其他途径反馈问题，例如邮箱或者官方的社群。

运营人员和客服人员整理完用户所反馈的信息后，通过邮件或者即时通讯工具回复用户，相应调整在GM后台[①]进行。

初级版本的整体流程较长，客户体验较差，适用于客服需求量小的产品，例如休闲游戏。

---

① GM 即 Game Master，GM 后台即游戏管理后台。

普通版本：

游戏客户端内具备专门的客服功能，用户可以在客户端内直接留言，提交自己的相关信息、问题描述、截图、联系方式等，但是没有实时回复的功能。客服整理了用户反馈后，在 GM 后台进行相应查询和处理工作，再反馈给用户。普通版本的客服功能提供了更为便捷的沟通途径，但整体流程还是相对较长，效率不高。

进阶版本：

游戏客户端内嵌可以实时聊天的客服系统，即实时应答系统。客服可以在后台回复用户实时提出的问题。同时该系统具备统计功能，可对于用户的问询行为和反馈信息进行简单的统计与可视化展示。

客服实时应答系统既可以由第三方平台提供，也可以由自己开发，具体涉及的功能可参考表 2-3。

表 2-3

系统	功能板块	子功能	功能描述
客服实时应答系统	智能应答功能	转接逻辑	使用问题树，通过智能应答功能解决用户的基础问题。同时设置阈值，在 XX 次用户询问问题且没有击中预设问题的时候触发人工客服
		模糊匹配	对于用户发送的问题，可以进行模糊匹配并发送匹配到的答案。例如问答系统内已经准备好的问题是"如何修改昵称？"当系统识别到用户发出的问题中提到了关键词"昵称"，系统就会推送与"昵称"有关的问题和官方回答
		问题列表	提供整套 FAQ 列表，供用户自己查询
	人工应答功能	标签和备注功能（工单流转）	给咨询过问题的用户打上标签并进行备注，同时针对用户的问题生成工单，将工单号提供给用户。在后续的客服对接过程中，其他客服可以根据工单快速了解背景信息并及时跟进、处理问题
		常用话术箱	常用话术集锦，后台可以随时调用
		用户评价机制	完成客服应答流程以后，用户可以对客服进行评价和打分
		应答排序逻辑	可根据用户付费情况、等待情况进行应答优先级排序
		聊天记录续传	客服侧聊天记录续传	多次应答：由于用户和客服的沟通往往不是一次性的，因此可能一个问题面临多次、分时间反复沟通的情况。为了更好、更快地帮助用户解决问题，应答系统需要支持客服在与用户沟通时能够翻阅本次工单过往所有的聊天记录 首次应答：用户接入人工客服以后，客服可以看到用户接入人工客服前、等待人工客服回复过程中发送的信息

续表

系统	功能板块	子功能		功能描述
客服实时应答系统	人工应答功能	聊天记录续传	用户侧的信息续传	用户离线时，人工客服发送给用户的消息，在用户上线后，会在客服入口处标出红点或者数字用于提醒用户（需要客户端配合开发）

（2）查询、调整和审核工具。

针对用户反馈的问题，客服需要查询用户的相关信息，例如角色信息、资源获得和消耗记录、登入/登出信息等。在必要的前提下，客服需要对用户的账号进行一些调整，例如补单、资源扣除等。除此以外，客服还需要针对用户上传的个性化资料（例如头像）进行审核。

- 查询功能：GM 后台、数据处理与分析系统后台，一般可以承担查询功能。
- 调整功能：发行 SDK 后台（用于补单、封号、删除账号等）、GM 后台（用于扣资源等）。
- 审核功能：GM 后台或者专门的审核后台。

以上三类功能的常见子功能及功能描述如表 2-4 所示。

表 2-4

系统	功能板块	子功能	功能描述
查询系统	查询功能	角色详细信息查询	可查询创建时间、角色名称、UID、角色渠道、所属服务器、角色等级、战力数值情况、充值次数、总充值金额、账号状态、上次上线时间、当前货币数量
		登入/登出信息查询	可查询登录的基本信息
		邮件历程查询	可查询用户邮箱所收到的邮件情况，包括邮件接收时间、邮件类型等
		用户行为日志查询	可分类查询用户关键游戏行为的发生情况
		资源历程查询	可查询用户获得、消耗资源的情况
		货币查询	可查询用户在某个时间段中获得货币的时间、数量、途径、类型及消耗货币的情况
		角色数值查询	可分类查询某个时间点用户角色数值的情况，例如核心养成数值
		充值/支付情况查询	可查询用户的充值和支付情况，包括充值次数、总充值和总支付数额

续表

系统	功能板块	子功能	功能描述
处理系统	调整功能	强制用户下线	强制用户下线
		禁言（不支持批量）	禁止用户在某个时间段内在聊天频道发言
		封号（不支持批量）	暂时或永久封禁用户的账号，同时提供将用户清除出排行榜的功能
		邮件补偿	通过邮件补偿道具、货币等资源
审核系统	内容审核	个性头像审核	若有，则需要提供审核功能
		个性签名审核	若有，则需要提供审核功能
		个性化照片审核	若有，则需要提供审核功能
	举报审核	外挂举报信息处理	处理用户举报的外挂信息
		辱骂、色情、暴力聊天内容举报信息处理	审核被举报人是否存在相应行为并做出对应处罚
		违规充值举报信息处理	

以上功能最好可以整合到一个客服后台中，便于客服日常工作的开展。另外，作为平台工具，客服相关系统也需要一个长期迭代的过程。运营人员和客服人员应积极反馈产品使用体验并提交给产品经理进行产品的迭代开发，以提高客服的工作效率。

（3）应用商店后台权限。

对于需要客服维护的应用商店，应为客服开通相应的商店后台权限，便于客服收集用户反馈、回复用户评论。

2）游戏资料库

大多数情况下客服对游戏的了解是较少的，所以一旦用户向客服询问游戏本身（例如玩法活动）的问题，客服往往需要求助游戏策划人员和运营人员，极大地降低了应答效率。

通过搭建游戏资料库，客服可以在应答用户的同时快速查询相关内容，并给予用户准确的答复。

游戏资料库包括但不限于以下内容。

- 游戏基本情况：包括但不限于包体大小情况、平台上架情况、最低系统版本要求、充值渠道列举、登录方式列举、游戏研发商和发行商基本情况、游戏本地化语言支持情况等基本信息。

- 版本向内容：枚举和介绍游戏核心系统、核心玩法及规则。
- 活动向内容：包括但不限于针对版本活动、市场活动的枚举和介绍。
- 道具向内容：枚举和介绍游戏内的资源，介绍内容包括资源名称、作用、产出路径等。
- 付费向内容：枚举和介绍游戏内的商业化内容，需具体说明规则、价格、商品内容。
- 行为路径引导说明：搭建常用的引导路径说明资料库，需图文兼具，用于指导用户完成寻找、查询等行为。例如如何获知自己 UID，如何查询自己的消费订单，如何切换不同的游戏角色。

以上内容越详细越好，如果面向多国发行，则需完成多国语言本地化翻译，便于客服实时查阅或者直接调用，并在产品上线且稳定运营后根据版本更新情况及时补充和完善。

3）FAQ 及智能应答功能

无论是官网、论坛、用户运营平台，都会有 FAQ，即针对用户常见的问题，以一问一答的形式做出的预设性解答。很多客户端内的客服系统也会内嵌 FAQ 或智能应答功能，通过关键词触发的方式显示用户可能想要咨询的问题，并一步步引导用户自主解决问题。

FAQ 和智能应答功能的问题树趋同，都是问与答的形式。它们与知识库的区别在于，知识库是游戏本身的内容介绍，例如针对版本和商业化等模块的讲解。而 FAQ 和问题树更多是针对用户在产品和操作上遇到的问题进行引导与处理。另外，FAQ 和问题树是以问答的形式展现的，而知识库不是。

常见问题类型如表 2-5 所示。

表 2-5

序号	下载/登录相关问题	账号相关问题	账号相关问题	支付相关问题	道具相关问题	设备/网络相关问题	游戏基本信息/版本内容/活动信息/道具信息	游戏突发事故的相关问题
1	如何下载游戏	账号忘了怎么办	游客账号如何绑定	支付不到账怎么办	仓库/背包里的道具丢失了怎么办	游戏为什么总是掉线	参考游戏资料库	准备相关话术，话术需要展示官方积极解决问题的态度并起到安抚玩家情绪的作用

续表

序号	下载/登录相关问题	账号相关问题	账号相关问题	支付相关问题	道具相关问题	设备/网络相关问题	游戏基本信息/版本内容/活动信息/道具信息	游戏突发事故的相关问题
2	游戏下载/安装失败了怎么办	账号如何换绑登录方式	账号被封禁了以后应该如何处理	支付失败怎么办	道具丢弃以后还能找回吗	游戏对设备的最低要求是什么		
3	如何登录游戏	如何删除账号		有哪些支付方式		平板电脑可以玩吗		
4	登录失败怎么办	账号可以在安卓系统和 iOS 系统之间互通吗		游戏怎么退款		游戏有延迟怎么办		

4）常用话术库

根据客服和用户沟通的不同场景整理常用话术，便于客服快速调用，提高客服整体的应答速度。常见话术如表 2-6 所示。

表 2-6

常见沟通场景	子 场 景	
打招呼	首次沟通	同一个问题的第二次沟通
表达歉意	针对游戏群体性问题造成的不便表示歉意	针对用户的个体性问题，例如掉单问题表达歉意
表达感谢	针对用户的建议表达感谢	针对用户对于官方处理方案的正向反馈表达感谢和理解
请用户进行等待	请用户耐心等待客服进行数据和问题核查，官方正快马加鞭处理问题中，请耐心等待处理结果，有结果会第一时间告知大家	请用户耐心等待客服进行账号调整和处理
信息采集	例如针对充值问题，告知用户需要提供的信息，例如 UID、充值渠道、充值时间、充值订单号等	对问题给用户带来的不便表示歉意，并告知问题目前处理的进度

5）产品问题处理流程梳理

解决用户遭遇的个性化产品问题的过程中需要查询用户数据、定位具体问题、确定处理措施，这个过程较为漫长，可能涉及多个部门，客服也需要多次和用户进行沟通解释。为了提高问题处理效率，需要梳理产品问题处理流程。

常见的个性化产品问题包括登录/账号问题、充值相关问题、数据异常和产品BUG。针对每个模块的问题，处理流程提供排查思路或解决思路。

（1）登录/账号问题。

闪退问题（排查流程）：

步骤一：让用户重新登录游戏，查看是否还存在闪退情况。

步骤二：如果重新登录没有解决问题，则让用户重新安装游戏，看是否可以解决问题。

步骤三：如果以上方法都无法解决问题，则让用户提供以下信息——手机型号、操作系统（安卓/iOS）、系统版本、渠道、区服、角色ID、在闪退前操作了什么（是什么触发了闪退）。

步骤四：客服将以上信息上报给版本管理人员，版本管理人员会同研发团队定位问题并反馈最终解决方案。

步骤五：客服将处理意见和方案及时同步给用户。

服务器连接失败（排查流程）：

步骤一：询问用户是否有报错提醒，有的话具体是什么？

步骤二：让用户重新登录游戏，查看是否还存在连接失败问题。

步骤三：让用户切换4G或者Wi-Fi，查看是否解决这个问题。

步骤四：如果切换网络也没有奏效，则让用户重新安装游戏，查看是否可以解决问题。

步骤五：如果以上方法都无法解决，则让用户提供以下信息——手机型号、手机系统（安卓/iOS）、系统版本、渠道、区服、角色ID、在什么游戏场景下产生服务器连接失败的情况。

步骤六：客服将以上信息上报给版本管理人员，版本管理人员会同研发团队定位问题并反馈最终解决方案。

步骤七：客服将处理意见和方案及时同步给用户。

热更失败（排查流程）：

步骤一：询问用户是否有报错提醒，有的话具体是什么？

步骤二：让用户重新登录游戏，查看是否还存在热更失败的情况。

步骤三：让用户切换 4G 或者 Wi-Fi，查看是否解决这个问题。

步骤四：如果切换网络也没有解决，则让用户重新安装游戏，查看是否可以解决问题。

步骤五：如果以上方法都无法解决，则让用户提供以下信息：手机型号、手机系统（安卓/iOS）、系统版本、渠道、资源版本号（热更版本号）是多少。

步骤六：客服将以上信息上报给版本管理人员，版本管理人员会同研发团队定位问题并反馈最终解决方案。

步骤七：客服将处理意见和方案及时同步给用户。

忘记密码（处理流程）：

步骤一：根据自建账号系统的设计特点验证用户身份。

步骤二：确认信息无误后协助用户重置密码。

换登录方式绑定（处理流程）：

步骤一：验证用户身份。

步骤二：确认信息无误后协助用户进行解绑。

步骤三：让用户自行重新绑定登录方式。

游客账号丢失（排查方式）：

步骤一：确认丢失的过程，根据游客账号生成规则确定是否可以找回。

步骤二：如果无法找回，则确认用户是否有过充值行为，如果有，则提供充值订单验证用户身份，并通过充值订单号反查 UID 找回账号。

步骤三：如果以上都不行，则告知用户游客账号无法找回。

（2）充值相关问题。

充值不到账（排查流程与处理流程）：

步骤一：有些时候充值到账时间会受到网络情况的影响出现延迟，可以让用户重新登录游戏，耐心等候 3~5 分钟后查看是否到账。

步骤二：如果仍没有到账，则让用户提供充值相关信息，包括角色名、UID、区服信息、充值内容、充值平台、充值时间、充值订单的截图。

步骤三：客服确认充值订单无误后，在用户的背包记录中，查询其是否获得对应的商品。如果获得了，则告知用户查收商品的方式和查看资源的位置（有些情况下可能是用户不知道已经购买的商品在哪里）。

如果用户确实没有获得商品，则通过邮件补发资源或者给用户发放代金券。如果用户不接受这两种处理方案，则可以选择给用户退款。

步骤四：记录事件过程和结果。

点击客户端拉不起支付（排查流程）：

步骤一：让用户尝试重新登录游戏，查看是否可以拉起支付。

步骤二：如果以上方法无法解决问题，让用户提供以下信息——UID、渠道、区服信息、确认是单个商品还是多个商品拉不起支付、拉不起支付的商品有哪些（用于确认商品ID）。

步骤三：客服将以上信息上报给版本管理人员，版本管理人员会同研发团队定位问题并反馈最终解决方案。

步骤四：客服将处理意见和方案及时同步给用户。

支付过程报错（排查流程）：

步骤一：让用户尝试重新登录游戏，看是否消除报错。

步骤二：如果以上方法无法解决，让用户提供以下信息——报错信息或者截图、UID、渠道、区服信息、确认是单个商品还是多个商品购买的时候报错、出现报错的商品有哪些（用于确认商品ID）。

步骤三：客服将以上信息上报给版本管理人员，版本管理人员会同研发团队定位问题并反馈最终解决方案。

步骤四：客服将处理意见和方案及时同步给用户。

退款（处理流程）：

不同国家和地区的法律法规对于退款的要求不同，不同渠道和应用商店的退款规则也不同，运营人员需要根据实际情况制定退款流程。

以韩国市场为例，韩国的法律允许用户七天无理由退款及未成年人无理由退款，其他情况不做要求。韩国本土的主流渠道包括谷歌应用商店、苹果应用商店及 ONE Store。发行商会通过《用户协议》规定用户在退款前需要向客服进行申请和核实，客服同意后才可以退款，否则就会被警告、封号。

谷歌应用商店官方和苹果应用商店官方都拥有对退款的绝对审批权，开发者无法干涉。

ONE Store 与苹果应用商店和谷歌应用商店不同，它将退款的审批权完全提供给开发者，用户在向 ONE Store 申请退款后，开发者可以在后台同意或者拒绝退款申请。

（3）数据异常。

数据异常包括排行榜异常、活动奖励获得异常、道具无故丢失等情况。

步骤一：和用户确认问题的具体情况，根据具体情况和用户确认是不是规则理解错误或者奖励到账但是用户没有找到。让用户重新登录游戏，查看数据是否正常。

步骤二：如果以上都没有问题，则记录用户的 UID、区服信息、渠道、问题相关截图、状况描述。

步骤三：上报给版本管理人员进行处理，版本管理人员及时提供反馈。

步骤四：客服将处理意见和方案及时同步给用户，如果确实是数据异常，则给用户补发资源或通过后端脚本修复问题。

（4）产品 Bug。

产品 Bug 多种多样，无法直接穷举。客服承担收集、上报 Bug 情况、传达 Bug 解决进度的责任。

步骤一：Bug 情况收集。

在收集 Bug 情况的时候，客服尽可能一次性收集齐所有需要了解的信息。例如用户反馈游戏出现了 Bug，需要让用户提供 UID、渠道、区服信息、Bug 发生时间、记录 Bug 的视频或截图、Bug 复现路径。

步骤二：上报 Bug 情况给版本管理人员，版本管理人员及时提供反馈。

步骤三：客服将处理意见和方案及时同步给用户。

4．客服培训

1）基础工具培训

基于客服使用的应答系统、查询系统、处理系统对客服进行培训，保证客服在产品上线前熟悉客服工具操作规则和内容审核标准。

2）游戏玩法内容讲解

客服需要提前熟悉游戏，最好可以体验完游戏的前 14 天历程，了解游戏玩法和活动，熟悉各种道具和游戏内元素及设定，这样在与玩家沟通的时候客服可以快速理解用户意图。

3）客服工作梳理与培训

针对产品问题解决流程的培训：

按已梳理的"产品问题处理流程"对客服进行培训和教学。

针对突发紧急事件的处理流程培训：

突发紧急事件的影响面积大，客服人员无法通过自身常规手段处理，需要运营人员、研发团队整体协作。因此需要基于已制定好的"突发紧急事件处理预案"对客服进行培训，确保遇到此类问题时可以快速反应。

用户舆情和群体性问题的监控：

对于用户反馈特别多和情绪比较大的问题，客服需要进行单独反馈。客服是与用户沟通的第一线，可以敏感地察觉到用户群体的集中诉求和情绪变化。如果有产生此类问题的苗头，那么客服需要及时向版本管理人员报告，避免舆情发展成公关危机，对游戏口碑产生负面影响。

群体性问题多由大面积的产品问题引发，而舆情问题往往与产品建议相关，例如很多用户对于某个刚更新的系统或者玩法的评价很差，造成大面积用户不满、抗议或"弃坑"。

构建信息同步机制：

客服需要通过日报、周报或者在线文档的方式实时反馈目前需要运营人员和研发团队解决的问题和目前用户集中反馈的产品问题和建议。构建一套完整的信息同步机制可以加快信息在团队内部的流转速度和问题处理的效率。例如用户侧在今天反馈了 10 个 Bug，那么发行团队需要尽快知道研发团队是否复现并修复了这些 Bug，具体处理措施是什么，并及时向用户同步这些信息。

版本管理人员还需要给客服制定不同类型问题的处理优先级排序规则，除了大面积的突发紧急事件需要启动"突发紧急事件处理预案"处理，客服还要对上报的其他问题按照 P1/P2/P3 的优先级完成排序，方便版本管理人员协同研发团队优先解决重点问题。

4）客服的心理疏导

客服是直面用户的一线人员，承担用户输出的各种负面情绪，尤其是当游戏出现各类问题的时候，客服的压力倍增。如果客服人员的负面情绪积攒过多，那么客服团队的离职率也会提高。

所以无论是从团队稳定性还是对员工的人文关怀上来说，都需要做好客服的心理疏导工作，关注客服的心理状况，适当通过沟通、团建等方式疏解客服的心理压力。

第3章 版本管理

3.1 版本管理

3.1.1 版本管理的工作流程

版本管理的主要工作内容是协调各个模块完成产品上线的全过程。作为版本管理人员，必须熟知版本上线的全流程，了解各个模块在这个过程中所承担的任务和工作量，以及完成这些任务大致需要的工期，还需要根据整体的发行计划，确定各个模块的具体接入内容，最后验收各个模块的接入结果，确保产品可以保质保量地按时上线。

版本管理的核心工作流程如下：

（1）在初步制定发行计划后，根据上线的类型（内测、封测或公测）判断需要接入的模块和接入内容。

（2）梳理各个模块相互配合的逻辑关系和工作顺序。

（3）根据发行时间点，倒推各个模块的工作启动时间点和完成时间点，制作"发行时间轴"。

（4）撰写各个模块的接入需求，并和各个模块的接口人确认需求内容、完成时间节点和具体实施人。

（5）按照发行时间轴，督促各个模块的接口人按时完成自己分属的工作内容，并实时验收结果。

（6）根据既定的发行计划，完成渠道和应用商店的提审工作。

（7）上线前再次确认、测试产品功能并演练"突发紧急事件处理预案"。

（8）发布应用，产品上线。

（9）上线后稳定运营产品，协助客服、用户运营人员一同处理用户遇到的问题。

3.1.2 版本管理的注意事项

虽然多方参与版本管理过程，但如果上线出了问题或者上线时间推迟，那么版本管理人员会作为第一责任人承担后果。所以版本管理人员必须要深刻理解自己作为"发动机"的重要性，尤其要在风险预判、工作协调和推进、计划制定上下足功夫。

1．风险预判

版本管理工作的风险来自两方面，一是上线时间，二是上线质量。

版本管理人员在综合考虑各个模块的工作进度、对接人的反馈、任务实施人的状态等因素后，需要判断项目是否存在延期上线的风险。如果存在，则需要定位具体原因。如果是资源问题，例如人力资源不够，则再次评估工作量，如有必要就协调更多的资源进入项目。同时，版本管理人员也要根据自己的经验判断各个模块是否能够在相关负责人所承诺的时间内完成工作任务，如果不行就要提前预留足够的时间。另外，还需要考虑意外突发事件的影响，不能将所有的工作任务都安排得非常紧密，必须留出机动时间。

版本管理人员同时需要高度关注产品上线版本的质量和稳定性，通过完整体验每个版本包，感知研发团队的整体技术水平。掌握最新的测试进度，根据测试结果考虑适当增加测试次数和回测周期，并给研发团队预留更多的 Bug 修复时间，保证上线版本的稳定性和质量。

2．工作协调和推进

在游戏上线流程中，很多内容需要多部门共同完成，这就涉及跨部门和模块协调的工作。作为版本管理人员，需要清楚地知道模块和部门间工作配合的流程、业务上下游关系，了解流程中的核心关键点在哪里，能够调和部门配合过程中存在的利益冲突和交付时间点矛盾。

例如，广告投放团队计划提前制作广告投放素材，需要研发团队提前提供可以用来录屏的版本包，如果研发团队近期没有打包计划，或者没有办法打录屏包怎么办？版本管理人员就要想办法调整双方的配合方式和配合内容，例如是否可以直接在 PC 端使用引擎录制素材。如果游戏相关场景和功能没做完，那么是否可以针对已做完的功能与场景制作素材。

版本管理人员需要密切关注各个模块的接入进度。在距离上线时间点一个月之前，按周跟进进度。上线前的一个月，按天跟进进度。具体需要确定各个模块的进度、协调各方的配合流程和内容、解决项目进度上的卡点。这也是版本管理人员需要足够熟悉整个上线流程、了解具体业务细节的原因。

3. 计划制定

在接入过程中，可能会发现因为各种原因没有考虑周全的业务细节、突发的特殊情况、实操出现的意外情况。

为了尽可能避免上述情况，版本管理人员需要根据自己的经验和实时得到的信息，反复检查计划，查漏补缺，对特殊情况进行补充说明，根据过往经验制作风险预案，降低这些问题带来的风险。

3.2 版本管理全流程

公测是部门参与最多、工作最繁杂、要求最高的上线过程，所涉及的工作内容和板块基本上包含了封测、内测等其他测试类型在上线过程中需要涉及的模块。因此，为了方便大家理解，本节会按照游戏公测上线前、中、后的时间线顺序，阐述版本管理的工作全流程。其他测试类型在接入过程中遇到的问题，基本上也能在本节内找到对应的内容介绍，所以就不再专门针对封测、内测等测试类型反复阐述上线流程了。

游戏上线是一个多模块参与、多线程铺进且相互交叉的过程，所以无法对实操中所有的逻辑关系进行罗列和辨析，只能从各个阶段的工作重点出发，将核心细节重点呈现。

另外，游戏上线的流程也涉及用户运营、版本调优、商业化运营和基础运营的工作内容，版本管理人员需要掌握和了解这些运营模块的进度情况。由于在其他章节会专门针对这些运营模块进行讲解，所以在这里不再展开介绍这些运营模块的具体工作细节。

3.2.1　版本节奏确定

1. 确认接入模块

在确定发行策略以后，由发行团队（主要版本管理人员与项目负责人）牵头，开始做产品上线前的对接工作。根据封测、内测、公测等不同的上线计划，产品的接入需求也不同，相应的基础对接事项（包括功能技术项和非功能技术项）也不同。

功能技术项主要是指各类基础功能的技术接入工作。非功能技术项包括市场（品宣与广告投放）的前期筹备、版本和商业化内容筹备、用户运营准备工作等。

涉及品宣、广告投放等非功能技术项的工作，这里不讨论细节，侧重于罗列这些模块在上线过程中需要承担的工作，以及版本管理与他们配合过程中需要注意的地方。

在表 3-1 中，大致列举了各种测试类型需要接入或准备的模块和内容。

这里需要注意，同一个模块在不同测试阶段的接入程度也是不同的，需要根据项目本身产品的特点、渠道导量特点及其他情况来确定。

表 3-1

基础对接项			协作部门或人员	封测	内测	公测
功能技术项	发行 SDK	登录功能	发行技术部门、研发团队	√	√	√
		支付功能	发行技术部门、研发团队	×	○	√
	服务器	确定服务器相关方案、部署服务器	运维团队、研发团队	√	√	√
	测试	压力测试	运维团队、测试团队、研发团队	○	√	√
		功能性测试	第三方合作商或测试团队、研发团队	√	√	√
		兼容性测试	第三方合作商或测试团队、研发团队	○	√	√
		性能测试	第三方合作商或测试团队、研发团队	√	√	√
	客服功能		发行技术部门、第三方工具提供方、研发团队	○	√	√

续表

基础对接项目			协作部门或人员	封测	内测	公测
功能技术项	GM 后台		研发团队	√	√	√
	广告投放数据埋点、广告投放 SDK		广告投放团队、研发团队	○	○	√
	渠道 SDK		渠道商务人员、渠道对接人、研发团队、发行技术部门	○	√	√
	广告聚合 SDK		发行技术部门、第三方服务提供方、研发团队	○	○	○
	产品数据埋点、数据处理与分析系统 SDK		数据部门、研发团队	√	√	√
	各类第三方 SDK（问卷 SDK 等）		第三方服务提供方、研发团队	○	○	○
	网页活动页	官网页面	市场团队、发行技术部门、研发团队	视情况而定		
		预约页面	市场团队、发行技术部门、研发团队			
		活动页面	用户运营人员、商业化运营人员、市场团队、发行技术部门、研发团队			
	礼包码系统		市场团队、用户运营人员、研发团队			
非功能技术项	市场：品牌宣传	制作品牌宣传计划	品宣团队	如果无预热则公测前完成。如果有预热则预热前完成		
		预约+前期预热		视情况完成		
	市场：广告投放	广告投放具体计划	广告投放团队	正式开始广告投放前完成即可，越早越好，滚动更新		
		广告投放前期准备工作	广告投放团队	正式开始广告投放前完成即可		
		广告投放素材筹备	广告投放团队	正式开始广告投放前完成"素材制作计划"的制作工作并准备充足素材		
	商业化运营	上线首月活动计划	商业化运营人员	公测前准备完毕		
	版本运营	各测试阶段版本计划	版本管理人员、版本调优人员	√	√	√
	用户运营	用户运营计划	用户运营人员	√	√	√
	财务	明确收款、分账流程及税务相关问题	财务人员	×	○	√

续表

基础对接项目			协作部门或人员	封测	内测	公测
非功能技术项	法务	资质、游戏内容审查、起草或审查各类合同与协议	法务人员	√	√	√
	数据分析	1.制作数据分析计划 2.搭建数据看板	数据部门	√	√	√
	用户研究	用户研究计划	用户研究团队	√	√	√
	基础运营	各类公告模板	基础运营人员	√	√	√
		各类邮件模板	基础运营人员	√	√	√
	客服	客服回复模板	基础运营人员、版本管理人员、客服人员	○	√	√
		各类客服培训材料	基础运营人员、版本管理人员、客服人员	○	√	√
	版本管理	应用商店提审	版本管理人员、渠道运营人员	○	√	√
		渠道包打包、对接	版本管理人员、渠道运营人员、渠道商务人员、渠道对接人	○	√	√
		其他各类版本管理基础工作	版本管理人员	√	√	√
	游戏信息	游戏名称、ICON[①]	市场团队、版本管理人员	√	√	√

注：√代表需要，×代表不需要，○代表视情况而定。

2. 确定版本包阶段以及需求

在确认了上线时间轴、各个模块需求内容和需求动工、完成时间节点以后，版本管理人员需要针对研发团队的出包情况进行专门的时间排期。发行时间轴中最核心和最关键的线索是由研发团队的出包时间点组成的出包时间线。无论是前期的功能开发阶段还是出包后的测试与提审阶段，游戏包体都是可控、可视的重要关注对象。

发行时间轴涵盖了多方需求，有一部分需求由发行内部消化，与研发团队无关。研发团队很容易被发行时间轴和上百行的发行待办列表弄得晕头转向，所以版本管理人员需要专门梳理研发团队出包时间点和各个包的需求情况，并将梳理结果告知研发团队：研发团队在什么时间节点需要出什么包、包的要求是什么、具体的功能需求有

---
① 图标。

哪些，同时提供需求文档。

由于国内和海外渠道存在差异，不同版本包的情况大致如表 3-2 所示。

表 3-2

发行区域	产品阶段	商店	出包需求	用途描述	
海外	OB 上线	Google Play Store	公测上线	正式服包	针对公测面向用户发布的正式包,谷歌应用商店会进行机审和后期人工审核
			预约包	预约用包	不面向用户,谷歌只进行机审,提交到谷歌应用商店后台开启商店预约的包体
			推荐包	推荐用包	面向谷歌编辑,会面临机审和编辑审核,满足要求后可以获得商店推荐
			阶段测试包	测试包	面临谷歌应用商店机审,机审通过后提供给测试人员进行测试
		App Store	公测上线	正式服包	针对公测面向用户发布的正式包
			预约包	预约用包	不面向用户,苹果应用商店会进行机审和人工审核,提交到苹果应用商店后台开启商店预约的包体
			推荐包	推荐用包	面向苹果应用商店编辑团队,会面临机审和人工审核以及编辑审核,满足要求后可以获得商店推荐
			阶段测试包	测试包	面临苹果应用商店机审,机审通过后提供给测试人员进行测试。往往通过 TestFlight 进行内部测试
		其他安卓渠道	公测上线	正式服包	针对公测面向用户发布的正式包
			预约包	预约用包	不面向用户,渠道会进行机审和人工审核,提交到渠道后台开启商店预约的包体(视不同渠道可能会有变化)
	测试阶段	Google Play Store	测试	测试服包	针对测试面向用户发布的测试包,谷歌应用商店会在机审和游戏上线后进行人工审核
国内	OB 上线	App Store	公测上线	正式服包	针对公测面向用户发布的正式包
			预约包	预约用包	不面向用户,苹果应用商店会进行机审和人工审核,提交到苹果应用商店后台开启商店预约的包体
			推荐包	推荐用包	面向苹果应用商店编辑团队,会面临机审和人工审核及编辑审核,满足要求后可以获得商店推荐
			阶段测试包	测试包	面临苹果应用商店机审,机审通过后提供给测试人员进行测试。往往通过 TestFlight 进行内部测试

续表

发行区域	产品阶段	商店	出包需求	用途描述	
国内	OB 上线	【安卓】联运渠道包	公测上线	正式服包	针对公测面向用户发布的正式包
			预约包	预约用包	不面向用户，渠道会进行机审和人工审核，提交到渠道后台开启商店预约的包体（视不同渠道可能会有变化）
		【安卓】CPS 包	公测上线	正式服包	针对公测面向用户发布的正式包
		【安卓】官网包	公测上线	正式服包	针对公测面向用户发布的正式包
	测试阶段	【安卓】官网包	测试	测试服包	针对测试面向用户的测试包，根据不同的测试需求，出不同的测试包
		【安卓】联运渠道包			针对测试面向用户的测试包，渠道会在机审和游戏上线后进行人工审核。根据不同的测试需求，出不同的测试包

3.2.2 前期筹备

1. 政策、法律合规性

不同的目标发行市场的法律法规要求和上架渠道的政策、规则要求不同，版本管理人员需要协助法务收集和解读应用商店和渠道的政策与规则，法务自身需要收集并解读目标发行地区或国家的法律法规要求，并梳理以上两者中的产品合规要求、发行合规要求。版本管理人员对照发行合规要求进行整改，将产品合规要求转化为需求文档并提供给研发团队，用于优化产品的合规性。

1）资质审查（依据目标发行地区或国家的法律法规）

发行资质审查：

- 发行主体资质审查：明确发行主体需要具备什么资质才能在当地发行，例如是否需要在当地建立发行公司主体。

- 游戏商标、Logo 和名称的审查与注册：审查游戏商标、Logo 和名称的具体内容，确认以上内容在目标发行地区或国家的注册、申请与使用情况，是否已经被抢注。

研发商资质审查：

- 专利：审查研发商是否完成了游戏中特殊玩法和内容的专利申请。

- 著作权：审查研发商是否为自己的产品申请了著作权并具备相关证明材料。

- 授权书：如果游戏属于 IP 向产品，则审查研发商是否获得 IP 方的合法授权，并明确 IP 授权内容和范围。

产品资质审查：

- 产品是否符合当地发行要求：不同的目标发行地区和国家对于产品发行的要求不同，研发团队需要根据当地的法律法规要求调整自己的产品。
- 合规公示：根据当地法律法规和上架渠道的要求，明确需要公示的内容有哪些，公示的具体要求是什么。

2）各类合同/协议的起草与审查

与研发商所签订合同的审查：

发行公司独家代理并发行研发公司的游戏产品，研发公司将产品的独家代理发行权授予发行公司，双方签订的合同也体现了这一合作关系。法务需要审查授权链条是否完整，确定授权范围、时间、虚拟资产所属关系、分成结构和分成比例、结款流程等关键条款是否符合双方在商务谈判阶段确定的合作细节。

为了更好地理解发行商与研发商的合作关系，版本管理人员需要了解版金、预付款（MG）、奖励金的含义与区别。

- 版金：发行商提供给研发商的授权金，用于缓解研发商前期资金投入的压力。支付的条件和时间点由双方协商，可根据产品开发的进度、游戏盈利的情况进行支付。
- 预付款（MG）：发行商提供的用于抵扣后续研发商流水分成的款项，需要和研发商约定好违约情况下预付款是否返还等情况。
- 奖励金：发行商提供的用于激励研发商持续迭代和优化产品的激励金。例如，产品首年总流水达到 XX 目标以后，发行商向研发商额外提供一笔奖励金。

与渠道所签订合同的审查：

审查双方合作方式、虚拟资产所属关系、流水分成比例、回款/打款周期等关键条款。

与第三方合作商所签订合同的审查：

审查双方合作内容、单价、周期、验收标准等关键条款。

用户相关协议的起草和审查：

用户相关协议包括《用户隐私协议》《用户协议》和《用户账号删除协议》，协议内容需要符合当地法律法规和应用商店政策要求。

用户隐私协议：

《用户隐私协议》是告知用户开发者如何处理和对待其隐私内容的协议，《用户隐私协议》大致包括如下内容。

- 开发者如何收集、保存、管理、使用用户的哪些信息，哪些信息在收集前会询问用户，用户信息的使用范围和使用方式（例如共享、展示等）具体是什么。
- 开发者如何确保用户的信息安全。
- 用户针对自己的信息可以行使的权利，例如删除账号信息。
- 关于未成年人信息的特殊处理情况。
- 用户如何联系开发者反馈用户隐私的相关问题。

用户协议：

《用户协议》是发行商与使用游戏服务的用户之间的协议，用于规范双方的权利和义务，用户必须同意这个协议才能使用游戏服务，该协议包括但不限于如下内容。

- 告知用户需要授权给发行商的内容（权利许可）。例如，同意发行商收集和处理用户数据。
- 同意开通且使用某项服务。例如推送功能、广告功能。
- 在哪些情况下，发行商不承担责任或者只承担部分责任。例如，用户因为自身原因导致账号丢失，发行商不承担责任。
- 告知用户所拥有权利的种类和边界（用户可以做什么，不可以做什么），以及需要承担的责任和义务范围。例如，注销账号是用户的权利，但是只能注销自己的账号，这个是权利边界。用户不得在游戏中发表违反当地法律法规和公序良俗的信息，这是义务。
- 针对未成年人使用游戏服务的特殊条款。例如，未成年人应该在监护人指导下阅读《用户协议》并决定是否同意。
- 其他需要提前告知用户的内容。例如，告知用户游戏中某个玩法会造成装备丢失。
- 发行商具备的权利和义务。例如，保护用户信息的义务，维护自身知识产权的权利。

用户账号删除协议：

根据部分国家和地区的法律法规以及部分应用商店的要求，开发者需要为用户提供账号删除功能。在用户正式申请删除账号之前，用户需要同意《账号删除协议》才能进行账号删除的下一步，此协议包括但不限于以下内容。

- 告知用户账号删除行为的生效对象、生效形式、产生的后果。
- 告知用户存在"冷静期"，用户可以在"冷静期"内撤销删除账号的申请。
- 提醒用户在删除之前需要根据自己的需求备份资料、处理已充值订单相关问题。
- 列举无法给用户提供删除账号服务的特殊情况，例如账号处于司法流程中。
- 告知用户，即使账号已经删除，若涉及法律相关问题，用户仍需承担相应责任。

3）产品相关内容与功能的审查

- 游戏内容：审查游戏角色、剧情是否侵权，以及是否符合当地法律法规要求与渠道政策要求。
- 游戏素材：审查美术、视频、音频内容是否侵权，以及是否符合当地法律法规要求与渠道政策要求。
- 游戏功能与玩法：审查游戏的功能和玩法是否侵权，以及是否符合当地法律法规要求与渠道政策。
- 游戏年龄分级情况：根据当地法律法规和渠道的年龄分级标准，完成游戏的年龄分级，并确认应该如何合规地展示分级标识。若法律法规和应用商店的分级标准不同，则需要进一步明确以哪个标准为准。
- 数据的存储、使用方式：确认数据的储存和使用方式是否符合当地法律法规要求与渠道政策要求。
- 其他：审查游戏的 ICON、名称、Logo 是否侵权，以及是否符合当地法律要求与渠道政策要求。

4）财税相关政策审查

- 回款流程：确认渠道回款政策、回款周期和当地的法律法规所规定的回款要求与流程。
- 税务相关问题：确认税务相关问题，尤其是海外发行的产品，需要注意当地的纳税要求（税收种类、税率、扣缴节点等）。

- 汇率相关问题：如果发行地区为海外，需要评估汇率变动对实际到手收入的影响。

2. 素材和物料筹备

在产品接入初期，需要研发商提供各类基础资料和素材，具体要求如表 3-3 所示。

表 3-3

资料类型		简述
文字资料	游戏资料	游戏故事背景、世界观介绍
		游戏核心角色介绍
		游戏道具表
		游戏核心玩法介绍
		游戏卖点介绍
		介绍游戏的 PPT 与视频
美术素材	视频、音频素材	用于制作录屏素材的游戏可玩包
		去掉 UI 的核心玩法视频与图片素材
		录屏素材（副本、新手引导、战斗画面、皮肤展示、过场动画、特色玩法等）
		音频文件（BGM、特效配音、CV[①]）
		游戏内过场动画
	图片素材	角色、怪物、建筑、场景的游戏原画或设定集
		按钮等游戏 UI 素材
		角色、建筑、场景的 3D 模型
		游戏美宣图（若有）
		现有游戏截图（若有）
		游戏内 Loading 图[②]的 PSD 格式源文件
版本、商业化计划		版本里程碑计划、出包时间节点与版本内容介绍
		后续的商业化内容规划

3. 产品基础信息、功能筹备及本地化

1）游戏基础信息

（1）Logo、游戏名称、ICON。

---

① Character Voice，即真人配音。
② 指游戏加载或切换游戏场景过程中显示给玩家的图片。

游戏 Logo、名称和 ICON 的设计既需要符合产品本身的特点与定位，也需要符合整体发行计划中市场品宣包装的方向，在多数情况下由市场牵头，把关 Logo、游戏名称和 ICON 的创意方向，并将创意交付内部或外包团队完成设计。

（2）配音。

国内游戏的配音以普通话为主。海外发行的产品的配音大部分情况下以英语为主（二次元类型的游戏会增加日语配音），很少会在配音上做多语言版本。但是在日本或韩国发行的时候，如果游戏内含有配音，则必须包括日语或韩语配音。

（3）默认起名。

在用户注册、登录和创角的流程中，会出现用户取名的情况。根据游戏类型、用户群体特点和目标发行地区和国家的差异，确定是否需要给用户默认分配名字。如果不默认分配名字，还需考虑是否提供一键获取随机名字的功能。如果提供随机名字，则需要提前准备已经完成本地化的名字库提供给研发团队。名字库中的名字需要符合游戏调性和当地用户偏好。

（4）游戏文字。

游戏内不能随意使用商用字体，版本管理人员要提前和研发团队沟通，购买合适的字体库。如果是面向海外的游戏，那么还需要考虑文字的超框问题、书写习惯问题（例如阿拉伯语书写习惯是从右到左）。

2）游戏基础功能

（1）脏词库。

为了防止用户在自己昵称或聊天频道里使用或发送涉及宗教、色情、暴力及其他敏感内容的词汇，版本管理人员会提前导入各类语言的脏词和敏感词词库，研发团队根据这个词库在游戏中屏蔽相关词汇，营造文明健康的游戏环境。

（2）适配性和性能。

在前期筹备阶段，版本管理人员需要根据目标发行地区和国家的情况收集当地的主流机型列表（主要是安卓），并将列表提供给研发团队提前进行适配性调试。

不同国家和地区的手机总体性能情况是不同的，发展中国家的设备总体性能落后于发达国家。研发团队需要根据目标发行地区和国家的情况完成游戏客户端的性能指标优化目标。性能指标优化目标举例：游戏可以支持最低 2GB 运行内存的手机维持 30 帧的标准玩 30 分钟游戏，核心战斗场景不低于 24 帧。

（3）币种和符号。

不同币种由于汇率不同容易出现内购商品价格数字过长的情况，例如韩币和越南盾，动辄可能出现几十万上百万的单价，因此需要考虑超框问题。

不同货币有不同的币种符号，在多国家发行产品的时候，客户端内所展示的货币符号要和所在国家一一对应，不能出错。另外，货币符号和商品价格数字的位置也不能弄错，有些国家的货币符号在价格数字后方，有的在前方。

（4）网速和分包策略。

不同国家和地区的网速情况不同，流量计费情况也不同，版本管理人员需要考虑目标发行地区用户下载游戏过程中的体验。

重度游戏[1]包体几乎都在1GB以上，10GB以内大小的包体也很常见。理论上，包体越小，用户的下载成功率[2]越高。版本管理人员可以通过分配游戏下载资源的方式，最大化地提高游戏下载和创角转化率。

用户下载游戏资源分为三个阶段：

①在渠道或应用商店内下载首包资源。

②打开游戏后，进入大厅前热更资源。

③进入大厅以后，后台下载额外资源。

步骤②中更新的资源越少越好，这个阶段的用户下载体验最差。用户的预期是在步骤①完成以后，打开游戏就能进入大厅，然后开始游戏。在步骤②下载资源或者下载资源过多，用户的预期落差会比较大。

对于步骤③，研发团队要通过合理的资源拆分方式，保证前两步的资源可以满足用户的基础玩法体验，并给玩家提供手动选择后台下载内容的功能。但在玩家体验核心玩法期间默认暂停后台下载，保证游戏体验流畅。

总结下来，首包越小越好，但需要保证用户的基础体验。最好不要有热更资源，如果有，那么资源包也要尽可能小。进入大厅后，玩家可手动下载额外资源，但体验核心玩法期间默认暂停后台下载。

目前也有游戏选择将热更资源包置后的分包策略，用户从应用商店下载并打开游

---

[1] 根据每日平均游戏时长和消耗玩家精力的大小，行业内将游戏分为中重度游戏、轻度游戏/休闲游戏。
[2] 点击下载和完成下载的比例。

戏以后没有热更环节，在体验 1~2 小时游戏以后，游戏客户端提醒玩家进入客户端的热更阶段，在这个时间段内游戏拉取剩余的客户端资源量。这种方式给玩家提供了 1~2 小时的游戏体验时长，体谅了用户下载游戏后急迫尝鲜的心情，并且在用户体验 1~2 小时后再要求用户下载剩余游戏资源，也巧妙地利用了玩家的休息时间。另外，这个方式对于那些进入游戏后体验时间都不到 1 小时就弃游的用户也没有任何负面影响。

不同游戏类型和不同游戏模块对网速的要求不同。射击类游戏、MOBA类游戏对 Ping 值[①]的要求相对较高，研发团队需要提前制定网络优化方案。

（5）《用户协议》和《用户隐私协议》确认功能。

用户需要阅读并同意《用户协议》和《用户隐私协议》，才能体验游戏。

这个确认流程可以视情况安排在热更后或热更前，但是必须在用户注册账号和登录账号之前，建议安排在热更后。

需要注意，不可以为用户默认勾选同意《用户协议》和《用户隐私协议》。另外，用户一旦同意《用户协议》和《用户隐私协议》，后续登录时不再主动弹出或要求用户确认。

如果客户端无法直接展示《用户协议》和《用户隐私协议》的正文，则可提供超链接的方式供用户阅读以上协议内容。

（6）热更时间点确认。

热更步骤越早完成越好，热更的时间点越早，可以通过热更优化修改的产品范围越大。例如，将热更放在《用户协议》和《用户隐私协议》确认流程前，如果想要修改《用户协议》和《用户隐私协议》的确认流程，热更即可处理。如果热更在确认环节之后，那么意味着需要通过换包才能修改确认流程。

同理，如果热更放在注册账号环节之前，那么通过热更就可以修改新用户首次注册账号的相关功能。如果热更放在注册账号环节以后，则必须要通过换包才能处理，增加了产品的修改成本。

（7）产品更新的基础信息和流程确认。

在产品正式上线前，版本管理人员需要根据产品的技术架构和研发团队确认产品的更新流程，并完整测试全流程。常见的更新类型和具体情况详见表3-4。

---

① 端与端完成信息传输所消耗的时间，Ping 值越低意味着网速越快。

表 3-4

更新类型	操作		备注
客户端更新	换包更新		1.判断是否需要停服进行左侧的更新操作
	热更新	配置热更新	2.确定是否允许多个客户端同时在线上
		资源热更新	3.明确在什么情况下必须要换包更新
服务端更新	后端代码或资源更新		4.研发团队是否开发了强制更新客户端的提示和跳转功能

热更新和 Hotfix 含义相同，在线更新是指不停服更新。

在什么情况下必须要换包更新？

每一次换包更新对于老用户来说意味着再经历一遍商店下载流程，这容易引发老用户的厌烦情绪，因此换包更新的频率越低越好。

热更会对新增用户的前端转化率[1]带来一定的负面影响。设想下，新用户打开游戏后必然想要马上进入游戏，热更环节无疑增加了用户的负担。另外，热更资源往往通过开发者自己架设的CDN进行传输，传输的质量和速度也无法完全保证。如果热更过慢或者更新失败，那么用户很容易流失，造成新增用户的前端转化率降低。

为了处理这个问题，建议每隔一段时间，打一个热更汇总包并提交到应用商店，审核通过后直接发布，确保后续新增用户在商店下载的应用包不需要进行热更，尽可能降低新增用户在热更环节的折损。

不同应用商店的打包要求不同、为老用户提供的自动更新功能不同，因此并非所有的应用商店都支持研发团队按照上述的路径优化用户体验。

以海外为例。

App Store：

苹果应用商店允许打整包，理论上没有大小限制，意味着可以把所有的热更资源都打入新包。

如果iOS用户在手机设置中打开了自动更新并且检测到应用有了新的客户端就会自动完成更新。所以针对 App Store，上面的方案确实可以优化用户体验。

Google Play Store：

Google Play Store提供的AAB[2]打包方式的资源上限是 1.2GB，意味着超过 1.2GB

---

[1] 新用户从启动游戏到创角或完成新手引导的转化率，一般称为前端转化率。
[2] Android App Bundle 是 Google Play Store 规定的打包、上传、发布应用的格式。

的资源只能通过热更或者后台下载的方式完成下载。

用户可以在移动端的 Google Play Store 中设置是否同意自动下载，如果打开了自动下载功能，那么应用包更新上架后，移动端会自动更新下载。

所以针对 Google Play Store，如果游戏首包加上热更资源也小于 1.2GB，则上面的方案可行。如果大于 1.2GB，则上面的方案不可行。新用户还是需要下载热更资源，而老用户的体验有可能会更差，需要下载更多的热更资源。

以国内为例。

国内的安卓渠道较多，每个渠道的更新流程与更新要求不同，在此不做举例。

但国内存在一种特殊情况——官网包更新。与其他渠道不同，官网包通过网页下载，所以会通过网页完成换包更新。

换包更新时，客户端通过弹窗等方式提示或强制用户进行更新，用户点击"确认更新"的按钮后，会跳转到外部的网页下载新的应用包，完成官网包的换包更新流程。

在什么情况下必须要停服？

停服伤害用户体验，也会减损游戏当日流水。所以需要尽可能减少、降低不必要停服更新的场景和频率。但面临风险较高的更新需求时，尽可能停服进行处理，防止后续突发问题导致用户体验受到更大影响。

例如，后端技术人员需要运行脚本修复某个排行榜问题，技术上既支持停服操作，也支持线上不停服操作。后端技术人员在测试服测试过了以后，想要直接更新到正式服。这时为了保险起见，还是进行了停服操作，结果在脚本运行完成后，发现脚本没有考虑一类特殊用户的情况，于是又针对新的问题进行进一步的处理。如果当时图省事，没有进行停服操作而是线上直接处理，那么肯定会造成不堪设想的情况。

是否允许多个客户端同时在线上？

版本管理人员需要和研发团队确认，在当前的技术架构下，是否允许多个版本号的客户端同时在线上运行。例如，应用商店曾发布过 5 个版本的包，那么前 4 个版本的用户是否需要强制更新客户端到最新的版本，或者是否可以通过热更的方式继续使用老版本的客户端，以及客户端目前是否具备强制用户跳转应用商店更新包的功能。如果没有，那么还需要评估有没有必要提前准备此功能。

以项目 A、B、C 举例，它们的更新方式如表 3-5 所示。

表 3-5

项目	客户端热更新	换包更新	后端更新	是否允许多个客户端同时在线上
项目 A	停服更新			不允许
项目 B	在线更新	停服更新	停服更新	不允许
项目 C	在线更新	在线更新	停不停服都可	允许

其中项目 A、B 的换包更新模式存在一定的问题。因为不允许多个客户端同时在线上运行，意味着换包更新结束以后，老用户的客户端会提示用户去应用商店更新。但是在新应用上架后，应用商店后台推送应用到用户移动端应用商店所耗费的时间是不可控的，于是就有可能出现客户端提示用户去应用商店更新，但是新包还未在应用商店推出的情况。这种情况下带给用户的体验非常不好，容易造成用户流失。

为了尽可能地解决这个问题，可以考虑适当延长停服时间，并在这期间运营人员进入应用商店测试是否可以下载新包。但即使运营人员可以成功下载新包，也无法保证应用已经 100%推送到所有用户的移动端应用商店内。另外，延长停服时间会造成不太好的用户体验，一般需要额外发放补偿安抚用户。

（8）删档计费测试的返还功能。

玩家在删档计费测试期间的充值费用一般需要在公测时按比例返还。这一功能涉及两个问题，一是用户充值额度的返还比例和方式，二是返还功能的设计。

充值额度的返还比例和内容：

公测一般只返还充值额度，不返还资源。充值额度的返还形式要么是"代金券"，要么是"一级货币"。如果游戏的一级货币可以兑换或者购买游戏内的大部分资源，那么可以直接返还"一级货币"。如果游戏内大部分商品都是直购型或者一级货币无法购买，那么建议返还"代金券"。

为了鼓励玩家在删档计费测试阶段进行充值，官方往往会许诺玩家在公测后多倍返还充值额度。一般情况下，随着充值额度的提高，返还的比例逐渐下降，以表 3-6 为例。

表 3-6

充值额度	返还比例	返还内容
0～99 美元	200%	代金券/等价值一级货币
100～200 美元	150%	
200 美元以上	120%	

81

充值额度的返还规则和方式：

充值额度的返还规则和方式直接影响返还功能的开发，需要着重考虑以下因素：

①是否允许跨渠道、跨平台进行返还，例如在测试阶段用户通过 A 应用商店充值，上线后在 B 应用商店下载了游戏，充值额度是否可以返还到 B 商店的游戏角色上。

②是否允许跨角色返还。默认返还到用户在公测上线时创建的第一个角色上，还是允许用户自由选择返还到多个角色中的某个角色上。

③返还的时间限制是多久？游戏公测后 30 天内还是永久，或者是其他时间范围。

④如何确保账号的唯一性。即删档计费测试阶段用户通过 A 方式创建的角色，公测后继续通过 A 方式登录，从技术角度是否可以识别用户。

⑤如何计算用户的充值额度？是否统筹计算用户在删档计费测试阶段所有区服充值的总额？

举例：

游戏《代号 K》目前进行删档计费测试，返还规则如下。

在删档计费测试阶段，用户在所有区服的充值额度加总为返还的总计算额度，不可以跨渠道、跨平台进行返还，返还方式为 1∶1 代金券。

- 返还对象：用户在对应渠道创建的第一个角色，返还时间为创建角色的第一天内。
- 返还方式：通过游戏内邮件返还，邮件有效期为 30 天，过期自动领取。
- 有效时间：返还活动有效期为公测开始后 30 天内。
- 返还账号：用户需要在删档计费测试阶段绑定手机号（邮箱地址）作为唯一的识别凭证，在公测上线后以此唯一凭证注册或者绑定账号成功作为返还的用户匹配标准。

（9）版本号规则确定。

在版本管理过程中，需要和研发团队确认客户端的版本号规则，一般来说分为 4 种，如表 3-7 所示。

表 3-7

名称	作用
对外版本号/APP 版本号	对外显示给用户的版本号

续表

名称	作用
Build ID/构建版本号	应用商店读取的版本号，每提交一次新包，构建版本号都需要+1
CLIENT_VERSION/内部版本号	内部版本号，用于研发团队内部标注和使用
RES_VERSION/资源版本号	标注此客户端目前的资源版本，用于客户端的热更识别

（10）确认时区问题。

如果是在单一国家发行，那么只需要根据该国家的时区设定游戏内的时间即可，例如奖励结算时间等。如果针对全球发行，则需要统一以一个固定的时区作为标准，例如将 UTC+0 作为全球统一的活动奖励结算时间。有些情况下，也会使用核心发行地区或国家的时区作为统一时间标准。

3）风控策略

这里的"风险"，是由用户或者第三方黑灰产主动发起的针对游戏功能、玩法及游戏生态的恶意破坏行为，包括但不限于外挂作弊、刷小号资源、倒卖游戏货币、盗号、黑卡充值、恶意退款、游戏内发表或者上传各类违反公序良俗和法律法规的图片、文字、视频。

针对以上各类行为，一般是两种处理思路，即"事前防范"和"事后审查威慑"。在实际操作中，会尽可能"双管齐下"。

（1）事前防范。

事前防范就是直接将用户或者黑灰产的恶意行为封杀在摇篮里，例如反外挂防作弊系统可以在外挂程序想要进行数据篡改的时候就拒绝其访问，发挥"防火墙"的作用。例如对于用户上传的头像照片，通过 AI 与人工审核后才在客户端显示，以防漏网之鱼。

事前防范机制往往可以通过接入成熟的第三方产品的风控 SDK 来实现，免去了从 0 到 1 开发风控系统的成本。

（2）事后审查威慑。

事后审查威慑是指审查现有用户的行为，惩罚那些有恶意违规行为的用户并对外公示，起到警示和震慑作用。

例如，当运营人员发现用户有黑卡充值行为的时候，会直接对用户进行封号或者警告处理，并公示处理结果，威慑其他潜在的想要通过黑卡充值的用户。通过这种方法，可以有效降低黑卡充值金额占游戏流水的比例。

4）简易本地化

版本管理人员需要承担海外发行产品的简易本地化工作。

文字本地化：

根据目标发行市场的主流语言占比情况，版本管理人员需要对游戏中出现的系统字和美术字进行本地化处理。系统字在完成本地化以后通过技术手段统一进行替换，美术字需要导出美术资源并完成本地化处理后再替换原有的资源。

需要注意：

- 前后端返回的提示语文本（例如报错）也需要进行本地化，例如"网络故障"这类提示。
- 用于国内 QA 测试的版本需暂时保留中文的语言包，便于国内的 QA 快速完成测试（LQA 不包括在这种情况中），正式上线前删除中文语言包即可。

3.2.3 功能技术项接入

1. 各类 SDK 接入

1）发行聚合 SDK

（1）发行聚合 SDK 是什么。

发行聚合 SDK 是指发行公司内部的技术部门向研发团队提供的聚合了各类功能的 SDK，具体功能包括登录功能和支付功能等。登录 SDK 和支付 SDK 均包括发行商自身的 SDK，以及聚合的各个渠道和第三方的 SDK。除了基础功能，发行聚合 SDK 还会附带针对渠道和商店开发的额外功能，例如针对恶意退款开发的退款信息收集功能、针对支付掉单用户开发的补单功能、账号删除功能等。

以海外为例，登录方式往往包括游客登录方式、发行商自有登录方式[1]（一般使用邮箱注册）、第三方登录方式（例如Facebook、X[2]、Instagram等）、应用商店/渠道提供的登录方式（例如App Store的Apple ID登录、Game Center登录，Google Play Store的Google账号登录）。发行商根据自身的发行需求决定聚合哪些登录方式。支付SDK一般会聚合Google Play Store支付、苹果支付及其他安卓渠道支付SDK。具体如表3-8所示。

---

[1] 发行商独立开发的登录功能与账号系统。

[2] 原名 Twitter。

表 3-8

渠道		登录方式	支付
安卓	Google Play Store	Facebook、Google、Instagram、Line、X、发行商自有登录方式、游客登录方式	谷歌支付
	其他安卓渠道	Facebook、Google、Instagram、Line、X、发行商自有登录方式、游客登录方式、渠道登录方式	渠道支付
iOS		Apple ID、Game Center、Facebook、Instagram、Line、X、发行商自有登录方式、游客登录方式	苹果支付、第三方支付[①]

国内相比海外更复杂一些，具体详见表 3-9。

表 3-9

渠道			登录方式	支付
安卓	联运渠道	传统联运渠道	渠道登录方式、第三方登录方式	渠道支付
		非传统联运渠道	渠道登录方式、第三方登录方式、发行商自有登录方式	渠道支付、第三方支付
	CPS 渠道		发行商自有登录方式、第三方登录方式	第三方支付
	官网包			
iOS			Apple ID、Game Center、发行商自有登录方式、第三方登录方式	苹果支付

无论是国内还是海外，苹果应用商店均要求开发者在接入第三方登录方式的同时必须接入 Apple ID 登录方式。

（2）发行聚合 SDK 的接入流程。

明确 SDK 具体接入模块：

目标发行地区和国家不同，所面临的渠道和本地用户的登录、支付习惯也不同，因此需要根据具体需求明确 SDK 接入模块。

海外第三方登录方式一般以 Facebook 为主，或者同时使用 Instagram 或 X。但是部分国家拥有自己本土的主流社交平台，当地用户也偏好于使用本土社交平台作为第三方登录方式登录游戏，例如韩国的 NAVER。因此技术部门要根据本地化的需求提前接入和聚合第三方登录方式。

第三方登录 SDK 包含多种子功能，项目组需要根据发行需求确认接入第三方登

---

① 截至本书定稿前，苹果公司已同意向海外部分国家和地区的开发者开放接入第三方支付功能的权限。

录 SDK 中的哪些具体功能。例如 Facebook 登录 SDK 具备分享功能，提供获取登录用户 Facebook 昵称、头像与好友列表的接口，版本管理人员要提前和技术部门沟通清楚项目的详细接入需求。

除了最基础的登录和支付功能，如果项目还有其他需要发行 SDK 满足的功能，则可与技术部门沟通需求具体落地情况。

配合 SDK 技术部门完成 SDK 的打包：

根据已经确定的 SDK 接入模块，在 SDK 后台和相关第三方平台配置参数，提供给 SDK 技术团队完成打包。需要注意，不同的平台和不同类型的 SDK 需要接入的参数不同。

不同公司的参数提供方式也不同，一种常见的内部配合方式是，版本管理人员给技术人员开放应用商店或者第三方后台的登录权限，技术人员在平台配置或获取参数。另一种配合方式是由版本管理人员代替技术人员完成参数的配置、获取和填写工作。

发行侧的技术部门将打包好的 SDK 包和接入文档提供给研发团队进行接入。接入完成后，研发团队和发行团队进行联调测试，确保 SDK 的各个功能模块正常可用。

（3）支付 SDK。

支付 SDK 对于用户而言，核心的两大块功能为支付与退款。

支付方式包括自建支付、第三方支付、渠道支付三类。因为成本高、风险大，自建支付相对较少。自建支付的情况下，用户首次支付时需要完成比较长的注册流程，降低了转化率。

第三方支付如微信支付、支付宝。在海外发行过程中，部分地区尤其是T3 地区[①]的支付市场往往多种支付方式并存，可以选择与第三方聚合支付服务提供商合作，降低接入工作量，为用户提供更大的支付选择范围。以东南亚为例，存在Codapay、雷蛇等第三方聚合支付服务提供商。

渠道支付如谷歌支付，所有上架谷歌应用商店且含有内购的应用必须接入。

关于退款：

退款的流程、标准、规则由支付 SDK 所有方定义。无论是接入第三方支付 SDK，还是接入渠道支付 SDK，款项都是由支付 SDK 所有方在一定周期后结算给发行商。

---

① 行业内将海外国家按照经济发展水平与发达程度分为 T1、T2 和 T3 三类，T1 国家经济发展水平较高，以发达国家为主。T3 国家经济发展水平稍差，以发展中国家为主。

所以渠道支付所有方和第三方支付所有方可以影响甚至决定用户的退款规则与流程，以及审批退款的权利是自己完全掌控还是让渡一部分给开发者。

退款的核心问题如下。

退款审批权：

根据经验来看，几乎所有的渠道支付 SDK 所有方都只接受用户向渠道官方申请退款。第三方支付 SDK 所有方中有一部分允许用户找游戏官方申请退款。剩下的和渠道支付 SDK 一样，都只接受用户向第三方支付 SDK 所有方申请退款。

用户向支付 SDK 所有方申请退款的情况，又细分为以下三种。

- 支付 SDK 所有方掌控 100%的审批权，开发者没有任何议价权。例如苹果应用商店，用户退款需要向苹果应用商店官方申请，开发者在后台看不到用户退款申请。

- 支付 SDK 所有方掌控审批权，但也提供一部分的批准权给开发者。例如谷歌应用商店，用户申请退款之后，在 Google Play Store 后台可以选择给用户进行退款，但是无法拒绝。简单地说，就是只有加速退款进度的权利，而没有拒绝退款的权利。

- 支付 SDK 所有方将退款审批权 100%让渡给开发者，开发者可以决定是否给用户退款。例如韩国的 ONE Store。

事实上，大部分的渠道及第三方支付所有方在退款问题上都比较强势，开发者几乎没有太多的权利，也无法撼动渠道和第三方支付所有方的退款政策与退款审批权。因此渠道和第三方支付所有方一旦滥用退款审批权，会直接导致发行商的利益受损。

例如，某应用商店在过去一段时间的退款标准十分宽松，且退款后并不会告知开发者是哪一笔订单产生了退款及申请退款的用户是谁，这导致很多用户滥用退款权利，他们在游戏内充值且获得商品后再去退款，就可以免费获得游戏内的资源，甚至部分黑产从业人员通过这个漏洞"薅"开发者的羊毛。虽然该应用商店后续收紧了退款政策，加大了对于恶意退款行为的惩处力度，且同意向开发者推送退款订单信息，但是仍然无法完全解决恶意退款的情况。

发行商也并非束手无策，可以通过《用户协议》和客户端内的功能争取开发者在退款问题上的处理权。

- 通过《用户协议》，要求用户在向渠道或者第三方支付所有方申请退款前，必须和客服进行说明，符合退款情况的订单，用户再去向渠道或第三方支付所有方申请退款，退款完成后，客服扣除玩家通过该订单已经获取的资源。
- 通过《用户协议》明确，如果用户绕过客服直接找渠道或者第三方支付所有方申请退款，那么官方会通过渠道或者第三方支付所有方提供的退款订单等信息对用户账号做出扣除资源甚至封号等处理。

付款与退款的风险控制

关于掉单/卡单：

掉单是指因为网络波动等问题造成用户已经完成了付款，但是游戏并没有发货的情况。一般来说，掉单率（每日掉单数量/总支付单数）越低越好。优秀的掉单率在0.1%以内，良性的掉单率要维持在0.5%以内，1%是掉单率的警戒值。

卡单是指因为各种原因造成用户已经完成了付款，但是在后续端与端之间的通信过程中出现了卡顿而导致用户迟迟无法收到商品的情况。

如果日掉单率/卡单率维持在0.5%以内，那么也并不意味着高枕无忧。需要关注掉单/卡单的实际绝对值，如果每天掉单/卡单的数量是20单，那么对于客服来说面对的是较大的工作量，且如果受影响的用户人数过多，他们也容易在社群等平台上传播游戏的负面评价。

所以如果掉单率/卡单率过高或者掉单/卡单绝对数量较多，则建议排查并优化支付SDK整体流程。

总的来说，针对掉单/卡单情况，存在以下五种解决方案：
- 开发手动一键补单功能，提高掉单/卡单问题处理速度。
- 开发"代金券"功能，客服可以通过发代金券的方式补偿用户。
- 在确认商品没到账以后，给用户退款。
- 通过邮件补发未发货的商品。
- 开发自动补单功能，系统自动多次检查发货情况。

支付体验问题

限购商品被反复购买的情况：

游戏客户端内某些商品被限制购买次数，例如每日限购一次的礼包，用户购买完成后，客户端会将这个礼包的售卖状态修改为已售罄，且购买按钮会被禁用。

但是在订单没有完成之前，客户端并不会禁用购买按钮。如果用户多次点击限售商品的购买按钮，理论上可以同时触发多个订单，这并不符合产品设计的初衷。

为了解决这个问题，研发团队可以在按钮上做一层透明的遮罩，用户在单个订单没有完成时，无论是否成功，都无法同时触发第二个订单。

支付和到账时间过长：

由于支付过程涉及多端的校验，所以流程一般会比较长。如果用户等待时间过久，则会失去耐心。例如，用户已经完成支付，却需要等待 30 秒以上商品才能到账，用户体验较差。

所以发行技术部门与版本管理人员需要密切监控订单的商品到账时间，并且尽可能拆分支付、商品到账过程，关注每个环节的耗时情况。如果发现订单流程耗时过久，则及时介入处理。

关于恶意退款：

恶意退款是指用户以免费获得游戏资源为目的，在完成支付行为且游戏客户端已经发货，用户也已经消耗掉商品以后，绕过客服直接向渠道申请退款的行为，这种行为会被判定为恶意退款。

但由于难以鉴定用户的主观目的，所以对于恶意退款中"恶意"的判定比较困难，不同发行商的判定标准和处理手段也不同。

例如，发行商可以认为用户在没有消耗掉商品的情况下退款就不算恶意，也不会判定为恶意退款，或者给用户提供一次豁免权，当用户第二次产生这类行为时才判定为恶意退款。

目前谷歌应用商店和苹果应用商店及一些第三方支付渠道均支持向游戏官方提供退款订单单号的查询功能或者查询接口。通过支付 SDK 相关数据对照筛查，可以定位到恶意退款的订单和用户，一旦发现，发行商会扣除用户账号上的资源甚至封号处理。

关于黑卡问题：

游戏充值领域存在各种各样的黑灰产业，黑卡是其中一种。黑产中介使用信用卡为用户进行代充，然后向银行以信用卡丢失为由申请冻结信用卡账户，导致渠道无法收到银行应付的款项，渠道没有收到钱，产生了坏账，也没有办法向开发者付款。

举例：黑中介以 20 美元的价格代充游戏 99 美元档位礼包，用户支付 20 美元给黑中介，黑中介通过信用卡花费 99 美元为用户充值，然后以信用卡被盗为由向银行申请冻结信用卡账户，银行会认为这 99 美元属于盗刷行为，以此为理由拒绝向渠道付款，渠道也无法向开发者结款，给开发者造成损失。

目前可以借助支付 SDK 完成对黑卡问题的事后防范处理，即追踪坏账订单，然后追踪到支付订单的用户账号信息，扣除用户账号上对应的资源，严重者直接封号。

（4）登录 SDK。

用户前端转化流程：

新用户从点击游戏 ICON 启用游戏到完成注册、登录、创角、新手引导并体验游戏的过程被称为"新增用户前端转化过程"。最终完成创角或新手引导的用户数量与新增用户数量的比例被定义为"新增用户前端转化率"。这个转化率直接影响了产品的整体留存和后续的付费数据。如果因为上面这个流程过于冗长且复杂，导致转化率低，则意味着很多用户不是因为游戏不好玩而离开，他们甚至没有正常接触到游戏就失去耐心流失了，自然也就不可能产生次日登录行为和后续付费行为了。一般来说，新增用户前端转化率在 90% 以上是比较理想的数据。

对于客户端而言，新用户前端转化过程中一部分功能由接入的发行SDK实现，另一部分由客户端自己开发的功能实现。如果客户端对UI界面的整体风格有统一要求，那么就需要按照要求重新制作登录SDK模块中的前端显示界面。像Facebook这样的第三方登录方式提供方都具备完整的VI系统[①]并提供相关物料及物料使用说明，因此第三方登录方式的登录按钮和ICON不在自主设计范围内，研发团队在接入时需按照官方要求和规范使用。

国内和海外发行过程中使用的"新增用户前端转化过程"不同，不同产品的注册、登录、创角流程也不同。以海外发行为例，从过往的项目经验来看，图 3-1 所展示的是前端转化率相对较高的新用户注册、登录流程。

为了增加可读性，这个流程简化了 SDK 客户端和 SDK 服务器、用户和游戏服务端的交互过程，端与端的实际交互过程比图 3-1 中所示的更加复杂。

在图 3-1 所展示流程中，用户和游戏客户端交互4次后就可以进入新手引导流程，略去了注册、取名、选区服等环节，尽可能地减少了漏斗步骤，提高了转化率。如果用户需要切换区服、改名、绑定账号，则可以在进入游戏后，在游戏大厅内寻找设置功能下的二级菜单进行处理。

---

① VI 即 Visual Identity，VI 系统即视觉识别系统。企业的 Logo、名称都属于 VI 系统内容之一，VI 系统会从样式、颜色、比例等维度对系统内容做出统一规范，确保企业形象统一化、整体化。

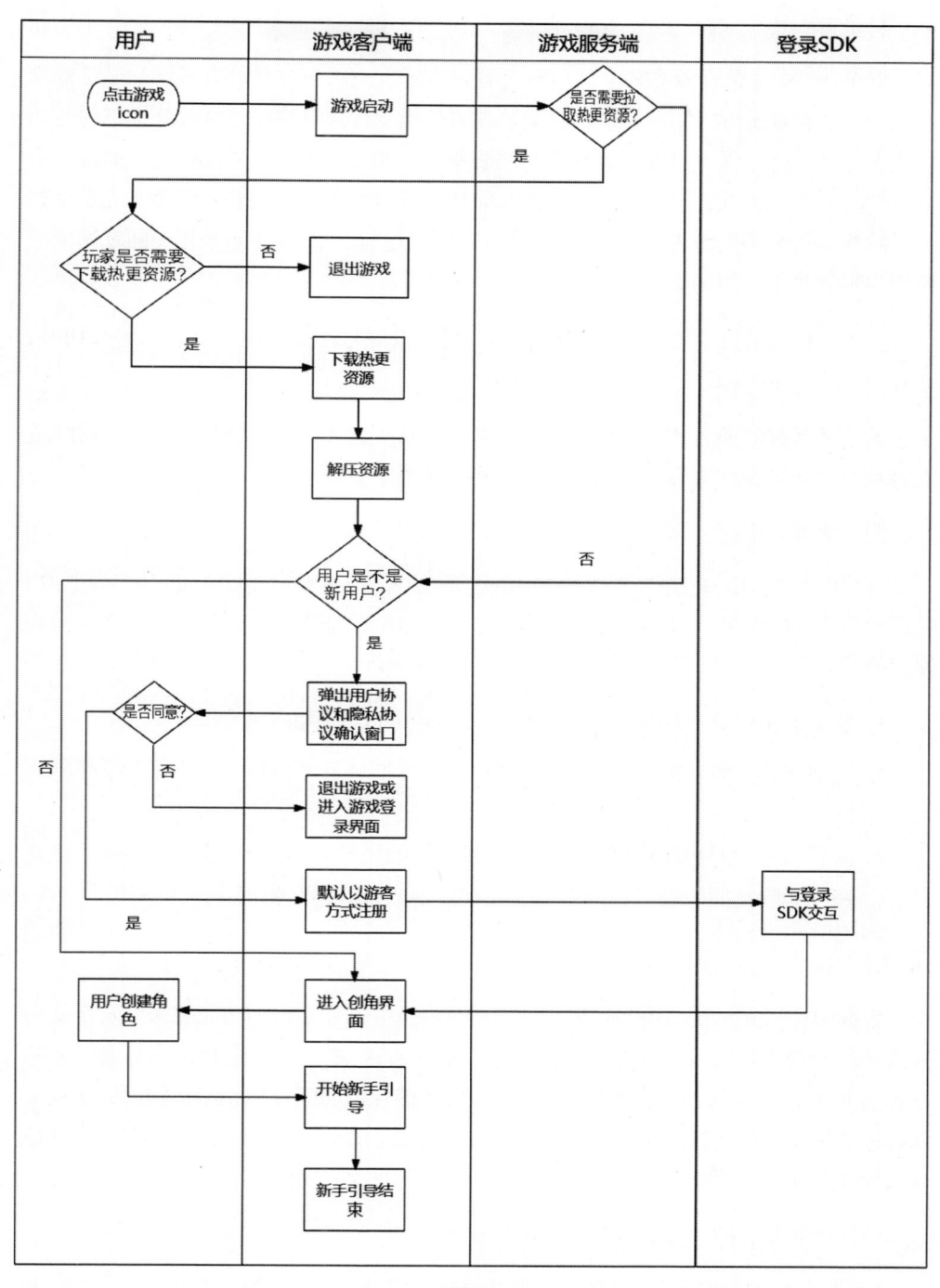

图 3-1

登录方式：

登录 SDK 中的登录方式分为"自有登录方式""第三方登录方式""渠道登录方式""游客登录方式"。其中自有登录方式是指发行商自建账号系统并提供的登录方式，海外发行过程中以邮箱地址作为注册使用的账号居多。海外发行游戏的过程中会提供游客登录方式，但是版本管理人员需要明确游客账号的创建逻辑是什么、重新安装游戏是否会丢失游客账号等问题，并将这些问题写入 FAQ 和账号相关问题库中，便于客服解决用户的疑惑。

因为不同公司的自有登录方式也相同，且涉及账号注册、账号绑定、账号切换、账号解绑等一系列操作，这里不具体介绍。

无论是哪种注册方式，一般情况下，新用户首次完成账号注册且登录后，后续进入游戏时会通过本地缓存自动完成登录，不需要用户重新手动登录。

账号删除功能：

部分国家或地区的法律法规或应用商店要求产品内置账号删除功能，账号删除功能由发行 SDK 承担，包括"申请删除账号""撤销账号删除申请"等子功能。需要注意的是：

- 要考虑用户的冷静期，在冷静期内，用户可以随时撤销申请。
- 提前准备《账号删除协议》，确保用户完成阅读并同意后，再完成账号删除流程。
- 需要确定账号删除后用户是否可以用原有的账号名称重新注册创建账号，以及账号删除功能生效后，如果用户在游戏中，是否强制将用户弹出下线。

（5）登录、支付相关参数的配置。

参数的申请和配置是由项目需求决定的，根据登录、支付的功能需求确定要使用哪些平台的哪些参数。参数需要在版本包、发行 SDK 侧、渠道/应用商店后台、第三方登录平台/第三方支付平台的后台保持一致，才能保证功能可以正常运转。发行 SDK 侧的参数配置根据发行 SDK 开发程度分为手动配置和后台配置两种，后文默认发行 SDK 侧提供后台配置的方式。

根据用途和目的，参数分为以下两种：

- 满足登录功能需求的参数，主要是"自有登录方式""第三方登录方式""渠道登录方式"相关功能涉及，这些参数需要在发行 SDK 后台、登录方式后台、渠道/应用商店后台保持一致。
- 满足支付功能的参数，这些参数需要同时在渠道/应用商店后台、发行 SDK 后台、版本包（客户端）内、支付平台后台保持一致。

参数可能由不同的后台/端生成，并配置到其他不同的后台，构成了交叉关系。不同的参数根据功能需求的不同，生成和配置的地方也不同。

例如，包名[①]就是由客户端确定并配置到其他后台的，如图 3-2 所示。

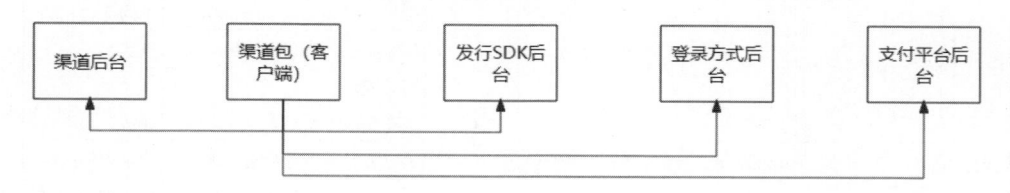

图 3-2

国内发行产品的登录、支付相关功能的参数配置如表 3-10 所示。

表 3-10

渠道		渠道后台	渠道包（客户端）	SDK 后台	登录方式后台	支付平台后台
安卓	联运渠道	联运渠道后台	联运渠道包	发行技术部门提供	联运渠道后台中登录相关模块、自有登录方式后台	联运渠道后台中支付相关模块
	CPS 渠道	CPS 后台	CPS 包		自有登录方式后台、第三方登录方式后台中登录相关模块	第三方支付平台的支付相关模块（如微信、支付宝）
	官网渠道	无	官网包			
iOS		App Store 后台	苹果 IPA 包		第三方登录方式后台中登录相关模块	苹果应用商店后台中支付相关模块
					苹果应用商店后台中登录相关模块	
					自有登录方式后台	

海外发行产品的登录、支付相关功能的参数配置如表 3-11 所示。

---

① Package Name，即应用包的名称，是应用的唯一标识。

表 3-11

渠道	渠道后台	渠道包（客户端）	SDK 后台	登录方式后台	支付平台后台
安卓	Google Play Store	Google Play Store 后台	谷歌渠道 AAB 包	发行技术部门提供	第三方登录方式后台中登录相关模块（如 Facebook）	谷歌应用商店后台中的支付相关模块
				谷歌应用商店后台中的登录相关模块	
				自有登录方式后台	
	其他安卓商店	商店后台	渠道包（APK 或者 AAB 包）		第三方登录方式后台中的登录相关模块（如 Facebook）	应用商店后台中的支付相关模块
				谷歌应用商店后台中的登录相关模块	
				自有登录方式后台	
iOS		App Store 后台	苹果 IPA 包		第三方登录方式后台中的登录相关模块（如 Facebook）	苹果应用商店后台中的支付相关模块
				苹果应用商店后台中的登录相关模块	
				自有登录方式后台	

2）广告投放 SDK

（1）广告投放 SDK 接入和埋点上报。

无论是国内还是海外，游戏上线前，广告投放团队需要根据既定的发行计划（目标发行市场、量级情况等）预估在哪些媒体渠道获量以及获量的规模和节奏，制定更加详细的媒体采量计划和 SDK 对接需求。

以海外为例，大部分主流广告投放平台都认可 APPflyer 的归因功能，所以产品需要接入 APPflyer 的 SDK 并制作相关埋点。由于 Facebook 不认可 APPflyer 的归因功能，所以需要额外接入 Facebook 的 SDK 同时制作相关埋点。所以无论是安卓包还是 iOS 包，都需要接入 APPflyer 与 Facebook 的广告投放 SDK 并且按照需求制作相关埋点。

在初期，如果没有特殊出价事件的需求，可以先接入通用埋点，一般包括用户启动游戏、完成注册、创建角色、完成新手教程、充值（如果没有内购则不需要上报这个埋点）。

这些埋点在游戏中具体的上报位置需要运营人员、研发团队和广告投放团队共同决定，决定的依据是这个点能够有效代表用户的行为。例如将"服务器收到角色创建成功的通知"这个点作为"创建角色"埋点的上报位置，就是认为这个埋点可以确认用户创建角色的行为是有效且准确的。后续可以根据需求增加个性化出价事件埋点，关于个性化出价事件埋点的具体情况，会在"广告变现与投放"章节进行说明。

无论是测试阶段、预约期间还是正式上线后的广告投放工作，都需要版本管理人员提前提供应用商店的相关信息帮助广告优化师完成广告投放账户的申请或广告组、广告计划的创建。例如，在海外发行的过程中，版本管理人员需要尽早向广告优化师提供Google Play Store和Apple Store的应用落地页[①]链接，便于广告优化师开通广告投放账户并创建广告组与广告计划。

（2）广告投放 SDK 与事件埋点上报的测试和验收。

广告投放 SDK 接入以后，版本管理人员需要协助广告优化师对广告投放 SDK 接入结果、通用埋点和个性化埋点上报情况进行验收，具体需要确定广告投放 SDK 各功能是否正常、这些埋点是否正常上报、上报的点位是否符合需求、是否存在反复上报的情况等。

3）数据接入需求

（1）数据接入背景。

发行侧的数据分析团队与版本管理人员会和研发团队约定好数据上报规范、流程、埋点需求，以及埋点上报到哪个服务器。研发团队根据需求将数据上报到指定位置，发行侧再进行取数、洗数、分析等操作，最终为业务决策提供参考信息。由于不同公司的基础建设情况不同，所以取数、洗数、分析数据的业务实现过程也不同。

具体分为以下三种情况：

①初级原始情况：没有"数据处理与分析系统"，取数、洗数和分析过程由数据分析师手动完成。

②公司自建"数据处理与分析系统"：公司开发一整套"数据处理与分析系统"，提供可视化报表和查询功能，非技术人员可以快速查询数据情况。

③使用第三方"数据处理与分析系统"：通过接入第三方"数据处理与分析系统"（付费或免费），公司内的数据分析师和运营人员可以根据需求配置可视化报表看板并实现数据查询功能。

[①] "应用落地页"是指应用商店内介绍游戏应用相关情况并给玩家提供下载入口的页面，也被称为"应用详情页""应用的商店详情页""应用的商店落地页"。

（2）数据接入流程。

"数据处理与分析系统"SDK接入：

根据"数据处理与分析系统"可提供的功能和项目需求确定具体接入内容。

埋点需求接入：

数据埋点的需求文档一般由"通用埋点需求文档"和"个性化埋点需求文档"组成，埋点需求文档一般由数据分析师负责制作。

通用埋点需求文档包含基础埋点，可支持基础的分析需求，项目之间可以通用。

不同产品的个性化埋点需求文档不同。根据经验来看，核心关注事件的埋点越细越好。

运营人员在上线前需要与数据分析师确认该项目的数据看板需求和专项分析需求，数据分析师根据分析需求完善埋点需求文档。数据看板需求是运营人员从自己过往项目的经验出发，根据对产品的理解，预估在产品上线后需要常态化浏览、监控、分析的数据。专项分析需求是指定具体研究对象和命题的针对性分析。

埋点结果验收：

研发团队完成埋点的初步接入后，向发行团队提供埋点验收包。数据分析师根据需求文档逐个验收埋点。需要注意，埋点的验收工作往往会经历"验收→优化迭代→再验收"的反复过程。

数据看板制作：

如果在产品上线后才开始开发与制作数据看板，则会导致数据分析节奏跟不上产品调整节奏。所以在完成埋点验收工作以后，数据分析师应尽快开始搭建数据看板框架。

4）广告聚合 SDK

广告聚合 SDK 应用于含有广告变现功能的游戏产品中，主要有以下三方面的作用：

①获得并填充数量更多、出价更高的广告，增加游戏的广告收益。

②通过对广告请求时间、请求频率等要素的限制，提高广告账户安全等级，降低账号被封、被限制的风险。

③实时监控广告数据，出现异常数据及时发出警告，提醒运营人员尽快处理，减少因事故产生的不必要损失。

广告变现需求较高的公司会自建广告聚合 SDK 以提高广告收益，但是广告聚合 SDK 的优化和调试时间比较漫长，需要大量数据作为铺垫。因此部分厂商选择直接使用第三方广告聚合 SDK，节约自建成本和调优期的时间消耗。

5）其他第三方 SDK

（1）问卷 SDK。

问卷调查是用户研究的基本方法之一。第三方问卷工具往往会提供问卷设计、发布、回收、奖励发放、问卷分析等一整套功能。研发团队接入问卷 SDK 以后，可以在游戏客户端实现问卷发放、回收、奖励发放等功能。

灵活配置问卷投放场景：

为了尽可能让问卷目标人群填写问卷，问卷填写入口需要配置在合适的场景中。例如，运营人员希望第七天登录的用户填写问卷，那么该问卷的入口只能面向第七天登录的用户开放。

问卷曝光位调整：

为保证问卷的填写和回收数量，需要在游戏内增加问卷曝光的场景和频率。例如，通过拍脸图[①]和游戏内的Banner位宣传问卷及问卷填写后的奖励情况，用户点击拍脸图或Banner位以后可以直接打开问卷。

（2）防作弊 SDK 接入。

玩家作弊对游戏公平性的伤害不言而喻，但是普通的游戏公司很难有足够的精力和资源制作反外挂与反作弊的工具。而且反外挂功能的开发和反作弊机制的优化是一个长期的过程，黑灰产业团队会不断寻找新的方式制作外挂，项目组只能不断地进行"猫捉老鼠"式的事后挽救工作。这种事后型的补救方案往往是滞后的，在这期间因为外挂产生的用户负面反馈会导致用户不断流失，造成游戏口碑下降和经济损失。

为了解决上述问题，研发团队可以提前接入反作弊系统，借用第三方成熟的反作弊工具可以阻挡市面上大部分的外挂和作弊系统。

---

① 拍脸图是指玩家进入游戏大厅后在屏幕中弹出的广告宣传图片，宣传内容包括游戏近期商业化活动、版本内容等。

（3）用户上传内容审查 SDK 接入。

社交属性强的游戏会给用户提供较多可自定义的个性化模块，例如上传自定义头像、自定义个性签名，在游戏内的个人空间上传背景照片等，这样会产生大量的用户自定义内容。出于游戏运营安全考虑，用户自定义内容需要经过审核后才能在客户端内显示，但纯人工审核存在效率低、速度慢、成本高且容易出错的问题。

为了解决这个问题，可以选择接入第三方内容审核工具，通过 AI 自动化处理，将涉及暴力、色情、宗教和其他敏感的内容屏蔽掉，维护游戏内文明和健康的游戏氛围。

（4）语音转文字 SDK 接入。

部分游戏支持用户在聊天界面发送语音消息，为了便于玩家之间相互沟通，游戏内可以接入语音转文字的第三方 SDK，帮助用户将其他人发的语音转为文字内容。

（5）翻译 SDK 接入。

海外发行的游戏，尤其是全球通服的游戏中的玩家来自世界各地，跨国沟通障碍比较大，且并非所有玩家的英语能力都可以达到正常沟通的水平。

为了便于不同国家的玩家相互沟通，游戏可以接入翻译 SDK，帮助用户一键翻译其他用户的文字聊天内容，提升用户之间沟通的效率。

2. 网页相关需求接入

1）网页相关需求分类

在产品上线前，存在以下三种网页开发需求：

- 游戏官网开发。
- 游戏预约页面开发。
- 承载用户运营体系或 VIP 运营体系的网页开发。

在产品上线后，网页开发需求有如下三种：

- 在游戏客户端内开展的市场品宣类的网页活动，例如 Cosplay 比赛、品牌打卡活动等，均可以通过网页的形式在客户端内灵活上线。
- 游戏内以拉收或促活为目的的各类网页活动。
- 赛事相关网页。例如直播页面、赛事竞猜活动页面等。

2）网页制作基本流程

（1）提出制作需求。

针对游戏内的网页活动页面：

- 不要提过分复杂的功能需求，网页和原生应用差异比较大，能实现的功能范围有限。活动规则也不要过分复杂，尽量复用之前的功能，尽可能压缩开发量，降低开发难度，减少开发用时。
- 在设计活动奖励时，奖励的性价比要和游戏内同类型活动的奖励保持一致。
- 游戏内网页活动的形式不要和游戏内原生活动"撞车"，同类型活动尽可能错开时间上线。另外，运营人员也需要站在用户角度考虑规则的"漏洞"，防止出现用户刷奖励的情况。

针对官网页面：

- 官网页面设计要考虑PC端与移动端的双端适配问题和页面缩放问题。
- 由于官网的域名和游戏关联度比较高，所以需要提前抢注。
- 需要提前准备好搭建官网所需要的各类物料，包括各类文字材料、图片、视频和链接。
- 官网可能包括但不限于以下功能和内容，设计时可以根据产品情况酌情选择：
  - 注册、充值、游戏介绍（世界观、角色）、客服、下载入口、游戏公告&新闻、Logo、论坛。

网页需求的具体模块如下。

- 网页需求说明：对网页需求进行概述，包括需求背景、需求目的、上线时间、面向的用户群体。
- 功能说明：针对网页需要实现的功能做具体说明，例如分享功能。
- 接口使用说明：罗列网页需要调用的接口[①]，并具体说明需要传输哪些数据与信息，以及传输的要求是什么。
- 数据统计需求：针对该网页活动，需要统计哪些数据。
- 风险评估：评估网页最高并发访问量，以及活动是否存在玩家刷资源、刷小号等风险。

---

① 接口，即API，可理解为"桥梁"，帮助程序和应用之间"沟通"信息。

（2）原型制作与页面设计。

原型制作和页面设计需要与游戏客户端内的整体配色、UI 设计风格保持一致，确保用户进入网页的时候不会有太强的突兀感。

（3）开发、测试验收与上线。

网页完成开发后进入测试阶段，测试内容包括接口联调、按照测试用例测试网页功能和内容。测试结束后，运营人员根据自己的需求文档验收网页功能，验收通过后部署上线。

3）网页活动上线后

监控运营状况：

与原生活动相比，网页活动上线后出现 Bug 和事故的概率相对较高。所以在网页活动上线后，要持续关注活动运营状况，排查异常数据，对刷资源、刷小号等情况保持敏锐的监控。运营人员需要在正式环境里多次反复体验已上线的网页活动，尽可能第一时间获知活动事故。

数据分析：

分析网页活动相关数据，包括活动参与率与完成率、曝光页面的点击率和打开率等，分析结果用于优化后续网页活动的曝光策略、UI 设计风格和数值配置思路。

3. 运维相关需求接入

1）明确需求

运维是指服务器的部署和维护工作，服务器的采购和维护在多数情况下由发行商承担，服务器部署工作由研发团队和发行团队共同商议决定是发行侧的运维人员还是研发团队侧的人员承担。根据发行策略和游戏类型的不同，双方需要讨论和确认服务器架构、服务器部署方案，以及与服务器相关的其他需求。

确定服务器架构和部署方案：

根据发行计划、游戏特点同研发团队敲定服务器架构与部署方案，并据此确定服务器采购厂商、服务器数量和性能，以及具体参数要求、CDN 部署节点与加速方案等。

明确数据互通、区服互通与账号互通问题：

根据整体发行策略，确认不同的渠道是单独创建渠道服还是渠道之间保持区服互通与数据互通。渠道服是指每个渠道有自己单独的区服，数据不互通。渠道之间区服互通和数据互通意味着不同的渠道共用同一套服务器架构，不同渠道的玩家可以在同一个区服内完成组队、PK 等互动行为。

另外，还需确认不同渠道之间的账号互通情况，即用户是否可以使用同一账号在不同渠道登录游戏。例如，用户使用第三方登录方式在安卓端某渠道创建了账号 A，那么他在 iOS 端使用该第三方登录方式登录该游戏时，可能会出现两种情况，一是重新创建一个新账号 B，二是直接登录进入账号 A。

确定开服计划与相关功能：

根据发行计划和产品情况确定开服计划。不同产品的开服模式不同，常见的有滚服模式和大通服模式。滚服模式下，游戏定期开启新服，老用户为了追求战力排名和良好的游戏生态会不断地前往新服创建新角色。射击类游戏、MOBA 类游戏往往采用大通服模式，为了避免不同地区玩家之间网络延迟过高，全球发行的大通服游戏会依据地理区域划分区服，例如北美地区为一个大区服，拉丁美洲为一个大区服。

如果游戏采用滚服模式，那么版本管理人员需要在上线之前确定区服的开放节奏、区服的人数上限、开新服的标准（单服新增用户数满足一定标准还是付费率稳定到某个水平），并进一步确认以下内容：

- 客户端内给新用户展示默认区服(推荐区服)的逻辑是什么，是最新开的区服，还是人数未满的、开服 X 天内、开服时间最久的区服，或者是其他的选择逻辑。
- 客户端给用户展示的区服状态/标签是如何判定的。常见的区服状态/标签分为拥挤、繁忙、畅通，各自的判断标准是什么。被判定为繁忙或拥堵的区服是否还允许用户进入，如果不允许，那么应该如何提示用户。
- 在产品层面还需要确定目前自动开新服的功能是否完备，开新服的时间、数量是否可以实现自动化。
- 如果大通服模式的游戏，则需要根据发行地区就近选择服务器的部署节点，并划定不同区域用户默认的连接服务器的优先级顺位。

另外，需要确认账号、区服、角色之间的对应关系，根据经验来看存在以下情形，如表 3-12 所示。

表 3-12

账号	区服	角色
唯一	单一区服	只允许创建一个角色
	单一区服	允许创建多个角色
	多区服	单一区服内允许创建多个角色
	多区服	单一区服内只允许创建一个角色

确定白名单机制：

服务器的白名单机制分为"内网 IP 白名单"和"账号白名单"两种模式，白名单允许运营人员或者 QA 在服务器维护状态下进入游戏测试产品功能和内容。

制定区服名称：

版本管理人员需要给研发团队提供区服的名称列表并且完成相应的本地化翻译，名称列表需要符合游戏内容的调性。例如，武侠类游戏的区服名称都带有明显的武侠特色，科幻题材游戏的区服名称则带有强烈的科幻风格。

确定服务器扩容方案：

根据发行计划确定服务器的扩容方案，例如针对服务器 CPU、内存或带宽资源的扩容，包括"临时扩容方案"和"周期性扩容方案"。

确定备份方案：

确定数据库的全备、差备、增备方案。全备是指完全备份数据库中的数据，差备是指备份上一次完全备份后出现变化的数据，增备是指备份上一次备份之后产生变化的所有数据。

制定服务器风险预案：

对上线后服务器和数据库可能出现的临时紧急性问题制定专门的技术化风险控制预案，这项工作由运维技术人员承担。

2）完成服务器部署

服务器根据使用需求分为以下几种。

开发服：

为了方便研发团队进行游戏开发而架设的服务器，一般由研发团队自行采买并部署，不在发行商的承担范围内。

测试服：

专门用于测试的服务器，一般来说测试服是指运营团队和研发团队或者 QA 用于测试的服务器，可随时删档重置、修改游戏时间轴。

运营人员在发放奖品及发布全服公告之前需要在测试服测试预发布内容。QA 对版本更新内容，尤其是登录、支付功能和活动内容需要在测试服进行测试，游戏策划人员上传配置表后，也需要在测试服进行测试。

镜像服：

针对线上正式服务器完全拷贝和同步更新的镜像服务器，用于测试。

灰度服：

也叫体验服或者先遣测试服，是面向用户的特殊服务器。针对不确定的功能和玩法，可以先更新至灰度服，让用户体验和测试后，再考虑是否更新到其他正式服务器。

提审服：

针对渠道审核专门部署的提审服，提审时需要切换至该服务器。

正式服：

给用户使用的正式服务器。

4. 第三方聚合支付平台接入

在部分 T2、T3 国家，存在非常多的线上、线下第三方支付渠道，例如通过线下便利店购买点卡、各类电子钱包支付渠道等，当地游戏用户也习惯通过各类第三方支付平台在游戏内消费，但是由于第三方支付平台数量较多，逐一接入工作量太大，因此在 T2、T3 国家发行产品的时候会选择接入当地的第三方聚合支付平台。

（1）第三方聚合支付平台的产品实现逻辑。

用户在第三方聚合支付平台上输入游戏内的账户或者 UID 确认充值对象，选择自己计划使用的支付方式，当订单创建成功并完成支付后，游戏服务端会自动向该游戏账户或者 UID 发货来完成订单。

（2）费率和结算周期问题。

用户通过第三方聚合支付平台下不同的子渠道进行支付，不同的子渠道的抽成比例也不同，综合来看不高于 30%，结算周期一般从 30 天～90 天不等。

（3）使用频率问题。

如果产品在 T2、T3 国家发行，那么建议接入当地主流的第三方聚合支付平台。这些国家的第三方支付产业较为发达，用户习惯已经被市场教育完成，用户对于第三方支付平台的使用和操作方式也非常熟悉。产品接入本地市场占有率高的第三方聚合支付平台，一定程度上也可以增加游戏的整体流水。

5. 运营工具开发

1）OMS/GMS 后台开发

OMS 后台全称为 Operation Management System，也就是运营管理系统，有些公司也称之为 GMS 后台或 GM 后台，全称为 Game Master System，即游戏管理后台。

这类后台一般由研发团队开发，分配权限给运营人员、产品经理和相关策划人员，主要为了方便运营团队和研发团队开展基础的维护与运维工作，包括但不限于游戏相关基础功能配置、用户相关数据查询、邮件发送等，GMS 后台包括的常规功能大致如表 3-13 所示。

表 3-13

功能模块	子功能	具体功能
角色信息查询	角色基本信息查询	支持通过唯一标识（如 UID、昵称）查询角色相关信息，包括在线状态、最后一次下线时间、角色等级、角色创建时间、渠道、设备、截至当前的充值额等
	背包情况查询	支持查询此角色当前背包/仓库拥有的道具、资源、货币情况
	道具获得、消耗记录	支持查询此角色的道具、货币、资源获得和消耗使用记录
角色操作	禁言	支持关闭或打开用户的游戏内聊天功能，可设定禁言时间
	修改昵称	支持修改用户的不雅昵称
	重置头像	支持重置用户的不合规头像为默认头像
	角色封号	提供封禁角色账号的功能，并可配置封号时间、封号公告或弹窗内容。同时支持在该用户登录界面告知用户封号原因、封号时间和申诉途径
	角色解封	支持对处于封号期间的角色进行解封
	角色扣道具	提供扣除角色名下道具、货币和资源的功能，可选择是否扣成负值
	角色清除出排行榜	在玩家作弊等情况下，提供将角色清除出排行榜的功能
信息审核	个性化头像审核	若游戏已经接入了第三方审核系统，则需支持人工对 AI 无法识别和准确判断的内容进行审核
	个性签名审核	
	照片墙审核	如果游戏没有接入第三方审核系统，需支持人工对用户上传的所有内容进行审核

续表

功能模块	子功能	具体功能
群体信息推送	公告	支持通过游戏内的公告、推送、最新消息配置需要发送的信息
	推送	支持分服务器、分国家、多语言配置公告、推送和最新消息
	最新消息	支持富文本功能
		支持超链接功能
		支持配置生效时间和失效时间
	全服/分服务器邮件	支持向全服或指定服务器发送邮件，可附带附件，可推送超链接。支持多语言邮件发送。
		提供邮件定时发送功能并可配置失效时间
	拍脸图	支持配置展示时间、弹出条件、弹出/展示的顺序和优先级、可跳转链接、定向国家
	游戏内 Banner	多语言、定向用户（例如只给充值用户展示、只给等级达到 XX 的用户展示、只给创角 30 天以上的用户展示等）
	跑马灯	支持配置字符颜色、滚动速度、滚动频率、展示时间、多语言
		可设定展示跑马灯的触发条件（例如有人抽奖中了大奖）、展示优先级（同时触发的情况下的展示顺序）
		支持定向用户展示、定向国家展示、多语言配置
个人信息推送	系统邮件	支持向个人或多人发送邮件，可附带附件，可推送超链接。支持多语言邮件发送
		提供邮件定时发送功能并可配置失效时间
绿色环境	外挂举报信息处理	支持对用户举报的外挂信息（使用外挂和售卖外挂行为）进行处理，同时通过邮件告知举报人处理结果
	辱骂、色情、暴力聊天内容举报处理	支持对用户举报的聊天内容进行审核并对被举报人进行处理，并通过邮件告知举报人处理结果
	挂机举报	支持审核和处理挂机举报信息，并通过邮件告知举报人处理结果
	外挂检测功能	系统定时检测外挂作弊行为并记录到后台，支持人工二次审核并处理违规行为
礼包码	制作礼包码	支持生成礼包码并配置生效时间、生效渠道、使用次数等，生成规则中需要注意尽可能不使用 i、l、o、0、1 这些容易出现辨识错误的数字和字母
		支持配置礼包码互斥规则，例如不同渠道的礼包码不通用；特定若干批次的礼包码，每个角色只可使用一次
		提供礼包码停用、礼包码补仓功能
	礼包码状态查询	支持查询礼包码的使用情况、生效状况
服务器	测试服调试	提供服务器清档、服务器时间设定功能
运营活动	网页活动参数配置功能	支持配置网页活动的各类参数
其他	直播功能	可支持配置直播外链，统计直播数据
	问卷功能	提供问卷发放、回收以及奖励发放功能

（1）礼包码。

①用户运营活动、市场品宣活动及渠道运营过程中都需要用到礼包码，为了避免滥发礼包码，需要统一制作礼包码并记录使用情况。

同样性质的礼包码要互斥，例如 A 渠道的礼包码只能给在 A 渠道创建的角色使用，不能在其他渠道使用。另外，要保证同一批礼包码每个角色只能使用一次，防止滥用礼包码的情况出现。

②礼包码分为两种，一种是通用型礼包码，有使用次数限制，一个码被使用 XX 次以后，或超过某个时间点以后就自动失效，一个角色也只能使用一次。另一种是唯一型礼包码，每一个码只能被一个角色在有效时间段内使用一次。

两种礼包码的使用场景不同，前一种往往在市场品宣活动中使用，鼓励用户公开进行社交传播。后一种往往是以私密形式一对一进行发放。

③要监控、分析礼包码的使用情况。一是通过礼包码的使用情况评估各种用途的礼包码发放数量是否合理。例如在某些活动中，礼包码的数量并非越多越好，需要给用户造成"限时限量"的印象，但是官方又不能过于"小气"，需要把控好这个"度"。二是一旦发现礼包码被滥用的情况，要及时停用礼包码。

（2）特殊商品的扣除和补发。

在给用户退款并扣除用户账号上的资源，以及出现掉单情况给用户补单的过程中，需要考虑特殊商品的情况。例如用户购买了战令，想要退款并同意扣除资源且恢复成未购买状态。用户购买了月卡，但是掉单了，官方需要给用户补单。针对战令、月卡这类的特殊商品，需要在 GM 后台为这些商品的扣除和发放功能做特殊处理。

（3）导号功能。

通过导号功能，可以将某个用户的游戏数据快速复制到测试服。便于运营人员和研发团队在测试服迅速地复现个别用户遇到或反馈的问题，并快速定位引发该问题的原因。

2）Debug 模式开发

复现客户端产生的问题时需要查看客户端Log[①]。当客户端具备Debug模式的功能后，研发团队可以在测试机上直接查看相关Log。Debug模式需要约定打开方式，一般会设置得相对复杂，防止玩家误开启，且GM后台需提供Debug模式的运行总开关，在

---

① Log 即日志，可理解为系统或软件的运行记录。

没有使用需求时保持关闭状态。

3）客户端 GM 工具开发

客户端的 GM 工具用于实现客户端的一些特殊功能。例如，广告投放侧使用的素材录制包支持通过 GM 工具实现 UI 的消失和出现、3D 场景的漫游、账号资源的满配等功能，为录制广告投放素材提供便利。

发行团队根据实际业务需要向研发团队提出客户端 GM 工具的开发需求，GM 工具开发完成后需进行简单验收。

3.2.4 非功能技术项接入

1. 品牌宣传

在整体发行计划确定以后，市场品宣团队会制定相应的品宣方案落地时间轴，规划品宣活动的整体节奏并细化到具体的执行方案以及对应的负责人。

在游戏正式上线前，市场品宣团队的主要工作是通过品牌宣传提高产品的知名度，并增加产品预约量，以及提前筹备上线后所需要的品宣活动内容与资源。

涉及运营的工作一般有三部分。

- 协助生成市场团队所需的礼包码。
- 协助嵌入品宣合作方相关内容：品牌联动、异业合作、代言人等形式的品宣活动在有些情况下需要在游戏内嵌入相关内容，例如将代言人的形象作为NPC植入游戏内，制作代言人相关的角色立绘。在市场团队与第三方确认合作方案以后，运营人员需要协助市场团队和研发团队沟通具体开发制作事项，配合第三方的监修[①]要求。
- 协助品宣活动在游戏社群中进行曝光：游戏社群在有些情况下会成为市场品宣团队与其他合作方置换的资源之一或品宣活动曝光的渠道，运营人员需要配合市场团队完成相应的落地执行方案。

[①] IP 或内容授权方对合作方使用的相关内容进行审核，确保使用内容符合双方合同中约定的使用要求和使用范围，不会对 IP 和授权内容产生负面影响。

2. 广告投放

游戏正式上线前，广告投放团队需要做的基础准备工作如下。

（1）根据总体的发行计划做好未来的广告投放计划，并根据市场行情实时更新投放计划预算表，投放计划需要具体到每一天的采量计划、采量来源（媒体渠道）、出价方式等。

（2）与相应广告投放平台的账户经理沟通完毕，完成账号开设并保证账号可以正常运行。版本管理人员需要根据广告投放平台的要求，及时提供游戏的应用商店落地页链接和其他所需物料。

以海外发行为例，需要提供应用在谷歌应用商店和苹果应用商店的落地页链接，部分广告投放平台才能完成投放账户申请或将广告计划、广告素材提交审核。

（3）确定广告投放素材创意方向、设计风格和数量需求，制作投放素材需求表，并与美术部门沟通具体排期和完成时间。

（4）制定广告投放侧的紧急情况处理预案，预案需要包括投放数据异常排查方案、投放数据未达目标处理方案、素材违规处理方案、账号被封禁处理方案等。

产品上线初期，广告投放预算都比较高，如果没有提前制定好预案，则会导致临时决策时间过长，错过最佳调整时机，且白白浪费投放预算。

3.2.5 测试与验收

1. 测试分类

测试的分类标准较多，且针对不同的产品也有不同的测试需求，承担测试的人员也不同。

既可以将测试分为"单一模块测试"和"多模块联调测试"，也可以根据测试内容将测试分为"性能测试""兼容性测试""功能性测试"和"压力测试"，或者根据测试对象将测试分为"客户端测试""服务端测试"等，根据测试者可将测试分为"开发人员自测""QA 测试""运营人员测试"等，根据测试方法可将测试分为"冒烟测试""黑盒测试""白盒测试"和"回归测试"等。表 3-14 是发行过程中涉及的相关测试内容的分类情况。

表 3-14

测试对象	测试内容				承担者
	性能测试	兼容性测试	功能性测试	压力测试	
客户端	测试程序的功能响应速度、响应时间、资源占用情况	不同机型适配	1.测试游戏内的各个功能板块 2.测试版本历程	根据游戏发行计划，预估游戏的峰值新增用户与在线用户数量，并根据这个数据对关键功能进行最大承载压力测试	研发团队承担，若研运一体则共同承担
服务端		/	1.拨测和 Ping 值测试，弱网测试 2.测试开关服等基础功能		
网页		不同机型适配	测试各个功能板块 测试主要接口	/	发行 QA
发行 SDK		/	测试各个功能板块	/	发行 QA
各类工具平台		/	测试各个功能板块是否符合设计初的规划	/	谁制作谁负责，谁使用谁验收
其他第三方SDK		/	测试各个功能板块	/	发行 QA 与运营人员
本地化文本	/	/	翻译是否完整、准确，同一词翻译前后是否一致，文本是否超框、字体库是否完整	/	外包或公司内部同事
数据埋点和上报	/	/	测试数据埋点上报是否完整且正确	/	发行团队数据分析师

针对联调测试：

多端参与的功能需要进行联调测试，联调测试某种程度上属于产品自测的一部分，功能联调测试无误后再交付 QA 进行测试。

例如支付 SDK 的联调测试，支付相关功能涉及支付 SDK 客户端和服务端、游戏服务端和客户端及渠道端，所以在交付 QA 进行正式测试前，必然需要通过联调测试的方式进行自测。

1）性能测试

性能测试包括服务端性能测试、客户端性能测试、网页、发行 SDK 以及各类工具平台的性能测试，性能测试的目的是测试程序的功能响应速度、响应时间、资源占用情况。

2）兼容性测试（适配性测试）

兼容性测试的测试对象包括游戏客户端、网页及发行 SDK，以客户端机型适配测试为主，iOS 设备较少且易覆盖，安卓设备型号较多，测试过程中尽可能覆盖目标发行地区或国家的主流机型。

适配性测试的主要测试内容包括：应用是否可以正常安装、打开、进入；游戏是否正常运行，是否有崩溃、闪退、卡死、黑屏情况；画面是否正常适配，是否有拉伸、留白情况；虚拟按钮是否有遮挡、触控反馈是否正常，物理按键是否有正常反馈（例如音量按钮）；文本是否有异常超框或者显示不全的情况。

3）功能性测试

（1）客户端。

客户端的功能性测试对象主要是游戏内的各个功能板块和版本历程，确保用户的游戏历程流畅且不出现问题。需要特别注意的是，在测试之前，策划或者运营人员需要面向测试人员讲解产品的版本和商业化内容，并指导测试用例的撰写，便于 QA 提高测试和验收速度。

对于一些特殊玩法，人工测试难度较大，建议使用脚本测试，例如跨服玩法。

部分功能测试的时间点需要服务端技术人员告知，尤其是必须要经过自然时间过渡才能触发服务器时间轴逻辑的功能。例如，QA 需要测试某个活动的结算结果，需要先将时间调到当天的 23:59:50，然后等时间自然过渡到次日的 00:05:00，这时游戏会发送活动结果和结算邮件，测试才能完成。这些规则需要游戏策划人员、运营人员或者技术人员提前告知 QA，帮助 QA 完成测试。

（2）服务端。

服务端需要重点测试开服、关服、合服、清档、数据回滚等功能，并对客户端显示的服务端返回的"提示语"逐个进行核对。

服务端的网络功能测试包括弱网测试、拨测和 Ping 值测试，拨测可以对网络链路的通畅性进行测试，弱网测试可以了解产品在弱网情况下的产品功能表现，Ping 值测试可以了解网络连接的延迟情况和丢包率。在完成以上测试后，还需要对 CDN 推包链路进行验收。

（3）发行 SDK、网页及各类工具平台。

对发行 SDK 接入游戏的各个功能进行测试，包括但不限于登录、支付等功能。

网页的功能性测试按网页承载的具体功能情况而定，需要特别指出的是，网页需要进行接口测试，尤其是内嵌在客户端内的各类网页活动。

各类工具平台功能性测试的目的是检验平台工具是否满足产品最初的功能定位和设计目标，优先满足可用性，前期可以暂时忽略易用性和交互体验。

（4）本地化文本内容（LQA[①]）。

即使专业的外包公司承担文本本地化翻译工作，也非常容易出现翻译不够本地化、翻译不符合本地用户表达习惯或翻译不够准确的情况。因此需要严格进行LQA，确保翻译内容无误。

LQA一般由外包公司或者本公司内掌握当地语言的同事承担，初次校对时需要关注翻译的准确性和同一特定名词前后文翻译的整体一致性，还需审查翻译内容是否遵从游戏的惯用表达方式。

在将文本导入客户端以后进行第二次校对：

①检查客户端字体库的适配情况是否正常，不同的字体库展示的文本可能会有不完整或文本错误的情况。

②同一句话用不同语言表达出的文本字数不同，需要注意文本是否存在超框情况。

③检查客户端是否存在被遗漏翻译的地方。研发团队在导出需要翻译的文本库时，很有可能因为各种原因没有搜集到客户端内某些地方的中文文本。例如资源加载过程中的提示语"加载资源配置中，不消耗流量"就非常容易被遗漏。

4）压力测试

无论是客户端、服务端、发行SDK还是网页的压力测试，都需要提前判断哪些业务场景和接口可能面临高并发的情况，并根据新增计划大致判断请求量级，由此可以确定具体测试模块和压力测试的相关指标范围。

针对发行SDK的压力测试，要特别关注支付和登录功能关键接口的承载能力。

压力测试结束后一定要把日志和相关数据清档，不能做完压力测试后就置之不管了，否则会给后面的工作留下隐患。

2. 测试流程

确定测试目的：

根据业务场景、实际需求和测试对象确定测试目的。

[①] Localization Quality Assurance，即针对本地化内容的测试。

确定测试用例：

根据测试对象制作测试用例，测试用例需要区分优先级。

确定测试方法：

测试方法包括冒烟测试、黑盒测试、白盒测试等，还需要确认是否使用自动化测试工具并完成自动化测试工具的参数和流程设计。

在实际操作过程中一般会先通过冒烟测试再进行正式测试，正式测试包括黑盒测试和白盒测试，可根据实际情况灵活选择。

提交版本并执行测试：

提交测试版本给测试人员进行测试，如果是海外地区发行的产品，则需要注意在测试版本内嵌入中文版本，可以提高测试人员的测试效率。

反馈测试结果并修复 Bug 和问题：

测试人员整理测试结果并将问题归类、描述问题复现路径、评估解决优先级并标注问题处理人，各个问题的对应处理人认领问题后尽快修复问题。

进行回归测试：

对已经修复的问题进行回归测试，测试无误后进行最终验收。

3. 运营验收

由于版本管理人员需要对版本的质量最终负责，所以必须要对已经完成测试、修复及回测通过的功能进行二次确认和验收，不能因为懒惰和嫌麻烦而逃避这个环节。

1）验收内容和验收方式

版本管理人员的经验和精力都有限，验收工作不可能涵盖各个功能模块，但是核心模块必须被囊括其中，具体可参考表 3-15。

表 3-15

验收模块	验收内容	验收方式
版本内容	上线的版本内容是否按照要求准备完毕	无须遍历各类功能，用户视角体验即可
商业化内容	上线的商业化内容和各类活动是否按照要求准备完毕	无须遍历各类功能，用户视角体验即可
登录流程	登录流程是否按照需求落地	体验不同登录方式的登录流程
支付流程	支付流程是否按照需求落地	体验不同商品的支付流程是否正常

续表

验收模块	验收内容	验收方式
游戏核心玩法和系统	核心功能、玩法和系统是否正常	用户视角体验核心功能和玩法是否正常
各类平台体验	客服平台、SDK 后台、GM 后台等平台是否按照需求落地	运营人员视角和用户视角体验
第三方 SDK 验收	第三方 SDK 例如问卷 SDK、翻译 SDK 的功能是否落地	用户视角体验流程
礼包码功能验收	游戏客户端内的礼包码兑换功能是否正常	用户视角体验兑换流程
更新流程	对产品更新流程进行验收和测试,包括热更新、换包更新、后端更新等	完整地执行一遍流程
服务器基础功能	开服、关服、合服功能是否正常	从运营人员视角和用户视角正常体验流程

2）Bug 和产品问题的判断

在测试过程中,针对测试人员无法判断归口负责人或定位原因的 Bug 与问题,版本管理人员需要介入并拉起各方讨论,协助定位问题产生的原因和问题处理责任人,不能置之不理。

在理想情况下,产品所有的 Bug 都需要解决完以后游戏才能正常上线。但在实际操作过程中,几乎不可能出现这种情况,人力资源是有限的,时间紧、问题多、任务重是非常正常的现象,版本管理人员需要灵活地根据实际情况判断哪些 Bug 的处理优先级高,哪些 Bug 的处理优先级低,哪些 Bug 暂时不处理也不会影响用户体验,哪些 Bug 处理成本高但收效不大,可以通过功能阉割的方式暂时回避这类 Bug 的处理需求。

3.2.6 游戏预约

1. 什么是游戏预约

在游戏正式上线前的品牌造势期,可以选择开启预约,让对游戏有兴趣的用户进行官网预约或者渠道预约,这样可以尽可能在公测初期获得更高的用户新增量级和市场声量。

在大多数情况下,游戏公测前期新增的用户属于核心用户。尽可能地获得这批用户,会给游戏营造更好的初期生态和流水成绩。

预约方式有两种,即官网预约和渠道预约。国内的官网预约以自建预约页面为主,用户使用电话号码完成预约,产品上线后通过发短信的方式告知用户游戏上线的消息并提供游戏下载地址，安卓端提供官网包的下载链接，iOS 端提供应用的苹果应用商店落地页链接。渠道预约是指在不同的渠道上开启应用预约，用户在渠道上可以一键完成游戏预约，在产品正式上线后，游戏会自动下载并安装。

海外的官网预约通常会要求用户提供邮箱地址，在产品上线后通过发邮件的方式告知用户产品上线的消息并提供游戏下载地址，由于海外没有官网包的概念，所以无论是安卓还是 iOS，官方只提供游戏在应用商店的下载链接，用户点击链接跳转到商店详情页面下载游戏即可。在海外的渠道预约中，安卓渠道开启 Google Play Store 预约，iOS 渠道开启 App Store 预约。

2. 预约流程

1）基础功能搭建

国内安卓渠道预约以联运渠道为核心，一般持续 3~6 个月甚至更久。对于 iOS 渠道而言，需先提交预约包并通过苹果应用商店审核后可在应用商店后台开启预约功能。

海外安卓渠道预约以 Google Play Store 为主，需要上传预约包才能开启预约功能，iOS 渠道与国内相同，需要先提交预约包并通过苹果应用商店审核后可在应用商店后台开启预约功能。

在正式开启预约之前需完成预约基础功能的搭建。

如果预约计划中包括商店渠道，那么需要根据各个渠道及商店的要求和规定，准备预约用的游戏包、资质、物料等，并和渠道沟通清楚预约期间的曝光和资源位情况，按照计划开启预约。

如果预约计划包括官网预约，则需要提前筹备预约网页。预约页面往往包括以下功能。

- 预约功能：用户可以通过邮箱或者手机号码进行预约，预约成功后，用户将在游戏上线后收到游戏上线提醒及对应的奖励兑换码（CDK[①]）。
- 邀请好友预约：用户可以邀请其他好友来前来预约，好友邀请数量达到一定程度后，邀请人会获得额外奖励。

---

① CDK 的全称 CDKEY，是指用于激活软件的密钥或序列号。在游戏行业内指可以在游戏中兑换奖励的一串兑换码，海外用户也将其称为"Gift Code"。

- 里程碑功能：为了增加用户的预约热情，官方会许诺用户当预约人数达到一定量级后，会给全体预约用户在产品上线后提供对应的预约奖励。常见的预约数量里程碑节点设置有 10 万、20 万、30 万、50 万、100 万等，不同的预约数量节点对应的奖励不同，预约量越大，奖励越丰厚。

由于很多预约渠道都会提供预约奖励，所以需要保持不同渠道预约奖励价值一致性，避免出现渠道之间不平衡的情况，否则容易引发用户不满。

- 抽奖活动：参与预约的用户可以在预约页面进行抽奖，奖励包括实物奖励和虚拟物品奖励。
- 用户留言板：用户可以在预约页面留言，营造预约页面"热闹"的氛围。
- 双端适配：预约页面需要进行 PC 端和移动端的双端适配，尤其需要针对移动端的页面加载速度和交互反馈速度做优化。

2）针对预约进行宣传和导量

预约基础功能搭建完成以后，一般通过三种途径引导用户完成预约。

- 品牌宣传：通过品宣和曝光，引导用户在官网或者渠道商店进行预约。
- 广告投放侧：将用户的官网预约行为或应用商店预约行为作为目标转化行为进行广告投放。
- 渠道或应用商店资源：如果在游戏预约期间可以拿到渠道或应用商店的推荐资源，则可以通过渠道和应用商店导量获得一定的用户预约量。

3）上线后关注转化数据

产品上线以后，需要分析通过不同的预约渠道完成预约的用户中最后成功转化为新增用户的比例，用于评估各个预约渠道的转化效果和转化成本。

另外，还需要关注预约转化的新增用户在后端的留存、付费、LTV 情况，并以此计算单个用户的成本回收率情况，评估预约的整体效益是否符合预期。

3.2.7 上线前确认

在游戏正式上线前（一般是上线前一周左右的时间），需要制定开服后的"突发紧急事件处理预案"及上线前的"最终检查清单"并按照清单进行上线前的最终验收工作，确保产品核心模块无误，降低上线后出现风险的可能性。

1. 突发紧急事件处理预案

1）突发紧急事件处理预案概述

在游戏上线之前，需要对上线后可能出现的各类突发紧急事件提前制作处理预案。

这里需要严格区分突发紧急事件和常规性游戏 Bug，突发紧急事件是指紧急的、影响范围大、如果不立刻处理就会对大面积用户产生负面体验的问题。

偶现问题、个别用户问题等影响范围小的问题，列入常规问题处理流程，不单独启动突发紧急事件处理预案。大规模但不紧急的问题，也列入常规问题处理流程。

如果不做区分，用户遇到的任何 Bug 和负面体验都组织团队紧急处理，则会打乱团队的正常工作流程，影响产品的正常开发和运营工作。

突发紧急事件的处理工作分为对内和对外两个部分，对外需要向用户解释情况、说明后续处理措施并安抚用户，对内要快速组织团队、商量对策并迅速落地执行到位。

2）预案基础流程说明

第一步：筛选产品异常问题。

版本管理人员需要密切关注从用户侧和数据侧收集到的产品问题和信息，筛选其中的异常问题和异常信息，各个运营子模块负责人也需要定时检查自身负责的模块是否有异常情况，发现有异常情况及时同步给版本管理人员。

第二步：判断问题是否需要启动预案。

版本管理人员需要判断异常问题是否符合启动突发紧急事件处理预案的标准——主要是了解问题发生的时间、影响的范围（影响的用户数和渠道范围）、具体表现，判断问题是否具备紧急性且影响范围大。

一般来说，如下几类问题是属于紧急性高且影响范围大的：

- 大量用户无法登录游戏。
- 大量用户无法充值或者充值不到账。
- 大量用户数据丢失，背包清空。
- 大量用户客户端无法正常连接服务器。
- 核心游戏功能模块或系统瘫痪，大量用户无法正常玩游戏。

第三步：组织对应模块接口人制定解决措施。

组织对应模块接口人制定解决措施、预估解决时间、判断目前的情况是否需要立刻停服。与此同时，版本管理人员还需要同步基础运营人员相关情况并及时对外发布统一公告。

对外发布的公告应包括以下内容：

- 由于 XX 原因，游戏出现了 XX 问题，官方已经知晓且正在努力解决。
- 问题预计在 XX 时间解决完毕，请耐心等待，问题解决后会给各位玩家发放补偿。
- 根据实际情况告知用户是否会停服，如果停服则需写明停服时间。

第四步：执行解决措施并验收。

在研发团队正式执行解决措施之前，版本管理人员需要遍历各类用户因为这次问题可能遇到的各种情况，以及措施落地后用户侧实际体验到的内容，保证措施可以准确地解决当前遇到的问题，确保玩家的游戏体验。

问题解决以后，需要发布公告，告知用户问题已经解决，并列出具体的补偿方案。补偿方案根据本次问题的影响范围和影响程度进行制定，一般不建议在问题出现时就说明补偿内容或直接进行补偿，因为此时研发团队和发行团队都无法准确地的判断问题会持续多久及影响范围有多大，如果贸然公布补偿方案，则容易给官方埋下隐患。补偿给少了用户不满意，给多了可能会影响游戏生态。如果官方出现承诺了补偿内容但是不兑现或少兑现等不讲诚信的行为，则极易引发玩家群体舆情事件，对游戏和官方形象造成不可逆的伤害。

补偿内容有以下两种：

- 补偿用户应得但未得的道具和资源，例如服务器数据回滚了，那么用户丢失的物品需要全部找回。
- 游戏出现的问题给用户造成了负面体验，官方对此进行补偿，体现官方的诚意和歉意。

第五步：复盘分析。

复盘分析本次出现的问题并将相关预防和解决措施列入突发紧急事件处理预案，尽量避免类似问题再次出现，即使出现也可以快速应对。

以上流程可具体参考表 3-16。

表 3-16

流程	问题发生	→	问题收集	→	问题判断	→	制定解决措施	→	执行解决措施并验收	→	复盘分析
流转过程	用户侧异常		1.按照XX周期上报从社群收集到的异常问题 2.按照XX周期上报从应用商店评价中收集到的异常问题 3.客服按照XX周期上报服务过程中收集到的异常问题		版本管理人员判断问题是不是紧急且影响范围大的问题。如果是，则通知各个接口人。如果不是，则问题进入常规问题处理流程	→	1.制定处理措施 2.统一对外口径 3.发布安抚公告 4.客服针对性的一对一安抚	→	1.执行解决措施 2.验收结果是否生效 3.发布公告并补偿	→	1.问题复盘 2.查漏补缺
	数据侧异常		按照XX周期上报异常数据			→	确定是否需要立刻停服				
负责人		→	1.用户运营人员 2.客服负责人 3.数据模块运营对接人		版本管理人员	→	1.版本管理人员 2.研发团队技术人员 3.发行侧技术部门（若需要） 4.基础运营人员	→	1.版本管理人员 2.研发团队技术人员 3.发行侧技术部门（若需要）	→	版本管理人员

3）突发紧急事件情况列举

突发紧急事件分为两种，一种是影响游戏能不能"正常玩"的问题，例如大面积的 Bug。另一种是游戏内容体验带来的舆论问题（也可以理解成用户侧大面积的产品建议），例如某次新上线的功能和玩法遭到用户的口诛笔伐，或者有大量的用户认为游戏内的某个设计存在抄袭情况。具体请见表 3-17 与表 3-18。

表 3-17

问题类型	问题描述	排查思路	补偿奖励
登录问题	大量用户无法登录游戏或登录失败	1.在客户端复现问题，然后拉取客户端和服务端的 Log，查看究竟是登录过程中哪一步出了问题	全服道歉补偿
	大量用户发现登录后不是自己的角色	2.如果是 SDK 的问题，对接 SDK 负责人排查、处理问题 3.如果是客户端问题，对接客户端负责人排查、处理问题	全服道歉补偿

续表

问题类型	问题描述	排查思路	补偿奖励
账号问题	大量账号无法登录	1.在客户端复现问题,然后拉取客户端和服务端的Log,查看究竟是登录过程中哪一步出的问题 2.如果是SDK的问题,对接SDK负责人排查、处理问题 3.如果是客户端问题,对接客户端负责人排查、处理问题 4.如果是后端问题,对接后端负责人排查、处理问题	全服道歉补偿
	大量游客账号丢失		全服道歉补偿
	大量角色丢失		全服道歉补偿
充值问题	大规模充值不到账	1.客户端复现并拉取Log 2.定位问题 3.对接模块负责人处理	全服道歉补偿、订单退款或补单
	大面积充值到账时间超过一分钟	1.测试并复现问题,统计支付流程中各个环节的耗时情况 2.优化耗时较长的环节	不对外宣称,定期优化
	实际扣款和显示价格不一致	检查应用商店后台、发行SDK后台和客户端内商品价格、商品名、商品ID的配置情况,快速定位并处理问题	全服道歉补偿、订单退款
	大面积多扣款问题/反复扣款问题	1.复现问题并拉取Log 2.定位问题 3.对接模块负责人处理	订单退款、全服道歉补偿
	大量用户无法拉起支付	1.复现问题并拉取Log 2.定位问题 3.对接模块负责人处理	全服道歉补偿
	大量用户支付后到账的商品有误(多了或者少了)	1.确定出现问题的商品有哪些 2.检查出现问题的商品在应用商店后台、发行SDK后台和客户端内的商品ID、商品价格、商品名称等配置信息的对应关系是否正确	对出现问题的订单进行退款或补单、全服道歉补偿
	大量用户支付过程中出现报错情况	1.确定报错Code含义 2.复现问题并拉取Log 3.定位问题 4.对接模块负责人处理	对已完成支付但是因报错导致商品未到账的订单进行退款或补单、全服道歉补偿
服务器问题	服务器炸服,大量用户无法登录	通知运维启动备服预案,快速增开服务器	全服道歉补偿
	大面积出现网络卡顿、网络连接错误情况	1.通知运维进行Ping值测试和拨测,确定CDN链路是否通畅 2.定位具体原因,确定是云服务商网络波动导致还是服务器配置出现了问题	全服道歉补偿
	更新后,大量玩家数据回档	1.紧急停服,避免问题影响范围扩大 2.拉取服务器Log,定位问题 3.确认是否有数据备份,若有则进行数据恢复 4.无数据备份则考虑制定资源补足策略	补足资源、全服道歉补偿

119

续表

问题类型	问题描述	排查思路	补偿奖励
游戏内功能性问题	大面积出现游戏活动奖励不到账的情况	1.根据现在情况判断是否需要紧急停服 2.后端技术人员确认问题影响范围 3.确定遗漏资源补足方案 4.后端测试脚本 5.停服并执行脚本	补足遗漏奖励资源、全服道歉补偿
	大面积出现游戏奖励发放错误的情况（发多了/发少了/发错了）	1.后端技术人员确认问题影响范围 2.确定资源补足、扣除、重新发放方案 3.后端测试脚本 4.停服并执行脚本	针对不同情况补足、扣除、重新发放奖励资源、全服道歉补偿
	游戏内排行榜数据异常	1.后端技术人员拉取 Log 定位问题 2.停服并通过脚本刷新排行榜，修正数据	全服道歉补偿
	测试服账号出现在正式服，引发用户舆论	1.后端技术人员删除测试服账号 2.停服并通过脚本刷新排行榜，修正数据	全服道歉补偿
	无法热更、热更失败	1.复现问题并拉取 Log 2.定位问题 3.如果暂时无法定位问题，则先撤回热更	全服道歉补偿
	游戏没有声音	1.复现问题并拉取 Log 2.定位问题 3.通过热更或换包更新修复问题	全服道歉补偿
	PVP玩法匹配排队时间过长	1.数据分析师拉取 PVP 玩法匹配耗时数据情况 2.策划人员根据当前的耗时情况优化匹配逻辑 3.测试后更新到正式环境	全服道歉补偿
性能问题	大面积用户出现崩溃、闪退问题	1.复现闪退、崩溃问题并拉取 Log 2.定位闪退、崩溃原因 3.通过热更或换包更新修复问题	全服道歉补偿
	大面积出现机型适配问题	1.拉取目前已完成适配的机型清单 2.根据用户反馈和机型清单情况，确定适配有问题以及未适配但用户持有量高的机型列表 3.快速进行适配优化处理	全服道歉补偿

表 3-18

问题类型	问题描述	解决思路
产品舆论危机	产品更新后的新功能和玩法引发用户群体的集体抗议和不满	1.发行团队和研发团队根据用户的反馈内容共同讨论处理措施 2.发布公告，向用户说明情况及后续处理方案 3.按照计划执行处理方案

续表

问题类型	问题描述	解决思路
产品舆论危机	大量用户认为产品存在抄袭的问题	1.发行团队和研发团队及公司法务人员共同成立专项小组，确定处理措施 2.发布公告，向用户说明情况以及后续处理方案 3.按照计划执行处理方案

4）预案宣讲与演练

向各个模块接口人宣讲突发紧急事件处理预案，同时制作排班表，保证上线后遇到突发问题时可以快速反应并处理。

针对关键性的突发紧急事件需提前对预案进行演练，确保出现问题后可以准确无误执行预案。

2. 最终检查清单

在产品正式上线前，版本管理人员需要对各个板块进行最后的验收和检查，之前已经测试过且没有问题的内容不再重复测试，重点检查核心模块和关键功能，检查清单如表3-19所示。

表 3-19

验收模块			验收项	负责人
合规性	年龄分级		游戏的年龄分级结果和标识应用符合政策要求	运营人员、法务
	《用户隐私协议》和《用户协议》		《用户隐私协议》和《用户协议》的用户确认流程符合政策要求且与设计方案一致，协议文本内容完整无误	
游戏功能	发行SDK	登录功能	各个登录方式的登录过程正常、流畅	研发团队、发行SDK技术部门、运营人员
		支付功能	各个渠道的支付流程正常、流畅，商品可以按时到账	
		分享功能	第三方分享功能可以正常拉起第三方平台且成功完成分享后返回到游戏客户端内	
	运营工具	公告功能	客户端的公告弹出、展示功能正常	运营人员、研发团队
		邮件功能	个人邮件和全服邮件的发放功能正常可用	
		GM后台	GM后台的核心功能正常可用	
		客服功能	客服入口可顺利进入，用户排队、客服接线应答功能正常	
		问卷功能	问卷弹出、填写、奖励发放功能正常可用	
	包体相关	分包功能	游戏的分包功能符合设计方案且功能正常可用	运营人员、研发团队
		热更功能	游戏的热更加载过程正常、流畅，无明显的等待卡点	
	数据相关	核心数据埋点	新增、活跃、付费等宏观数据相关埋点正常上报	数据分析部门、运营人员
		数据看板	数据处理与分析系统的数据看板可正常查询、显示数据	

121

续表

验收模块		验收项	负责人
游戏内容	版本历程 / 新手引导	新手引导流程流畅且功能正常	运营人员、研发团队
	UE/UI 走查	游戏 UI 不存在明显问题，UE 流畅	
	核心玩法、系统、功能走查	游戏核心玩法、核心系统、核心功能正常可用	
	本地化（海外发行）/ 本地化文本	所有文本均已本地化，已本地化文本不存在超框情况	
	本地化配音	所有配音均已本地化，已本地化的配音可正常播放无卡顿	
	游戏活动	游戏活动的开始时间、结束时间与活动功能符合设计方案且可以正常使用	
渠道提审	游戏包提审进度	游戏包已通过所有渠道和应用商店的审核，处于待发布状态	运营人员
	商店物料	商店物料已经通过审核且内容无误	
	渠道资源位	渠道资源位已经沟通到位，资源位所需宣传物料准备无误且已经完成上传、审核	
	CDK 情况	已生成的礼包码可正常使用	
服务器	开服、停服功能	游戏的开服、停服、服务器白名单功能正常	研发团队、运维、运营人员
	开服分流功能	公测开服后，大量新增用户涌入游戏，需确保新增用户的分流功能正常可用	
广告投放	广告投放计划	广告投放计划、投放风险处理预案已经准备完毕	广告投放团队
	广告投放账户	广告投放账户已经完成申请，广告组和广告计划已经提前准备完毕	
	广告投放 SDK	广告投放相关数据埋点上报正常，广告投放 SDK 正常可用	
	广告投放素材	广告投放素材准备完毕	
品牌宣传	预约功能	预约功能正常，整体转化流程顺畅无卡点	品宣团队
	CDK 情况	交付给品牌合作方的礼包码符合对方要求且可以正常使用	

3.2.8 正式上线

1. 渠道发布应用

不同渠道从"应用商店后台发布应用"到"应用可在渠道内被搜索到"的间隔时间不同，所以需要根据既定的统一的"用户可在渠道搜索到应用"的时间点倒推每个渠道"应用商店后台发布应用"的时间，确保用户可以在各个渠道同时搜索、下载到游戏。

在既定的正式开服时间前，一定要确保服务器没有对外，如果出现提前开服的"偷跑"行为，则官方的信誉度会受到损害。

2. 再次检查游戏基础功能

在游戏推出到应用商店或者渠道以后，所有人员都可以下载。在大多数情况下，游戏开服时间会晚于应用可下载时间，运营人员、QA 或游戏策划人员在游戏正式开服前可以通过服务器白名单功能提前进入游戏，再次确认游戏的基础功能和前端转化流程。基础功能包括登录和支付功能、游戏内的核心玩法和系统功能等。确认前端转化流程需要运营人员、QA 或游戏策划人员以用户视角遍历"应用商店/渠道下载游戏→安装游戏→启动游戏→注册→登录→创建角色→完成新手引导→正常体验游戏玩法"的各个环节，这是保证产品上线后不出问题的最后一道保险。

如果在这个过程中发现了问题，则需要紧急修复。如果必须推迟上线时间，则需要紧急发布公告告知用户。另外，在完成测试后，服务器一定要进行清档。

3. 游戏开服

游戏在既定的时间开服后，版本管理人员需要实时关注新增用户的数量和服务器当前的承载情况，并按照实际情况和之前制定的运维风险控制预案增加服务器做储备，避免因为服务器承载压力过大或者新服开放时间过慢导致的炸服、排队时间过长等情况。

4. 开启广告投放

开服以后，广告投放团队按照既定的广告投放计划开启广告投放。

游戏正式开服以后，大量用户涌入，如果 30 分钟（具体时间可以根据实际情况斟酌）内用户侧都没有比较明显的负面问题反馈，则正式开启广告投放。

在正式公测前，市场团队会开展品宣预热和各类预约活动，通过品宣慕名而来等待游戏上线尝鲜和已经完成预约的用户都会在产品上线前期涌入游戏，再加上广告投放侧获得的新增用户群，短期内会形成冲榜效应，即游戏进入应用商店或渠道的畅销榜单、热门榜单等，冲榜效应会在应用商店或渠道内给产品带来二次曝光，增加游戏的自然流量。

5. 公测后 1~7 天

对于大多数产品来说，公测上线后的前七天是产品新增用户的峰值期间，也是建立游戏口碑的关键时期。这段时间版本管理人员需要密切关注产品数据、用户反馈与群体舆情，并对各类情况做出快速反应，保证产品在上线前期稳定运行，也为产品中长期的稳定运营打下基础。

具体而言，在上线前七天，建议发行团队和研发团队以每日复盘会的形式对产品进行全方位的诊断与情况跟踪，再进行相应的产品优化、调整和修复工作。

1）监控、分析宏观数据

版本管理人员需要汇总、分析公测后每一天的宏观数据，包括每一天新增用户的留存、付费和LTV情况，广告投放侧的基础数据（获客成本、采量情况、预算消耗），品宣侧的数据情况，应用商店评分情况，游戏在各大商店的榜单情况（海外主要是App Store 和 Google Play Store），产品前端转化率的数据情况，Bug 和 Error 及 Crash 的数据情况，客服访问量和接线应答量的统计情况，各个地区用户的网络情况数据（Ping值情况和丢包率等）。

2）快速响应、处理用户反馈

综合客服、用户运营侧的用户反馈和舆论风向，针对用户意见比较大的问题快速响应、集中处理。

3）优化游戏内版本、商业化内容，快速热更处理

根据用户侧反馈的信息，针对用户在版本和商业化模块中呼声比较高的建议与反馈比较多问题，快速调整版本和商业化内容。这里的调整一般是指开发量较小的优化处理。

一般来说，官方如果在面对玩家提出的建议和问题时展现积极处理建议的态度和快速解决问题的能力，可以提高用户群体对官方好感度，构建良好的官方形象。

行业内曾存在过这样一种观点：我的产品我自己定义，不能听用户的，用户怎么说就怎么改，后面岂不是都要妥协和让步了。

持有这种观点的人无疑最后都会把游戏推向用户的对立面，游戏以用户的体验和满意度作为核心衡量标准。一个没有人玩的游戏没有任何价值。

3.2.9 稳定运营

在游戏正式上线7~14天以后，产品基本上会逐渐过渡到稳定运营状态。各个模块开展日常维护工作，具体工作内容相较上线前和上线后前七天会减少许多。

1. 版本更新

按照既定的更新流程完成产品更新，重点关注用户侧的反馈和基础数据情况。一般来说，即使经过多方测试，新版本难免还是会有 Bug 和 Error 等问题。所以在版本更新当天，版本管理人员需要密切关注版本稳定性，一旦发现有问题，要尽快处理。

2. 测试更新内容

游戏上线后，无论是整包更新还是热更新，都需要测试无误后才能更新到线上，测试对象包括发行 SDK、网页、客户端、数据埋点及本地化文本，具体测试内容如下。

- 发行 SDK：如果发行 SDK 进行了升级和 Bug 修复，则需要进行测试。
- 网页：如果更新内容包括网页，则需要测试。
- 客户端：针对客户端更新的内容或者修复的内容进行测试。
- 数据埋点：如果增加了新的数据埋点，则需要测试埋点上报是否正常。
- 本地化文本：新增和修复的本地化文本翻译内容需要进行测试。

3. 渠道维护

1）换包更新

按照应用商店要求执行换包更新流程。

联运渠道包更新的主要风险来自渠道审核和上架时间的不确定性。部分渠道的上架流程中人工干预的程度比较高，渠道运营人员或版本管理人员需要和对方的接口负责人保持紧密的联系，以防换包更新时出现应用延期上架的情况。

2）新商品档位提审

如果更新内容中包含新的商品和商品档位，则还需要在支付 SDK 后台、应用商店后台配置对应的商品 ID、价格档位、商品名称（包括本地化名称）、商品介绍（包括本地化介绍）、商品截图等资料并提交审核。

3）更新应用商店物料

不同的游戏大版本一般会有不同的主题和核心主打内容，版本管理人员或渠道运营人员需要根据大版本内容的核心卖点筹备商店五图、视频及文案素材。另外，商店落地页素材也会影响广告投放过程中商店落地页的"曝光→下载"转化率数据，所以除了正常的版本更新过程中需要更换应用商店物料，如果商店落地页的转化率过低，那么版本管理人员或渠道运营人员需要和广告投放团队共同讨论、确定应用商店的物料优化方向。

4）维护应用商店评分与评价

商店评价和评分会影响应用商店落地页的下载转化率。无论是自然流量还是通过广告投放导入的用户，在最终决定是否下载游戏的时候，均会受到商店评价和评分的影响。如同消费者逛各类电商平台一样，如果买家给商品的评价很差，店铺的评分不高，消费者可能会因此改变消费决策。

维护商店评分和评价的方法有如下几种：

- 最重要也是最核心的办法是重视用户的反馈和建议，根据用户体验做产品优化，逐渐获得用户认可。
- 在各个社群号召游戏的核心用户群体到应用商店进行好评。
- 部分商店如 App Store 支持以原生方式在客户端内弹出邀请用户对游戏进行好评的弹窗，引导用户对游戏进行好评。
- 用户在商店的评论都尽可能一一回复。对于用户反映的问题，解决得越快越好，并诚恳地请用户修改或撤回差评。
- 在 App Store 中，每一次换包更新时均可以选择重置当前评分，可以适当考虑使用此功能。

5）更新渠道曝光素材

渠道提供的曝光资源位需要定期更换曝光素材，素材方向建议和游戏的版本更新内容保持一致，借此吸引更多的新用户下载游戏，并召回老用户。

6）宣讲新版本内容并争取曝光资源

产品新版本正式上线前，渠道商务需要向渠道方介绍产品新版本内容，并尽可能争取编辑推荐位、热门游戏榜单等曝光资源。

4. 客服工作

1）优化客服基础工具

针对客服使用的应答系统、查询系统等基础工具，产品经理需要根据客服实际使用过程中的体验反馈整理优化需求，不断地迭代功能。

2）迭代相关资料

根据版本更新的节奏，补充和完善游戏资料库、FAQ 库及常用的问题处理流程。

3）监控掉单、退款数据

监控游戏的掉单、退款数据，如果最近的掉单、退款数据异常增多，则需要查明具体原因。

4）关注新版本上线后的舆论情况

新版本上线后，集中收集用户的反馈、建议，并关注用户群体在各个社媒平台上的舆论走向。

5. 数据分析相关工作

- 根据新版本的更新内容增加埋点。
- 根据新版本的更新内容搭建新的数据看板。

6. 常规运营行为

1）迭代 OMS 后台

根据实际业务需求迭代 OMS 后台，开发新功能或优化旧有功能，旧有功能优化时主要考虑使用人员的易用性，以提高工作效率为优化目的。

2）配置公告

更新新版本、处理突发事件等情况时都需要统一配置公告，公告配置完成后，一定要在测试服或通过正式服的测试账号进行测试，确保内容无误后再发出，需要注意换行、错别字和歧义等细节问题。

3）发放补偿和奖励

补偿或奖励在发放之前需要在测试服完成测试，确认无误后再发送。

7. 配合市场板块的相关需求

跟随游戏版本内容更新的节奏，市场品宣团队会开展以版本为核心的前期预热、品牌联动等活动，运营团队需要协助市场品牌团队梳理产品新版本卖点、制作市场品宣团队所需的礼包码，以及完成其他需配合事项。

根据以往的广告投放数据和游戏新版本内容，广告投放团队可能会新增广告投放事件埋点、通过Deeplink[①]的方式唤醒流失用户、制作新版本内容相关的广告投放素材等。运营团队需要协助广告投放团队完成以上工作任务。

8. 合服相关工作

对于比较看重区服生态的游戏，运营人员会在游戏运营的中后期进行合服，将两个或多个老服现存的用户合并到同一个区服中，挽救老服因为用户不断流失而"奄奄一息"的用户生态状况，提升老用户的活跃程度与游戏体验，降低现存用户的流失速度，最终达到尽可能延长游戏生命周期的目的。

1）目的

- 提高用户的活跃程度，降低用户流失速度，维持区服生态，保证良好的用户体验。
- 刺激用户的养成追求、战力追求、社交追求等，提高游戏流水。
- 满足用户自身合服需求。

2）合服考虑因素

（1）两个区服的开服时间差异，当前版本的内容差异。

用于评估开服时间不同和版本节奏差异所造成的两个区服用户群体之间存在的实力差距。如果两个区服中用户群体的实力差异过大，则不建议合服。如果差距在可接受范围内，则需要考虑对晚开服的区服中的用户群体进行一定基础资源的补偿，尽可能保证双方公平竞争。

（2）两个区服从开服至今多久。

用于评估区服内的生态状况目前处于什么阶段，如果区服内部的生态仍然非常"旺盛"，就没有合服的必要。

（3）距离上次合服时间。

计划合服的区服距离上次合服时间不能过短，如果时间过短，则可能上次合服过后的内部生态还没有稳定，用户也比较疲惫，在短时间贸然再次合服可能会导致区服内的生态崩溃。

---

① 深度链接，用户点击链接后可以跳转到应用内的指定页面。

（4）两个区服的生态情况综合评估。

合服的关键是合服后生态的构建，而生态构建的核心是两个区服中现有生态结构的参与者，所以需要对两个区服中现有生态结构的参与者进行评估。

- 两个区服中的高战力用户有哪些？比较出名的用户有哪些？战力分布情况如何。
- 两个区服中高战力、高排名团队（例如公会、家族）的情况是怎么样的？数量有多少？实力如何？团队内部是否团结？行事风格如何？
- 两个区服中高战力团队的话事人（会长、族长）的性格如何？对于合服有什么想法和诉求？
- 两个区服中女性用户数量和男性用户数量情况及其比例。
- 两个区服中用户群体的国家、地区分布。

综合以上，运营人员需要提前想清楚想要构建一个什么样的生态状况？以及对于当前待合服的多个区服，如何进行组合后，产生的生态收益最大，效果最好。

例如从战力的角度，可以将不同的区服生态归纳为"强区服"和"弱区服"，那么"强区服+强区服""强区服+弱区服""弱区服+弱区服"所构建的生态也就不同。如果引入更多的维度，例如社交维度、活跃维度、付费维度，则可以给不同区服贴上更多的标签，运营人员也可以从更多的角度考虑合服的方案。

3）合服细节问题

合服后的新区服名称应该如何确定？一般以两个或多个区服中有名的、开服时间更长、整体区服生态更好且用户群体实力更强的区服名称作为合服后的区服名称，也可以直接另起一个新名称，弃用旧名称。

9. 针对用户反馈问题的分流和处理

1）用户反馈问题的分流和处理

产品上线后，发行团队会从各个途径收到用户的反馈，版本管理人员需要梳理清楚用户的问题反馈路径和对应的接口负责人及相应的处理流程。

用户的问题反馈路径如表 3-20 所示。

表 3-20

反馈来源		国内	海外
社群	社媒平台	微信公众号、微博、抖音、小红书等	FB、X、Instagram 等
	聊天工具	QQ 群、微信群	Discord、Line、WhatsApp 等
客服	客服平台	自建或第三方平台	
	邮箱	官方客服邮箱	
渠道/商店	用户评分和评价	联运渠道、苹果应用商店等	Google Play Store、App Store

版本管理人员需要建立完整的问题采集、分流、处理流程，如图 3-3 所示。

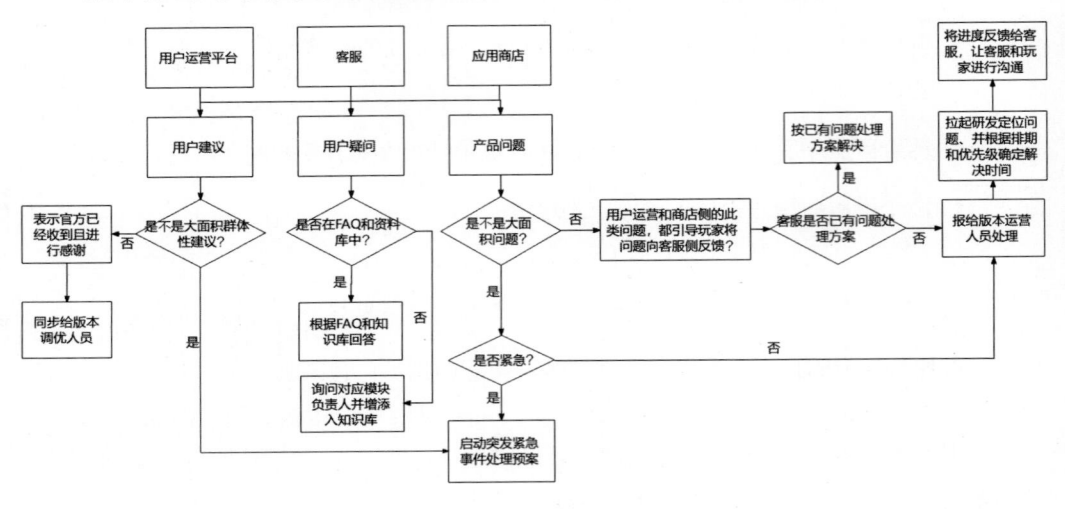

图 3-3

用户的反馈可以粗略地分为建议类、疑问类和产品问题类。非群体性建议（个体性用户建议）需要回复，表示官方已经收到并进行感谢，同时上报给版本调优人员。大面积群体性建议需启动突发紧急事件处理预案。疑问类反馈通过查询 FAQ 库和资料库进行处理，如果是没有遇到过的问题，则询问对应模块负责人并完善相关资料。

一般来说，客服会同时负责客服模块和商店评价模块，用户运营模块由专人负责。

产品问题根据是否为规模性问题和重要、紧急程度进行分类处理，具体可参考表 3-21。在应用商店、用户运营平台采集到的用户反馈的个性化问题，不要通过应用商店和用户运营平台的沟通途径进行解决，而是要将用户引流到客服系统或客服邮箱。一方面是不要占用公共资源，另一方面是在用户运营平台或应用商店解决此类问题的效率过于低下。例如，用户在官方通知下面留言说自己账号角色错误，如果运营人员在留言下面和用户对话收集信息，则会造成用户个人信息泄露、占用公共资源，且回复起来非常不方便。

表 3-21

产品问题	重要	紧急	群体性	个人性	处理方式	备注
	√	√	√		启动突发紧急事件处理预案	若为预案以外的问题，则需要特殊情况特殊处理
		√	√			
	√		√		报给版本管理人员处理	
	√	√		√	通过客服已有预案解决	
	√			√		
		√		√		

在应用商店、用户运营平台采集到的用户反馈的群体性产品问题，要及时反馈给版本管理人员，启动突发紧急事件处理预案。这类问题不需要判断是否紧急，因为处理这类问题展现的是官方面对问题的态度，如果不迅速解决或者置之不理，则容易给官方形象造成不良影响。

以上问题每天都需要进行记录，每周进行复盘和总结，并将用户反馈提供给研发团队参考。但是需要和研发团队说明，不能因为用户反馈了意见就进行修改或者优化，因为反馈信息的用户的数量不一定能代表所有用户的想法，问题紧迫性也不一定非常高，要根据综合因素进行判断和采纳，不要被用户的情绪带偏方向。

针对用户反馈到版本管理人员侧的问题，版本管理人员需要拉起研发团队定位问题原因、确定解决方案，根据问题紧急性和研发团队排期确定问题解决时间，并将以上信息及时同步给客服，客服针对以上问题回复用户。

2）产品问题的排查思路

版本管理人员对版本的质量和稳定性负责。当产品出现各类功能问题或大面积的用户建议时，版本管理人员需要发动各个模块接口人，牵头执行排查流程，尽快定位和解决问题。

针对大面积产品问题：

"突发紧急事件处理预案"无法穷尽所有的产品问题，所以当遇到预案外的产品问题时，版本管理人员需要通过常用的排查方法尽快定位问题并及时处理，具体可参考表 3-22。

表 3-22

问题所属模块	排查方法或工具
客户端功能	Debug 工具、Log、导号工具

续表

问题所属模块	排查方法或工具
服务端功能	服务端日志
数据库	日志
登录和账号问题	根据现象定位问题可能发生的环节
支付问题	检查支付 SDK 参数、应用商店和渠道后台参数、客户端内参数是否无误，根据现象定位问题可能发生的环节

步骤一：确定问题出现的时间、频率、渠道、包体版本、复现步骤，受影响账号的昵称、UID、所属区服等基本信息（如果是群体性问题，那么样本越多越好）。

步骤二：根据上述具体情况定位问题大致是出现在哪个模块上，判断是由客户端、服务端、运维还是发行 SDK 相关负责人在技术层面定位原因。

步骤三：根据复现步骤在测试机上复现问题，或者使用导号功能复现问题。问题复现后，拉取对应的 Log 文件帮助技术人员准确定位原因。同时排查最近一周到两周内做的更新情况，并考虑问题是不是某次更新所导致的。

步骤四：如果手头积攒的待研发团队处理的问题较多，则需要排优先级。紧急程度高的问题考虑优先处理，并判断是否需要临时更新。紧急程度低的问题可以稍后处理，并跟随正常更新节奏一并更新到线上，不安排临时更新。

针对大面积的产品建议：

如果是用户大面积反馈的产品建议类问题，则需要和研发团队一同紧急讨论对策，理解用户不满的原因，并提供合理的解决措施和补偿措施。

步骤一：汇总用户的评价和反馈。

步骤二：发布公告告知用户问题正在处理，并表示歉意。

步骤三：和研发商讨具体的补救措施、解决方案和临时处理方案（例如临时关闭相关功能）。

步骤四：对外发布公告，告知用户最终处理方案，并表示歉意。

步骤五：执行解决方案，并发放对应的补偿。

3）事故报告

针对影响比较大的问题和事故需要撰写专门的事故报告，并通过邮件抄送相关负责人。

如表 3-23 所示，报告一般包括以下几部分。

表 3-23

报告包括内容	举例
问题起因	策划在配置游戏内活动的配置表时，没有按照需求配置活动时间，导致原来为期 14 天的活动在第 8 天就完成了排行榜的奖励结算和邮件发放，引发了用户的不满
影响范围	活动为全服活动，影响范围为全服
解决方案	• 停服维护并重开活动，排名重新计算。统一补偿参加过这个活动的用户，以表歉意 • 对全服进行补偿，为游戏运营过程中的失误表达歉意
事故全过程	• 5 月 15 日 10:00 左右，有两三位用户反馈游戏中的某个活动已经提前结束并结算了，玩家原本计划后续继续冲榜，但是已经没有机会了，向官方表达了不满 • 5 月 15 日午 10:30，版本管理人员进入游戏复现问题，发现该活动确实已经结算，与设计时的方案不同。并前往不同区服交叉验证该情况，均发现了此问题，基本判断该问题为全服性问题而不是个别玩家的个体性、偶发性问题 • 5 月 15 日午 11:00，版本管理人员通知研发团队相关情况，并拉起相关接口人开会讨论。运营部门向用户发布情况说明公告，告知用户官方已经知晓并正在处理这个问题，安抚用户情绪。研发团队从配置表、代码层面开始逐一排查问题 • 5 月 15 日午 11:30，研发团队定位到了问题产生的原因，确认是配置表配置错误所导致的问题。运营部门与研发团队开会讨论解决方案，决定当日 14:00 停服处理问题，并确定具体的补偿方案。运营部门立即发布停服公告 • 5 月 15 日 14:00，游戏停服，研发团队更新配置表并修复相关问题，同时抓取参加这次活动的用户的 UID 数据。修复完成后，测试人员进入游戏测试修复结果，确认无误后，准备游戏开服事项 • 5 月 15 日 15:30，运营部门完成开服公告、问题说明公告、受影响用户补偿、全服补偿的筹备工作，游戏准备开服 • 5 月 15 日 16:00，游戏开服，运营部门发布公告和补偿邮件 • 5 月 15 日 18:00，用户运营侧持续收集用户对这个事故处理结果的反馈，总体来看用户基本满意
后续防范措施	• 配置表内的关键参数，例如活动时间、奖励、核心规则都必须经过两位测试人员和运营人员的交叉测试，确保测试无误后，再将配置表更新到线上 • 任何上线的新活动，在上线时间周期内，运营人员每天都必须在线上体验该活动，确保问题早发现、早定位

第 4 章
渠道运营

4.1 渠道概述

4.1.1 国内外渠道情况

渠道运营工作中的渠道主要是指分发应用的渠道，包括安卓分发渠道和 iOS 分发渠道。

国内与海外的iOS分发渠道均为App Store[①]。国内安卓分发渠道为官网、联运渠道及CPS渠道，海外安卓渠道以Google Play Store为主，不像国内多个渠道均势并存，但同时也存在小米、华为、OPPO、vivo等海外传统联运渠道，也包括TapTap这类不进行分成非传统联运渠道。对于不同的国家和地区而言，还会存在一些DMM本地应用商店或者本土联运渠道。

例如，在韩国本地有三星应用商店和 ONE Store，在日本存在这样的联运渠道。如果面向这些国家展开发行工作，那么需要单独研究这些本地渠道的接入方法。

[①] 截至本书定稿前，苹果公司已同意向海外部分国家和地区开放使用第三方应用商店的权限，但由于该政策尚未落地实施，因此本书暂不考虑此种情况。

4.1.2 渠道相关工作内容

无论国内还是海外，渠道运营工作均包括上架、发布和下架渠道包、维护渠道后台、协调渠道资源。国内安卓渠道的情况相对比较特殊，还需要单独制定渠道策略。

国内的渠道较多，整体工作量较大，所以在国内的发行项目组内会设置专门的渠道运营岗位。海外发行过程中涉及的渠道较少，基本上只有 Google Play Store 和 App Store 需要维护，所以这部分渠道运营的工作一般由版本管理人员承担。

制定渠道策略：

渠道策略的制定主要针对国内安卓渠道，运营人员根据不同渠道的用户群体特点、商务关系、资源排期、渠道算法和上架推广规则等情况评估产品应该在该渠道上如何开展渠道包装、卖点包装、素材设计，以及安排推广节奏。同时按照不同产品的发行计划和测试需求确定不同渠道上架应用和获量的节奏，并能够合理预估获客量级。

维护渠道后台：

渠道后台的维护工作包括申请开发者账号、准备渠道后台所需的相关物料、配置商品 ID 和隐私条款等渠道后台所需基本信息。

上架、发布和下架渠道包：

运营人员负责配置出包所需参数、将应用包提交渠道审核并跟踪审核结果、对外发布应用、在游戏停服后下架应用等工作。

协调渠道资源：

协助渠道商务申请应用商店/渠道推荐位和曝光位资源，参与渠道相关活动。

4.1.3 应用分发渠道、登录方式、广告投放媒体渠道的区别

应用分发渠道是指可以分发应用的路径，例如各类应用商店、游戏应用下载平台等。登录方式包括"自有登录方式""第三方登录方式""渠道登录方式"等。广告投放媒体渠道是指可以进行广告展示并帮助获客或达成其他目标转化行为的流量平台。

以谷歌为例：Google Play Store 是应用分发渠道，可以下载应用，谷歌也提供"谷歌登录"作为登录方式进行接入。同时，谷歌也是广告投放的媒体渠道之一。

4.2 国内渠道运营

国内安卓渠道分为 CPS 渠道、联运渠道和官网渠道，具体如表 4-1 所示。

表 4-1

安卓渠道				SDK 情况	是否支持预约
联运渠道	传统联运渠道	手机厂商	小米	需要接入渠道的 SDK，使用渠道提供的登录和支付功能	基本都支持预约功能
			OPPO		
			vivo		
			华为		
		第三方应用	应用宝		
	非传统联运渠道		TapTap	渠道提供 SDK，发行商根据需求选择性接入	
CPS 渠道				渠道不提供 SDK，登录使用自有登录方式与第三方登录方式，支付使用第三方支付方式	视不同平台确定
官网渠道				登录使用自有登录方式与第三方登录方式，支付使用第三方支付方式	支持预约功能

制定渠道策略：

根据产品在不同阶段的发行测试需求，例如吸量测试、封测、内测、公测等，制定不同的渠道策略。针对渠道策略，运营人员要确定本次测试上线哪些渠道、产品卖点如何设计、渠道素材如何制作、各个渠道预计获客量级等。

如果计划向特定人群开展测试，则可以选择提供人群筛选功能的渠道开展测试流程。这类渠道协助游戏官方在渠道上向用户发布问卷，用户在问卷中回答有关自身游戏习惯、游戏经历等问题，运营人员通过这些指标筛选出符合要求的用户群体，并向这些用户发放测试激活码，渠道开放应用下载后，用户通过激活码进入游戏完成体验。

部分渠道提供站内资源采买的功能，运营人员需要了解渠道资源采买的特点与规则，按照产品的实际情况弹性采买。

根据实际经验来看，渠道政策和规则的变动非常快，运营人员要对渠道规则和政策的变化保持敏锐的"嗅觉"，避免出现因为不符合渠道要求而导致产品在渠道无法上线的情况。

维护渠道后台：

面对不同的渠道后台，运营人员承担创建应用、配置相关参数、上传基础物料、填写游戏信息等工作。

上架、发布和下架渠道包：

上架和发布渠道包是渠道运营工作中的核心，运营人员需要熟知渠道审核渠道包的规则和流程，尽可能降低在提审过程中消耗的团队精力和时间。另外，运营人员还需要和渠道方接口人保持紧密的联系，在渠道包出现问题时和渠道方接口人一起排查与渠道 SDK 有关的产品问题。在游戏停服停运阶段，渠道运营人员还需要及时将渠道上的应用下架。

协调渠道资源：

运营人员需要和渠道商务一起协调、争取渠道曝光资源，包括站内曝光位、编辑推荐、精品游戏榜单等资源，并积极参加渠道方举办的渠道活动。

4.3 海外渠道运营

海外渠道运营的主要对象是 App Store 和 Google Play Store，以及本土安卓联运渠道或安卓商店。

4.3.1 Google Play Store

1. 申请账号与创建应用

创建开发者账号：

如果企业已有开发者账号，运营人员申请使用权限即可。如果没有，则需付费创建 Google Play Store 企业开发者账号。

创建应用：

在创建应用阶段，运营人员需要对应用完成初始设置并使用"占坑包"发布应用。初始设置需要运营人员填写产品的基础信息，包括应用访问权限、广告、内容分级、目标受众群体、主要商品详情、选择应用类别并提供详细联系方式。

在谷歌应用商店中，包名是应用的唯一识别标识，因此在创建应用阶段就需要上传具备正确包名的 AAB 包在商店内"占坑"。但此时研发团队可能无法提供一个正常的应用包供运营人员使用，为了解决这个问题，研发团队会制作一个包名正确的

AAB 格式"空包"，用于临时"占坑"，这个包也被运营人员称为"占坑包"。

2. 填写商店基础信息

1）面向用户的相关信息

商店详情页的信息会展示给用户，具体内容包括 ICON、产品五图、产品宣传视频和相关介绍文案。

由于应用商店也承担一部分曝光宣传的作用，且商店详情页内容也会影响应用的 ASO[①]效果，所以商店详情页的内容规划和定位也属于市场品宣工作的一部分。运营人员可以和市场品宣团队人员确定谷歌应用商店内的游戏素材风格、文案内容、关键词等，保证产品对外的整体调性一致。

文案板块需填写内容如表 4-2 所示。

表 4-2

填写项	游戏名称	商店描述	
填写内容描述	游戏的名称需要根据不同的目标发行国家和地区做本地化处理	简短说明（俗称短描述）	完整说明（俗称长描述）
字数要求	—	不超过 80 个字	不超过 4000 个字
备注	两者都需要联系市场品宣团队人员进行确认		

ICON：

由市场品宣团队人员提供或进行确认。

置顶图、五图：

由市场品宣团队人员提供或进行确认，尤其需要注意五图的展示顺序。五图中的第一张在应用详情页的曝光量最大，剩余四张的曝光量依次递减，运营人员需要将最想要用户看到的五图素材放在第一张。

视频：

运营人员将游戏宣传视频上传至 YouTube 后，复制视频链接粘贴至商店后台即可。在 YouTube 上传视频时，需要将视频设置为 Unlisted，确保用户在 YouTube 站内无法

---

① App store Optimization，即应用商店优化，是指优化应用在商店内的搜索排名结果和榜单排名结果，用于提高产品在商店内的曝光量。

搜索到该视频，避免提前曝光。

五图、置顶图和视频需要避免血腥、暴力、色情等敏感内容，例如枪械元素、丧尸元素等。针对不同的国家，运营人员可以发布不同的本地化版本的商店素材，用于提高本地用户的转化率。

商店相关物料的具体要求，例如视频格式、图片尺寸等可在商店后台查阅，此处不再赘述。

应用详情页素材AB测试[①]：

谷歌应用商店后台提供对应用详情页素材进行 AB 测试的功能，测试的素材套数越多，所需的用户样本量则越大。

另外，应用详情页的 ICON 和五图使用的是商店后台上传的资源，而安装到手机上的游戏应用的 ICON 使用的是包体内的素材。如果包体使用的和商店后台上传的 ICON 素材不同，则会出现用户在商店详情页内看到的游戏 ICON 和游戏实际安装到手机后的 ICON 不一致的情况。

2）面向平台的相关信息

"商店设置"页签下的内容包括应用类型、应用类别、标签等，如图 4-1 所示。

图 4-1

应用类型为游戏，类别请根据游戏具体类别确定。

---

① AB 测试，是指对多个方案在同一环境、条件下进行对比测试，寻求最优方案。

详细联系信息：

- 网站：游戏官网或者 Facebook 粉丝页地址。
- 电子邮箱地址：必填，在商店的应用详情页对外展示，一般填写客服邮箱地址。
- 手机：在商店的应用详情页对外展示，可不填。

"应用内容"页签下的内容包括隐私权政策、广告相关情况、应用访问权限等内容，如图 4-2 所示。

图 4-2

隐私权政策：

填写可查看游戏隐私政策的网站地址。

内容分级/目标受众群体和内容：

根据游戏的真实情况填写游戏分级问卷，分级结果会影响广告投放的受众范围。运营人员如果拿不准产品应该怎么定级，就查看目标发行地区同类型、同题材产品的年龄分级大概是什么区间，并以此作为参考。

定价与分发范围：

- 根据游戏实际情况选择"免费"或"付费"。大多数手游为 F2P 游戏，选择"免费"。
- 根据发行计划选择目标发布国家/地区。
- 根据游戏情况选择是否包含广告。

- 设备类型可不填写。
- 协议：必须勾选"内容准则与美国出口法律"。

应用访问权限、数据安全、广告 ID：

和研发团队确认后如实填写即可。

3）商品相关信息

商品 ID 和商品档位与版本不冲突，只要完成"占坑包"的提审工作以后，就可以提前在商店内配置商品 ID 了。谷歌应用商店内的商品项不需要审核，配置成功即生效。

只有直购型商品才需要配置商品 ID，而那些通过消耗游戏内货币购买的商品则不需要商品 ID。商品 ID（Merchant ID）由运营人员定义，须具备固定的书写规则，用于在端与端之间进行支付校验时确定唯一的商品。海外发行时，一般以美元作为货币单位设置商品价格档位，谷歌应用商店后台会将美元价格再转化为其他国家的货币价格，每个国家的用户就能在游戏中看到对应本国货币单位的商品价格了。

谷歌应用商店后台支持开发者手动修改不同国家的商品价格。例如，某个商品定价为 1 美元，谷歌应用商店将其自动兑换为 140 日元，运营人员可以在后台将其价格修改为游戏所需的价格，如 150 日元。

需要特别注意的是，苹果应用商店后台提供的价格档位都是固定无法修改的，但是游戏开发者需要保持各个应用商店的价格对外一致（否则不同渠道或商店的玩家会认为不公平）。所以运营人员需要先通过苹果应用商店后台的价格档位表确定 iOS 渠道的美元价格档位及对应国家和地区所使用货币单位的价格档位，进而确定游戏内直购型商品的价格情况，最后依照苹果应用商店的价格情况再确定 Google Play Store 和其他渠道及商店内的商品价格档位。

4）Google Play Store 后台的商品类型

应用内商品：

应用内商品分为消耗型和非消耗型（耐用型）。用户购买非消耗型商品后可一直使用（例如付费内容的访问权限）；用户也可以选择购买消耗型商品，此类商品在使用时会消耗掉，并且可重复购买（例如额外的生命值）。

实际上，直购型商品几乎都是消耗型商品。直购型商品的限购功能可直接在客户端实现，例如月卡、限购礼包，购买次数满足一定条件后，客户端直接下架该商品即可（按钮禁用置灰或者显示已售罄），用户就无法购买了。

商品信息包括商品 ID、商品名称、商品说明等，如图 4-3 所示。

商品 ID：

运营人员定义即可，不允许与现存的商品 ID 重复。必须以数字或小写字母开头，并且只能包含数字（0～9）、小写字母（a～z）、下画线（_）和句点（.）。

一般运营人员会使用"游戏名称+包名+商品名称"的方式定义商品 ID，例如"game.packagename.gem60"，这样比较有辨识力。

商品名称：

商品名称长度不超过 55 个字符。如果存在多国家发行的情况，则需要准备本地化的商品名称。

图 4-3

商品说明：

用于描述商品的具体情况，长度不超过 200 个字符。

注意点：

- 不同商品不可使用相同的商品名称或商品说明。

- 商品名称和商品说明会在特定场景下展示给玩家，因此商品名称和商品说明需要与商品实际内容相符。

- 在直购型商品较多的情况下，运营人员不可能在商店后台和发行 SDK 后台配置几百个商品 ID，于是可能存在游戏内多个直购型商品对应同一个商品 ID 的情况。这个功能逻辑在技术层面是可以实现的，但在实际执行的过程中，需要针对使用同一个商品 ID 的不同商品做标记，否则在对用户进行补单的时候就无法反查用户所购买商品的具体内容。

订阅项目：

订阅项目是指定期向用户收费的应用内服务或内容，需要填写产品 ID、名称等内容，如图 4-4 所示。

- 产品 ID：需要唯一且不重复。
- 名称：即订阅名称，用户可以看到。
- 订阅通知地址：由发行 SDK 技术人员提供并在 Google Cloud 平台填写。

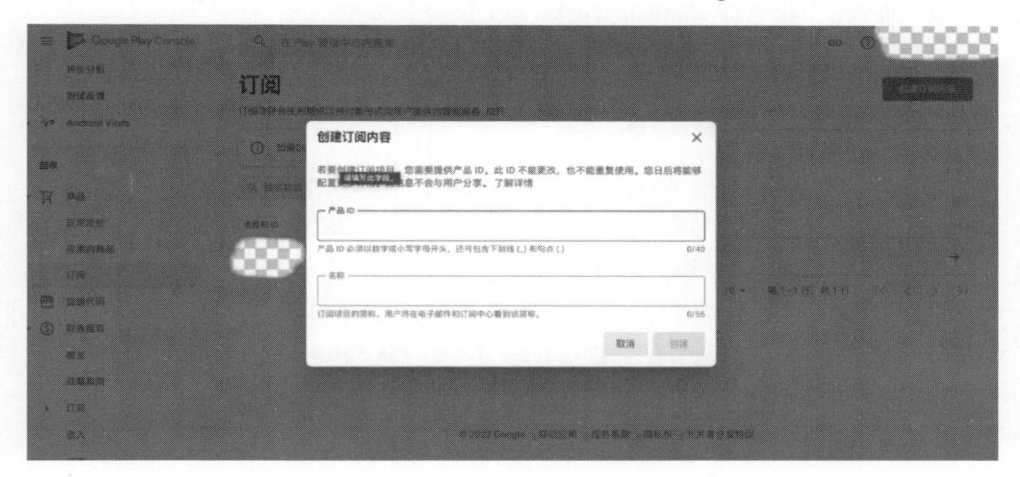

图 4-4

3.应用提审、发布

谷歌应用商店后台的提审方式分为正式发布（Global Launch）、测试、预注册（Pre-registration）。测试分为开放式测试（Open Testing）、封闭式测试（Close Testing）、内部测试（Internal Testing），具体如表 4-3 所示。

表 4-3

上传轨道	可推进轨道			
内部测试	封闭式测试	开放式测试	正式发布	预注册
封闭式测试	封闭式测试其他轨道	开放式测试	正式发布	预注册
开放式测试	封闭式测试		正式发布	预注册

续表

上传轨道	可推进轨道
预注册	无法推进到其他轨道
正式发布	

只有在从未正式发布过应用的情况下，才能将测试轨道的包推进到预注册轨道，且只有一次机会。

根据实操来看，内部测试、封闭式测试可以和其他任何一种轨道并行，目标发布国家可以自由选择，不会产生冲突。

正式发布和预注册不可以在同一个国家或地区同时存在，应用一旦正式发布就意味着预注册失效。但是在面向不同的国家或地区时，两者可以并存。

1）提审方式

内部测试（Internal Testing）：

应用在被提交到内部测试轨道后不需要经过应用商店审核，也不需要勾选发布国家和地区，通过添加测试人员的谷歌账号到测试名单中完成授权并勾选后即可发布应用，运营人员最多可以在测试名单中添加 100 名内部测试人员的谷歌账号。新添加的谷歌账号实时生效，不需要重新提交新包。如果没有勾选测试用户，则内部测试会发布失败。测试人员可以通过专属链接跳转到 Google Play Store 上的应用详情页下载应用并进行测试，应用详情页上的应用名称旁会标注"内部测试"的字样。

封闭式测试（Close Testing）：

封闭式测试的测试人员上限为 2000 人，运营人员需要勾选发布国家或地区，否则测试人员无法搜索到应用。

通过添加测试人员的谷歌账号到测试名单中完成授权，测试人员可以通过专属链接跳转到 Google Play Store 下载应用并进行测试。

封闭式测试轨道支持多个轨道（即多个版本包）同时进行测试，其他测试方式都只支持单包。

开放式测试（Open Testing）：

开放式测试轨道需要运营人员勾选计划发布的国家或地区并且确认是否限制用户测试数量。一旦发布，目标发行国家和地区的所有用户都可以在应用商店中搜索并下载应用，直到达到测试人数上限。另外，在用户下载应用时，应用商店会提醒用户此应用正处于测试阶段。

预注册（Pre-registration）：

应用商店官方说明：利用预注册服务，可以在正式发布应用前先发布商品详情，让用户可以登记使用意向。在应用正式发布后，预注册用户将会收到说明应用已可下载的通知，并且系统会自动将该应用安装到符合要求的设备上。运营人员需要将一个包含谷歌支付 SDK 的包推进到预注册轨道，选择需要开放预注册的国家。

补充说明：应用在被推进到预注册轨道后不需要经过应用商店审核即可发布预注册，包体不会面向用户。预注册发布后，运营人员需要去应用商店检查预注册是否正常开启，并在应用商店后台实时关注预注册的数据，数据一般会有 48~72 小时的延迟。首次发布正式版本的时候，预注册会自动停止。

正式发布（Global Launch）：

应用正式面向用户发布时需要选择计划发布的国家和地区，也可以选择分阶段发布（灰度发布）。

正式发布应用时，从应用商店后台确认发布应用到玩家可以在应用商店内搜索到应用存在一定的时间差。所以在公测正式上线前，运营人员需要在应用商店后台提前发布应用，以防到了公测时间用户也无法在应用商店中搜索到应用。

软发布（Soft Launch）：

软发布是指应用先在其他地区悄悄正式上线测试，然后全球推广或在目标市场推广，严格意义上说软发布不是谷歌应用商店后台的功能，而是一种发行策略。

软发布的测试目的一般有以下三种。

①技术测试：测试产品的稳定性和质量，一般会挑选获客成本低的国家发布应用，广告投放获客量级会根据需求调整。

②留存测试：挑选和目标市场相似度比较高的小众市场进行测试。例如产品目标市场是欧美，则可以选择欧洲的某个小国家提前进行测试。

③广告投放测试：软发布阶段的广告投放测试不是吸量测试，主要是针对广告投放策略的小规模预演，观察整体的广告投放数据表现是否符合自己预期，便于调整公测整体的广告投放计划和策略。

测试应用：

研发团队完成打包后，建议通过内部测试轨道进行完整的测试流程。谷歌应用商店后台可以设置用于测试支付功能的白名单，在白名单内的账号拥有在测试服和正式服支付免单的权限，如图 4-5 所示。

图 4-5

2）发布模式

谷歌应用商店支持手动发布更新和审核后自动发布更新，不支持定时发布更新，也不支持单项发布更新。例如，运营人员在开放式测试轨道和封闭式测试轨道同时提交了应用包，如果两者同时通过审核，那么应用商店后台不支持只发布开放式测试轨道，必须同时发布所有过审内容，如图 4-6 所示。

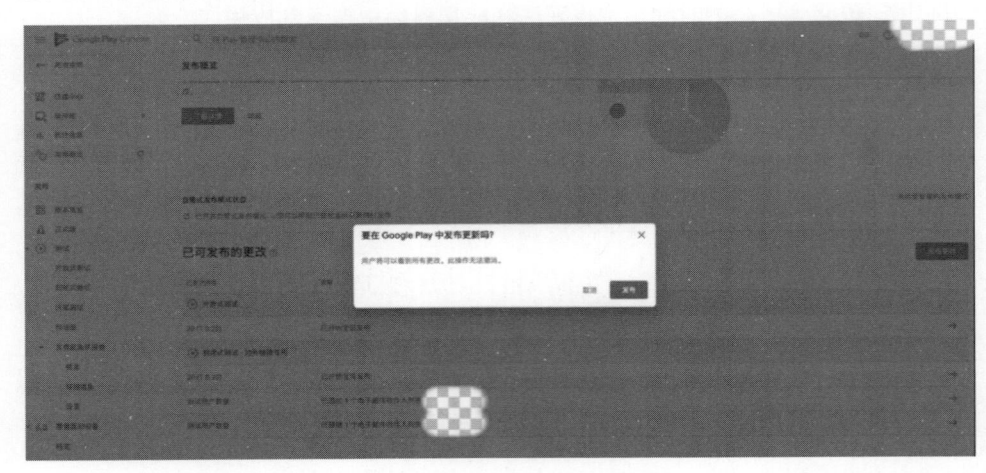

图 4-6

4. 协调渠道资源

谷歌应用商店内的曝光资源是通过算法与人工干预的，应用商店内部存在编辑团队（Android Developer Advocates），负责筛选和曝光符合应用商店推荐要求的游戏。

发行商要积极主动联系编辑团队，提交游戏相关介绍资料，有一定的概率可以帮助游戏拿到应用商店推荐资源。

谷歌应用商店推荐资源：

谷歌应用商店推荐资源主要包括针对应用本身的推荐资源和针对游戏内活动的推荐资源（LiveOps）。

- 应用推荐：产品上线前，针对可预约状态的游戏应用进行推荐，增加游戏的预约量。上线后针对不同的游戏新版本进行推荐，帮助游戏获得更多的下载量。游戏正式公测上线时拿到的推荐资源一般称为首发推荐，稳定运营期间也可以根据版本更新内容申请推荐资源。
- 活动推荐：在谷歌应用商店后台填写游戏内某个活动的相关介绍资料，提交必要的物料，有一定可能性获得官方对该活动的推荐。

推荐资源申请流程和要求：

申请流程：

①通过商务联系对方的编辑团队，沟通需求。

②根据对方的要求提交游戏相关的介绍和资料，便于对方初步评估。

③进一步沟通推荐版本的需求，一般来说，受推荐版本的审核要求和产品要求高于正常提审流程的应用。

④将满足对方要求的推荐包提交到对应测试轨道进行审核，机器审核通过后，告知编辑团队需要对方审核的产品版本号和版本名称，必要时将对方编辑的谷歌账号添加到白名单中，对方完成审核并返回修改意见。

⑤反复修改版本内容直到符合对方要求。

⑥在有些情况下，开发者需要通过PPT给谷歌应用商店编辑团队在现场或者线上介绍产品。

4.3.2 App Store

1. 创建开发者账号与基础配置

创建开发者账号：

苹果开发者后台支持以个人或企业身份加入开发者计划并创建开发者账号，无论是个人开发者账号还是企业开发者账号，苹果应用商店均会按年收取服务费。企业开发者账号在创建过程中还需要提供相关资质证明和邓白氏编码[①]。

在开发者后台，运营人员需要配置证书等相关文件和信息，并提供给研发团队和发行团队中的技术部门。

2. 创建应用、填写信息与上传物料

创建应用：

点加号创建应用，并填写相关信息，具体如图 4-7 与表 4-4 所示。

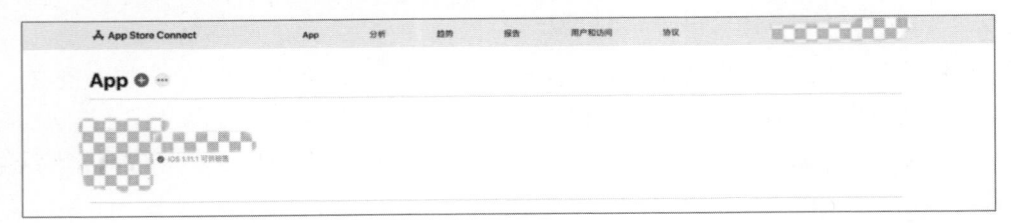

图 4-7

表 4-4

填写项	苹果应用商店官方解释	补充说明
平台	—	指上架的应用类型，一般选择 iOS
名称	显示在 App Store 中的 App 本地化名称。该名称不得少于 2 个字符，且不得超过 30 个字符。在将 App 提交至"App 审核"之前都可以编辑该名称。此后，在创建新版本时，或 App 版本的状态允许编辑该属性时，可以更改该名称	需要使用本地化的游戏名称
主要语言	当不为某个给定地区提供本地化的元数据时，App Store 上针对元数据的默认语言。随时可以更改主要语言	"主要语言"为游戏默认语言类型，如果没有添加额外的本地化多语言，就使用默认语言
套装 ID（Bundle ID）	App 在整个系统中的唯一标识符（构建版本则由套装 ID、版本号和构建版本字符串共同标识），当上传构建版本后，便不能更改这一属性	即 Bundle ID，是应用的唯一标识，类似于安卓的包名
SKU	App 提供的用于内部跟踪的唯一 ID，此 ID 对顾客不可见。SKU 可以包含字母、数字、连字符、英文句号和下画线，但不能以连字符、英文句号或下画线开头。当将该 App 添加至用户账户后，便不能再更改 SKU	按照要求创建即可，注意不同应用之间不要重复

[①] 国际通用的企业标识。

第 4 章　渠道运营

信息填写和物料上传：

包括"APP 信息""版本信息""APP 隐私""价格与销售范围""App 内购买项目""订阅"模块。

App 信息页面：

相关信息的填写要求如图 4-8 与表 4-5 所示。

图 4-8

表 4-5

填写项	苹果应用商店官方解释	补充说明
名称	显示在 App Store 中的 App 本地化名称。该名称不得少于 2 个字符，且不得超过 30 个字符。在将 App 提交至"App 审核"之前，都可以编辑该名称。此后，在创建新版本时，或 App 版本的状态允许编辑该属性时，可以更改该名称。	需使用本地化的游戏名称
副标题	App 的摘要，会显示在 App Store 中 App 的名称下方。此项内容不得超过 30 个字符	—
内容版权	如果 App 包含、显示或会访问任何第三方内容，则必须拥有相应内容的版权，或者获准可使用相应内容	根据实际情况声明即可
类别	类别经过审核后才会显示在 App Store 中	填写最符合 App 内容和功能的 App 类别
年龄分级	App 的年龄分级，用于在 App Store 中实施家长控制。请注意，年龄分级在"App 信息"部分设置，并适用于所有平台	根据实际情况填写
App Store 服务器通知	—	填写退款信息接收地址，这个地址一般由发行 SDK 技术人员提供

149

版本信息页面：

版本信息页面包括"版本基础信息填写"和"提审相关信息"两大板块，如图4-9所示。表4-6是"版本基础信息填写"的具体要求。

图 4-9

表 4-6

填写项	苹果应用商店官方解释	补充说明
iOS 预览和截屏	—	根据要求上传五图和视频，并和市场品宣团队人员沟通确定五图的展示顺序
推广文本	推广文本可在无须提交更新请求的情况下让 App Store 访客了解当前的 App 功能。如果客户的设备运行 iOS 11 或更高版本和 macOS 10.13 或更高版本，则用户将看到此文本显示在 App Store 中描述的上方	—
描述	对 App 的描述，用以详细说明特性和功能。不得超过 4000 个字符，描述应为纯文本（可根据需要添加换行符），不支持 HTML 格式	此内容为必填项
此版本的新增内容	此 App 版本中更改内容的描述，例如新增功能、UI 改进或错误修正，不得超过 4000 个字符	应用首个版本提交审核时不需要填写，后续版本在提交审核时此项为必填项
关键词	描述 App 的一个或多个关键词（每个关键词包含两个以上字符），用逗号分隔多个关键词。最多可提供 100 字节的内容。App 可按 App 名称和公司名称进行搜索，因此无须在关键字列表中重复添加这些值。不得使用其他 App 或公司的名称	官方提供的 ASO 功能，填写符合游戏特点或与游戏关联紧密的关键词，运营人员可向广告投放团队寻求参考意见

续表

填写项	苹果应用商店官方解释	补充说明
版本号	在 App Store 上显示 App 的版本号	—
技术支持网址（UR）	对 App 有疑问的用户可以通过支持网站寻求帮助。网站中必须包含真实的联系人信息，以便用户能够就 App 问题、使用反馈和功能优化建议与开发者联系。请提供包含协议的完整网址（URL） 在 App Store 中，App 的支持网址（URL）仅向已购买此 App 的用户显示	必填项，可以填写客服入口链接或者用户运营社群地址，例如 Facebook 粉丝页地址
营销网址（URL）	用户获取更多 App 详细信息的网站。指定完整的网址（URL），包括协议	选填，一般填写游戏官网地址
版权	拥有 App 专有权的人员或实体的名称，前面是获得权利的年份（例如 2008 Acme Inc.），请勿提供网址（URL）	按照要求和实际情况填写，会展示在应用详情页内

表 4-7 中所展示的是填写"提审相关信息"的具体要求。

表 4-7

填写项	苹果应用商店官方解释	补充说明
登录信息	登录 App 的用户名和密码。如果 App 使用单点登录服务（如 Facebook 或 X），请为审核团队提供可用的账户信息。该账户信息须在审核期间保持有效状态。如有其他账户，请将相关详细信息填写在"备注"栏中	给审核人员提供可以登录游戏的账号和密码，且该账号已解锁游戏内所有内容，不需要审核人员经历新手引导或手动解锁游戏内容
联系信息	当"App 审核"团队需要额外信息时，请在此提供所在机构的联系人信息	需要填写姓名、电子邮件和电话号码
附件	—	如果游戏涉及 IP 授权等情况，则相关合同和授权文件可以在这里进行上传
版本发布	指定如何发布该 App。可以设置为： ● 手动：当 App 通过审核后，其 App 状态更改为"等待开发者发布"时，必须手动发布此版本 ● 自动：App 将在通过"App 审核"后自动上架 如果自动发布的 App 通过审核时日期尚未过去，则 App 状态便会更改为"等待开发者发布"，但在指定日期当天会自动发布	选择以什么样的方式发布已经过审的版本，只针对本次提审生效，运营人员根据实际情况选择即可
是否重设评分	当发布新版本时，可以重置 App 的总评分	本次审核通过后，是否重置应用的商店评分，运营人员根据实际情况选择即可

App 隐私页面：

图 4-10、表 4-8 中展示的是"App 隐私"填写页面及该页面的填写要求。

图 4-10

表 4-8

填写项	苹果应用商店官方解释	补充说明
隐私网站	链接到公司隐私政策的网址（URL）。所有 App 均须提供此信息	即承载《用户隐私政策》的网页链接，该链接会出现在应用详情页
管理 App 隐私	请在 App Store Connect 中说明 App 会收集哪些用户数据，以及如何使用这些数据	运营人员需要在苹果应用商店后台回答与用户隐私相关的问题，包括但不限于应用会收集用户哪些信息、这些信息的用途是什么。运营人员根据项目实际情况如实回答和填写即可，部分问题需要研发团队协助确认

价格与销售范围：

"价格和销售范围"填写页面如图 4-11 所示。

销售范围是指产品计划发行的国家和地区。填写产品价格时，如果是买断制产品就填写购买价格，如果是非买断制产品就是免费。

选择是否支持预订：

- 预订的应用版本需要通过苹果应用商店的官方审核以后，才能被设置为预订版本并开启预订。

- 在开启预订以后，后续依旧可以提交并发布新的预订版本。
- 可以在已设定好的预订发布日期之前提前发布应用。

图 4-11

App 内购买项目：

"App 内购买项目"页面如图 4-12 所示。

图 4-12

运营人员可以在这个页面内新增、修改、删除、下架 App 内购买项目。以新增 App 内购买项目为例，需要填写或选择的内容如表 4-9 所示。

表 4-9

填写项	苹果应用商店官方解释	补充说明
类型	—	分为消耗型项目和非消耗型项目两种，一般选择消耗型
消耗型项目	只可使用一次的产品，使用之后即失效，必须再次购买	可以理解为生活中的一次性消耗用品
非消耗型项目	只需购买一次，不会过期或者随着使用而减少的商品	一次购买，永久使用。可以理解为生活中的耐用品，例如家里开门的钥匙，可以反复使用
参考名称	—	即商品名称，这个名称不面向用户
产品 ID	—	即商品 ID，唯一且不能与以往的商品 ID 重复
价格	—	按照实际情况选择商品价格
本地化版本	—	填写多语言版本的商品名称和商品描述
截屏	—	游戏内该商品销售页面的截图，使用苹果设备在测试服内截图并上传即可
审核备注	—	可填写针对商品的必要说明，例如可以告知审核人员在游戏内查看商品的路径

订阅：

"订阅"相关信息的填写页面如图 4-13 所示，具体填写要求如表 4-10 所示。

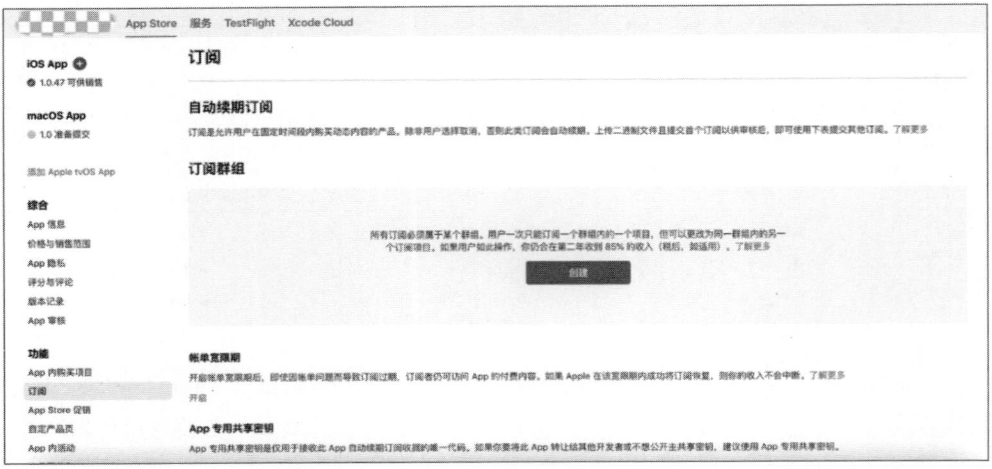

图 4-13

表 4-10

填写项	苹果应用商店的官方解释	解读
自动续期订阅	允许用户在固定时间段内购买动态内容的产品。除非用户选择取消，否则此类订阅会自动续期	会自动扣费续期的订阅项目
非续期订阅	允许用户购买有时限性服务的产品，此 App 内购买项目的内容可以是静态的。此类订阅不会自动续期	可以理解为一次性的订阅项目

自动续期订阅与非续期订阅类似，表 4-11 主要介绍自动续期订阅商品的信息填写要求。

表 4-11

填写项	苹果应用商店的官方解释	补充说明
商品名称	—	该商品的名称，名称长度不超过 30 个字符
商品描述	—	用于告知玩家商品用途，描述长度不超过 45 个字符
商品 ID	—	用于识别商品的唯一标识，运营人员定义即可，同一应用内不同商品的商品 ID 不可以重复
订阅群组	通过订阅群组，用户可以选择不同的内容供应。用户只能订阅一个群组里的一个项目，但可以根据需要随时更改群组内的订阅项目	开发者如果不想用户同时订阅 A、B 两个项目，那么就将两个项目放在同一个订阅群组内，用户只能二选一
订阅时限	—	即订阅周期，每个周期结束后系统自动扣费续期
订阅价格	—	Apple Store 提供固定的价格档位，运营人员按照价格档位配置订阅价格
订阅的推介促销	—	此功能会给用户提供一段时间的订阅试用，在订阅试用结束前，如果用户没有主动取消订阅，则在订阅试用结束后开启正式订阅并收取订阅费用
屏幕快照	—	游戏内商品销售页面的截图
审核备注	—	填写需要告知审核人员的特殊事项

3. 应用测试、提审、发布

1）测试

苹果安装包可以通过 TestFlight 进行测试。TestFlight 支持最多添加 10000 名外部测试者或者 100 名内部测试者进行测试。面向内部测试者的版本只需要通过机器审核即可发布，不会涉及人工审核。面向外部测试者的版本需要通过苹果应用商店机器审核和人工审核才能发布。运营人员可在应用商店后台添加内部测试员和外部测试员，运营人员既可通过电子邮件向内部测试者或外部测试者发送邀请，也可通过公开链接邀请外部测试者。

2）提交审核与发布应用

提交 TestFlight 内部测试的方式：

将 IPA 包通过 Transporter 上传至后台。

上传完成后开始机器审核，如果审核没有通过，那么苹果应用商店会通过邮件告知拒审原因。审核通过后，该应用版本会出现在应用商店后台，后台状态会显示为"正在处理"（见图 4-14），处理时间大概为 1~2 小时，处理结束后应用状态显示为"准备提交"（见图 4-15）。此时内部测试人员可以在手机的 TestFlight 上下载应用开始测试。

图 4-14

图 4-15

TestFlight 支持测试支付功能，且不会发生真实扣款。但在测试的时候需要注意，苹果应用商店后台需要配置对应的用于测试的商品项，但是不需要提交审核，保存后即可满足测试需求。TestFlight 的应用过审后只有 90 天的使用期限，测试人员需要在这个时间内完成测试任务。

提交 TestFlight 外部测试的方式：

在内部测试通过的基础上，将应用提交到外部测试，如图 4-16 所示。

图 4-16

也可在外部测试中添加已通过审核的内部测试版本，如图 4-17 与图 4-18 所示。

图 4-17

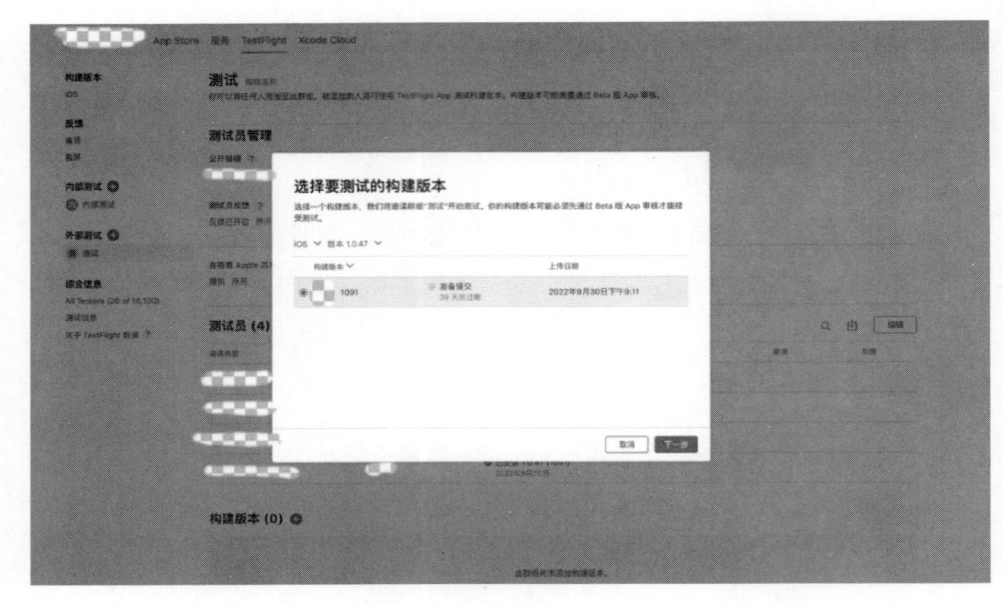

图 4-18

内部测试版本在提交到外部测试后会接受苹果应用商店的人工审核，审核不通过会在"App 审核"页面中反馈拒审原因，审核通过后会自动生成外部测试链接，如图 4-19 所示。

图 4-19

第 4 章 渠道运营

提交预订版本流程（也可以理解为提交第一个正式版本）：

苹果应用商店的预订版本实际上就是第一个正式提审的应用包，在通过审核后，运营人员可以选择将此应用包以预订的方式对外发布。发布后，用户就可以在苹果应用商店搜索到应用并进行预订。如果运营人员后续没有上传并发布新的预订版本，那么这个应用包会在预订发布时间对外发布，相关页面如图 4-20 所示。

图 4-20

首先，运营人员需要根据版本情况完善"App 信息""App 隐私""App 内购买商品"相关信息。在"价格和销售范围"页面中选择预订，并且选定预发布时间，可精确到年月日。由于苹果应用商店支持提前发布预订版本，所以可将预订发布时间定为上线时间，后续如果有实际需求，则可选择提前发布应用。

预订版本通过 Transporter 上传并通过机器审核后会出现在应用商店后台版本库中。在"版本信息"中，勾选本次计划提交审核的版本及需要审核的商品项，并选择发布方式为通过审核后手动发布，如图 4-21 与图 4-22 所示。

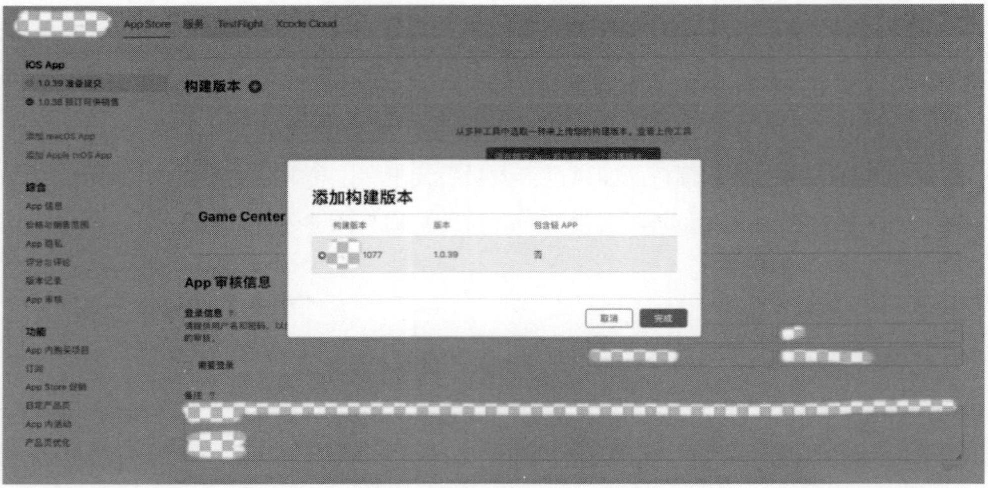

图 4-21

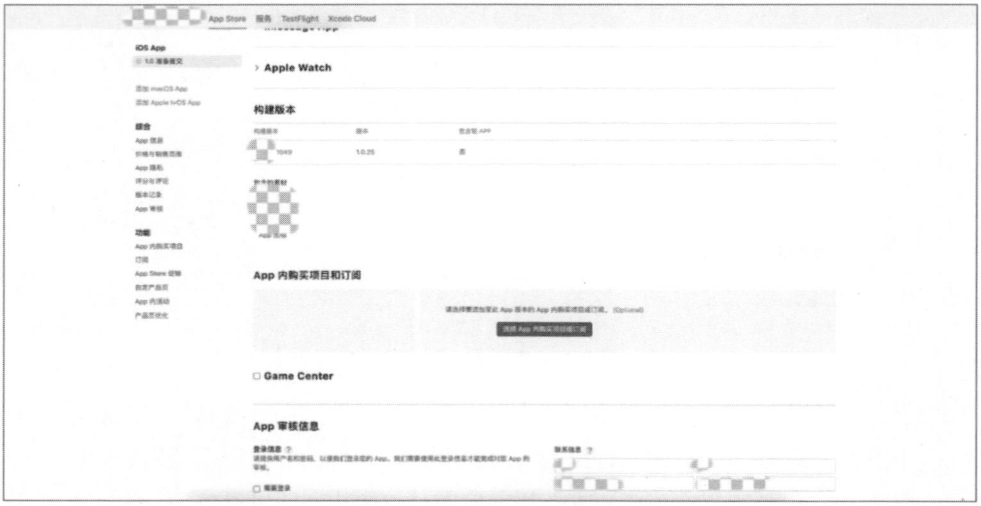

图 4-22

将预订版本提交审核，审核通过后，在"价格和销售范围"页面中选择以预订形式发布应用，如图 4-23 和图 4-24 所示。

第 4 章 渠道运营

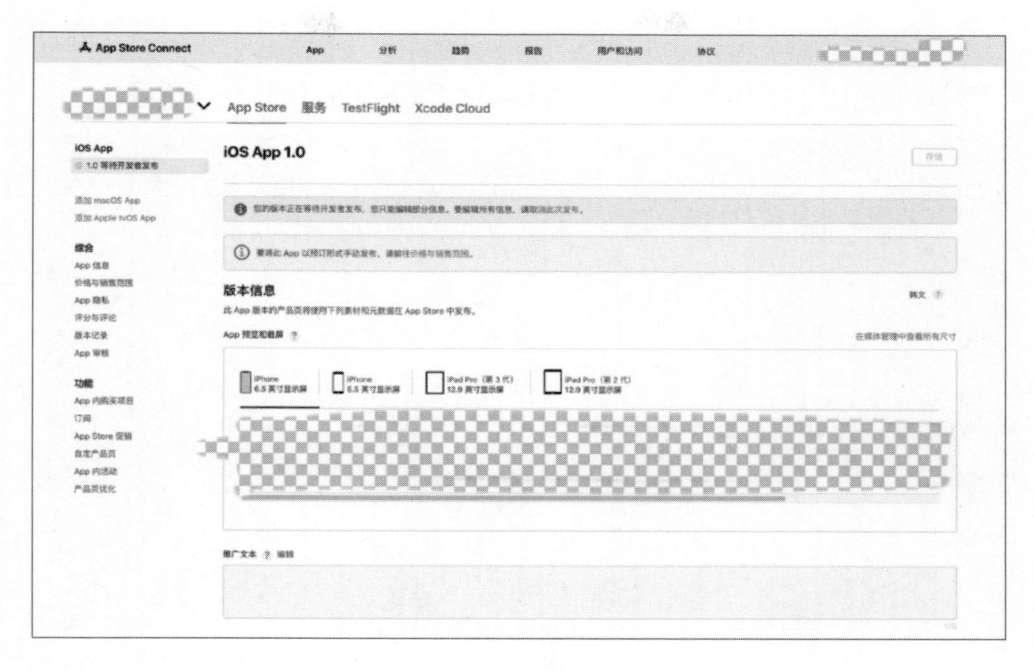

图 4-23

图 4-24

如果后续想要更换对外的预订版本，则需要重新提交新的版本包，过审后在"价格和销售范围"页面中以预订的形式发布新的预订版本即可，如图 4-25 所示。

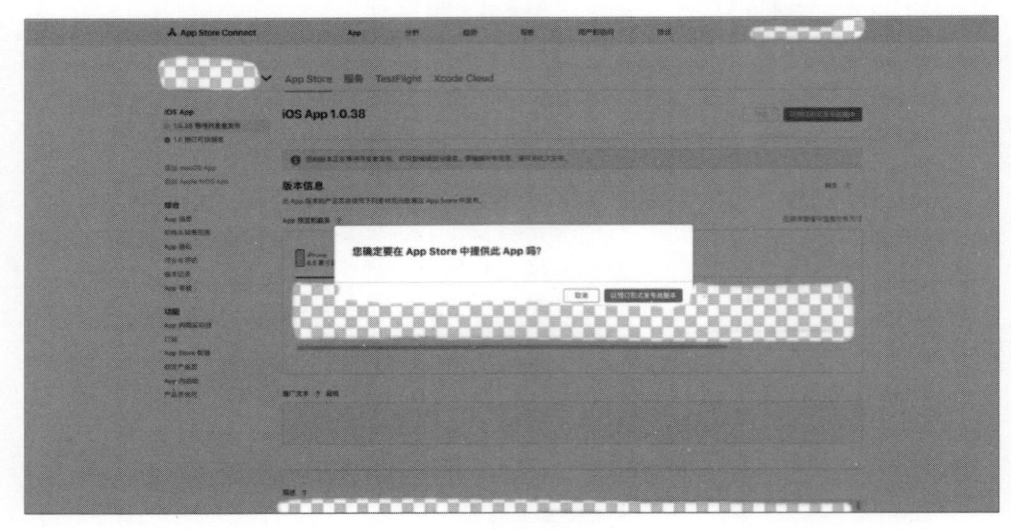

图 4-25

在预订版本发布时间之前，根据实际需求，可选择提前 12～24 小时直接发布应用，如图 4-26 所示。

图 4-26

新版本包更新流程：

通过 Transporter 上传新版本包，该包通过机器审核后会出现在应用商店后台版本库中。新建版本并更新版本信息与 App 信息等内容，包括商店图、此版本的新增内容、新增商品项等。

提交审核，审核通过后发布应用，如图 4-27 所示。

图 4-27

苹果应用商店审核：

苹果应用商店的审核比较严格，首次提交正式版本建议预留 1~2 周审核时间，后续换包更新至少预留 3~5 天审核时间。每个开发者账号每年会有若干加急审核的机会，可以考虑在适当的情况下使用。

如果审核没有通过，则可以按照拒审原因修改版本内容之后再次提审或者直接申诉。运营人员可以在"App 审核"页面查看拒审的理由和历史记录，如图 4-28 所示。

图 4-28

4. 渠道资源协调

1）苹果应用商店推荐资源

苹果应用商店的推荐资源涵盖了游戏发行的全过程，既有针对处于预订状态应用的推荐宣传，也提供了对新上线游戏（首发推荐）或者游戏版本更新的推荐资源。

2）推荐资源申请流程和要求

申请方式：

运营人员既可通过官方通道申请苹果应用商店的推荐资源，也可通过商务渠道联系对方编辑团队沟通应用商店推荐资源相关事宜。

首先，运营人员需要提交游戏相关资料给对方编辑团队，并沟通推荐资源位曝光时间，同时将推荐用包以 TestFlight 外部测试公开链接的形式提供给对方团队。对方审核产品并提出修改意见，研发团队反复修改版本内容直到符合对方要求，最后拿到推荐资源。部分情况下，开发者需要通过 PPT 给苹果应用商店编辑团队在现场或者线上介绍产品。

4.3.3　其他安卓渠道

海外其他安卓分发渠道包括联运渠道、CPS 渠道和地区性应用商店。

1.海外联运渠道

海外联运渠道分为两类，一类是本土联运渠道，"DMM GAMES"联运渠道。可以通过本土的流量资源进行游戏分发。

另一类是国内硬件厂商出海的联运渠道，以 OPPO、vivo、华为、小米为代表。但海外安卓用户已经被 Google Play Store 占据了心智，用户习惯已经被养成。这直接导致国内硬件厂商在海外的联运渠道相比国内而言分发能力没有那么强，但对于游戏出海的发行厂商来说，仍有合作的空间。

联运渠道可提供资源：

联运渠道可以提供的资源包括广告位、编辑推荐位、榜单资源、算法资源、渠道活动等。

- 广告位：应用商店内和商店外的各类广告资源位。
- 编辑推荐位：应用商店内编辑推荐板块的曝光资源位。

- 榜单资源：应用商店内各类榜单提供的曝光资源，例如"最近新游榜单""热门游戏榜单"等。
- 算法资源：由应用商店算法系统所决定的曝光资源，这类资源呈现"千人千面"的特点。
- 渠道活动：渠道活动包括两类，一类是渠道举办的、面向渠道上所有玩家和游戏应用的活动。例如为了庆祝新年，玩家完成渠道发布的活动任务就可以领取渠道提供的充值优惠券。另一类是游戏面向特定渠道制作并开展的活动，例如针对特定渠道开展的抽奖活动等。

合作注意点：

- 提前和渠道对接人沟通清楚渠道 SDK 接入等技术问题。
- 熟悉渠道的提审流程，预估并把控好整体的上线时间，防止出现应用在预计时间点无法上线的情况。
- 了解渠道内同品类产品的数据水平和基础情况，方便做竞品对标，明确自己的产品在对方的合作对象中处于哪个梯队和层次。
- 了解渠道方的人员架构和合作核心诉求，便于深入配合。
- 掌握渠道的资源分布情况，包括广告资源位分布情况和曝光转化效果，渠道活动频率、活动形式，编辑推荐位的推荐规则和要求，榜单资源分布和曝光转化效果，渠道算法资源的曝光规则。
- 维护应用详情页，包括更换商店素材等。

联运渠道数据分析：

- 活动数据分析：评估针对特定渠道所展开的活动的效果，包括活动曝光情况、活动参与情况、活动任务完成情况、活动目标（例如拉收）完成情况。
- 曝光资源相关数据分析：通过漏斗分析法评估渠道提供的资源位的曝光效果。曝光转化流程为"曝光→点击→应用落地页曝光→下载点击→下载成功→安装成功→激活→注册→创角"，运营人员需要重点关注其中三个指标：素材点击率（CTR）、商店转化率（CVR）、从激活到创角的转化率（前端转化率）。

2. 地区性应用商店

不同国家的地区性应用商店不同，以韩国为例，本土有三星应用商店和 ONE Store。

无论是考虑客观条件还是广告投放成本，通过买量将用户导入这两个渠道都比较困难，因此运营人员需要向渠道争取更多的资源位和曝光量。其他国家的地区性商店也会面临同样的问题，所以争取更多的渠道曝光资源是运营这类商店的核心关键。

运营人员需要学习和掌握地区性应用商店的提审规则，根据商店的个性化要求梳理渠道包的需求提供给研发团队。以韩国 ONE Store 为例，ONE Store 允许开发者上传 APK 格式或 AAB 格式的包体，开发者可根据自己实际情况灵活选择。

4.3.4 谷歌和苹果应用商店的其他注意事项

1. 应用商店政策文档

谷歌应用商店和苹果应用商店都提供了应用商店政策文档及接入文档，政策文档是谷歌应用商店和苹果应用商店根据各国法律法规同时结合自身商店特点制定的针对应用内容、功能及技术合规性的政策要求，开发者违反这些要求可能会导致应用无法通过应用商店审核或者已上架的应用被强制下架。接入文档是应用商店官方制作的用于指导开发者接入、使用应用商店相关功能的材料，包括但不限于技术接入指引文档、应用商店后台操作指导文档等。

2. 应用商店风险控制

应用商店风险主要有两种情况。一种情况是应用审核多次不通过，导致应用在预期时间内无法正常上架。另一种情况是应用上架后没有按照政策更新后的新要求优化产品合规性或者触发商店规则且没有及时整改，导致应用被强制下架。

应对办法如下：

（1）学习并掌握苹果应用商店和谷歌应用商店的产品合规政策中针对游戏内容、功能、技术的一系列要求。

（2）时刻关注产品合规性政策的新要求及各类应用商店官方举办的讲座，持续优化自身产品的合规性。

（3）出现问题及时联系官方工作人员。谷歌应用商店和苹果应用商店均提供了应用商店的官方联系方式，如果遇到确实无法解决的问题或者疑问，则可以通过应用商店提供的联系方式向官方求助。

3. 版本号

苹果应用商店和谷歌应用商店均对版本号类型做出了定义，具体用途略有区别，如表 4-12 所示。

表 4-12

商店/渠道	版本号类型	具体解释	备注
苹果应用商店	Version	Version 是指构建版本号，对内展示给研发团队和发行团队，用于区别不同版本。每一次在苹果应用商店后台提交包体，都需要升构建版本号，苹果应用商店不允许降构建版本号	两个类型的版本号完全独立
	Build	Build 是指发布版本号，对外展示给用户，用户可以在应用商店详情页看到。发布版本号用于告知用户更新的内容和版本的关系，因此也可以将发布版本号理解为内容版本号	
谷歌应用商店	Version Code	Version Code 是开发者用于标识开发版本的迭代过程，便于定位 Bug 和问题的版本号，在谷歌应用商店后台提交的新包都必须升版本号而不允许降版本号	两个版本号没有直接关联，相互独立
	Version Name	Version Name 面向用户展示，用户通过 Version Name 来确定版本和内容的对应关系，因此也可以将 Version Name 理解为内容版本号	

第 5 章
版本调优

5.1 关于版本调优

5.1.1 版本调优是做什么的

版本调优是发行过程中非常关键的环节，也是在发行体系中离产品最近的运营模块。版本调优人员直接对产品的留存指标负责，版本调优做得好，可以辅助研发团队顺利完成产品的前期调研、确定产品方向及调优产品玩法，帮助产品获得良好的市场和用户反馈。版本调优做得差，整个发行团队会逐渐丧失对产品的话语权，沦为发行获客的"工具"。

从整个发行过程来看，产品的调整优化分为四个阶段。第一个阶段是根据市场调研的结果和公司自身的战略及资源情况确定产品的方向。第二个阶段是 Demo 阶段，发行团队协助研发团队对产品进行简单的市场验证并根据验证结果调整产品方向。第三个阶段是测试阶段，通过封测和内测等测试方式优化、调整产品的玩法和系统功能。第四个阶段是公测阶段，产品通过不断迭代新版本、增加游戏内容来满足玩家的体验需求，延长游戏的生命周期。

在第一个和第二个阶段，版本调优人员会通过市场验证产品 Demo，借助市场调研的方式协助研发团队调整产品定位,并最终完全确定产品制作方向。而在第三个和第四个阶段,版本调优人员的核心任务是在产品定位和方向已经确定的情况下根据数据反馈、用户反馈及竞品情况的研究结果帮助研发团队调整、更新产品的框架及内容,修复产品出现的问题。

发行侧的版本调优工作更关注产品在抽象层面上的体验,既需要用"玩家视角"去思考玩家在体验各个玩法和功能时的感受,找到产品让人体验不爽、操作不便的地方,也需要用"开发者视角"综合考虑研发团队的研发能力、开发资源等情况,提出具备可行性的产品优化建议。

虽然游戏运营按照职能方向分为版本调优、版本管理、商业化运营、用户运营等,但是对于不同品类的游戏,因为产品特点、产品内部结构和目标用户人群不同,所以即便是同一岗位也存在不同的运营方法。在发行团队中,版本调优人员和产品距离最近,关系最为密切,因此不同游戏品类版本调优工作细节的差异也是最大的。

大多数版本调优人员由于个人精力和项目经历有限,只能相对了解 1~2 个游戏品类的版本调优方法。发行公司也倾向于找了解相关品类的求职人员来就职,这也变相促使负责版本调优的运营人员只专精于 1~2 个游戏品类,很难做到掌握多个游戏品类的版本调优方法。

但即便存在以上情况,也并不意味着不存在相对通用的版本调优方法论。笔者个人的游戏运营经历相对丰富,接触过休闲游戏、MMORPG、FPS、卡牌游戏的运营工作。个人观点是,即便是对于不同品类的游戏,在对这些游戏的版本调优方法抽象到一定程度以后,也可以找到一些游戏版本调优上共通的方法论。但是相应的,这些抽象的方法论无法直接提供针对某个具体品类的玩法、功能层面的较为详细且具体的调优建议。

5.1.2　发行团队与研发团队在产品调优上如何配合

在产品调优工作中,发行团队和研发团队的定位与分工直接影响了双方的配合关系。如果定位不明确,则会导致无法充分发挥双方各自的优势,以及无法完成在产品调优过程中双方产品思维和产品调优方法论的互补。

游戏产品同时被市场、用户、开发者和数据定义,发行团队可以通过市场调研、用户研究、开发者主观判断、数据分析对游戏进行调优。

市场定义产品:

通过市场调研,团队需要了解整个市场上的产品生态。重点关注市场上占有率高、用户基数大的产品，从产品的角度分析这些产品为什么可以获得这么大的市场占有率，以及为什么用户喜欢这些产品，学习、借鉴这些产品创新的方法、差异化的设计及优秀的游戏模块。同时也要分析那些昙花一现、高开低走的产品为什么一蹶不振，产品失败的核心原因是什么，用户为什么会快速流失。从别人的失败教训中吸取经验。

开发者定义产品：

"开发者定义产品"中的开发者不仅仅指研发人员[①]，实际包括发行团队和研发团队中所有可以对产品产生迭代与优化影响的参与决策的人。开发者对于游戏产品有自己直观、感性的理解，对于玩法、功能等游戏要素有自己判断，这些判断和思考是开发者经过逻辑推理和总结过往经验得到的，直接影响产品的调优方向和设计细节。另外，在行业内已经形成共识的产品设计原则和方法也属于开发者定义产品的范畴。

用户定义产品：

借助用户研究，发行团队可以在产品立项阶段了解目标用户群体的用户画像和需求，帮助发行团队和研发团队确定产品定位与设计方向。

在产品上线后，可以从玩家群体侧得到他们对于产品最直接的反馈，团队得到这些反馈以后，针对反馈进行整理、筛选，协助进行产品优化。

"开发者想要设计出来提供给用户的体验"和"用户真实的体验"及"用户想要的游戏体验"三者之间是存在差距的，开发者需要通过玩家的直接反馈和用户研究结果进行校正，确定产品调优方向。

数据定义产品：

通过分析游戏数据尤其是用户行为数据，团队可以监控产品状况、分析异常数据出现的原因、验证有关产品的猜想，进而帮助产品进行调优。

以上四种产品调优方法在大多数情况下会以交叉验证的方式共同指向产品调优的结论。发行团队拥有专业的用户研究团队和数据分析团队，运营人员会在一线接触玩家并收集玩家的意见和反馈，同时监控并分析与产品相关的数据。除此之外，发行团队更加关注游戏市场的变化，对市场变动的敏感度比较高。发行团队通常会定期整理近期新品的上线情况、整体宣发策略情况、上线后的数据表现情况、玩家的评价反馈情况等。所以在"用户定义产品""数据定义产品"和"市场定义产品"的相关方法论上，发行团队具备先天优势。

---

① 研发人员特指游戏研发团队中从事技术开发工作的人员。

研发团队具备从 0~1 架构和设计产品的能力，经验丰富的研发团队往往具备不止一款产品的研发经历，有深厚的开发和产品设计积淀。因此，研发团队在"开发者定义产品"上的能力优于发行团队。

当研发团队和发行团队面临产品调优上的分工问题时，发行团队应该从"用户研究""数据分析"和"市场调研"的维度给研发团队提供强力支持，从"开发者定义"的角度给研发团队提供建议。而研发团队应该发挥自己在产品研发上的优势，主导"开发者定义产品"视角下的产品定位和设计工作。

5.1.3 版本调优与其他工作模块的联系与区别

1. 版本调优与策划

版本调优的工作内容在实际执行过程中极易变成版本管理。

运营人员属于发行体系，如果公司未采用研运一体的架构或者发行团队不够强势，那么发行团队在产品上的话语权会比较弱，在版本调优上没有施展自己能力的空间。

在游戏没有上线和测试的情况下，游戏调整和设计的工作大部分属于"开发者定义产品"的范畴，研发团队对于游戏的定位和功能、玩法和系统的设计有自己的想法与几乎绝对的话语权。而且这些关于产品的结论因为是从"开发者定义产品"的角度出发得到的，所以具备较强的个人主观倾向。如果发行团队的版本调优人员在不了解背景的情况下贸然根据自己的想法对产品"指手画脚"，那么很容易被研发团队视为"纸上谈兵"。

所以如果想要发挥版本调优岗位的作用，帮助研发团队优化和迭代产品，就必须明确版本调优和策划的关系与职责，发挥版本调优岗位的优势，通过磨合获得研发团队的信任。

在研发团队和发行团队都作为独立的公司或者部门进行合作的情况下（暂不考虑研运一体的情况），版本调优人员不参与具体功能策划案的撰写工作（活动策划案除外），不卷入研发团队的内部流程，不要越俎代庖成为策划人员。

笔者曾接触过一些运营人员，他们以自己可以给研发团队写功能策划案为荣，认为写策划案才算参与产品设计，才算发挥了版本调优的作用。实际上，运营人员在完成自己工作的前提下，如果研发团队确实需要发行团队协助撰写策划案，则运营人员可以出于锻炼自己产品理解能力、了解研发团队内部工作流程的目的去写策划案，但并不能让这个工作占据自己的大部分工作时间。在版本调优方面，运营人员的核心工作内容是帮助产品从发行侧的角度进行优化和调整，写功能策划案是游戏策划人员的工作。

另外，研发团队内部会有完整的需求撰写、评审、开发、测试等流程，运营人员作为非开发团队成员参与这个流程，无疑会给对方增加流程解释成本，拖慢对方的工作进度，给研发团队造成种种不便。

正如前文所述，产品是被开发者、用户、市场、数据四者同时定义的。作为发行侧的版本调优人员，距离市场、用户和数据更近，所以版本调优人员的优势在于对市场形势变化的敏锐捕捉和分析、对竞品的洞察力、对用户的研究和理解、对数据的挖掘和解读。研发团队的优势在于对"一个好玩的游戏"的理解和定义，在于游戏创造力，属于"开发者定义产品"的范畴。所以当面临版本调优人员和游戏策划人员的工作如何配合的问题时，版本调优人员需要发挥发行团队在用户、市场、数据方面的优势，策划人员需要发挥"开发者定义产品"的能力，共同打造一个符合市场、用户和团队最终目标的产品。

对于"开发者定义产品"的模块，版本调优人员也并非不能有自己的想法，而是需要提前了解研发团队和策划人员对于产品的定位、对于玩法和各类功能及系统的设计目的，深度体验产品版本，在保持和研发团队及策划人员同等的认知背景的前提下，再通过深度思考，有理有据地提出观点，辅以数据结论、用户反馈与研发团队及策划人员进行理性、平和的讨论。

版本调优人员要了解研发团队内部需求的提出、评审、开发、测试、上线的具体流程，学会换位思考，理解策划人员和研发团队其他同事面临的处境，有的放矢，多为对方考虑，逐渐获得对方的信任和认可。

之前提到，产品的发行流程大致分为四个阶段：市场调研和立项、Demo 测试、上线测试、公测上线稳定运营。其中前两个阶段确定产品方向，后两个阶段确定具体的功能、模块和实际落地内容。从产品"从 0 到 100"的角度来看，前两个阶段更类似于解决产品"从 0 到 1"的问题，第三个阶段完成产品从"从 1 到 10"的完善工作，第四个阶段承担产品"从 10 到 100"的"爆发"工作。

"从 0 到 1"的阶段需要给产品定方向，定方向的过程更像做"填空题"，团队内部需要明确自身想要做一个＿＿＿＋＿＿＿＋＿＿＿＋＿＿＿＋＿＿＿＋＿＿＿的产品，"填空题"中的每一个需要填写的"空"都是产品最突出的标签和定位，这些"空"中的内容需要发行团队和研发团队共同确定。而如何通过系统、玩法、功能实现这些标签和定位是策划人员与研发团队需要思考和具体实现的事情。

例如，团队计划做一个对于中小 R 和零氪玩家都比较友好的强社交、高自由交易度 MMORPG 游戏，在确认了诸多的产品标签和定位后，策划人员和研发团队需要思考如何具体实现"强社交""高自由交易度""对于中小 R 和零氪玩家都比较友好"这些产品要求。

在"从 1 到 10"的阶段，研发团队根据既定的产品定位和标签设计产品框架、完善具体功能和内容、填充具体玩法，发行团队完成多轮产品测试，版本调优人员可以根据现有的版本内容从"开发者定义产品""用户定义产品""市场定义产品""数据定义产品"的角度提出游戏优化建议。

在"从 10 到 100"的阶段，游戏已经公测上线并稳定运营，版本调优人员同样需要从"开发者定义产品""用户定义产品""市场定义产品""数据定义产品"的维度协助研发团队迭代优化版本并修复产品问题。

游戏的设计工作可以分为"产品方向""产品架构""产品功能和系统"三个层级。"产品架构"和"产品功能和系统"的落地实现方案由研发团队负责制作，在产出具体可试玩的版本内容后，版本调优人员介入，针对产品架构、功能、系统、玩法、数值等模块提出优化和修改意见。

2. 版本调优与商业化运营

商业化体验是产品体验的一部分，与产品的玩法、系统功能设计有着千丝万缕的关系。在项目开展前期或小型体量的项目中，版本调优岗位和商业化运营岗位的工作可以由同一人承担。

当项目的工作量逐渐加大以后，版本调优和商业化运营的工作就必须拆分给不同的人承担，此时就涉及两个模块的定位及工作配合的问题。

商业化运营人员需要对游戏的玩法、规则及每一个版本更新的内容十分了解，并和版本调优人员及研发团队了解清楚产品当前玩法和系统的设计理念，以及每一次版本更新背后的原因和考虑的因素。在足够了解产品的前提下，商业化运营人员才能理解用户商业化行为背后的动机和原因、不同资源在玩家眼里的价值、不同玩家群体的目标和追求。

版本调优人员需要知道产品的商业化定位和目标是什么，了解产品目前整体的商业化设计思路及各个模块资源投放的节奏。简单来说，由于版本内容和商业化内容共同向用户体验负责且两者关系紧密，因此版本调优人员和商业化运营人员都需要非常了解对方所负责的产品模块，便于双方工作配合。

5.2 用户定义产品

5.2.1 用户群体分类

1. 目标用户群体

游戏的目标用户群体可以分为"核心目标用户群体""次核心目标用户群体"和"泛目标用户群体",如图 5-1 所示。

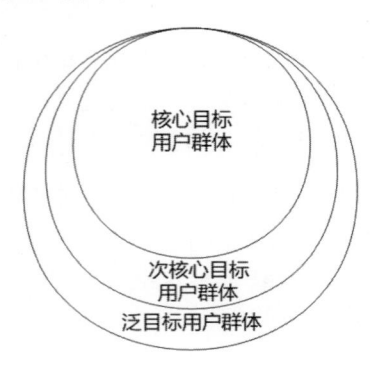

图 5-1

对于游戏产品来说,运营人员可以从不同的维度将用户进行分类,并结合产品定位将不同的用户群体划分到核心目标用户群体、次核心目标用户群体和泛目标用户群体之中,并对这些特定的人群进行研究,针对性地进行产品调整和优化。

核心目标用户群体是游戏产品主要的服务对象,开发者应该优先考虑核心目标用户群体的游戏体验和反馈。这部分用户对游戏的忠诚度高、黏性强,为游戏付出时间和金钱的意愿强,高度认可游戏的玩法、题材和美术。游戏在这类玩家手中处于主游[①]地位。不同类型游戏对于主要服务对象的定义不同,所以核心目标用户的范围既可能占据目标用户的绝大部分,也可能只占很小一部分。例如部分游戏将大R群体定义为游戏产品的主要服务对象,那么对于该游戏来说,核心目标用户群体只占整个游戏的目标用户中的很小一部分。

次核心目标用户群体对游戏的黏性一般、忠诚度一般,对游戏的玩法、题材和美术的认可度一般,游戏在玩家手中处于副游地位。通过研运团队对产品的高质量运营

[①] 玩家可能同时玩多个游戏,其中耗费时间、金钱最多的游戏为主游,耗费精力较少且消费较少的游戏被称为副游。

和产品迭代，这部分用户有较大概率向核心目标用户群体转化。

泛目标用户群体对游戏持若即若离的态度，抱着消遣或者试一试的目的和想法玩游戏。游戏中任何让这类用户感到不舒服的地方都可能让他们流失，他们对于游戏的玩法、美术和题材的认可度不高。

无论是核心目标用户群体、次核心目标用户群体还是泛目标用户群体，都属于游戏玩家这个大范围。对绝大多数的游戏产品来说，没有办法做到将一个从不玩游戏的用户变成玩家，所以无论泛目标用户群体如何扩展，都不可能扩展到游戏玩家以外的群体。因此在划定泛目标用户群体范围时，要避免将非游戏用户划入。

以数值卡牌产品为例，如图 5-2 所示，这类卡牌产品的核心目标用户群体必然是数值卡牌玩家，部分策略型卡牌玩家也接受数值卡牌产品，这类玩家可以归为次核心目标用户群体。在卡牌用户池中，除了数值卡牌玩家群体和策略型卡牌玩家群体，其他玩家群体可以归为泛目标用户群体。当产品主打跨品类融合玩法或品类特征不明显时，泛目标用户群体的范围可以扩大到其他游戏品类。

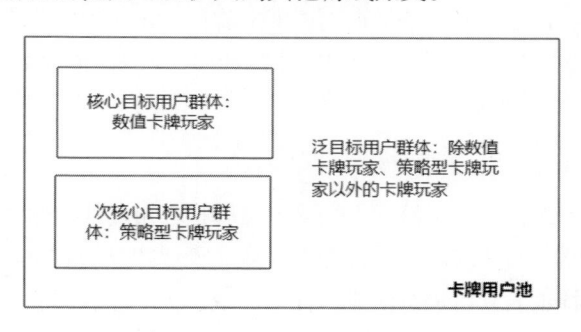

图 5-2

2. 如何进行用户群体分类

用户群体分类是指通过用户的某些特征或标签将用户分为若干群体。

1）通过市场案头调研将用户群体进行分类

西方有句谚语"You are what you eat"，中文翻译为"人如其食"或"你吃什么就是一个什么样的人"。对于游戏而言同样如此，"玩家玩什么，他就是一个什么样的人"。

首先需要确定研究哪个国家的哪个游戏品类的用户群体，再分析该国家目前市面上在该游戏品类中存在的游戏产品，从多个维度拆分、定义这些游戏并将它们分成若干子类型，每一子类型对应一个该品类的细分用户群体，最后根据若干子类型产品各自的类型特征，结合细分用户群体对产品的评价与反馈，归纳各个子类型细分群体的基本特征。在这个过程中，可以着重分析市场占有率高的子类型与其对应的细分用户群体。

例如，通过某个应用榜单统计平台上获取某个国家近五年双端[①]年流水榜单前100名中的卡牌产品，并筛选出其中的卡牌产品，通过产品体验，可以将筛选出的产品在产品类型、题材、美术风格、核心玩法等维度上分别进行定义并打上标签，综合分析后最终将这些产品分为以下三类。

第一类：

日式卡牌产品：流水份额占据该国卡牌核心市场的25%左右，画风以动漫二次元为主。产品基本上为动漫 IP 作品改编，核心战斗以回合制居多，游戏的设计理念重视游戏内的世界观、剧情和人物角色的塑造。

第二类：

欧美策略型卡牌产品：流水份额占据该国卡牌核心市场的60%左右，以西方魔幻题材和丧尸末日题材为主，画风以欧美写实或欧美动漫为主，重视卡牌的战前策略性、横向收集及养成玩法，游戏整体比较"肝"。

第三类：

欧美挂机类卡牌产品：流水份额占据该国卡牌核心市场的15%左右，题材以西方魔幻为主，画风以欧美写实或欧美动漫为主，战斗表现和立绘质量较高，重视整体的美术水平，游戏整体偏轻松，侧重卡牌的竖向养成。

在完成产品分类以后，可以大体上将这个国家的卡牌用户对应产品子类型分为三类。进一步地，可通过应用商店及游戏论坛上玩家对这些游戏的评价、反馈和讨论内容，确定玩家群体特点。

第一类玩家群体的特点：日式卡牌产品用户主要是各大日式动漫产品的 IP 粉丝，对 IP 本身的狂热程度较高，对于游戏中角色的喜好和沉迷程度较高。他们对产品玩法没有太多的要求，不需要过多的玩法创新，达到市场平均水平即可，更在乎 IP 改造是否符合原作设定。

第二类玩家群体的特点：这类玩家群体在乎游戏的策略性，但不是非常重视立绘美术水平，更关注角色的技能设计和养成方式设计。他们重视游戏中的 PVE 玩法，

[①] 谷歌应用商店和苹果应用商店。

不喜欢纯数值向"碾压式"的玩法，接受比较"肝"的游戏产品。

第三类玩家群体的特点：没有太多时间玩游戏，游戏过程不想太累了，这类玩家相对上述两类玩家偏"休闲"，他们在乎游戏中角色的立绘美术水平和战斗表现，接受数值向的玩法。

完成以上调研工作以后，团队对于该国卡牌市场中的主要用户群体有了一个大致的区分和认知。需要注意的是，在这一类的案头调研过程中，每个人得到的结论都不太一样，所以最好在调研结论的基础上，通过更进一步的用户研究工作交叉验证用户群体的分类结果。同时建议阅读市面上公开的行研报告和其他人完成的用户群体研究报告，再次交叉验证自己的分析结果是否存在逻辑上的硬伤和方向性的错误结论。

另外，通过市场案头调研方式对用户群体进行分类无法获得定量层面上的用户人口学信息，这一块需要通过用户研究的方式补足。

2）通过用户研究将用户群体进行分类

问卷调查和用户访谈是用户研究中用于细分用户群体的常用方式。按照游戏是否已经对外测试，用户研究可以分为两种情况：一种是在游戏没有对外测试的时候，用户研究人员按照一定标准面向市场招募玩家进行用户群体研究；另一种情况是在游戏上线后，针对游戏目前的用户群体做用户研究，包括针对当前用户群体的进一步划分及特征研究。

通过问卷调查细分用户群体的时候，一般会在用户同意的情况下询问玩家的人口学信息和游戏习惯，并将这两方面的信息作为群体划分标准之一。人口学信息包括玩家的性别、年龄、职业、学历、收入等。游戏习惯包括用户日常的游戏习惯和玩某个具体的游戏时所体现的游戏习惯。

针对用户日常的游戏习惯，运营人员往往会关注：玩家平常玩哪些类型的游戏？在某个具体游戏类型中，玩家常玩的游戏有哪些？总游戏时长情况如何？总体游戏付费情况如何？这些游戏吸引玩家的要素具体是哪些（策略性玩法、操作性玩法、美术、社交等）？玩这些游戏最开始的原因和动机是什么（看广告发现的、朋友推荐的、自己瞎逛看到的）？玩这些游戏最后放弃的原因是什么（太肝了、太氪了、没有朋友）？

对于用户玩某个具体的游戏时所体现的游戏习惯，运营人员往往会关注：玩家被游戏什么地方吸引（例如美术、玩法、自由交易功能）？玩家的游戏时长情况是怎样的（每天/周/月玩多久）？玩家的付费情况如何？玩家最喜欢游戏里哪个玩法？玩家是否重度参与游戏内的社交行为？除了以上通用的游戏习惯分析维度，还可以根据游戏自身的特点询问运营人员所关注且想要了解的用户游戏习惯情况。

通过对以上信息的综合分析，运营人员可以将用户最明显的特点和运营人员最关注的游戏行为习惯进行提炼与归纳，选取合适的维度将用户分为若干类人群。如果前期做过市场相关的案头调研，则可以综合市场调研的结论进行对比和相互补充。

例如，在针对某款游戏公测前三天新增的用户进行人口学信息及游戏习惯的问卷调查后，通过分析问卷，选取用户群体身上最具代表性的特征，将用户划分为如下几类群体。

- 群体一：关注游戏视觉体验的中高收入白领都市玩家。这类玩家整体收入水平偏中上，职业以白领居多，在游戏产品方面关注游戏的视觉体验，例如角色外观、战斗表现等。
- 群体二：强调策略性玩法和社交乐趣的学生玩家。这类玩家强调熟人社交的社交乐趣和游戏的策略性深度玩法，在乎多人组队、相互配合的社交类玩法。
- 群体三：强调养成爽感和竞争对抗玩法的多品类游戏经历中年玩家。这类玩家年龄偏大，且有多种品类游戏的经历，强调游戏中的养成爽感及 PVP 对抗竞争类玩法。

通过问卷访谈可以得到相比案头市场调研更加细化的用户群体画像，如果想要更进一步了解用户的情况，就需要根据划分的结果，从问卷调查的用户群体中选取最有代表性的玩家进行更加深入的用户访谈，获得更加明确的用户群体划分结果和用户画像情况。在输出相关结论的时候，可以在保护受访者隐私的前提下，以案例的形式描述典型用户画像，更加直观地展示用户群体的划分结果和用户画像情况。

例如，运营人员可以邀请"群体三"中的用户进行一对一的访谈，并制作典型用户画像，如表 5-1 所示。

表 5-1

基本信息 （问卷获取）	人口学信息	姓名	Andy
		性别	男
		年龄	43
		地区	加拿大
		职业	公司职员
		爱好	保龄球、游泳
	游戏习惯	最近 1 个月在玩的游戏类型	SLG、RPG、卡牌
		每天平均玩游戏时长	1～2 小时
		月平均游戏付费额	$300～$500

续表

用户访谈 （典型问题举例）	你喜欢游戏中的哪些玩法，为什么	我比较喜欢游戏中的 PVP 玩法，每一次打败别人的感觉很爽，而且有很多的奖励，和公会的朋友一起并肩作战的感觉很让人兴奋
	你觉得游戏中的养成系统是否符合你的预期	游戏的武器装备系统的养成规则太复杂了，感觉不太能弄懂，而且需要大量的材料，要打很多次副本才能获得，比较累
	你认为游戏中目前的社交玩法是否满足你的需求	我希望未来的公会机制可以让团队成员更有凝聚力，目前的情况是大家不团结，比较松散。核心和积极的成员很累，但是却没有太多回报

3）通过数据对用户群体进行分类

按照实际的业务需求，可以将玩家的某些特定行为习惯定义为标签，使用可反映用户这些特定行为的数据区分用户群体。一般可以通过最多不超过三个标签将用户进行分类。

通过一个行为数据标签区分用户：

比较有代表性的是按照用户付费行为中的总付费额度区分玩家，将用户分为零氪玩家、小 R 玩家、中 R 玩家和大 R 玩家。在更详细的付费额划分标准下，甚至可以将用户细分为 8~10 个子群体。

通过两个行为数据标签区分用户：

类似二维分析法或者四象限法，使用两个行为数据标签可以将用户区分为 4 类子群体。例如，按照活跃度和竞技场段位的高低可以将用户分为高活跃高竞技性玩家群体、高活跃低竞技性玩家、低活跃高竞技性玩家、低活跃低竞技性玩家，如图 5-3 所示。

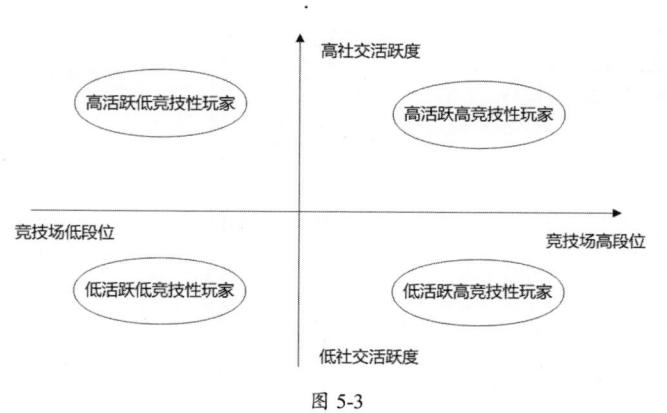

图 5-3

通过三个行为数据标签区分用户：

最典型的是 RFM 模型，在数据分析的章节会进行专门阐述，此处暂时略过。

在使用超过三个以上的维度区分用户群体的时候，聚类分析[1]是常用的手段。聚类分析的优点非常明显，这类方法可以从多个维度划分用户，分析范畴更加全面，缺点是算法模型的优化时间较长，参数的调整也存在反复的过程，不一定能够得到符合业务标准和要求的结果。

表 5-2 是针对某个项目在某个时间段内的新增用户群体进行聚类分析后得到的结果。

表 5-2

用户分类	人群占比	留存情况	付费情况
强 PVP 竞技型	9%	高	高 ARPU 值，贡献 70%流水
强 PVE 刷图型	17%	较高	中等水平 ARPU 值，贡献 19%流水
高社交活跃度型	22%	中等水平	低水平 ARPU 值，贡献 7%流水
休闲收菜型	52%	低	较低水平 ARPU 值，贡献 4%流水

通过对同一批新增用户在不同时间段内的行为数据进行聚类分析，可以获得用户类型变化情况，如图 5-4 所示。

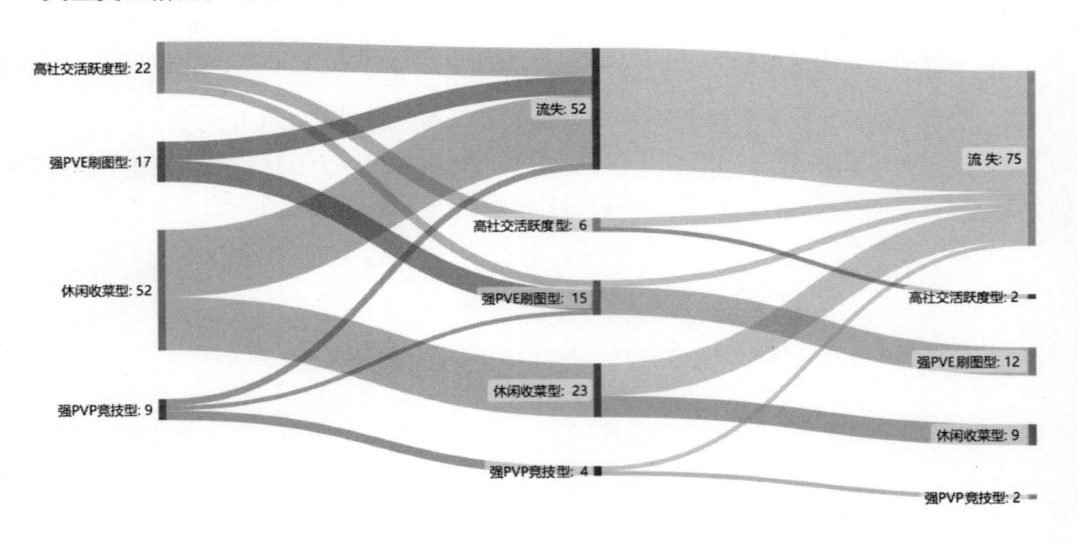

图 5-4

---

[1] 一种数据统计方法，用于分析比较样本中各个对象的特征，并将特征类似的归为一类，形成多个子类。

无论使用一个还是多个用户标签对用户进行划分，在完成群体分类以后，运营人员都需要对每个用户群体的其他行为特征进行进一步的分析，并比较不同用户群体的其他行为特征。例如，按照付费额度将玩家群体划分为零氪玩家、小 R 玩家、中 R 玩家和大 R 玩家以后，运营人员会针对这些用户群体分析比较他们的付费点情况、留存情况等，并根据分析结果优化调整游戏的商业化内容。

5.2.2 玩家建议和反馈的收集

1. 玩家建议和反馈的来源

玩家体验游戏以后会通过各类途径表达他们的评价、建议和反馈。运营人员除了维护官方搭建的反馈路径，如客服、社媒平台、应用商店、官方社群，还需要"泡"在玩家自己组织的社群、各类游戏论坛及各类社媒平台的游戏分区中，关注和捕捉玩家的反馈和建议。

玩家建议的反馈路径如表 5-3 与表 5-4 所示。

表 5-3

官方阵地	国内	海外
渠道和应用商店中玩家对应用的评价	App Store	Google Play Store
	联运渠道商店	App Store
客服反馈	客服统一进行汇总	
社媒平台阵地	微博	Facebook
	微信公众号	X
	小红书	Instagram/YouTube
社群	QQ 群	WhatsApp Group
	微信群	Facebook 讨论组

表 5-4

非官方阵地	国内	海外
社群	玩家自己组织的 QQ 群	WhatsApp Group
	玩家自己组织的微信群	玩家自己组织的 Facebook 讨论组
游戏论坛、游戏社区	TapTap	NeoGAF、IGN
	NGA 等游戏论坛	Reddit

在搜集玩家建议和反馈的时候，运营人员需要尽可能地和玩家确认清楚他们真正想要表达的意思，有些时候玩家的表达可能词不达意，运营人员需要尽可能准确、完整地理解玩家的意思。

有句话叫作"爱之深，责之切"，只有真正喜欢产品、希望产品变好的玩家才会指出产品的问题、提出自己的建议。那些对产品没有任何感觉的玩家，可能悄悄地就流失掉了，没有激起一点水花。所以作为运营人员，一定要尊重且认真对待玩家的建议和反馈，态度上一定要端正，不能以"处理麻烦"的想法去面对玩家的反馈。

2. 建议和反馈的整理

通过各种路径搜集到玩家的建议和反馈后，运营人员需要对这些内容进行筛选、整理，再将有用的信息同步给研发团队，不能全部一股脑直接"塞"给研发团队。大多数研发团队没有时间逐字逐句阅读未经整理和筛选的玩家反馈，也不会主动筛选和整理玩家反馈。如果运营人员在这个环节不主动整理和筛选玩家反馈给研发团队，则很容易导致玩家反馈的价值发挥不出来。

初步筛选建议和反馈：

（1）筛选掉纯粹"吐槽"、谩骂的玩家反馈，这一类的内容不带有建设性，只是情绪宣泄。

（2）从运营工作的角度判断为无理的要求，可以不必理会。

（3）从运营经验出发，可以断定研发团队目前在技术上和能力上无法做到的建议与需求也需要被筛选掉。研发团队客观上做不到的事情，没有传递给研发团队的必要。

初步整理建议和反馈：

（1）将玩家的建议和反馈按照玩法、美术、题材、商业化等维度做分类，不要混杂在一起。

（2）在子分类下，将玩家反馈较多的问题做成专题，标注出反映次数、反馈频率及来源的渠道，并对玩家的整体诉求做一个简单的摘要和总结。

（3）将每一个子类下的问题按照反馈次数和人数的多少由多到少进行排列。

运营人员对建议和反馈进行批注：

版本调优人员在传递玩家的建议和反馈给研发团队的过程中，不仅仅扮演传递者的角色，还需要给出自己的判断。版本调优人员需要综合近期数据侧、用户研究侧及自己的运营感受，对建议和反馈做一些批注，包括对重要性、必要性及优先级的判断。如果用户研究侧和数据侧也有相关的论据证明产品某个地方需要进行调整，则可以一并进行补充说明。

5.2.3　通过用户研究得到玩家反馈

玩家体验游戏，通过官方和非官方的路径表达自己的建议、观点和感受，这个过程是玩家在主动地表达自己的想法，官方被动接收。而通过用户研究的方式，运营人员可以主动找到符合要求的玩家有针对性地开展调研，弥补用户反馈的空白区域。

在版本调优的过程中，用户研究可以在以下三个阶段发挥作用。

（1）在产品构思阶段，没有可直接试玩版本的情况下，通过问卷调查和用户访谈的方式帮助研发团队验证他们的构思。

（2）在已经完成版本开发工作，版本正式上线前，小范围地进行新版本的测试，针对版本内容做一些简单的调优。

（3）在游戏上线后，对版本内容开展全面性的满意度调查，或者对具体的版本功能、玩法等模块做个性化的玩家访谈，听取玩家反馈和建议。

1. 版本上线前验证阶段

在版本上线前的版本构思阶段或者已经完成版本开发工作准备上线的阶段，可以通过已经沉淀好的固定用户池验证产品构思或者小规模测试先遣版本。

固定用户池一般保持在 50 人以内的规模即可，最多不超过 100 人。在上线前，可以通过第三方合作商按照一定标准招募。在上线后，可以在游戏中通过问卷进行招募并筛选。每个固定用户池中的用户都需要有明确的身份标签，运营人员和用户研究团队需要按照业务的理解招募合适的人选进入用户池。例如，既要招募核心目标用户群体，也要招募泛目标用户群体，团队需要听取不同类型玩家群体的建议，综合考虑产品调整和优化方向。

另外，在验证过程中需要做好保密工作，建议发行团队和固定用户池中的合作者签署保密协议。

2. 版本上线后的反馈收集阶段

版本上线后，依照版本更新节奏进行版本满意度调查，大面积地收集玩家的反馈和评价。或者针对产品某一个或几个功能玩法进行大面积的问卷调查。后续根据问卷调查结果，在完成问卷的人群中招募用户开展特定专题的用户访谈。

通过各个反馈渠道得到的建议和"吐槽"往往来自玩家群体中那些活跃度高、表达欲望强的玩家，但剩余的玩家是"沉默的大多数"，可能不"吐槽"也不想表达就逐渐地流失了。只依靠社群、客服路径、商店中的应用评价得到的用户反馈太少且不全面（只针对部分问题）。社区也容易被"带节奏"，玩家的"吐槽"较为情绪化，而且对于这些反馈除了做词频分析和词云分析，很难做其他的量化处理。因此，版本调优人员需要和用户研究团队通过问卷调查的方式定期做大范围的版本满意度调查，以便比较全面地了解玩家对产品版本的意见与反馈。

版本满意度调查需要严格区分用户群体，根据不同的用户群体分辨他们的建议和评价情况才能客观地帮助团队优化产品。为了区分用户群体，一般会在问卷中增加人口学调查和游戏习惯的相关问题或者其他可以明确分辨用户群体的问题和选项。如果问卷 SDK 可以获取用户 UID，则可以通过用户的行为数据区分用户群体。

如果计划在作答问卷的用户人群中选取合适的用户进行访谈，则可以在问卷末尾设计询问用户联系方式的相关问题，这类问题一般不强制玩家作答，玩家根据个人意愿选择性填写。

由于问卷调查形式的限制，问卷中的问题以封闭式问题为主，且因为问卷篇幅有限，当运营人员想深入挖掘某个问题时，例如探究玩家某个游戏行为背后的深层次动机或了解玩家对于某个玩法规则的详细看法，只通过问卷调查无法实现，必须借助访谈的方式才能达成目的。因此，在设计问卷的时候，需要提前做好铺垫工作，以便后期筛选目标访谈用户。例如，如果想要知道玩家对于游戏某个副本玩法的具体调优建议，则可以通过问卷中与副本玩法满意度相关的问题筛选出满意度较低的玩家进行访谈，以获得有价值的调研结果。

版本满意度调查伴随每一次游戏版本更新进行，在完成多次的版本满意度调查后，可以通过环比和同比的方式分析不同版本满意度调查结果之间的差异，进而横向对比不同版本更新的效果。

通常来说，版本满意度调查问卷内容如表 5-5 所示。

表 5-5

调查内容方向		问题举例	备注
基本信息	性别	你的性别是	
	年龄	你的年龄是	
	职业	你的职业是	
游戏习惯相关	游戏类型偏好	你最近一个月体验过以下哪些游戏类型	
	每日游戏时长情况	你平均每天花多少时间玩游戏	
	游戏消费情况	你平均每个月在游戏上消费多少钱	
	同类竞品体验情况	你近期体验过以下哪些游戏	

续表

调查内容方向		问题举例	备注
总体满意度调查	游戏整体满意度	目前为止，你对游戏的总体满意度评价是什么	可使用量表
	游戏核心追求	目前为止，你在游戏内的核心追求是什么	
	核心玩法、美术表现、交互体验满意度	你对游戏美术表现的满意度评价是什么	可使用量表
	策略性、操作性、社交性体验满意度	你对游戏策略性的满意度评价是什么	可使用量表
重点游戏玩法、功能满意度调查（建议具体调研的功能或玩法最多不超过3个）	某个功能或玩法的整体满意度	你对XX玩法的整体满意度评价是什么	可使用量表
	针对该功能和玩法的核心追求点	你在XX玩法中的核心追求点是什么	
	目前体验该玩法和功能的频率及原因	以下哪种描述符合你目前体验XX玩法的状态	
流失/留存意愿调查	继续游戏的意愿强度及原因	下面哪种描述符合你目前体验游戏的状态	
净推荐值（NPS）	玩家有多大意愿将游戏推荐给朋友	你愿意把游戏推荐给你的朋友吗	量表题

针对某个具体的玩法或功能，用户访谈的内容如表5-6所示。

表 5-6

访谈阶段	访谈内容
破冰阶段	玩XX游戏的契机是什么
	XX游戏中哪些地方让你觉得满意？哪些地方让你觉得不满意
	玩XX游戏的核心追求是什么
正式访谈阶段	是否了解XX玩法的规则和要求
	接触XX游戏多久以后开始体验XX玩法
	针对XX玩法的核心追求是什么
	目前体验XX玩法的状态是什么（了解玩家的体验深度和频率）
	对XX玩法的满意度如何？不满意地方有哪些？原因是什么
	XX玩法与其他竞品的XX玩法相比，你觉得怎么样
	对于XX玩法未来的期待或建议是什么
收尾和感谢阶段	对游戏还有没有其他的想法和建议
	对玩家参与访谈表示感谢

5.3 数据定义产品

通过玩家的行为数据可以了解玩家和游戏的交互过程，然后根据用户的交互行为推测用户行为背后的动机和原因，进而得到用户对于产品的评价，帮助产品进行优化。

在帮助产品进行优化的过程中，版本调优人员需要重点关注用户"留存和流失行为数据""功能、玩法、活动效果数据""玩家单一类型行为数据"。

5.3.1 留存和流失行为分析

1. 从衰减率看留存行为

留存数据是所有游戏数据中最难进行拆分的。其他的数据，例如新增、付费，都可以通过金字塔分析法拆解为更详细的二级指标或者三级指标，再进行进一步的分析。但是留存数据除了通过分人群、分标签、分渠道进行对比分析，似乎就没有其他更好的拆分方法了。

用户的留存行为无法具体指向某个功能或玩法，玩家留下来继续玩游戏受多种因素影响，是综合考虑和良好体验累积的结果。玩家的流失也并不仅仅是因为游戏中的某个要素体验不好，往往是负面情绪不断积累，在达到一定程度且无法继续忍受的时候，某个体验不好的游戏细节成为他"弃坑"的导火索。玩家对于游戏的好感度，会在一次一次的负面体验中被消耗，当好感度没有被消耗完的时候，玩家依靠剩存的好感继续活跃在游戏中，当好感度被消耗完以后，玩家就选择离开。

留存率反映的是第 N 天相对于第 1 天仍然具有登录或活跃行为的用户比例，但这个数据无法描述第 N 天相比于前一天的用户留存情况，因此运营人员无法详细了解用户在第 1 天到第 N 天的留存数据变化过程。而衰减率恰好可以解决这个问题。

衰减率是指第 N 天的留存用户数相对于第 $N-1$ 天的留存用户数的比例。从业务的角度来看，衰减率的绝对值越高，代表在这个阶段的用户留存意愿越高，相反则越低。表 5-7 展示的是某产品的某一批新增用户从新增首日开始到第 7 日的新增用户日留存率和新增用户日衰减率。

表 5-7

时间	新增用户日衰减率	新增用户日留存率
首日	100.00%	100.00%
次日	45.00%	45.00%
第 3 日	77.00%	34.65%
第 4 日	80.00%	27.72%
第 5 日	90.00%	24.95%
第 6 日	97.00%	24.20%
第 7 日	97.00%	23.47%

新增用户次日衰减率：

新增用户次日衰减率和新增用户次日留存率在数值上相同，这两个数据可以解读出三层含义，一是游戏是否达到玩家的预期，二是游戏核心玩法或者美术是否符合玩家喜好，三是产品是否存在硬伤。

玩家可能因为朋友介绍、对官方投放的买量广告感兴趣、受品牌宣传影响等原因下载了游戏，在正式进入游戏之前对游戏存在一定的预期，但如果他们进入游戏后发现实际情况和自己的预期完全不符合，则大概率会退出游戏。例如，买量广告上宣传的游戏设定是开放世界，而玩家进来以后发现游戏是一个站桩格斗类玩法的产品，那么玩家会认为"货不对版"，第二天就不会再登录游戏。

游戏的核心玩法和美术是游戏的灵魂与皮囊，排除游戏没有达到玩家预期的情况后，玩家对核心玩法和美术的感受与喜好程度直接影响新增用户次日留存率的数据。虽然游戏内的功能、玩法、系统纷繁复杂，但玩家首日登录后，给玩家留下最深刻印象的必然是核心玩法和美术，如果核心玩法和美术没有吸引住玩家，就会导致产品的新增用户次日留存率和新增用户次日衰减率过低。玩家的首局核心战斗体验是影响玩家判断游戏核心玩法好坏的最关键因素。

但存在一种特殊情况，如果玩家因为注册、登录流程过于复杂、资源包加载过慢等原因在没有正式进入游戏前就流失，则会造成游戏的前端转化率过低，也就是说大部分玩家还没有正式进入游戏并接触到核心玩法就退出了游戏，这种情况下得到的留存率数据无法反映游戏核心玩法及美术的真实水平。如果想要了解游戏核心玩法和美术对玩家的吸引程度，那么需要先排除前端转化率过低的问题。

产品是否存在硬伤也直接影响新增用户次日留存率与新增用户次日衰减率。如果产品有过多的 Bug、闪退、崩溃、机型适配、网络连接问题，那么就算游戏再好玩，玩家客观上没有办法正常体验游戏，后续也不会有意愿继续登录游戏了。

新增用户第 2~3 日衰减率：

玩家在新增第 2~3 日的衰减率过低，可能是因为游戏核心玩法的耐玩性不够或养成线过难。

玩家在首日体验了游戏后，如果感觉游戏核心玩法体验不错，美术风格良好，则会在第二天、第三天继续体验游戏核心玩法，并逐渐开始探索游戏内的其他内容。如果第 2~3 天的衰减率过低，那么极有可能是游戏核心玩法的耐玩性不够，单局体验的差异化过小、策略性或操作性的发挥空间小，导致玩家多次体验核心玩法后"腻了"，核心玩法失去了吸引力，且游戏内的其他内容也不具备足够的吸引力和耐玩性可以留住玩家，最终造成玩家流失。

如果游戏养成线过难，也可能造成新增用户第 2~3 天的衰减率过低。养成线过难表现为三种情况，一种情况是养成规则过于复杂、理解门槛高、学习成本高，第二种情况是养成线的数值设计不合理、跨度过大，第三种情况是开发者为了商业化目的设计卡点，玩家必须消费才能完成养成目标。这三种情况都会打断玩家的心流体验，让玩家被迫"弃坑"。

作为运营人员，千万不要有"玩家喜欢我们的游戏，就会认真钻研各类规则，也愿意为我们付费，否则就不是真正喜欢我们的游戏"的想法，这种态度过于傲慢。好的游戏应该"易上手、难精通"，而不是设置过高的门槛让人望而生畏。

新增用户第 4~7 天衰减率：

新增用户第 4~7 日衰减率过低的原因通常是游戏没有让玩家成功树立短期目标追求、游戏没有探索性或副玩法较少。

在第 4 到第 7 天，玩家基本已经熟悉游戏的核心玩法和养成线了，这个时候游戏一般已经为玩家树立起明确的目标追求，如果没有树立起来，则玩家的流失率增加。

如果游戏缺少探索性或游戏中的副玩法较少也会造成新增用户第 4~7 天的衰减率过低。玩家在前 1~3 天已经基本熟悉游戏核心玩法的规则，后续会逐渐探索游戏内的其他副玩法和副功能。除非游戏的核心玩法足够支撑玩家连续玩 7 天且每天玩 2 小时都不腻，那么这个时候大概率需要提供一些副玩法供玩家消耗或探索。

新增用户第 7 天以后的衰减率：

新增用户在第 7 天以后逐渐进入稳定状态，因此针对新增用户第 7 日以后的留存数据，运营人员会按照周为单位分析他们的衰减情况。

大多数游戏在新增用户第 7 天后会以周为单位提供阶段化的游戏内容，以新增时间轴作为基准逐渐释放游戏新内容，按节奏推进玩家学习和体验游戏新模块的进度，并不断更新、完善玩家的游戏中长期目标和追求。

版本调优人员需要和研发团队确认，依照不同的时间周期，计划给玩家提供什么样的学习和体验内容，以及想要给玩家树立什么样的阶段性游戏目标。

如果游戏新增用户的衰减率在第二周、第三周出现了问题，原因一般有两种。一是在对应周期内，研发团队给玩家提供的版本内容在用户体验层面有问题，包括在此周期内开启的新玩法、新系统、新养成线、上线的新活动等内容的设计存在"硬伤"或与之前的产品设定相违背。二是这个阶段玩家的长线追求出现了问题，具体原因既可能是游戏给玩家树立的目标太高，玩家难以达到，也可能是游戏给玩家树立的目标过低，玩家"击穿"了养成线，在很短的时间内就"毕业了"，没有进一步追求的目标了，失去了玩游戏的动力。还有可能是游戏在这个阶段提供的新内容根本就没有给玩家树立起明确的追求目标，导致玩家没有登录并体验游戏的动力。

2. 用户流失行为分析

用户流失行为和留存行为其实是一体两面的概念。对于用户流失行为，可以重点关注流失时间、流失节点和流失原因。

第一步，给用户流失行为或者流失用户下定义，例如将连续 7 日及以上不再登录游戏的用户定义为流失用户，这样可以筛选出流失用户群体。

第二步，根据实际业务需求确定是否需要进一步将流失用户群体做划分，例如根据是否有付费情况分为"付费流失玩家"和"非付费流失玩家"。

第三步，选取游戏中可以大致反映玩家游戏进度的数据，常见的如游戏等级、关卡推进进度、段位等。

第四步，分析筛选后的流失用户在流失前一天的等级或者关卡进度数据，根据等级或关卡进度的集中情况判断核心流失节点，并确认该流失节点产生的原因是否因为存在"硬性卡点"。在业务实践中，出现过因为 UI、UE 设计不清晰导致玩家不知道如何进行下一步操作而不得不退出游戏的情况。

版本管理人员可从头开始体验游戏，尽可能定位硬性卡点的位置。

但运营人员和策划人员对游戏非常熟悉，导致他们无法"回滚"到新手状态去体验游戏。因此也可以借助用户研究的方式寻找硬性卡点，招募新手玩家进行游戏流程测试并观察他们的游戏操作行为，捕捉玩家停顿时间过长的节点并结合用户访谈最终确定硬性卡点的位置。

如果以上两种方法都无法定位到问题，那么可以拉取同一个核心流失节点的玩家在流失当日的所有游戏行为，包括养成行为、核心战斗行为、参与副本行为、社交行为、付费行为等进行进一步分析，详细地还原用户在流失行为发生前的其他行为情况，从而定位到具体的流失卡点。

如表 5-8 所示，将当日新增且在新增后连续 3 天及以上不登录的用户定义为流失用户，拉取了这些用户在最后一次登录时的关卡通过情况。通过分析 5 月 24 日、25 日、26 日新增用户中的流失用户在最后一次登录时的最大通过关卡分布情况，可以发现大多数玩家在首日都被关卡 5 困住了，关卡 5 的流失集中程度最高。通过进一步分析玩家在关卡 4 中的行为数据，可以发现流失用户都存在角色没有穿戴装备的情况，进一步探究原因，运营人员发现是因为这部分玩家直接跳过了装备穿戴的新手教程，导致初始角色在到达关卡 5 的时候应该穿戴整套初级装备但实际情况并没有，最终这些用户因为角色战力不足导致无法通过关卡 5。

表 5-8

最大通过关卡名称	5月24日新增用户中的流失用户	5月25日新增用户中的流失用户	5月26日新增用户中的流失用户
关卡 1	16%	4%	1%
关卡 2	9%	2%	2%
关卡 3	10%	3%	1%
关卡 4	43%	33%	30%
关卡 5	7%	9%	8%
关卡 6	7%	13%	5%
关卡 7	2%	4%	2%
关卡 8	2%	4%	1%
关卡 9	1%	2%	6%

3. 用户行为规律分析

单一用户的行为没有代表性，当样本数量足够多的时候，便可以从用户的行为数据中找到一定的规律。

1）滞留情况分析

从时间维度来看，玩家的关卡推进进度、养成线的养成进度都应该是一个逐渐推进的过程。理想情况下，玩家的养成曲线、关卡进度曲线应该是相对顺滑的。在某个养成阶段、某个关卡滞留的时间过长都会导致玩家的心流体验不佳、消耗玩家对于游戏的好感度，造成玩家放弃某个养成模块或关卡的情况，加大玩家流失的风险。

研发团队对于产品的数值设计和玩家推进的进度规划有一整套自己的逻辑，所以当运营人员从数据分析的角度客观上得到玩家的进度推进情况后，版本调优人员需要和游戏策划人员沟通目前所展现的情况是否符合设计初衷，并深入了解策划人员如此设计的原因，不能只按照从数据上看到的结果凭自己的主观想法下结论。

表 5-9 所展示的是某日新增用户在新增首日至 14 日的武器等级养成分布情况，从表中可以看出大量玩家的武器等级滞留在了 3 级以下，且武器等级养成曲线不够顺滑。

表 5-9

养成对象	时间	等级									
		1	2	3	4	5	6	7	8	9	10
武器等级	第 1 天	42.08%	49.87%	5.84%	1.43%	0.39%	0.26%	0.13%	0%	0%	0%
	第 2 天	37.37%	47.03%	10.66%	4.90%	3.15%	2.27%	1.40%	0.17%	0.35%	0.35%
	第 3 天	35.27%	31.56%	13.95%	9.30%	5.32%	2.66%	3.32%	1.00%	3.65%	1.99%
	第 4 天	33.09%	25.17%	11.07%	9.73%	8.72%	5.03%	6.04%	4.03%	2.35%	5.37%
	第 5 天	29.21%	22.43%	11.21%	7.48%	6.54%	2.80%	3.27%	1.87%	1.87%	9.35%
	第 6 天	26.61%	33.06%	10.36%	7.21%	6.31%	1.80%	1.35%	4.05%	4.50%	7.66%
	第 7 天	25.83%	32.29%	8.09%	8.67%	4.05%	5.78%	2.89%	5.20%	1.73%	9.25%
	第 8 天	22.25%	23.89%	5.56%	7.64%	8.33%	2.78%	2.78%	2.08%	3.47%	9.03%
	第 9 天	18.84%	20.78%	7.84%	6.86%	3.92%	4.90%	3.92%	1.96%	4.90%	6.86%
	第 10 天	15.00%	21.00%	11.00%	5.00%	3.00%	6.00%	7.00%	3.00%	2.00%	4.00%
	第 11 天	12.50%	28.18%	4.55%	3.41%	2.27%	2.27%	6.82%	1.14%	2.27%	2.27%
	第 12 天	8.16%	27.14%	8.16%	7.14%	2.04%	5.10%	3.06%	4.71%	3.06%	6.12%
	第 13 天	11.84%	23.95%	11.84%	6.58%	3.95%	3.95%	1.32%	2.25%	2.63%	3.95%
	第 14 天	12.09%	25.15%	12.67%	8.25%	3.09%	2.06%	4.12%	2.06%	3.09%	6.19%

2）在线时长和登录频率分析

首先通过数据标签筛选出业务侧计划分析的用户群体，例如新增用户群体、付费用户群体、高段位用户群体等。

明确目标分析群体以后，拉取该用户群体在某个时间段内每日的平均登录频次、单次平均停留时间、平均在线总时长、核心功能与玩法平均停留时长等相关数据。

客观分析用户的日均登录频次和日均单次停留时间数据后，版本调优人员需要和研发团队确认数据所反馈的用户行为情况是否符合产品设计初衷。例如，挂机类产品由于游戏内含有收取挂机资源的功能，玩家就存在频繁登录游戏领取资源的行为特点，造成单日登录次数多、单次停留时间短的数据特点。

通过分析玩家群体的日均在线总时长情况可以衡量玩家目前在游戏上的真实"肝度"是否和研发团队设计时的预期一样。无论是"不够肝"还是"过于肝"，都需要在下一个版本中做相应的调整。

如表 5-10 所示，版本 A 的日人均游戏时长在 200 分钟以上，比产品设计时规划的"单日 1～2 小时"超出约 1 小时。为了减轻玩家的负担，降低游戏"肝度"，在版本 B 中，部分玩法增加扫荡功能，减少玩家不必要的时间消耗，所以版本 B 的日人均游戏时长明显下降，大体维持在 120 分钟左右。

表 5-10

版本情况	日期	活跃用户数	人均时长（分钟）
版本 A	4月18日	2188	266
	4月19日	1718	246
	4月20日	1361	220
	4月21日	1244	210
	4月22日	1283	208
版本 B	5月24日	1146	149
	5月25日	1178	138
	5月26日	1344	123
	5月27日	1401	118
	5月28日	1491	116

通过横向对比同一用户群体在不同核心功能和玩法的单日平均停留时长，了解他们的游戏时间消耗在了哪些功能、玩法上，评估该玩家群体目前的整体游戏状态是否符合游戏的设计预期。

通过对比不同人群在同一个游戏玩法和功能上的单日平均停留时长，可以分析不同群体对于某个具体玩法、功能的偏好程度差异，借助用户研究可进一步探究玩家群体的核心玩法、功能停留时长数据背后的原因与动机。

3）行为分布和演进规律分析

按照时间顺序来看，新增用户每日的行为必然是不同的。通过分析新增用户重点行为的分布和演进情况，可以从时间线的角度，了解新增用户重点行为的变化过程。

首先，借助标签筛选出计划分析的目标用户群体。

其次，确定需要分析的用户重点行为是什么，例如用户的副本参与行为、养成行为等，并从数据上定义用户重点行为的统计口径。

最后，按照时间维度分析目标用户群体在不同时间节点的重点行为情况，并串联对比分析。

以副本参与行为为例，将某日的新增用户群体作为分析对象，并定义每周参与时间最长或者次数最多的副本为玩家当周的核心副本行为。于是，按照时间线整理玩家群体的副本行为之后，可以得到该用户群体副本参与行为的分布和演进规律。图 5-5 以桑基图的形式展示了这批用户在新增后四周内的副本参与行为分布和演进情况。

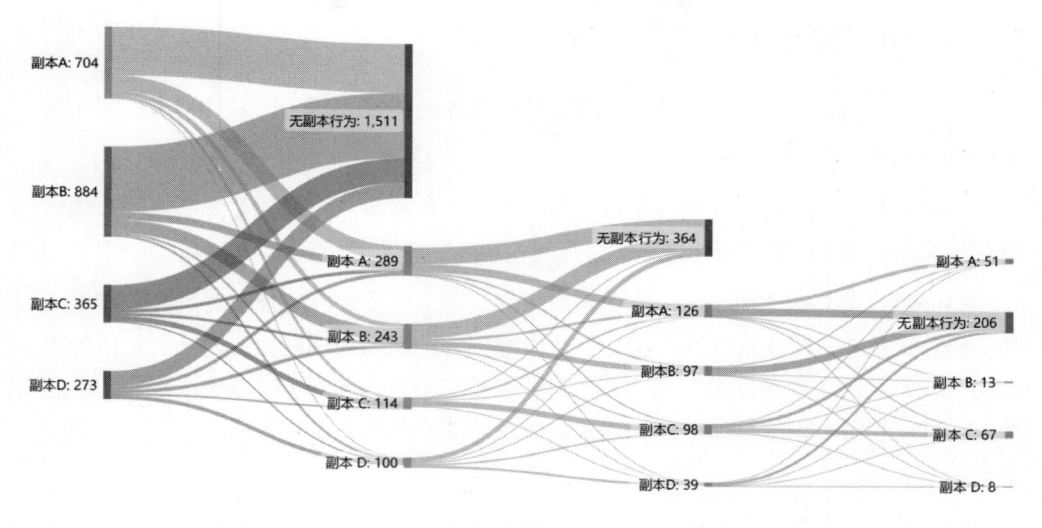

图 5-5

5.3.2 活动、功能、玩法效果分析

为了评估某个版本新上线的活动、玩法、功能的效果，需要针对具体的活动、功能、玩法开展效果分析。

首先需要了解活动、玩法、功能的规则和实现流程，筛选出可以用于评估效果的"用户关键行为"及相应的数据。如表 5-11 所示，运营人员重点关注活动、功能、玩法的用户参与情况、参与过程与参与结果。

表 5-11

分析维度	核心关注点
参与情况	符合参与条件的用户有多少？其中多大比例的用户参与了该玩法、功能、活动
	参与了玩法、功能、活动的用户群的分层情况
	用户的参与频率、停留时长情况
参与过程	多少用户在参与玩法、功能、活动时产生了用户关键行为
	用户关键行为的发生率情况
	用户在参与过程中的资源消耗情况
	如果功能、玩法、活动包含商业化模块，用户的充值情况如何
参与结果	用户的参与结果情况，例如玩法奖励结算情况
	活动、功能、活动的总体资源产出情况如何
	结算结果中，用户人均可获得资源情况如何

5.3.3　用户单一类型行为分析

用户单一类型行为分析是指对玩家群体的某个特定类型行为的总体研究，例如玩家社交行为分析、养成行为分析等。

例如，业务侧希望通过对社交行为的分析评估目前游戏内的社交生态，并为优化游戏社交功能提供一些参考信息。

第一步：定义社交关系。按照关系构建的来源，将游戏内的社交关系分为陌生人社交和熟人社交。陌生人社交是指在游戏中遇到并结识的新朋友，熟人社交是指玩家之间在现实生活中本身就是熟人关系，只是将社交关系拓展到了游戏中。按照关系的性质，可以将游戏内的社交关系分为情侣关系、固定队友关系、公会成员关系、师徒关系等。

第二步：盘点游戏内已经存在的社交相关功能。例如游戏内的公会系统、聊天系统（公屏聊天和私聊等）、情侣系统、师徒系统等，了解这些系统具体提供哪些功能，并对这些功能进行简单拆分。

第三步：确定需要具体研究的生态关系。例如，运营人员想要研究陌生人社交下的师徒关系情况，那么在用户行为上，需要重点关注师徒关系的建立、存续保持、互动及结束的过程。根据师徒系统功能定义师徒关系建立的标志、存续的判定标准、互动的行为范围、结束的标志，由此勾画出游戏内"师徒关系"类型行为的演进过程。

第四步：拉取并分析对应的数据。在分析过程中重点关注用户师徒关系的建立是否顺利？存续和互动是否顺畅？破冰行为开展是否正常？低互动和没有完成出师仪式就解除师徒关系的原因是什么？高互动频率的师徒关系的互动行为主要分布在哪些模块？不同国家、不同渠道和不同属性标签的用户群体在上述行为中的区别是什么？例如，性别对于师徒关系的维系是否有影响？不同付费程度的玩家群体在师徒关系建立、存续和结束上的行为有什么区别？

如表 5-12 所示，可从关系建立、关系存续和互动、关系结束三个阶段分析某游戏的师徒关系，用于了解一段时间内游戏内社交关系中师徒关系的基本生态情况，并根据对生态情况的解读结果做进一步的专项分析和研究。

表 5-12

社交行为——师徒关系分析			
行为拆分		5月24日	5月25日
关系建立	活跃用户数	39864	38792
	满足收徒条件用户数	14537	15873

续表

社交行为——师徒关系分析			
行为拆分		5月24日	5月25日
	满足拜师条件的用户数	27638	28936
	完成拜师仪式的师徒关系数量	1734	879
	拜师来源：系统推荐数量	1298	653
	拜师来源：主动搜索数量	436	226
关系存续与互动	处在存续状态的师徒关系数量	31523	32402
	当日产生互动行为的师徒关系数量（聊天、组队、送礼）	7362	6544
	互动率	23%	20%
关系结束	满足出师条件的师徒关系数量	2921	3042
	当日出师数量	275	142
	出师率	9%	5%

5.4 市场定义产品

"市场定义产品"需要从宏观和微观两个维度同时进行。

在宏观上，版本调优人员可以用"代际产品演进规律"分析目标品类市场的过去和现在，按照时间线划分不同的代际，定位代际代表产品，并能够准确提炼出整体代际产品在品类框架下做的创新和突破。同时找到代际代表产品以外占据市场较大份额的代表性产品，了解目标品类市场上主流的成功产品类型有哪些。

在微观上，体验和分析该品类市场上占据市场份额 80% 的产品（例如该品类流水或下载榜单排名前 30 的产品），并对主流产品类型中的代表性产品进行深度体验和分析。

5.4.1 市场分析

1.代际产品演进规律

目前市面上的游戏品类基本已经定型，经过数年的发展，每一个品类都形成了自己的产品框架，而产品框架也是定义游戏品类的标识，用于区别游戏属于这个品类而不是另一个品类。如果没有颠覆性的技术或者"疯子"般的天才出现，那么目前游戏市场上不太可能开辟出一个全新的游戏类型或者出现颠覆性的品类革新。

游戏开发者都是在某个游戏品类的产品框架基础上进行创新和演绎。同一个品类中产品和产品的不同，体现了开发者对于产品创新维度的思考以及创新的力度与深度不同。

通过品类和地区两个标签可以划分不同的市场。例如欧美卡牌市场、韩国MMORPG市场、日本三消市场。从时间维度上看，大多数市场符合**代际产品演进规律**。

在某个细分市场上，往前追溯10~15年，每隔2~5年，就会出现一款在玩法、操作、美术或者游戏的某个模块上创新力度大、市场进入时机恰好、发行和运营策略成功并获得高市场占有率的产品，这种产品就是**代际代表产品**，也被称为"爆款"。在这款产品横空出世后的2~5年，市面上会冒出诸多XX-like的模仿者，这些产品都是在这个代际代表产品的产品框架基础上进行美术和题材换皮及玩法微创新的。

在若干年后，又会有一款代际代表产品出现，重新对市场进行洗牌，代替或侵占原有的代际代表产品的市场地位，接着又出现一批XX-like的产品，如此往复。在10~15年间，一个地区内某个品类的细分市场可以被分为多个代际。以上就是代际产品演进的规律。在代际往复的过程中，从整个游戏品类来看，产品不断地迭代向前发展，市场和用户也在不断被洗牌和教育。

某个产品成为代际代表产品，并不意味着同时代只有这款产品质量好，所以它成功了。市面上同时会有诸多产品想要竞争代际代表产品的地位，成为代际的"爆款"。但是可能因为创新力度过大、理念过于超前，所以不被同时代人理解，也可能是市场发行力度和运营服务不到位，没有站稳市场脚跟，导致产品没有办法成为"教育市场和用户"的那一款产品。

在同一时期，除了代际代表产品，还存在其他市场份额较大的产品，它们既不像XX-like产品一样平庸，也没有"爆款"产品的"风光无限"。但它们在产品创新、发行策略、运营策略或者其他某个板块上必然具备自己独特的竞争优势。

市场上的产品在一遍又一遍地用自己的产品教育用户，所以对于固定品类和玩法的用户群体来说，在某一个特定时间段内，他们已经被市场养成了固定的游戏习惯和认知思维。

因此对于大多数产品来说，要尊重玩家已经被市场养成的最基础的游戏习惯和认知思维，不要轻易去打破。在这个基础上，再寻求相对创新和差异化的地方。

对于极少数的产品来说，它们在某些玩法和功能上的创新完全颠覆了上一代产品的体验，意图成为下一个"爆款"，刷新用户的游戏习惯和认知理念，这类产品在背负高市场表现预期的同时会有很高的市场风险，作为开发者要清楚这一点。

2. 市场成功要素分析

除了通过代际产品演进规律找到某个品类市场中不同代际的代表产品，运营人员还需要关注代际代表产品以外占据该市场主要市场份额的产品，并从个人产品体验、行业内公开情报及跨公司专家访谈的角度将这些在该市场上取得成功的产品按照一定的成功要素进行分类。通过学习市场上这些成功产品的成功要素来完善、调优自己的产品。

以日本卡牌市场为例，选取日本游戏市场某一年每个月谷歌应用商店和苹果应用商店的月流水排名前 100 的产品。将谷歌应用商店中 12 个月份的流水榜单排名前 100 的产品中的卡牌产品合并去重后共有 58 款，其中有 IP 的产品为 40 款，没有 IP 的产品为 18 款，如表 5-13 所示。将苹果应用商店中 12 个月份的流水榜单排名前 100 的产品中的卡牌产品合并去重后共有 55 款，其中有 IP 的产品为 40 款，没有 IP 的产品为 15 款，如表 5-14 所示。由于 IP 类产品的成功要素较为特殊，暂不做分析，只对非 IP 产品进行剖析。

表 5-13

商店	序号	游戏名称	游戏中文名
谷歌应用商店	1	グランブルーファンタジー	碧蓝幻想
	2	AFK アリーナ	剑与远征-AFK
	3	ドラゴンエッグ 仲間との出会い 友達対戦 RPG	龙之对决
	4	レッド：プライドオブエデン	红：伊甸园的骄傲
	5	東方 LostWord	东方归言录
	6	クイズ RPG 魔法使いと黒猫のウィズ	黑猫维兹
	7	アナザーエデン 時空を超える猫	另一个伊甸：超越时空的猫
	8	SINoALICE ーシノアリスー	死亡爱丽丝
	9	スクールガールストライカーズ 2	暂无
	10	Summoners War	魔灵召唤
	11	Epic Seven	第七史诗
	12	デュエル・マスターズ プレイス	决斗大师 PLAY'S
	13	Hero Wars - Fantasy Battles	英雄战争
	14	ラストクラウディア	最后的克劳迪娅

续表

商店	序号	游戏名称	游戏中文名
谷歌应用商店	15	三国志名将伝	三国志名将传
	16	ブラック・サージナイト	黑潮：深海觉醒
	17	フィギュアストーリー	高能手办团
	18	アーテリーギア-機動戦姫-	机动战姬：聚变

表 5-14

商店	序号	游戏名称	中文游戏名
苹果应用商店	1	グランブルーファンタジー	碧蓝幻想
	2	戦国炎舞 -KIZNA- 【人気の本格戦国 RPG】	缭乱三国演义
	3	Hero Wars － Fantasy Battles	英雄战争
	4	Evertale	亘古幻想
	5	Summoners War	魔灵召唤
	6	SINoALICE ーシノアリスー	死亡爱丽丝
	7	アナザーエデン時空を超える猫	另一个伊甸：超越时空的猫
	8	AFK アリーナ	剑与远征-AFK
	9	ドラゴンエッグ 仲間との出会い 友達対戦 RPG	龙之对决
	10	デュエル・マスターズ プレイス	决斗大师 PLAY'S
	11	ラストクラウディア	最后的克劳迪娅
	12	クイズ RPG 魔法使いと黒猫のウィズ	黑猫维兹
	13	東方 LostWord	东方归言录
	14	フィギュアストーリー	高能手办团
	15	レッド：プライド オブ エデン	红：伊甸园的骄傲

对上述 39 款产品的市场表现、产品特点逐个进行分析后，将它们归纳如表 5-15 所示。

表 5-15

产品分类	概述	代表产品
玩法型产品	在玩法上做了较大创新，不仅仅是核心战斗本身做了优化	戦国炎舞-KIZNA-【人気の本格戦国 RPG】（缭乱三国演义）
全球发行逻辑的产品	全球化的题材、全球化的美术风格，玩法有深度，策略性较强	AFK アリーナ（剑与远征-AFK） Summoners War（魔灵召唤）

续表

产品分类	概述	代表产品
内容型产品	1.世界观和剧情塑造水平高，BGM、游戏配音等游戏元素制作精良 2.具备优秀的资源投放节奏，提供良好的抽卡以及商业化体验 3.优秀的立绘水平 4.长线运营居多	SINoALICE —シノアリスー （死亡爱丽丝） アナザーエデン時空を超える猫 （另一个伊甸：超越时空的猫） クイズRPG 魔法使いと黒猫のウィズ （黑猫维兹）
数值型产品	1.内容包装虽简单但比较用心，剧情设计有一定深度，配音、PV制作有一定水准 2.具备市场平均水平以上的美术质量 3.发行商有较强的发行策划和导量能力	高能手办团-贝斯手的律动 レッド：プライドオブエデン （红：伊甸园的骄傲）

从以上的产品成功要素分析中，可以进一步归纳整个日本市场非 IP 类卡牌产品的产品成功要素。

（1）内容铺设绕不过但是不必勉强：日本市场看重产品内的剧情、世界观和人设的打造，这也是"内容型产品"的核心要素。而内容的打磨并无流水化的标准流程，只要不敷衍、用心，就可以站稳脚跟。

（2）不低于市场平均水准的美术质量是入场门槛：日本玩家重视游戏的美术水平，所以不低于市场平均水准的美术质量是日本市场的入场门槛之一。但产品只有良好的美术水平并不行，还需要玩法、长线的产品结构和运营能力进行支撑。在极少数情况下，如果游戏的美术风格极具特点且市场认可度非常高，再凭借较强的市场营销能力和流量采买能力，则有可能帮助游戏凭借美术风格出圈，并在短时间内"蹿红"。

（3）游戏要做长线体验和长线运营设计，尽可能不走短线"一波流收割"的游戏设计和发行路径。

5.4.2 产品分析

1. 游戏是什么

1）游戏本质

游戏在本质上是一种**可互动的内容产品**，给玩家提供的是一种**综合性的体验**。与满足用户温饱的食物、满足用户出行的交通工具不同，内容产品给用户带来的是精神层面上的享受。

游戏和小说、影视作品同属于内容产品，而它们最大的区别在于游戏具备互动性，不是单向的信息输出，用户可以和游戏或者游戏内的其他玩家进行交互。所有的游戏开发者一直都在思考的问题是：如何通过游戏的设计，带给目标用户良好的游戏体验。

另外，因为人的情绪和感受是非常主观且模糊的，所以满足精神需求的产品都相对"感性"，这进一步导致这类产品不容易进行"理性"和"纯逻辑性"的抽象概括与分析，无法轻易地量化拆分。

通俗地说，玩游戏的目的是让自己快乐，快乐是一个非常难以被概括的东西，所以"如何做出可以让玩家快乐的游戏产品"是一个非常主观、变化性极大且"仁者见仁、智者见智"的事情。

2）游戏的 3+2+2 框架

（1）角色、战斗、资源的三维度框架。

玩家的游戏体验过程也是角色成长和玩家自我成长的过程，玩家的成长体现为游戏策略思考能力和操作技术的提升，以及对于游戏玩法理解程度的加深。角色的成长（玩家对角色的养成）体现为角色装备的提升、战力的提高、外观的改变等。通过战斗的过程，可以验证玩家和角色的成长与实力，获得对抗的胜利。对抗是训练玩家策略性和操作性的过程，而对抗的胜利则会产出一定的资源，可用于角色的成长。

市面上的手游大多数兼顾角色成长和个人成长两个方面，只是在游戏中混合的比例的不同。有些游戏中个人成长的色彩比较浓重，例如对操作性要求比较高的射击游戏，对策略性要求比较高的集换式卡牌游戏，对操作性和策略性要求都非常高的 MOBA 游戏。有些游戏对角色成长的要求相对比较高，例如大多数的 MMORPG 游戏和数值型卡牌游戏。

所有游戏都会给玩家构建**树立目标、追逐目标、完成目标的过程**，如果游戏的生命周期想要足够长，那么游戏就需要不断给玩家树立新的目标、提供新的内容用于消耗。玩家控制角色参与战斗验证实力，战斗结束产出资源，玩家使用资源再次养成角色，并将角色投入新的战斗过程中，如此循环往复，达成一个又一个阶段性的目标，实现螺旋上升。玩家和游戏角色的成长是在不断树立、追逐、完成目标的过程中实现的，如图 5-6 与图 5-7 所示。

图 5-6

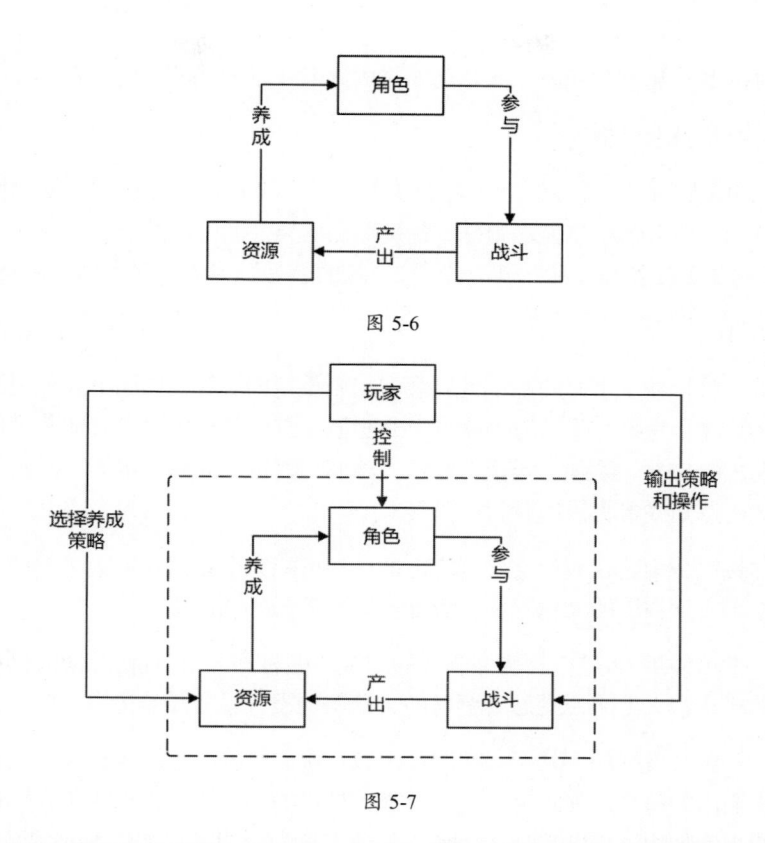

图 5-7

根据资源是否可以继承到战斗当局以外,以及养成过程或者说发育过程是否在战斗过程中,可以将游戏区分为"角色成长对抗型游戏"和"玩家成长对抗型游戏"。例如 MOBA、吃鸡类游戏,资源的产出和使用均在核心玩法当局过程中,无法继承到下一局。对于这一类游戏,玩家比拼的是策略性和操作性。而对于卡牌游戏,资源的产出和使用不光是在核心玩法过程中,局外也可以消耗资源养成角色等,角色对抗具备长周期的特点,从长线看,角色有非常明显的强弱之分,这类游戏是比较典型的角色成长对抗型游戏。

角色成长对抗型游戏的养成循环是长线的、可积累的,而玩家成长对抗型游戏会在单局内完成这一循环,角色成长的结果不继承到局外。但无论是角色成长对抗型游戏还是玩家成长对抗型游戏,都存在养成角色、产出资源和参与核心战斗的过程,通过目标指引,让玩家或角色逐渐成长。

目前角色成长对抗型游戏和玩家成长对抗型游戏之间也出现了相互学习借鉴的情况,角色成长对抗型游戏并不是不提供玩家成长的空间,目前非常多的角色成长对抗型游戏中也加入了更多的策略性和操作性,用于平衡不同玩家角色的绝对实力。而玩家成长对抗型游戏也会开放一部分局外养成体系，以增加游戏的乐趣。

（2）题材和美术风格。

如果说角色、玩法、资源的循环给玩家提供了一个可以不断追逐目标的框架及螺旋上升的路径，那么题材和美术则是"包裹"在框架外面的"外衣"，撑起了玩家的视觉享受。"3+2+2框架"中的第一个"2"指的就是游戏的题材和美术风格。

游戏题材：

题材是一整套被定义好的基础世界观和规则设定的总和。如果单独审视游戏中的题材，那么游戏作为第九艺术的特性将十分明显，游戏题材可参考其他艺术创作的成果，例如现成的文学、绘画、雕塑、音乐、舞蹈、建筑、戏剧、电影、漫画等艺术形式中已经被人熟知或者喜爱的题材。

任何题材都是构建在大的文化群之上的，不可能完全不依赖客观世界的元素，一般会取材于本文化圈内的文化素材，例如不同民族的神话故事。

另外，直接使用IP进行改造并制作的游戏，题材与此IP直接互通。例如《火影忍者》手游严格意义上来说是忍者题材的，这与动漫作品直接连通。

由于电子游戏发展的不均衡，在游戏领域，欧美地区的主流题材基本上已经形成了全球文化输出的趋势。除欧美主流题材外，日本的游戏题材也颇为丰富，近些年来向外输出的力度加大。以欧美地区为例，目前常见的游戏题材如表5-16所示。

表 5-16

文化群	题材	子题材	案例	备注	
欧美文化群	欧洲中世纪	维京文化	Vikings: War of Clans - game	1.没有魔法、怪物和神力设定 2.典型元素：盾、矛、骑士、城堡、领主、国王元素	1.欧洲中世纪和欧洲中世纪魔幻的区别是有没有魔法设定 2.西式魔幻和中世纪魔幻的区别是人为主体还是兽为主体
		典型中世纪欧洲	March of Empires: War of Lords		
	西式魔幻	泰坦题材	Dawn of Titans: War Strategy RPG	1.以中世纪欧洲为历史架空基础，高魔法设定 2.设定中包含各种脱离真实世界的怪物：半人马、邪神等	
		地牢暗黑	Dungeon Boss		
		典型代表	Magnum Quest		
	中世纪魔幻	龙	War Dragons	1.以中世纪欧洲为历史架空基础，增加中低魔法设定 2.典型元素：巫师、女巫、龙、精灵、矮人等	
			Dragons: Rise of Berk		
		典型中世纪魔幻	Elvenar - Fantasy Kingdom		

续表

文化群	题材	子题材		案例	备注
欧美文化群	末日求生	荒岛求生		Survival Island: EVO 2	末日求生题材主要受西方冷战思维影响
		海洋求生		Raft Survival Multiplayer 2 3D	
				LOST in BLUE	
		动物世界求生		ARK: Survival Evolved	
	军事	战争	现代战争	War Commander: Rogue Assault	
			未来战争	Command & Conquer™: Rivals PVP	
			近代战争	Trench Assault	
		战舰（海战）		Battle Warship: Naval Empire	
		坦克（陆战）		Tanks a Lot - 3v3 Battle Arena	
	太空题材	太空		Ark of War: Aim for the cosmos	太空题材主要受到《Star Wars》影响
		科幻		Star Wars™: Commander	
		太空舰艇		EVE Echoes	
	部落题材			Chief Almighty	
	西部牛仔			Westland Survival: Cowboy Game	
				West Game	
	火柴人			Stickman Battle War	
	海盗题材			Pirates of the Caribbean: ToW	
				Last Pirate: Survival Island A	
	原始人			Brutal Age: Horde Invasion	
				Clash of Clans	
	兵人			Army Men Strike: Toy Wars	
	恐龙			Jurassic Survival Island	
				Dino Tamers: Jurassic MMORPG	
	机甲			Titanfall: Assault	
	赛博朋克			Cyberika: Action Cyberpunk RPG	
	海洋动物			King of Crabs	
	陆地动物			The Ants: Underground Kingdom	
				Zooba	
	北欧神话			Mythic Heroes: Idle RPG	

续表

文化群	题材	案例	备注
欧美文化群	希腊神话	Mythic Heroes: Idle RPG	
	猫	The Battle Cats	

许多题材在首次以美术的形象展示出来的时候就固化了其所对应的美术风格，所以当人们提起某个题材时就会自然而然地联想到某种美术风格。在这种情况下，人们也会用题材指代风格，比如赛博朋克风格。《银翼杀手》首次用视觉表现方式展现了赛博朋克题材——雨幕笼罩的城市、潮湿阴冷的街道、色彩斑斓的霓虹灯、密集矗立让人备感压抑的高楼。后面的作品在表达赛博朋克题材时，也会沿用上述的美术设定，因此这种风格也被称为赛博朋克风格。但这并不意味着其他风格不能表现这个题材，但是大多数情况下难以颠覆固化印象。

大多数情况下，同一题材可以被不同的美术风格所演绎。例如武侠题材，既可以是《指尖江湖》这种Q版卡通风格的，也可以是《天涯明月刀》这种古风写实类型的。例如三国题材，既可以是逼真的写实风格，如《真三国无双》《三国全战》，也可以是Q版的动漫风，例如《锤子三国》。

题材需要由相对应的"符号"进行体现，固定的视觉元素、听觉元素及相关的背景设定帮助用户区别不同的题材，符号越鲜明则题材越突出。例如武侠题材中的汉服、中式建筑、中式乐器、毛笔、书画等元素。

在题材的范畴中，开发者会二次设定游戏世界观，填充具体的剧情、价值观、人物定位等。但是不同题材下的创作空间不同，例如欧洲中世纪题材相比坦克题材的可延展度要高。

世界观：关于游戏故事发生的世界及这个世界的法则和特征的描述，例如"黑暗之魂"系列游戏中对于"传火"相关内容的世界观设定。

价值观：游戏对于"是非善恶"的界定，例如很多游戏都有英雄主义情结，主角担负重任，对抗邪恶势力拯救世界。

剧情：游戏剧情即游戏中的故事情节，具体表现为"谁在什么时候和什么地点，因为什么和谁发生了什么样的关系"。很多主机游戏的情节创作和表现非常出色，带给人强烈的沉浸感和角色代入感，例如《巫师3：狂猎》《荒野大镖客2》。

另外，目前也有一小部分作品通过游戏玩法、剧情去反映社会现实或者深度讨论人与人之间的关系、道德等问题。例如对人性的反思、对战争的思考、对亲情和友情的赞美、对国与国、民族与民族之间关系的思考。比如育碧的《勇敢的心：伟大战争》，从一个小人物的视角，挖掘对人性和战争的思考。

人物定位：人物的定位需要符合剧情和世界观设定，游戏通过人物的美术形象、对话、行为、配音等元素共同强化和展示人物的设定情况。RPG 尤为重视人物的设定和表现，一个饱满的角色可以让玩家久久难以忘怀。

美术风格：美术风格的判定充满了个人的主观色彩，在不同的维度和标准下，美术风格的分类也不同。除了部分标识度高、流传度广的美术风格已经被主流大众明确定为某种风格，其他美术风格的界定还处于相对模糊的状态，没有公认的判定标准。另外，美术风格一直在演进变化，各大厂商在美术风格上也一直在探索、创新，在原有的某种美术风格的基础上博采众长、调整改进，获得新的美术风格。

版本调优人员需要对目标市场上的游戏进行美术风格分类，尽可能把榜单上的游戏都浏览或体验一遍，这样可以培养自己对于美术风格的直观感受，并通过自己的主观感受构建起一套属于自己的美术风格分类标准，后面再遇到新的游戏时，可以快速地按照自己的分类标准将其归类。

例如，欧美市场上游戏的美术风格可分为以下几类，如表 5-17 所示。

表 5-17

欧美市场美术风格区分	二级分类	定义	举例
写实大类	超写实风格	整体写实程度高，画面接近现实	Diablo Immortal
			Apex Legends Mobile
	半写实半动画风格	人身比例、线条整体都较为写实，但是表现手法比较偏向于动画风格	Westland Survival: Cowboy Game
			Idle Heroes
			T3 Arena
动画大类	风格化动画	具备极强辨识度和特色的动画风格	Hustle Castle: Medieval games
			The Simpsons™: Tapped Out
			Dislyte
	可爱风格动画	整体偏向于可爱风格的产品，休闲游戏偏多	My Little Universe
			Cats & Soup
			Pocket Love!
像素大类	传统像素风	经典像素风格	Final Fantasy: Brave Exvius
	低模像素风	大颗粒像素风格	Garena Blockman GO
			The Battle of Polytopia
	乐高风格	乐高 IP 专属风格	LEGO® Legacy: Heroes Unboxed

由于美术风格在各个艺术领域是互通的，所以在研究某个单一游戏市场的美术风格时，也可将电影、电视剧、动漫等产品的美术风格纳入参考和研究范围。例如，新海诚的《你的名字》《天气之子》等作品都可以作为学习美术风格的范本。

（3）游戏操作性和策略性。

通过"3+2+2"模型中的"3"和前一个"2"这5个维度，可以理解一款产品最核心的逻辑和表现层面最关键的元素。之前提到过，玩家体验游戏的过程也是玩家自身和游戏内的角色共同成长的过程。玩家的成长体现在游戏操作能力和策略性思考能力的提升上。

游戏是可互动的内容型产品，玩家通过操作硬件控制游戏内的元素，硬件通过视觉、听觉和触觉等给予玩家全方位的反馈。在这个互动过程中，玩家会向游戏输出自己的策略和操作，策略指玩家在游戏中下一步做什么的计划，而操作是完成这个计划的实践过程，具体如图 5-8 所示。

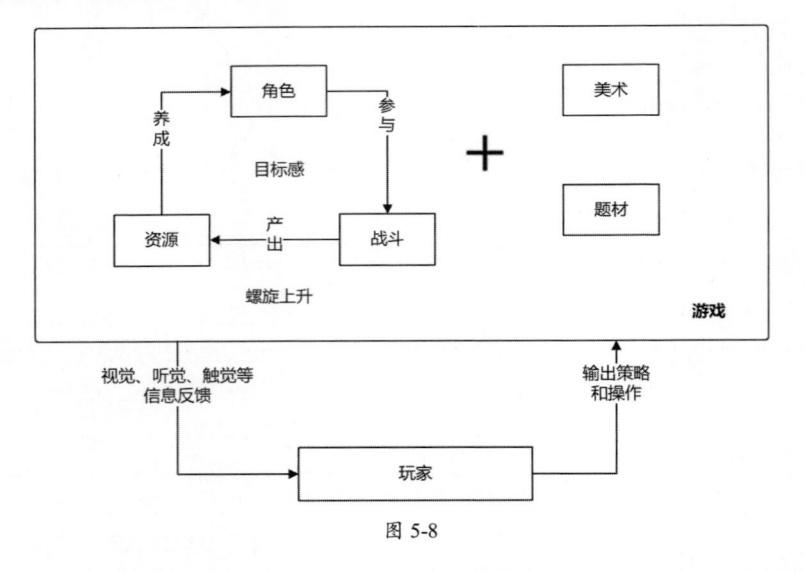

图 5-8

因此，版本调优人员也需要从策略性和操作性的角度去理解游戏的设计逻辑与产品构成要素。

纯策略性产品，例如TCG[①]，不需要太多操作上的技巧。纯操作性的产品，例如以跑酷游戏为代表的各种"躲避类"的休闲游戏，这类游戏不具备强策略性，主要考验玩家的反应能力和操作技术。但大多数游戏都是策略性和操作性并存的。

---

① Trading Card Game，集换式卡牌游戏。

游戏策略性可以从学习门槛、策略路径的角度进行衡量,学习门槛指玩家掌握基础规则和玩法需要多高的学习能力和多大的学习强度。策略路径指游戏可以给玩家提供多少种实现最终目标的方式,方式越多,玩家的可探索空间就越大,新鲜感就越强,玩家的成就感也就越强。

例如策略性卡牌游戏,玩家可以在卡组的搭配、卡牌的养成方式、站位的选择上通过自己的思考和布局完成不同的挑战,越多的变量意味着越大的策略选择空间。

操作性可以从游戏上手门槛、基础操作设计是否人性化及操作宽容度的角度衡量。上手门槛指玩家学习游戏基础操作的难度大小和成本高低,例如自动挡汽车的操作门槛相比手动挡汽车的操作门槛低。基础操作设计的人性化是指操作按钮的分布、功能的切割和按钮配合的设计是否符合人体控制习惯且操作简易。例如,同样一款游戏在开发主机、PC 和移动端版本的时候,就会涉及操作键位的设计、手柄按钮的设计及触控按键的设计等问题,键位的设计需要符合玩家已经被市场教育出来的操作习惯和人体本身的条件反射习惯,如果设计"反人类",则会直接影响玩家体验,被玩家强烈"吐槽"。

操作宽容度指通过游戏内有关操作性的功能、玩法设计是否可以把不同操作能力的玩家做细致的区分,拉开一定的操作技术水平距离,操作性强的玩家确实可以使用同样的操作功能展现更顺畅、更高超的操作技术。例如,对于专业级的赛车手而言,赛车和普通的家用小轿车能够支持他发挥的技术水准就不同。

玩家可以通过看教程、与其他玩家交流及自己钻研来提高自身的游戏策略性水平。如果想提高游戏操作能力,则需要玩家具备基础的反应能力和控制能力,再加以足够多的练习。在操作游戏前,脑海里预演了很多次操作流程,手指控制角色到某个位置放技能然后闪避,一通行云流水的操作结束战斗。但是手指的实际操作却根本跟不上脑子的想法,这就是典型的"脑子会了,手不会"。

总之,玩家和游戏之间的互动核心体现在产品策略性和操作性上,这两个特点由游戏的设计决定,也就是"3+2+2"模型中最后的那个"2"。大部分的玩家成长对抗型产品都是操作性要求高、策略性要求也高的产品,而角色成长对抗型产品的策略性和操作性要求相对低一些。

3)产品基础框架

正如之前在"代际产品演进规律"中提到的,成熟的游戏品类往往在游戏结构上具备相似性。版本调优人员需要在广泛地体验、分析产品的基础上,使用角色、战斗、资源循环模型分析某一个游戏品类的产品基础框架。

游戏运营与发行：从入门到实践

以卡牌类产品[①]为例，通过对大量卡牌产品的拆解，可以从战斗模块（见图 5-9）、角色养成（见图 5-10）、资源产出（见图 5-11）维度大致归纳出这类产品的常用框架。

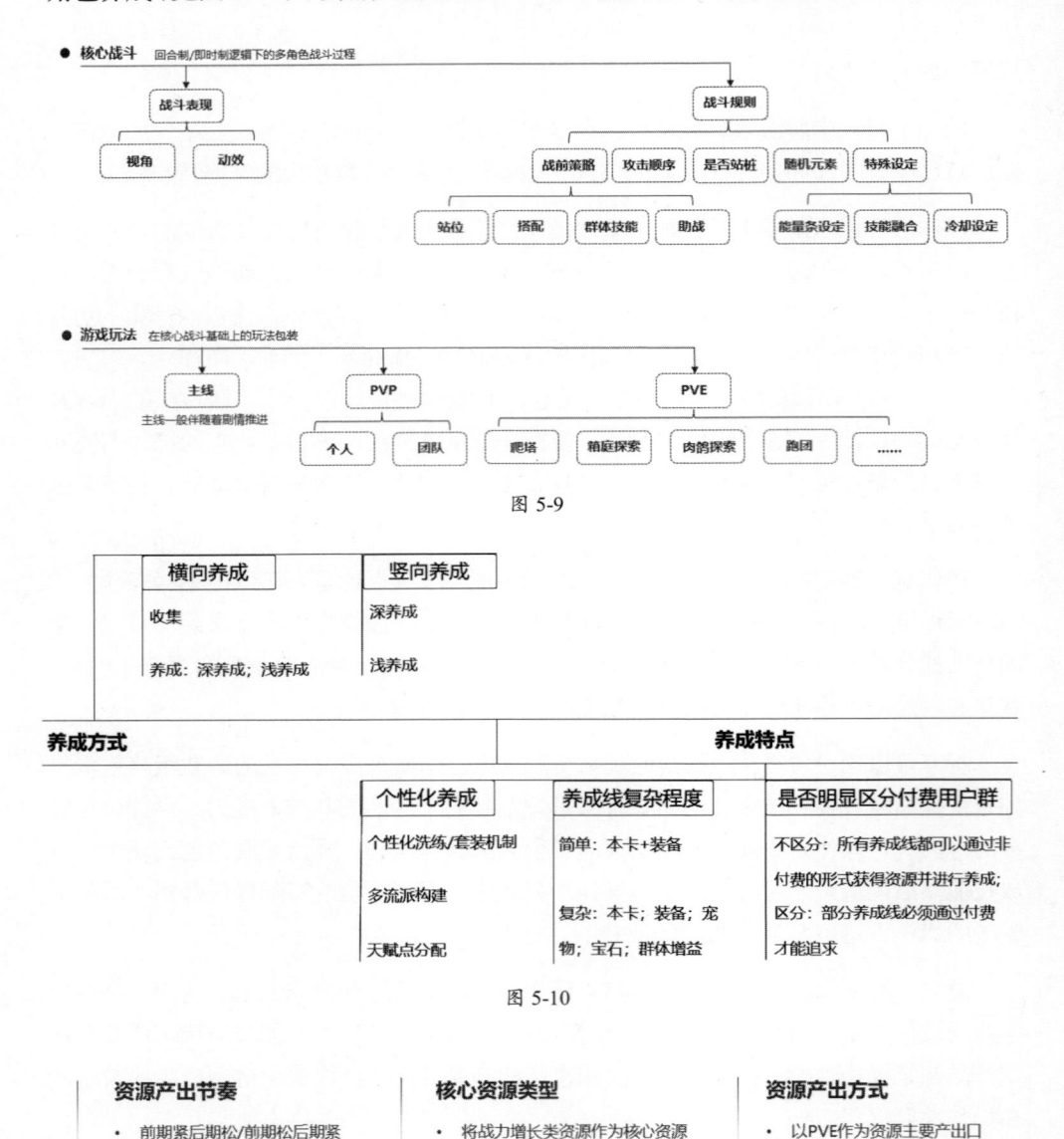

● 核心战斗　回合制/即时制逻辑下的多角色战斗过程

```
核心战斗
├── 战斗表现
│   ├── 视角
│   └── 动效
└── 战斗规则
    ├── 战前策略
    │   ├── 站位
    │   ├── 搭配
    │   ├── 群体技能
    │   └── 助战
    ├── 攻击顺序
    ├── 是否站桩
    ├── 随机元素
    │   └── 能量条设定
    └── 特殊设定
        ├── 技能融合
        └── 冷却设定
```

● 游戏玩法　在核心战斗基础上的玩法包装

```
游戏玩法
├── 主线（主线一般伴随着剧情推进）
├── PVP
│   ├── 个人
│   └── 团队
└── PVE
    ├── 爬塔
    ├── 箱庭探索
    ├── 肉鸽探索
    ├── 跑团
    └── ……
```

图 5-9

横向养成	竖向养成
收集	深养成
养成：深养成；浅养成	浅养成

养成方式	养成特点		
	个性化养成	养成线复杂程度	是否明显区分付费用户群
	个性化洗练/套装机制	简单：本卡+装备	不区分：所有养成线都可以通过非付费的形式获得资源并进行养成；
	多流派构建	复杂：本卡；装备；宠物；宝石；群体增益	区分：部分养成线必须通过付费才能追求
	天赋点分配		

图 5-10

资源产出节奏	核心资源类型	资源产出方式
• 前期紧后期松/前期松后期紧	• 将战力增长类资源作为核心资源	• 以PVE作为资源主要产出口
• 非周期性产出/周期性产出	• 将角色作为核心资源	• 以PVP作为资源主要产出口

图 5-11

---

① 此处的卡牌类产品是指多角色战斗卡牌产品。

通过分析卡牌类产品的角色、战斗、资源循环模型，可以得到玩家在这个品类中游戏体验来源，如图 5-12 所示。

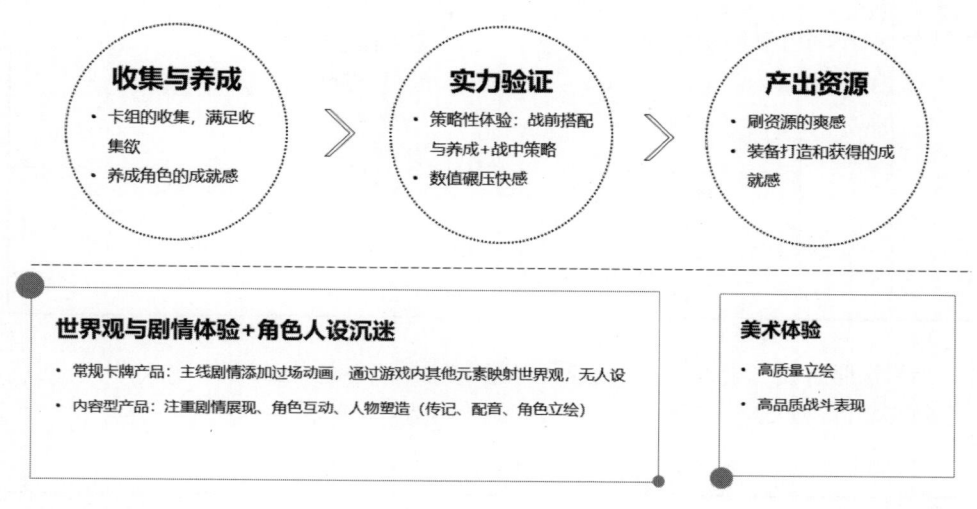

```
收集与养成                    实力验证                    产出资源
· 卡组的收集，满足收        · 策略性体验：战前搭配      · 刷资源的爽感
  集欲                        与养成+战中策略           · 装备打造和获得的成
· 养成角色的成就感          · 数值碾压快感                就感
```

```
世界观与剧情体验+角色人设沉迷                          美术体验
· 常规卡牌产品：主线剧情添加过场动画，通过游戏内其他元素映射世界观，无人设    · 高质量立绘
· 内容型产品：注重剧情展现、角色互动、人物塑造（传记、配音、角色立绘）        · 高品质战斗表现
```

图 5-12

2. 游戏品类分析

如果在搜索引擎上搜索"游戏品类"四个字，则会获得各式各样的产品分类介绍，包括 MMORPG、SLG、ARPG、Rouge-like、JRPG、SRPG、AVG、MOBA、FPS、TPS、塔防、卡牌、模拟经营等产品类型。

但是运营人员，尤其是负责版本调优的运营人员，对游戏品类的理解深度不能仅仅停留在这个层面，版本调优人员需要对自己负责的游戏品类有更细化的分类认知，且分类认知需要具体到可指向典型产品。

以卡牌产品为例，通过层层细分可以将卡牌产品分为多个子类，如表 5-18 所示。

表 5-18

一级分类	定义	二级分类	定义	三级分类	定义	四级分类	定义
卡牌产品	通过卡牌的组合进行战斗的游戏	多角色战斗卡牌产品	卡牌为角色，多角色战斗的游戏类型	传统卡牌产品	核心玩法为多角色战斗的传统卡牌游戏，常用的"卡牌产品"概念一般等同于"传统卡牌产品"	回合制卡牌	角色按照一定规则轮流出手，分为大回合和小回合
						即时制卡牌	角色按照一定规则自动战斗，没有严格的出手顺序限制

209

续表

一级分类	定义	二级分类	定义	三级分类	定义	四级分类	定义
卡牌产品	通过卡牌的组合进行战斗的游戏	多角色战斗卡牌产品	卡牌为角色，多角色战斗的游戏类型	非传统卡牌产品	"卡牌+"产品，卡牌只是产品内的玩法之一，例如"卡牌+塔防""卡牌+肉鸽""卡牌+三消"		
		TCG、CCG产品	收集卡片、构建卡组进行战斗的游戏类型				

如果按照游戏在核心玩法、商业化、养成方式、美术、题材等维度上的不同对传统卡牌产品进行区分，则会得到更多的产品分类结果，如表5-19所示。

表 5-19

一级分类	分类标准	二级分类	定义	备注
传统卡牌产品	养成/商业化模式	横向卡牌产品	卡牌数量多，单个卡牌养成深度浅，角色为核心售卖点，以抽卡作为核心商业化形式的卡牌产品	日式卡牌产品居多
		竖向卡牌产品	卡牌数量相对少，单个卡牌的养成深度较深，以卡牌战力数值作为主要商业化售卖点	
	战斗模式	回合制卡牌产品	角色按照一定规则轮流出手，分为大回合和小回合	
		即时制卡牌产品	角色按照一定规则自动战斗，没有严格的出手顺序限制	
	玩法倾向	策略型卡牌产品	战前策略和战中策略较为丰富的卡牌产品	
		数值型卡牌产品	战前和战中策略浅，以战力高低作为战斗是否能够取胜的核心标准的卡牌产品	
	发行逻辑	短线买量型产品	用户生命周期在30～90天的产品，数值释放节奏快，短期内完成成本回收，通过大量买量完成利润目标的产品类型	
		长线运营型产品	用户生命周期在180天以上，以长线运营为目标的卡牌产品	日式卡牌产品居多

不同的分类维度意味着不同的产品标签，一个游戏可能同时拥有多个产品标签，哪个标签的色彩最为浓厚，则可以将此游戏作为这个标签下的典型代表产品。

在上述的二级分类标准下，还可以依照实际业务的需要，根据更加详细的产品特征对品类进行拆分。

由于市面上一直有新产品在不断推出，作为版本调优人员，也需要实时更新自己的产品认知，捕捉游戏市场的新动向并拆解最近上线的新游戏。在搭建好属于自己的产品分类标准以后，在面对新上线的游戏时，可以快速地提取新产品特征并和其他游戏进行对比分析，快速地归纳产品设计特点、摸清产品的设计思路。

3. 如何做产品分析

在游戏运营的实际工作中，运营人员常常可以听到各种和"产品分析"类似的概念，例如"产品评测""竞品分析""产品拆解"。这些概念所指的都是为了更好地了解与评价一个产品所产生的具体分析行为，但是这些分析行为的目的和分析侧重点略有不同，分析的对象可以是自己将要发行的产品，也可能是市场上需要调研的竞品。

产品分析包括**产品情况**、**产品评价**两个模块，对应"产品是什么"与"产品怎么样"，其中产品情况包括产品基础信息、产品具体情况和产品发行情况。

产品基础信息：游戏发行商是谁、游戏属于什么品类、什么类型、2D 还是 3D、横版还是竖版、目前提供安卓版本还是 iOS 版本或者二者都提供、操作方式如何（摇杆、陀螺仪等）、商业化方式是什么（广告、内购、买断等）、包体大小、单机游戏还是多人游戏、PVE 与 PVP 的具体情况如何。

产品具体情况（产品拆解）：游戏美术风格、世界观架构、题材、配音、剧情情况，游戏的核心玩法、资源产出消耗情况、养成系统情况。

产品发行情况：游戏发行地区有哪些、游戏总体发行策略和品宣策略、发行效果、游戏的流水情况、应用商店榜单排名情况、新增情况、DAU 情况、留存情况（次留、三留、七留、十四留）。

产品评价相对主观，分为定性评价和定量评价。针对不同类型游戏，评价维度不一样，评价侧重点也不同。

1）产品拆解

拆解产品是为版本和商业化的调优做铺垫，版本和商业化都属于用户产品体验的一部分，所以拆解产品也是拆解用户体验的过程，从用户体验的视角反推产品的设计思路，结合游戏运营的视角给产品在版本和商业化上的调优提供更多的建议。

由于版本调优和商业化运营在实际业务执行层面可能存在多人分工的情况，所以在本章节的产品拆解相关模块不会过多涉及商业化的内容，而是更侧重于玩法相关的分析。在商业化运营章节，会从其他角度讲述如何拆解游戏的商业化板块。需要注意的是，版本和商业化两者不能割裂，版本是商业化的基础，没有版本内容就没有商业化，商业化同时反过来影响版本内容的设计。

在《用户体验要素》一书中，作者提出了用户体验五要素，包括战略层、范围层、结构层、框架层、表现层，这个概念被大多数产品经理在实践中使用。因为游戏产品和互联网 C 端、B 端产品不同，无法直接套用"用户体验五要素"，但如果稍将"用户体验五要素"变形，则可以将游戏产品按照"产品定位层""系统结构层""产品表现层"进行拆分，如图 5-13 所示。

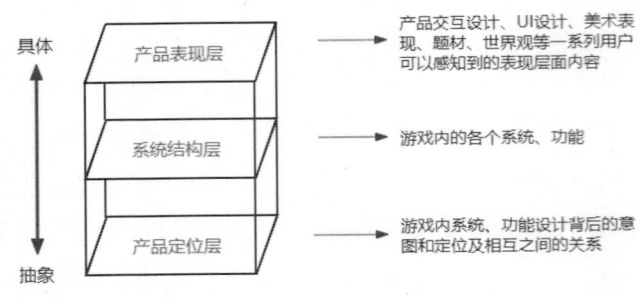

图 5-13

产品表现层包括产品交互设计（战斗操作设计、游戏界面 UE 设计）、美术表现（游戏 UI 界面设计、游戏场景、人物、战斗表现）、题材、世界观、剧情、配音等用户可以直接感知或直接互动的内容。

系统结构层包括以角色、战斗、资源三要素为框架的产品各个系统和功能，例如社交系统、战斗系统、养成系统、商业化系统、交易系统等。

产品定位层的分析需从系统结构层出发，考虑各个系统、功能设计背后的用意以及在游戏中的定位，同时考虑各个系统、各个功能之间是如何进行配合、过渡及关联和嵌套的。另外，版本调优人员还需要从更加宏观的维度出发，考虑游戏整体层面上的设计定位和设计者的意图，包括市场定位、用户人群定位和产品差异化设计思路。

产品表现层和系统结构层的拆解工作相对简单，大多数入门的运营人员或者游戏策划人员都可以做到且都有一套自己的拆解方式。只要可以将产品的系统、功能、玩法尽可能不重不漏且逻辑自洽地展示出来就是行之有效的拆解方法，没有所谓的最优拆解方案。

分析产品定位层是产品拆解过程中最难的部分。产品表现层和系统结构层都是相对客观且直观的内容，通过产品分析，下一点"苦功夫"就可以得到一个完整的产品拆解报告。而产品定位层的分析要求版本调优人员深入思考游戏功能和系统背后的设计逻辑，通过汇总各方面信息去"猜测"开发者如此设计的动机和意图，最后推演出产品设计背后的底层逻辑。

（1）用户表现层。

题材与世界观：

在分析游戏题材与世界观时，版本调优人员需要准确地归纳出游戏的世界观设定及主打的题材。如果游戏采用了题材融合的做法，则需拆解出游戏做了哪些差异化的题材糅合，以及加入了哪些新元素。

剧情：

版本调优人员可以从剧情丰富程度、剧情表现方式、剧情互动性、角色塑造效果四个维度评价游戏剧情。剧情丰富程度是指剧情是否有深度演绎、是否存在反转、是否有创意、是否具备主线和支线剧情、是否深刻地反映或讨论价值观层面的问题等。剧情表现方式是指游戏表达剧情故事的方式，例如"幻灯片式"或"动画式"剧情讲解方式、角色跑图与 NPC 互动对话推进剧情的方式，或是《十三机兵防卫圈》《尼尔：机械纪元》这一类多角色多视角的剧情演绎方式。在剧情互动性层面，运营人员关注游戏在剧情上是否给用户提供自由选择的空间，以及是否会根据用户推进剧情过程中选择的不同而存在分支剧情和不同结局的情况，例如《巫师 3：狂猎》。角色塑造效果是指游戏通过剧情的塑造，是否可以将角色的人设打造得饱满、立体生动，让玩家印象深刻。

美术表现：

游戏美术表现包括游戏 UI 界面设计、游戏场景设计、游戏人物形象设计、战斗表现设计等。游戏 UI 界面设计上，版本调优人员关注其设计表现是否清楚，按钮图形含义是否准确且直观，尺寸和界面布局是否有重点与次重点之分，UI 是否出现不合理遮挡，整体色调和风格是否与游戏整体美术风格搭配。在游戏场景和游戏人物设计上，版本调优人员需要分析其是否符合题材设定，美术风格是否统一，场景和人物形象的精细度情况如何。在战斗表现上，版本调优人员要关注摄像机位置和战斗过程中摄像机移动路径的设计情况、角色技能发动效果及打击效果。

产品交互设计：

产品交互设计包括"战斗操作设计"和"游戏界面交互设计"。游戏界面包括游戏大厅及除战斗操作界面外的其他界面，版本调优人员需要关注这些界面的交互逻辑是否流畅，交互模块设计是否容易产生误触，UI 界面的设计是否会引发误解，交互模块的交互反馈是否明显且易于理解。

在战斗操作设计上，版本调优人员重点关注操作按钮的尺寸和位置设计情况、功能和按钮的对应关系、用户和按钮的互动方式（拖拽、点触、长按）等设计是否符合市面上主流产品的常规做法与玩家的操作习惯。除此以外，版本调优人员也可以从直观感受上指出产品交互在哪些地方让人感受不舒服或者舒服，并说明具体原因。

（2）系统结构层。

按照三要素的框架可以将游戏中的系统分为角色相关系统（养成系统）、玩法相关系统（战斗系统、关卡系统等）、资源相关系统（商业化系统、交易系统、装备打造系统、经济系统等）、其他系统（公会系统）及特色系统。具体可以拆解的模块与维度如表 5-20 所示。

表 5-20

一级分类	二级分类	具体分析维度（举例）
角色相关	角色设定	角色定位、角色技能、角色能力情况
	养成系统	角色养成的维度有哪些
		各个养成线的养成效果具体是什么
		养成系统消耗的资源有哪些
玩法相关	战斗系统	核心玩法的规则是什么
		核心玩法的参与者有哪些
		游戏副玩法有哪些？PVE 和 PVP 玩法有哪些
	关卡系统	游戏关卡的设计思路是怎样的
		关卡和关卡之间的关系是什么
		关卡的难度变化情况是怎样的
资源相关	商业化系统	商业化功能具体有哪些
		核心的商业化功能和商业化卖点是什么
	交易系统	交易参与者有哪些
		交易范围是什么
		交易规则和定价规则是什么
	装备打造系统	装备打造的资源来自哪里
		装备打造的图纸来自哪里
		不需要的装备流向哪里
	经济系统	游戏内资源流动的大致框架和结构是什么样的
		哪些地方产出资源？哪些地方消耗资源？哪些地方负责转化资源
		哪些地方回收资源？哪些地方提供资源交易功能
其他系统	公会系统	公会系统内存在哪些子功能

（3）产品定位层。

在产品定位层，版本调优人员需要根据游戏内各个系统和功能的具体情况，推测游戏开发者的设计方案背后的设计动机，以及开发者想要给玩家提供一种什么样的游戏体验，如表 5-21 所示。

表 5-21

一级分类	二级分类	系统定位分析维度（举例）	系统关系分析维度（举例）
角色相关	角色设定	不同角色之间的关系是如何定位的？为什么这样设计	1.角色定位和战斗系统的设计之间的关系是什么
	养成系统	养成系统想要给用户提供怎样的养成体验？不同的养成线是否有明确的目标用户指向，为什么	2.养成系统的养成线和游戏内资源产出节奏之间的关系是什么？游戏是如何设计两者之间的配合关系的
玩法相关	战斗系统	战斗系统的设计方式是想要给用户提供一种怎样的体验？是注重人和人的博弈、PVE 的刷图快感还是资源收割的过程，为什么会这么设计	3.商业化系统和游戏内资源产出节奏之间的关系是如何设计的
	关卡系统	关卡设计的难度曲线如何？为什么这样设计？是否有卡关点？卡关点的出现时机设计有什么考虑吗	4.针对不同类型的玩家群体，游戏中的系统和功能是否进行了个性化设计
资源相关	商业化系统	商业化系统中不同类型资源的产出节奏如何？为什么这么设计？游戏中主推的商业化形式是什么？针对不同付费能力的用户，商业化系统和功能是如何作区分和个性化设计的	5.针对游戏社交性，游戏中社交相关的功能和系统塑造并提供了怎样的社交体验？这些功能和系统之间是如何配合的
	交易系统	交易系统面向的玩家群体是谁？从可交易的范围、交易自由度来看，交易系统存在的核心作用是什么	
	装备打造系统	装备打造系统的资源流动情况如何？打造难度和材料获取难度是否高？系统面向的用户人群是谁	
	经济系统	游戏的货币体系是如何设计的？游戏中存在哪些货币，这些货币的相互关系是如何处理的？为什么这么设计 游戏的资源产出消耗循环结构是怎么设计的？设计背后的理念是什么	
其他系统	公会系统	从公会的玩法和功能来看，游戏希望给玩家塑造什么样的公会社交关系？紧密的公会社交关系还是松散的公会社交关系	

游戏内的功能、玩法是客观的，但是从体验者的角度去反推得到游戏设计背后的想法和动机的过程是主观的。每个人拆解的角度、关注的重点都不同，也会随着产品体验程度的加深而不断有新的体会，这也是为什么版本调优人员要深入体验各类游戏产品的原因。

2）产品评价

产品评价分为"定性评价"和"定量评价"，评价的出发点均是评价者的主观感知,只是评价形式不同。

定性评价是指评价者通过既定的维度对一款游戏和游戏内功能、玩法等各个元素发表看法和评论。定量评价多以评分的形式进行,评价者按照既定的评价标准和评价维度对游戏的方方面面进行打分,最后得到一个量化的结果。

并非所有的评价维度都适用评分的形式,例如游戏社交性,使用定性评价更为恰当。在定量评价中,对于那些带有比较强正反面特性的评价维度而言,评分越高意味着产品在这个维度的评价越好,例如游戏的交互性评分,得分越高意味着游戏的交互友好程度越高。但针对部分评价维度,评分并非越高越好。例如,游戏竞技性、策略性,不同游戏品类的特点不同,玩家群体的需求不同,游戏的竞技性和策略性要求也不同,相对于玩家群体的需求保持在适宜程度才是最好的选择。

(1)产品的定性评价。

常见的游戏定性评价维度如表 5-22 所示。

表 5-22

游戏定性评价模块	游戏定性评价维度	备注
游戏玩法层面	社交性	如果游戏没有社交系统和功能,则略过
	策略性	—
	竞技性	—
	操作性	在核心玩法中,玩家可操作的模块多还是少,操作界面是否友好。玩家操作的时候,游戏反馈给用户的信息是否充分且明显
	目标感建立	短期和长线目标的建立情况如何
	平衡性	如果游戏内存在不同的职业和定位,那么游戏是否良好地平衡了它们的关系
纯体验层面	上手难度	—
	难度上升曲线如何	—
	精力投入程度	游戏的精力投入程度如何,体验过程是否碎片化,短时高频还是长时低频
	学习深度	游戏学习深度如何,需要学习的地方多不多,是否复杂
	成长性	玩家是否可以通过一段时间的钻研和练习获得操作能力和策略谋划能力上的成长
	新鲜感	游戏新鲜感营造情况如何
	成就感	游戏成就感营造情况如何
	荣誉感、存在感、炫耀感	游戏荣誉感、存在感、炫耀感营造情况如何
操作/交互层面(除核心战斗以外)	流畅程度	—
	灵敏度	—

续表

游戏定性评价模块	游戏定性评价维度	备注
操作/交互层面（除核心战斗以外）	交互后反应速度	—
	非文字 UI 是否易读	—
感官层面	画面	游戏画面是精细还是粗糙，动画效果逼真流畅还是僵硬，画面风格是否具有独一性和辨识度
	音效	游戏音效是否逼真，音效质量如何，音效风格是否和题材保持一致
	震动	游戏震动效果如何，是否在恰当的游戏场景下震动

游戏策略性深度和学习难度是完全没有关系的两个维度。例如象棋，规则很简单，学习难度很低，但是策略深度很深。这样的游戏上手门槛低，对不同学习能力的玩家的包容度很高。策略性上有深度，有宽阔的学习空间和策略延展性，乐趣高，玩家也愿意学习。

不同类型游戏所侧重的评价维度也不同，版本调优人员可以根据自己的业务需求对表 5-23 中的内容进行灵活调整。

（2）产品的定量评价。

通过定量评价和加权得分可以得到一个游戏的总体评分，但具体将哪些评价维度和评价模块纳入定量评价范围及加权比重多少，则需要根据游戏类型和业务实际需求来确定。

表 5-23 为某类型游戏的定量评价用表。

表 5-23

模块	说明	评分区间	权重
核心战斗（玩法）的趣味性/可玩性	核心战斗（玩法）的可玩性和趣味性体验，体验者觉得好玩则分数高，觉得无聊、没有爽感则评分低	0~10	20%
核心战斗（玩法）的操作性	核心战斗过程中的操作是否符合人体的操作习惯，操作越友好分数越高，操作越"反人类"分数越低	0~10	20%
除游戏对局以外内容的交互性	交互是否清晰明了，指向明确，交互反馈是否明确。越明确，反馈感受越好，分数越高。越模糊，反馈感受越差，分数越低	0~10	5%
美术/画面	画面越精致，分数越高，如果画面粗糙、有锯齿边、UI 丑则分数低。	0~10	10%
程序健壮性	游戏是否存在 Bug、崩溃、ANR、闪退等问题，运行是否流畅。体验者的整体体验越好，分数越高，反之分数越低	0~10	5%
游戏目标感确立	游戏是否给玩家树立了短期和长线追求目标，以及目标是否清晰。目标树立清晰且实现难度适中，此项得分高，反之则低	0~10	15%

217

续表

模块	说明	评分区间	权重
商业化	商业化售卖点是否得当；商品定价是否合理；商业化活动定位是否明确、规则是否清晰；商业化体系是否完整，内部逻辑是否清晰。游戏商业化内容符合上述标准的程度越高则此项得分越高，反之越低	0~10	15%
新手友好度	新手友好度高则评分高，对新手不友好则得分低	0~10	10%

5.4.3 产品借鉴与差异化

1. 跨界思维与广泛体验游戏

发行团队需要在游戏体验与分析的广度上与研发团队进行互补。

一个人的精力是有限的，研发团队内部的游戏策划人员往往在某一个固定品类的某个模块（文案、战斗、关卡等）进行深耕，他们对这个品类的某个模块非常熟悉，也玩过非常多这个品类的游戏，有自己独特的见解和想法。版本调优人员不需要像策划人员一样写策划案，对于固定品类的某个模块的分析与理解也很难做到像策划人员一样深刻。另外，大多数运营人员在其前5~10年的职业生涯中可能会触碰2~3个甚至更多不同品类的产品，很难长期深耕某一个品类的产品。

因此，版本调优人员需要在游戏体验与分析的广度上与研发团队进行互补，尽可能多地体验游戏，接触不同平台（移动端、掌机、PC、主机等）、不同类型的游戏产品。对游戏市场变化保持较强的敏感性，时刻掌握市面上新品的动向，及时体验并了解产品上线后的数据表现情况、业内评价、玩家群体的反馈。

在广泛体验游戏的基础上，版本调优人员要学会在游戏调优的过程中使用跨界思维，即跨游戏品类去学习、借鉴不同产品的功能、玩法和体验设计思路。例如，在SLG中，游戏给玩家提供使用策略展开联盟与联盟、人与人之间深度博弈的玩法，将PVP的乐趣发挥到了极致。那么后续调优其他类型游戏中的PVP玩法时便可借鉴SLG中PVP玩法和体验设计的理念。实际上，品类融合也是目前游戏研发的一个大趋势。

除了在游戏领域内跨品类学习，还可以跨行业借鉴产品设计思路。

例如，在MMORPG中，玩家的核心游戏体验源于公会的团队PVP与PVE玩法，社交生态是MMORPG的核心关键。由此来看，MMORPG中社交关系的建立尤为重要。以陌生人社交建立过程中的破冰环节为例，设计时可以借鉴目前市面上较为成功的社交产品在这个模块上的优秀做法和成功案例。

2. 产品借鉴与差异化

市面上新品上线的时候，运营人员有时会听到这样的评价："这个游戏就是 XX 和 XX 的缝合怪""XX 产品的换皮""这个就是抄的 XX"，玩家指责游戏没有创意、抄袭、缝合别人的产品。但若是往往从游戏整体市场的角度来看，几乎很难有产品可以完全推翻这个品类已经建立的所有认知，完全构建起来一套属于自己独有的东西。那么产品借鉴的边界在哪里？它和抄袭的区别在哪里？

游戏给玩家提供的是一种体验，这种体验由游戏的关卡、玩法、养成等模块共同提供，而不是某一个单独的功能、玩法就能独当一面。即游戏的体验是系统化的，不能认为只是某个元素带来的游戏体验。因此，当学习、借鉴其他游戏的时候，学习的是这个游戏带给玩家的那种良好的游戏体验，学习如何构建这种体验。而不是去抄一个表象，原原本本地照抄某一个系统或某一个玩法。

以肉鸽类游戏举例，这类游戏的核心体验包括"残酷的死亡惩罚机制""游戏内的随机性带来多流派构筑的策略性""角色肉眼可见的成长性"。

死亡惩罚机制：游戏开始后，游戏角色一旦死亡，游戏进度、角色练度、装备资源都会消失，游戏角色的死亡成本非常高。

游戏内的随机性带来多流派构筑的策略性：游戏内的 Buff、武器、地图、怪物等元素都具备随机性，这些元素的随机性和丰富性意味着多种多样的组合方式，给游戏提供了非常强的探索性，每个玩家都可以按照自己的理解构筑属于自己的流派，最终完成游戏目标。

角色肉眼可见的成长性：角色拥有更多的技能和更强的武器后，都会通过战斗表现或者 UI、UE 的变化直观地进行展示，而不仅仅只有数值的计算差异。这种肉眼可见的成长变化性会给玩家带来强烈的兴奋感、成就感和正向反馈。

如果团队想要在游戏中增加肉鸽类游戏相关的体验，则不需要、不能也没有必要照着某个畅销的肉鸽游戏抄袭别人的机制、玩法、角色设计、武器设计。而是从肉鸽游戏最核心的体验入手，选取可以丰富目前游戏体验的产品设计思路。例如，是否可以增加副本内的随机性，提供多流派构筑的选择，以此来增强副本的探索性和乐趣。是否可以在角色的成长过程中，学习肉鸽类游戏在角色成长的可见性上的设计思路，强化玩家在副本和战斗中的兴奋感和成就感。

另外，在具体功能、玩法的设计层面，如果游戏使用已经是市面上公认为惯例的游戏设计方式，不构成抄袭。例如，回合制游戏"你打我一下，我打你一下"的战斗设计方式是该品类产品的基础特征之一，任何开发者做了这个设计以后，不会有人说产品的回合制玩法是抄袭。而如果产品设计时借鉴那种极具自己特色的功能或创新式玩法就容易被玩家判定为抄袭。

除了借鉴他人产品中优秀的产品体验设计思路，版本调优人员还需要针对产品进行差异化设计。差异化设计的思路，或者说游戏创新的思路，可以通过"市场定义产品"的方法获得。通过分析市面上其他产品差异化设计的成功案例，在抽象层面上学习产品差异化设计的思路。

例如，近些年来，在卡牌产品中增添融合性玩法是一个创新的大趋势，比如"卡牌+模拟经营""卡牌+消除""卡牌+合成""卡牌+肉鸽"等。那么基本可以确定，玩法融合是卡牌产品的一个差异化设计突破口。在这个差异化设计的方向上，可以深入探索增加其他融合性玩法的可能性，再参考用户研究的结果，综合考虑产品的差异化策略是否具备可行性。

除了融合性玩法，越来越多的游戏倾向于在内容中增添更多的"RPG"元素，例如"假开放世界"探索玩法、"主角概念"等。因此也可以将"强化 RPG 体验"视为创新或者说差异化设计的一个方向，在构思产品的时候便可以在这个差异化的方向上进行探索。

5.5 开发者定义产品

"开发者定义产品"的范畴包括开发者从自身经验、认知的角度总结的游戏产品设计理念和思路，以及行业内已经形成共识的游戏设计原则或方法。

在版本调优的过程中，当缺乏市场研究结论、产品数据结果、用户反馈等信息时，开发者需要通过"开发者定义产品"的方式保证游戏的设计符合最基础的原则，确保给玩家提供的产品体验维持在市场平均水准以上。

由于"开发者定义产品"的内容相对主观，且在"开发者定义产品"的过程中，研发团队占据主导地位，发行团队发挥辅助的功能。因此本节主要以运营人员的视角列举一些游戏设计时可以采用的设计方法和思路，用于说明"开发者定义产品"究竟是什么，起到"抛砖引玉"的作用。

5.5.1 心流区间与游戏难度设计

心流是一个心理学上的概念，是指人们专注于某一件事时的沉浸状态，在这个状态下，人们会有非常强的愉悦感。当你因为玩游戏而忘了吃饭、上厕所的时候，说明已经进入了心流状态。让玩家进入心流状态，几乎是所有游戏都想要给玩家提供的体验。

在游戏体验过程中，玩家的心流状态受到多种因素影响，其中影响最大的因素之一是游戏难度。"赢了这把就睡觉"是很多人玩游戏时的真实写照。当游戏过于困难时，玩家在一次又一次尝试后都以失败告终，强烈的挫败感萦绕玩家心头，容易使得玩家直接"弃坑"。但当游戏内容过于简单的时候，玩家又会觉得无聊，因为缺乏挑战性。

最完美的状态是，游戏有一定的难度，玩家通过自己的摸索和尝试后，解决了困难并完成了游戏中设定的目标，这种通过自己"能力"解决问题并达成目标后的成就感会使玩家进入心流区间并感到愉悦，如图 5-14 所示。

所以在设计游戏时，尤其是在处理角色练度和关卡关系时，需要控制好玩家心流变化的节奏，关卡的卡点需要和角色养成程度相契合。游戏可以让玩家在多次重复尝试或提高角色养成程度后顺利通关，但是不能把卡点设计得过难，否则容易劝退玩家。当然也不能让游戏的推图过程非常顺利，否则玩家容易觉得无趣。

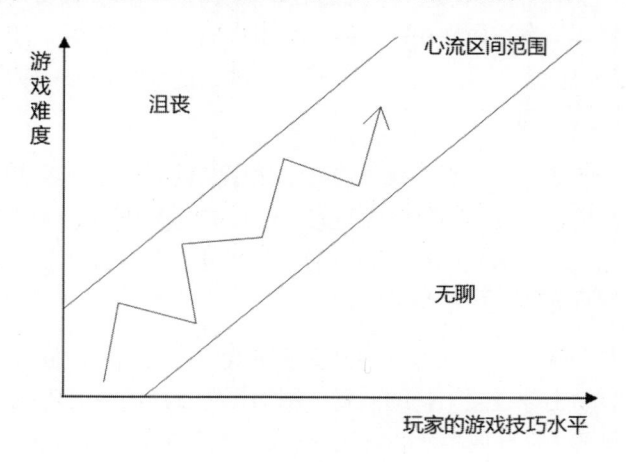

图 5-14

例如，目前市面上卡牌产品的一种关卡战力卡点的设计模式如图 5-15 所示，玩家在关卡 1-5 会遇到战力卡点，玩家需要通过各种方式提升练度以后才能突破，突破以后玩家会发现 2-1 非常简单，获得碾压式的快感。同理，在关卡 2-5 和关卡 3-5 按照同样的方法设计关卡战力卡点可以给玩家制造心流状态。

图 5-15

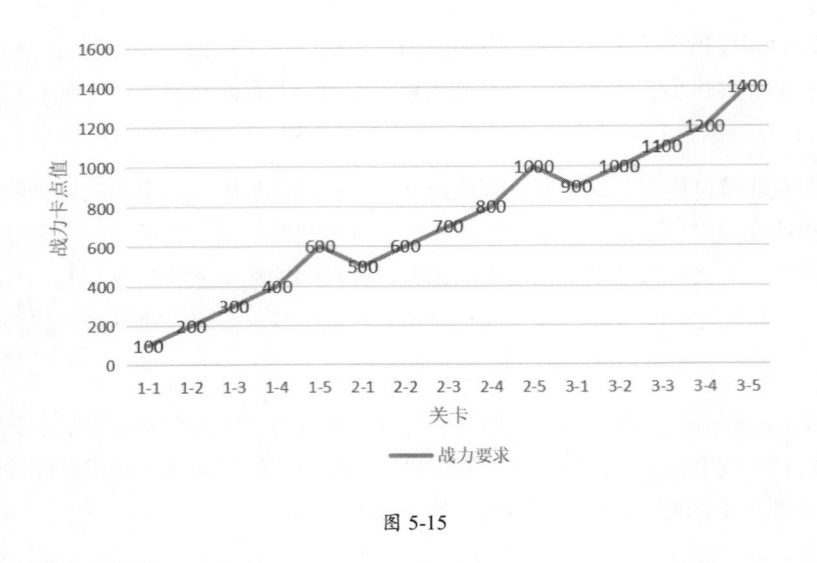

5.5.2 信息释放节奏

游戏是可互动的内容产品，这就意味着游戏会给用户输出信息，用户需要输入并学习信息。当用户打开一个新游戏时，需要了解游戏的世界观、人物角色、玩法规则、界面操作方式等各类信息，如果在短时间内给用户输入过多需要学习的内容，则会给用户形成过大的学习压力，导致用户"弃游"。过于复杂的规则、较大的文字阅读量都会引起玩家的厌烦心理。

为了解决这个问题，大多数游戏会选择以循序渐进的方式将游戏中的内容、模块及对应的故事、背景和规则逐渐释放给玩家。而且需要保证信息释放的过程符合玩家的认知节奏，避免出现"信息爆炸"的情况，并通过"主动引导玩家学习"和"促使玩家被动学习"两种方式完成信息的输出。

在游戏按照节奏释放游戏内容并逐渐完成游戏内容教学的时候，在不同的玩法内容衔接过程中，容易出现过渡不畅的问题。例如，游戏的前 3 天历程给玩家开放功能和玩法 A，第 4 到第 7 天开放功能和玩法 B。如果玩家在玩法 A 上已经形成了追求目标，基于玩法 A 形成了战斗、角色、资源的小循环且已经体会到了一定的游戏爽感，那么在没有更多可预见的游戏爽感的刺激下，他们继续学习功能和玩法 B 的动力会不足，会对 B 的相关信息"视而不见"。为了解决这个问题，目前常见的手段有"通过任务系统引导玩家参与新玩法新内容""通过其他已有玩法、功能强制玩家参与新玩法""新玩法和功能短期内形成用户体验正向循环"。

新玩法和功能在短期内形成用户体验正向循环是最好的解决办法，在初次引导用户体验新玩法的时候，适当减少信息输出密度，尽可能快速给用户树立起目标感并完成一次从树立目标感到完成目标再到收获奖励的过程，给用户提供一个获得成就感和爽感的正向循环。玩家的初次体验较好，自然而然地会主动二次参与该玩法。

"通过其他已有玩法、功能强制玩家参与新玩法"的做法比较普遍，例如在养成角色的过程中玩家需要某种资源，除了付费购买，资源的产出路径就只有新玩法，如果玩家想要提高角色练度，则只能提高新玩法的参与度。

5.5.3 游戏目标感

在角色、战斗、资源的三维度框架中，游戏会给用户创造一个螺旋上升的成长体验过程。在这个过程中，游戏需要给用户树立短期目标、中期目标和长期目标，且针对游戏中不同偏好类型的用户群体，还需要考虑这些用户个性化的追求喜好。版本调优人员要对产品目标感有足够的重视意识，学会用线性的眼光去看待游戏中目标感的树立与设计工作。

在版本调优的过程中，运营人员要能够敏感的察觉到游戏历程中前3天、前7天、前14天、前30天的游戏核心目标和子目标，并判断核心目标和子目标的优先级区分是否明确，评估核心目标和子目标的完成难度与时间跨度情况，以及目标完成后的奖励和游戏爽感是否与付出的精力和金钱成正比，子目标之间的区分是否清晰，子目标的数量是否过多导致用户迷失游戏方向。

另外，因为不同类型用户人群的追求与偏好不同，所以运营人员要能够站在不同用户群的角度去思考目前游戏给他们树立的目标和目标实现路径是否合理，不同类型用户群体的追求目标、目标完成路径之间是否存在冲突，如果有冲突，那么如何调和。

5.5.4 游戏的 Aha moment

"Aha moment"被翻译为"顿悟时刻"，是指用户在体验产品的过程中，在某一个时刻突然顿悟，发出"Aha"这样的惊叹，理解产品怎么用了，且体会到了产品设计的精妙之处。"Aha moment"这个概念在工具型的互联网产品设计中被使用得比较多，但对于游戏产品而言同样适用。

游戏中的"Aha moment"是指在游戏初期，尤其是在玩家首日登录并体验游戏的过程中，游戏必须要有一个时刻给用户带来愉悦感，让用户在初次体验游戏的时候就留下一个比较好的印象。首次体验带来的"愉悦感"会像"钩子"一样钩住用户，驱使用户下一次再打开游戏。

对于运营人员而言，要能够明确用户首次体验游戏的愉悦感来源，并且可以拆解触发用户愉悦感的内容，并在玩法、美术表现、资源奖励等方面加大愉悦感的强度。针对不同类型的用户群体，还需要考虑他们游戏愉悦感来源的不同并针对性地进行优化。

5.5.5　多视角产品体验的差异化

"开发者设计产品时给产品赋予的定位""实际设计出来的产品可以提供给用户的体验""用户使用产品时的体验"三者之间往往存在差异，作为开发者需要具备这样的认知和意识。

首先要明确开发者给产品、玩法、功能赋予的定位，定位不清晰容易造成玩法冗杂叠加、体验混乱、目标追求不清晰等一系列问题。在明确了产品、玩法和功能的定位后，需要从产品侧关注目前的玩法、功能是否可以满足产品设计时的定位。如果发现有问题，则根据产品的实际落地情况进行第一步校正。在产品上线后，通过数据、用户研究的途径深刻了解用户的产品使用体验是如何的，再一次对比产品设计时的定位并进行校正。

产品的调优过程实际上是在"开发者设计产品时给产品赋予的定位""实际设计出来的产品可以提供给用户的体验""用户使用产品时的体验"三者之间反复调整和相互妥协，最后达到一个平衡的状态，如图 5-16 所示。

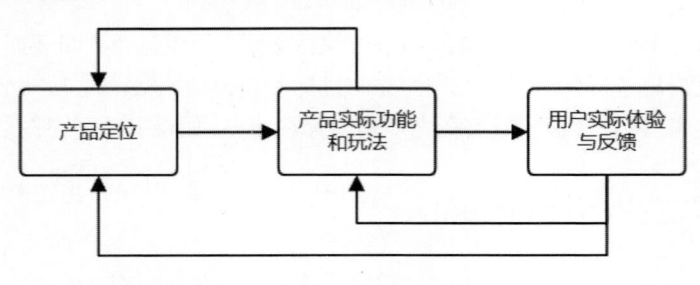

图 5-16

第 6 章
商业化运营

6.1 关于商业化运营

6.1.1 商业化运营的工作内容

在角色、资源、战斗三要素的循环框架下，玩家通过"参与战斗获得资源→养成角色→参与战斗"，完成游戏的循环过程。资源数量越多，意味着角色的成长速度越快，练度越高。内购就是将额外的资源按照一定的价格卖给玩家，加快玩家的养成速度，这也是以内购为核心变现方式的游戏的流水的主要来源。

商业化运营对产品的营收负责，在深入理解游戏玩法和游戏内产出消耗循环结构的基础上，需要对产品商业化体验的定位给出自己的建议，把控及优化资源投放的节奏，设计商业化具体内容，分析游戏商业化相关的数据并为后续制定商业化策略提供依据。

了解产品商业化体验的定位：

商业化体验是游戏体验中非常重要的一个环节。用户的商业化体验可以简单理解为：用户付费以后使用付费获得的特权、资源等，依照游戏规则获得更好的游戏体验。简单点说就是"我花钱了，就该获得更好的游戏体验"。

从商业化体验产生的过程来看，商业化体验同时受到游戏整体的数值框架和产品玩法等一系列产品元素的影响，并不是只由产品内的商业化系统、功能所决定。

商业化运营人员需要了解产品商业化体验的定位和设定。从自己的产品体验、过往经验和实际市场情况出发，对产品的商业化体验定位给出自己建议。

优化资源投放的节奏：

"资源投放"包括"投放什么样的资源""投放多少资源""以什么样的价格投放资源""什么时候投放资源""资源投放给谁"一系列问题。"资源投放"相关问题是商业化运营过程中的核心，且由于资源整体供需关系影响资源投放节奏的设计，所以"资源投放"中所指的资源不仅包括商业化模块释放的资源，还包括其他非商业化模块释放的资源。从更加抽象的层面来说，"资源投放"还涉及游戏整体的资源产出消耗循环结构问题。商业化运营人员需要对资源投放的节奏进行优化，并根据自己的经验对游戏的资源产出消耗循环结构提出自己的建议。

设计商业化资源投放形式：

商业化资源投放形式包括"固定商业化形式"和"非固定商业化形式"两种，"固定商业化形式"在具体形式和规则上基本固定不再改变，只有资源和价格可能会随着版本更新进行调整。"非固定商业化形式"在具体形式和规则上会根据游戏情况进行调整，例如游戏内的商业化活动等。

分析商业化相关数据：

游戏商业化相关数据的分析工作包括"商业化相关数据发生异常变化后的原因排查""玩家的道具资源库存情况与养成情况分析""游戏内重要资源的进销数据分析""商业化效果分析"。

由于商业化相关内容比较特殊，涉及官方和玩家利益的平衡问题，以至于无法通过用户研究的方式获得比较公允的调研结果，所以商业化内容的效果评估方式主要以数据分析为主。

6.1.2 商业化运营与其他工作模块的联系和区别

1. 商业化运营与策划运营/运营策划

在不考虑研运一体的情况下，研发团队内部会有专门的岗位负责游戏商业化的相关工作，这个岗位可能叫作商业化运营、策划运营、运营策划等。比较"强势"的研发团队会包揽从商业化体验定位、资源投放、商业化资源投放形式设计的所有工作，发行侧的商业化运营人员基本没有太多参与空间，只有在商业化内容的效果评估阶段，商业化运营人员可以借助发行侧的数据分析能力对商业化内容进行优化。

从笔者的项目经历出发，发行团队的商业化运营人员与研发团队负责商业化工作的策划运营人员最常见的配合方式是：研发团队对游戏整体商业化体验负责，策划运营人员处理资源投放节奏的相关问题和固定商业化形式的设计，发行侧商业化运营人员负责非固定商业化形式的设计，通过数据分析等方式评估商业化内容的效果，在资源投放节奏、固定商业化形式设计、产品商业化体验定位上向研发团队提出自己的建议和想法。

资源投放节奏的设计在某种程度上说也是整个游戏数值体系设计工作的一部分，所以设计者还需要考虑游戏内资源整体产出消耗情况、资源定价等问题。因此资源投放节奏的设计工作最好由研发团队把控，发行侧的商业化运营人员根据自己的产品体验和个人经验提出优化建议并做好基础把控即可。

2. 商业化运营与活动运营

在发行侧的岗位分工中，有时会使用活动运营岗位代替商业化运营岗位。出现这种现象的原因是太多的商业化运营人员在与研发团队的配合过程中，在资源投放节奏的设计上没有思考和想法，在商业化内容的效果评估上也没有提供深刻的结论和建议，最后成为负责活动设计的活动运营。

活动运营岗位的主要任务就是设计活动，包括但不限于商业化活动、裂变活动、活跃活动等。有一种观点认为，设计除商业化活动外的活跃活动和裂变活动并不是商业化运营工作中的一部分。这种观点过于重视活跃活动的规则和形式，没有看到无论是哪种活动基本上都会和资源挂钩，活跃活动是用游戏资源拉动用户的活跃行为，裂变活动是用游戏资源鼓励用户拉新，设计这些活动都需要设计者以了解游戏内的经济体系、价格体系、价值体系、资源产出消耗循环结构为前提。因此，无论是哪种活动的设计和运营工作，都属于商业化运营工作的一部分。

总之，活动运营是商业化运营的一部分。这个岗位最适宜出现的情况是，当项目的商业化模块非常庞大且需要一个小组的人力进行支持的时候，可以单独设置活动运营岗位承担游戏活动相关的工作内容。

6.2 资源投放节奏的优化

6.2.1 了解商业化背景信息

1. 了解产品商业化体验的定位

"我们想要给玩家一个什么样的付费体验？"这个问题的答案直接决定了开发者应该如何设计一个游戏的资源投放节奏，研发团队可以回答这个问题。当运营人员了解了最抽象层次上研发团队是如何考虑商业化体验设计原则的时候，才能理解他们为什么会这样而不是那样设计资源投放的节奏。也便于在后续开展优化资源投放节奏的相关工作时，发行团队可以和研发团队在同一个频道对话。

如图 6-1 所示，从"商业化体验定位"到"具体商业化形式"是层层递进的关系，了解"商业化体验定位"才能抓住"具体商业化形式"和"资源投放节奏"设计背后的原因和动机。

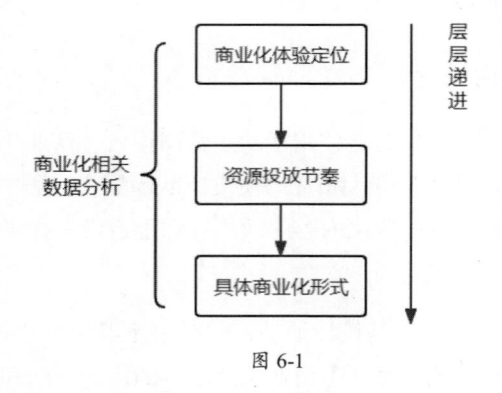

图 6-1

商业化体验定位的设计理念没有客观意义上的正确与否，运营人员更需要关注设计思路是否全面、逻辑是否自洽、设计内容是否符合产品的玩法特点及目标人群特点。

另外，每一类游戏、每一类用户群体的商业化体验设计原则都不同。例如，MMORPG 是以公会为核心生态的群体 PVE、PVP 游戏产品，这一类产品的付费模型遵循"二八原则"，即少数的用户贡献了绝大部分的流水。在这样的认知基础上，如果只从完成商业化目标的角度而言，那么只需要维系好高付费玩家（大 R）即可，但是如果没有其他付费水平玩家（中小 R）和零付费玩家（零氪玩家）的存在，那么游戏的生态就没有办法维系下去，高付费玩家（大 R）也就没有了好的游戏体验。因此需要保证中小 R 的付费水平可以让他们跟得上游戏版本的推进速度、角色练度和成长进度，可以参与整体的生态玩法而"不掉队"。

而针对玩家成长对抗型游戏，例如MOBA产品，需要维持高DAU和ACU[①]以保证正常的游戏生态，商业化内容的设计不能破坏游戏平衡性和公平性。

2. 了解游戏内资源的基本情况

在了解商业化体验定位和设计思路后，商业化运营人员需要进一步掌握游戏内的资源基本情况。在现实条件允许的情况下，可以协调研发团队提供资源定价表、资源产出情况十字交叉表、养成消耗情况十字交叉表，帮助运营人员从设计者的角度理解产品内资源的定价和流动情况。

另外，商业化运营人员还需要和研发团队确认，为了达成研发团队所设计的商业化体验目标，他们如何处理和设计资源投放的节奏，核心资源、次核心资源分别是哪些，不同类型资源面向的玩家群体是哪些，资源的核心产出路径和消耗路径是哪些。

6.2.2 资源产出消耗循环结构分析

版本调优章节从角色、战斗、资源三要素的角度拆分了游戏的系统、玩法及各个系统之间的关系。三要素形成一个不断上升的螺旋结构，玩家不断地追求这个循环过程中被切分出来的小目标，实现角色和自我的一步步成长。在这个成长过程的背后，对应的是游戏的数值系统，具体包括角色的属性数值设计、战斗公式设计、资源产出与消耗循环结构的数值设计等。

在商业化分析层面上，商业化运营人员需重点关注游戏内资源的产出、消耗情况，了解产品中资源投放的大致节奏，为商业化调优打下基础。

1. 按照角色、战斗、资源的三维度框架进行拆解

在角色、战斗、资源组成的三维度框架中，玩家控制角色产生"参与玩法"行为和"养成角色"行为。开发者可以通过设定游戏规则引导玩家的这些行为，但却无法完全掌控这些行为。而"资源产出"模块则在游戏设计者完全可控的范围内。

将三维度进行一定程度的细化，可以得到如图6-2所示的拆分结果。

---

① Average concurrent users，即平均同时在线玩家数量。

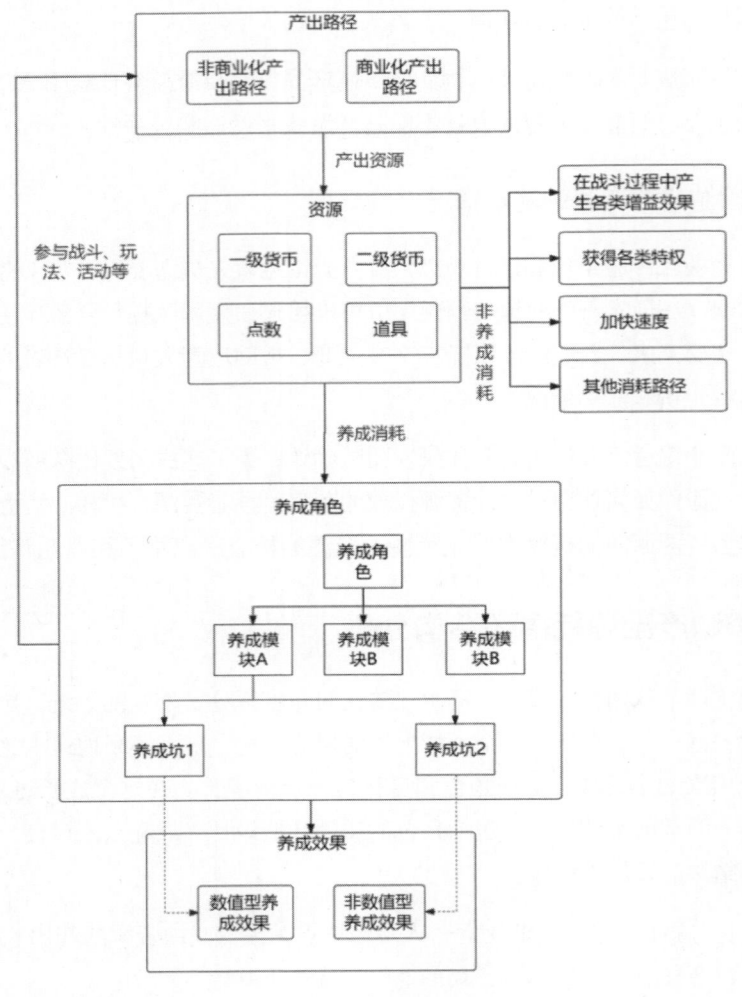

图 6-2

1）养成线与养成效果分析

关于养成线和养成效果，商业化运营人员需要关注下面这些问题。

（1）养成线是什么？

养成线是指游戏中需要玩家养成的对象，例如 RPG 游戏中角色的武器装备养成线、角色本体养成线，射击游戏中的枪械养成线，赛车游戏中的汽车改造养成线。

（2）养成效果的维度有哪些？

养成效果包括数值型和非数值型。

数值型养成效果：

养成线具备数值养成维度，养成的结果体现在数值的变化上，例如攻击力由 100 点提升至 200 点。数值的表现形式可分为面板数值和百分比数值。

表 6-1 为角色属性表，以自然数作为衡量标准的数值维度被称为面板数值，例如其中"生命""攻击"与"防御"属性，而"闪避""命中"等属性则为百分比属性。

表 6-1

属性		维度	数值
面板属性	一级属性	生命	10000
		防御	3000
		攻击	1000
	二级属性	魔法攻击	800
		物理攻击	900
百分比属性	一级属性	闪避	10%
		命中	12%
		暴击	5%
		坚韧	4%
		吸血	2%
	二级属性	魔法暴击	4%
		物理暴击	4.5%

根据一级属性再次细分的属性被称为二级属性，例如"魔法攻击"和"物理攻击"相对于攻击属性而言就是二级属性。

养成线的数值型养成效果部分会体现在角色本身的养成属性维度上，例如在射击游戏中，角色的原始生命属性值是 100，防御值是 0，在穿防护甲的情况下，生命属性值是 100，防御值是 100。

有些养成线的数值型养成效果只会体现在养成线本体上，但数值会体现在具体的使用过程中。例如射击游戏中某型号突击步枪的属性如表 6-2 所示。

表 6-2

属性	数值
伤害	30
射速	67
稳定性	45
机动性	52

这把武器的属性养成结果并不会加成到角色身上，只体现在武器本身上，而玩家控制角色操作武器参与战斗的过程则会展现数值养成的效果。

比如，某个游戏角色有三个技能，分别是A、B、C，每一个技能的数值都随着主角等级的提高和消耗技能宝石数量的增多而上涨。技能C的技能说明为：在角色生命值低于30%时，普通攻击的攻击伤害值提高15%。在技能宝石的养成下，技能C的攻击伤害值幅度会逐渐由15%提高至20%、25%。这个养成效果并不会对角色本身的养成属性产生影响，但在角色战斗过程中会直接体现。

非数值型养成效果：

非数值型的养成效果包括"外观养成效果"及"为角色本身提供的增益效果"，外观养成效果如角色的上衣、裤子、鞋子等外观的变化，给角色本身提供的增益效果如直接给角色增加一个技能或者能力点。

（3）针对每一个具体的养成线，需要继续分析以下模块。

①养成线是否需要"胚子"？例如需要先获得初始武器，才能针对武器逐步进行养成。

②养成线的具体养成点分为哪些种类？例如洗练、升级、镶嵌等，对应需要消耗哪些资源。

③养成效果的属性加成维度是什么？

④消耗资源进行养成的过程中，是否伴随概率性事件的存在？例如武器在洗练词条时，词条内容并不固定，会随机性出现。

⑤不同养成线在角色的战力总数值中的占比大概是多少？战力比是否一成不变，是否会随着游戏阶段的不同而变化。

⑥养成过程中消耗的资源是否可以通过"刷初始"的方式返还。装备是否可以脱下，如果可以，是否消耗资源。

2）资源分类与内部转化

在游戏中产出且可以被玩家转化和最终消耗的对象就是资源。

消耗是指使用资源并产生效果的过程，而资源的兑换、合成等转化过程不算在消耗过程中。

如图6-3所示，资源在游戏中被消耗的路径有很多种，包括养成消耗路径和非养成消耗路径。

```
                                                    ┌─ 针对角色暂时生效的增益效果
                     ┌─ 在战斗过程中产生各类增益效果 ─┤
                     │                              └─ 针对角色以外的对象暂时生效的增益效果
         ┌─ 非养成消耗路径 ─┼─ 获得各类特权
         │           ├─ 加快速度
         │           └─ 其他消耗路径
资源消耗路径─┤
         │           ┌─ 数值型消耗路径 ─┬─ 提升角色本体的数值强度
         │           │                ├─ 提升角色附着物的数值强度
         └─ 养成消耗路径─┤                └─ 提升与角色本体养成有关联的第三方的数值强度
                     │                ┌─ 外观                    ┌─ 例如给角色增加一个技能点
                     └─ 非数值型消耗路径─┤     给养成对象增加功能或者效果 ─┤
                                      └─                        └─ 例如给装备增加一个镶嵌位
```

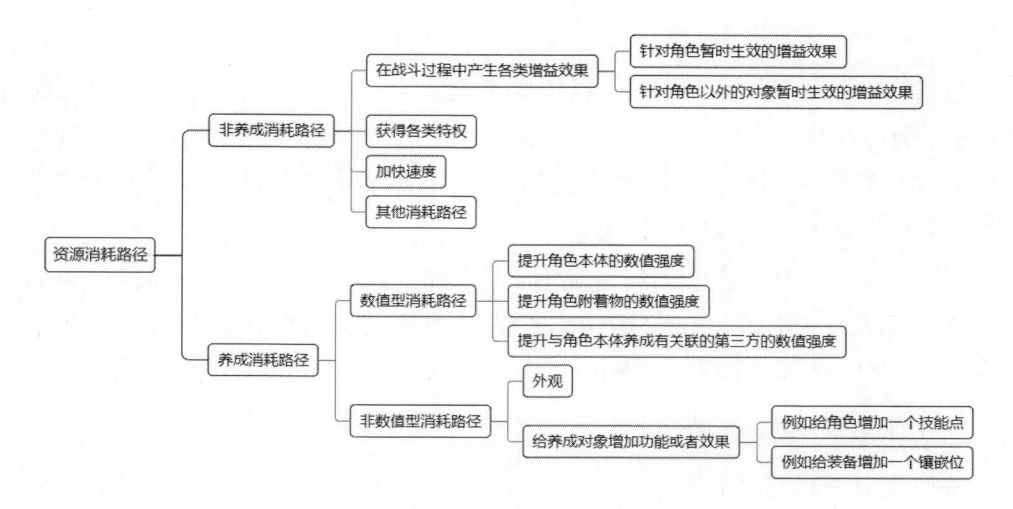

图 6-3

养成消耗路径：养成消耗路径所消耗的资源直接用于养成，养成效果具备永久性的特点，即便触发效果作用的条件不同，也不存在时间限制。

非养成消耗路径包括如下四类。

- 加快速度：例如参加某种玩法的入场券，玩家使用后可获得参加此玩法的机会，进而在玩法中获得资源或者提高自己的排名。再例如扫荡券，可以帮助玩家快速扫荡关卡并收获资源，减少玩家精力和时间的消耗。

- 在战斗过程中产生各类增益效果：通过消耗资源可以临时强化某种能力、短暂拥有某种能力、恢复某种状态等。例如在战斗中使用药水恢复生命值和体力值。

- 获得各类特权：例如，消耗"背包格子扩容卡"可增加角色的背包格子，允许角色收纳更多的道具和资源。

- 其他消耗路径。

（1）对游戏中的资源进行分类。

①按照资源的相互转化关系，可以将资源分为一级货币、二级货币、道具和点数。

一级货币是指可以直接使用现实中的真实货币购买的游戏货币，例如常见的元宝、钻石等。常见的消耗途径包括在游戏内的商店中购买商品、刷新商店内商品种类等方式。一般情况下，游戏中的一级货币只有一种。

二级货币是指游戏内产出的与一级货币不同的代币，可以在游戏内的商店中进行消耗，部分代币也可以在养成线上使用。

点数和二级货币相似，但主要以积分的方式出现，且点数的资源兑换、特权兑换或其他消耗方式是固定的，即达到多少点数，就可以获得对应的资源或者特权，并不像一级、二级货币一样可以在商店中自由消耗。例如，活跃值就是一种点数，每天攒够一定量的活跃值，就能兑换活跃奖励。

②按照资源消耗以后资源是否还存在，将资源分为消耗型资源和胚子资源，例如武器胚子就是胚子资源，而给武器升级使用的金币就是消耗型资源，使用后金币就不存在了，转化为技能、能力或者数值。

③按照重要性对资源进行分类。

根据资源产出情况十字交叉表和养成消耗情况十字交叉表及游戏中各资源的使用效果，可以判断游戏内的核心资源有哪些，以及对所有资源进行重要性划分。

资源核心与否的标准：

- 资源对于提升核心养成线的数值效果影响是否较大，如果影响比较大且产出量比较少，则是核心资源。
- 资源本身是否具备"非它不可"的特点，例如胚子和卡角色等级的资源。这类资源对战力影响可能不大，但没有这类资源就无法执行后续养成流程。

（2）资源的内部循环。

玩家从商业化产出路径和非商业化产出路径获得一级货币、二级货币、道具和点数，这四类资源之间具备**合成（打造）**、**兑换（回收）**、**交易**、**购买**、**拆解**的关系，即资源内部存在循环和转换的过程，如图6-4所示。

- 合成（打造）：例如通过道具碎片合成道具，将低等级道具合成为高等级道具，将初级资源打造成高级资源。
- 拆解：例如道具被拆解成碎片。
- 兑换（回收）：例如使用点数兑换道具、通过道具兑换道具、使用道具兑换一级货币或二级货币（系统回收道具）。
- 购买：使用二级货币或一级货币购买其他资源的行为。
- 交易：借助交易系统完成，实现资源在玩家与玩家之间的流动。

图 6-4

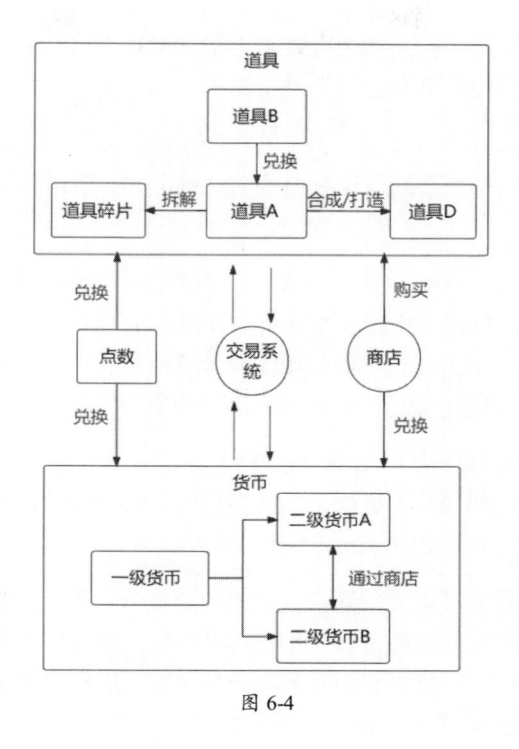

3）资源产出路径

如图 6-5 所示，资源产出路径分为"商业化产出路径""非商业化产出路径""混合类产出路径"。

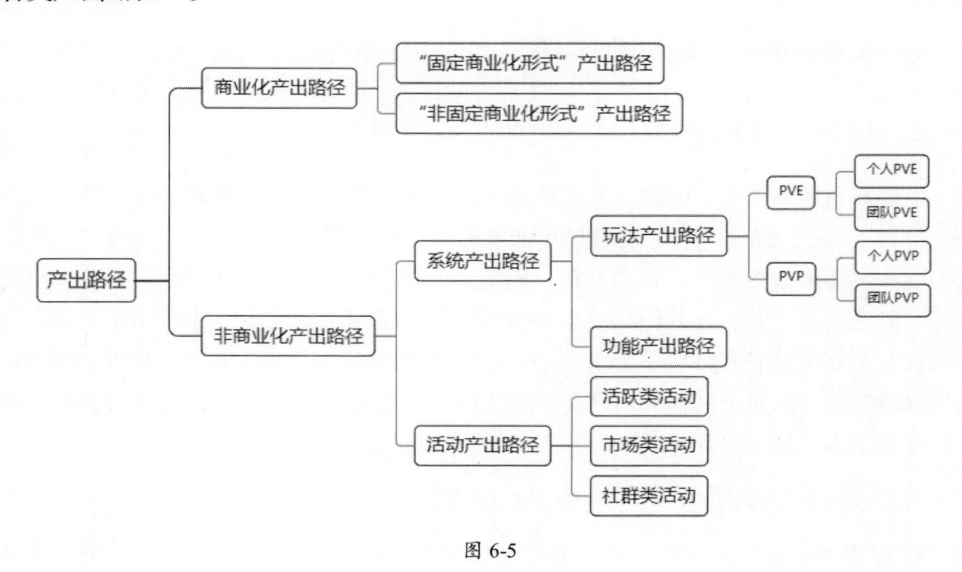

图 6-5

在商业化产出路径中,按照产出方式是否常驻可将产出路径分为"固定商业化形式"产出路径和"非固定商业化形式"产出路径。

在非商业化产出路径中,按照是否常驻将产出路径分为"系统产出路径"和"活动产出路径"。活动是补充游戏玩法和内容的一种形式,所以存在限时和相对随机的特点。

在系统产出路径中,可按照获取资源的过程将产出路径区分为"玩法产出路径"和"功能产出路径"。玩法产出路径是指玩家通过参加游戏玩法获得资源的方式。而功能产出路径是指玩家不需要进行额外操作和策略输出就可以获得资源的方式。例如任务系统,玩家每天完成任务后只需要点一下"领取"就可以获得资源。

玩法产出路径还可细分为 PVE 玩法和 PVP 玩法两类。PVE 玩法可理解为玩家和游戏程序进行对抗。按照参与人数的多少,还可将 PVE 玩法分为"个人 PVE 玩法""团队 PVE 玩法"和"公会 PVE 玩法"。

PVP 玩法是指玩家对战玩家的玩法,对战的形式分为直接对战和间接对战。直接对战顾名思义是指玩家之间直接进行对抗,间接对战是指通过非直接对抗的方式开展玩家之间的较量。例如,所有玩家同时参与一个比赛,玩家之间不产生战斗,最后按照积分排名决定谁赢得比赛。

PVP 玩法按照是否即时分为"同步 PVP 玩法"和"异步 PVP 玩法"。按照参与人数的多少,PVP 玩法还可分为"团队 PVP 玩法""个人 PVP 玩法""公会 PVP 玩法"。

除了纯粹的 PVE 玩法和 PVP 玩法,还存在混合 PVE 与 PVP 的玩法。

2. 分时间阶段拆解

以往对角色、战斗、资源三维度框架的分析主要是针对游戏中某个固定时间点的"内容切片"进行的,但从游戏的时间轴来看,随着玩家体验游戏时长的增加,游戏内的玩法、养成线等内容会逐渐开放。而玩法开放节奏、资源产出节奏、养成线开放节奏,以及三者之间相互的因果、条件关系,加以系统化的游戏设计理念才共同构成了玩家在游戏中的长线体验。所以为了更好地理解玩家在资源产出消耗循环结构中的长线体验情况,商业化运营人员需要从线性时间的维度分析游戏的养成线与养成效果、玩法开放节奏、资源产出节奏。

一般来说,游戏内的时间轴有如下两种情况。

- 以现实生活中的时间为基准的时间轴:开服第一天、第二天、第 N 天。玩家体验游戏前 30 分钟、30~60 分钟、60~90 分钟、90~120 分钟（时间单位也可用小时）。现实生活中的某月某日到某月某日。

- 以游戏内的进度为基准的时间轴：玩家等级、玩家目前推图进度、玩家战力数值情况。

商业化运营人员需要找到游戏中的核心时间轴，围绕这个时间轴梳理各个模块的开放节奏。需要特别注意的是，有些模块开放的触发条件不一定是时间轴到达某个节点，可能是其他养成线达到一定条件。例如，在武器的养成模块中，宝石镶嵌到 N 级以后开放武器的词条洗练功能。

通过时间轴的方式，可以梳理清楚游戏各个时间阶段开放的内容。

①角色养成线的开放节奏，包括什么时候开放、面向谁开放、开放门槛是什么。

②资源产出的节奏，需要确定哪些资源在哪些路径产出、什么时候产出、资源产出数量如何、主要面向哪类人群产出，以及不同类型的玩家群体大致可以获得的资源量级是多少。

③游戏的各个资源产出路径分别在什么时间阶段开放、开放时间多长、参与条件是怎样的。

④在同一条养成线的不同养成阶段，玩家推进单位养成进度所需资源的数量可能不同，一般情况下会随养成进度的推进呈上升趋势。可由此制作养成线的资源需求量变化曲线。

如图 6-6 所示，A、B、C 为三条不同养成线的资源需求量变化曲线，横坐标是养成线的养成进度，纵坐标是单位养成进度的资源消耗数量。

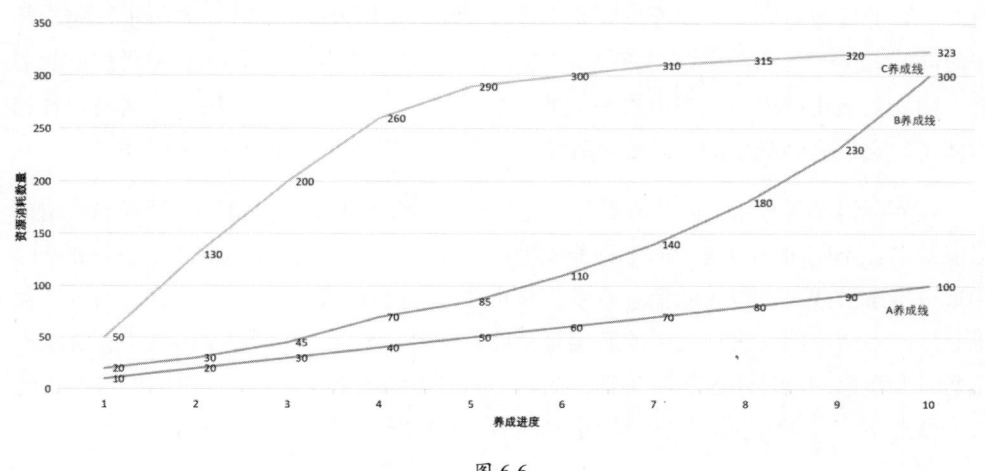

图 6-6

⑤在游戏的不同阶段，不同资源（尤其是核心资源）的产出节奏也不同。商业化运营人员可按照游戏时间轴，通过资源产出量变化曲线描述游戏内资源产出数量随时间变化而变化的情况。

以图 6-7 为例，A、B、C 分别为三种不同的资源，将关卡推进进度作为游戏时间轴，可得到不同推关进度下对应的资源产出数量情况，横坐标是关卡推进进度，纵坐标是资源产出数量。

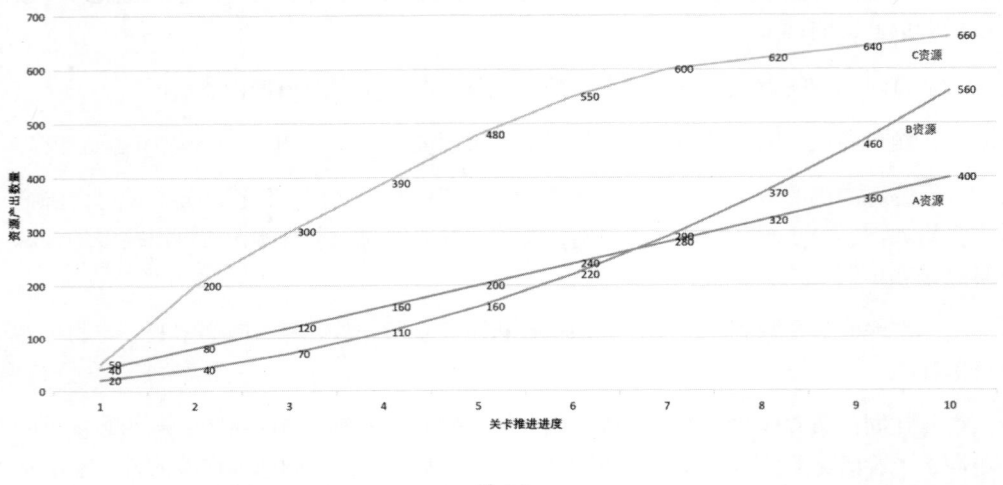

图 6-7

在按照游戏时间轴梳理了游戏中的资源产出变化情况和养成资源需求变化情况后，可以算出不同游戏阶段"资源产出"和"养成需求"之间的"差值"，这个差值就是"商业化数值坑"，即通过商业化进行变现的数值范围。如图 6-8 所示，随着开服时间的增加，达到养成线 D 各个时间阶段养成目标所需的 D 资源的量级在不断上升，而非商业化产出路径产出的 D 资源量在开服第 21 天及以后就逐渐无法满足养成需求了，它们之间产生的"差值"就是 D 资源可进行商业化变现的"数值坑"。

在实际拆解过程中，运营人员几乎无法从上述维度中得到数值层面精确化的结论，只能对游戏不同阶段的资源产出和养成需求之间"差值"有大概的认知。一方面是因为通过拆解游戏可以得到的信息有限，即使是自身负责发行的产品，运营人员也比较难获取游戏数值系统设计相关的底层且精确的资料。另外，在同一个游戏中，资源产出数量和玩家的具体情况也有关系，例如不同战力的玩家在同一个玩法、同样游戏时长的情况下，可获得的资源量可能是不同的，且不同类型玩家的追求目标和养成需求也不同。

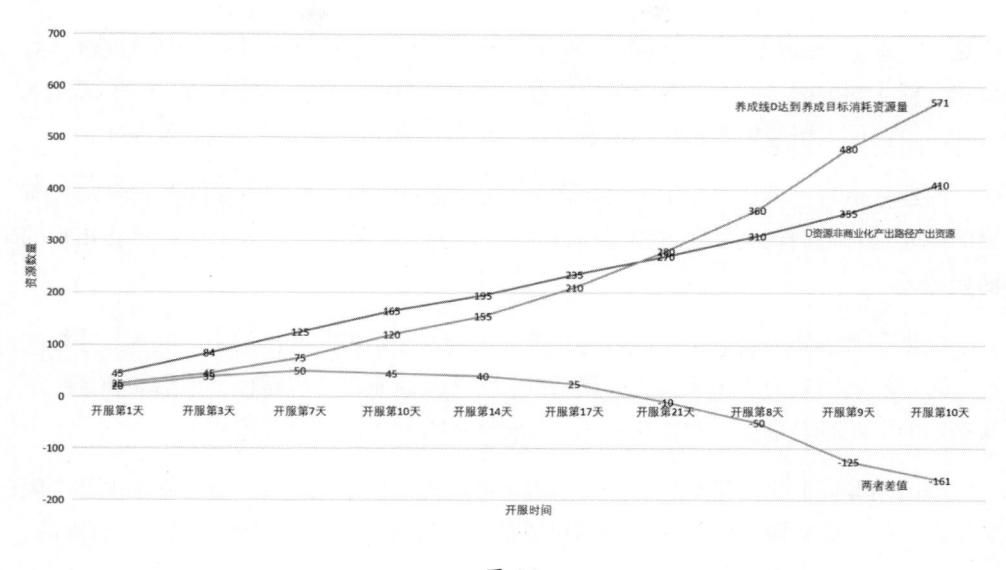

图 6-8

3. 分玩家群体拆解

由于不同类型玩家群体的追求目标和养成需求不同，商业化运营人员需要先根据游戏情况将玩家划分为不同的群体，并尽可能代入这些玩家的视角体验游戏的资源产出消耗循环结构，以便于在后续设计商业化相关内容时可以个性化地考虑不同群体的需求和体验。

"用户付费水平"是最常见的玩家群体分类标准，由此可将玩家分为零氪玩家群体、小 R 群体、中 R 群体、大 R 群体。除此以外，也可根据玩家在游戏生态环境中所处的生态位置来区分玩家群体。例如，在 MMORPG 中，按照生态位置的不同可以将玩家分为"以会长和副会长为核心的公会领导群体""围绕领导群体的高活跃度公会成员群体""参与公会活动的普通公会成员群体"。

运营人员代入群体视角后，需要重点关注作为该群体的一员，"我"的短期及长期的养成追求和游戏目标是什么？"我"会重点参与哪些活动、玩法和系统功能？为什么？"我"需要哪些资源？这些资源应该如何获得？哪些资源将是"我"的核心商业化付费对象？商业化付费动力形成的过程让"我"感觉愉快还是不舒服？原因是什么？

以零氪玩家群体、小 R 群体、中 R 群体、大 R 群体的玩家体验历程分析过程为例，商业化运营人员需要先界定在准备研究的游戏中划分上述玩家群体的付费界限。

在这个基础上，通过游戏内的时间轴罗列对应 R 层级玩家的追求目标，包括练度目标、玩法目标（如推图目标）、养成目标（养成顺序、养成对象、养成程度）、资源追求目标、商业化消费逻辑及预计的消费情况（消费对象、消费顺序、消费数量）。

商业化运营人员自身必须要付费体验游戏，在自己没有真正体会过游戏内大 R 玩家的商业化付费动机和付费过程之前，没有办法通过"脑补"的方式猜到大 R 用户的消费逻辑。

根据玩家群体的阶段性养成目标，推导出玩家在这段时间内的资源需求，并按照这个阶段玩家的战力水平和精力分配情况，估计非商业化产出路径下如活动和系统玩法产出的资源量是多少，并按照图 6-8 中所使用的方法计算两者差值。

不同的非商业化产出路径的产出节奏各有特点，但是无论哪一种，基本上都会限制玩家无限"刷资源"的情况，所以可以认为资源在一定时间内的产出量是有限的。

常见的限制方式如下。

- 限制玩家参与时间：例如，多种玩法从周一到周日轮流开放；给玩法设定冷却时间。
- 限制玩家参与次数：例如，在固定时间内限制玩家参与某种玩法的总次数。
- 资源总量一定，但玩法存在难度梯度，不同玩家获得资源的量级和速度不同。
- 资源总量一定，玩法无难度，所有玩家获得资源的数量和速度相同。

在完成游戏的资源产出消耗循环结构分析工作后，可以大致确定游戏的商业化架构，从宏观上了解整个游戏商业化的脉络。同时掌握了不同玩家群体的养成追求目标和非商业化产出路径之间的资源需求差值，便于后续优化整体的资源投放节奏和具体投放形式。

6.2.3　优化商业化付费点

1. 商业化付费点有哪些

玩家在游戏中通过付费直接或间接获得的道具就是商业化付费点，商业化付费点一般只会在以内购作为商业化变现方式的游戏中出现，包括各类的资源类道具、工具类道具，如表 6-3 所示。

表 6-3

大类	子类	细分类别	举例
资源类道具	养成相关资源	胚子	—	角色、武器
		养成消耗	可转化为数值效果的资源	铁矿石
			养成过程中消耗的资源	增加新的镶嵌位消耗的资源、卸下镶嵌物所消耗的资源、装备分解过程消耗的资源
		加快资源产出	—	双倍经验卡、扫荡券
	战斗相关资源	增加战斗机会	—	门票/体力
		战斗过程中适用的道具	—	复活药、炸弹（三消游戏）
	装扮外观类资源	角色相关	—	角色皮肤、武器皮肤
		玩家相关	—	头像、头像框、称号、聊天背景、聊天气泡、个人主页背景
工具类道具	游戏功能类道具	—	—	改名卡、世界喇叭、背包格子拓展道具
	手续费	—	—	创建公会手续费、交易手续费

2. 商业化付费点优化

商业化运营人员对游戏营收负责，如果只从这一点出发，那么似乎游戏内的商业化付费点越多越好，越多的付费点就意味着更多的付费可能性及更高的游戏流水。但是从玩家的角度来看，商业化付费点的形式、数量要恰到好处，游戏给玩家提供良好的商业化体验，才能拥有长线、稳定的流水。一味地堆砌付费点只会让玩家眼花缭乱，玩家会认为游戏官方吃相难看，对游戏好感度下降，付费动力不足，导致游戏的商业化效果难以达到预期。

商业化运营人员根据游戏情况适当地挖掘合适的商业化付费点，优化商业化付费点的结构和内容，才是对游戏营收真正的负责。

（1）尽可能控制道具数量。

游戏中的道具数量越多，玩家的学习和认知压力越大，认知压力越大，玩家就越难建立起对各个道具的价值认知感。有些游戏中有几十上百种道具，玩家会面临巨大的学习成本。在针对付费点设计道具的时候，尽可能合并同类型道具。慎重地增加新的道具，尽可能使用已存在的道具，不刻意新增道具。

（2）道具之间作明显区分。

当道具数量达到一定量级后，道具之间需要做明显的区分，不要让不同道具的

ICON 和名称过于相似，否则容易导致玩家辨识错误，在付费购买和使用的时候都有可能看错。例如，同一个游戏中同时存在钻石、彩钻、红钻、黑钻几种不同的道具，玩家就容易发生混淆。道具命名尽可能和道具使用的目的及用途挂钩，例如装备进阶突破所消耗的资源叫作突破宝石就比较形象。不要追求华而不实的名称，例如将装备突破用的宝石命名为炫彩宝石，就让人无法见文知义。

（3）谨慎设计在战斗过程中使用的道具。

PVP 战斗中的商业化付费点设计需要考虑游戏的平衡性。核心原则是道具不能直接影响对抗过程，例如在 PVP 过程中可以叠加角色本身 Buff 的道具就是不合理的付费点设计。而基于游戏战斗策略设计的道具是可以适量投放的，但也不能无限制投放。不能形成氪金就可以直接轻松取胜的状况。

（4）尽可能减少、弱化"养成过程中消耗的资源"类型付费点。

在养成消耗的付费点类型中，"养成过程中消耗的资源"给玩家的体验是负面的，因为它并不能提升养成对象的数值，而只是充当了养成过程中的"手续费"，价值感低，很难让玩家认为这个钱花得值。

（5）针对道具做合适的颗粒度区分。

为了数值上可以切分得更细，道具可以存在碎片的情况，如装备碎片、角色碎片。例如一个SSR[①]角色的定价是 100 元，将其切分为 10 个碎片后，可以按照 10 元或 15 元一个碎片的方式进行投放。游戏中除了贵重的胚子类资源可以做切分，其他资源不建议做切分，否则就有官方吃相难看的嫌疑。

（6）弱化游戏功能类道具付费点。

游戏功能类道具付费点的核心作用是通过设立一个基础门槛提高玩家滥用功能的成本，而不是真的利用这个付费点获得营收。改名卡、世界喇叭、公会创建的手续费都是这个道理。所以在游戏中只要是不存在被滥用风险的功能性道具，不一定就非得做成付费点，否则容易被玩家诟病吃相难看。另外，这类道具的价格不要过高，它承担的是门槛限制作用而非营收压力。

---

① 卡牌游戏中按照稀有度的高低可以将卡牌分为若干定级，一般情况下 UR>SSR>SR>R>N，UR 即 Ultra Rare，SSR 即 Superior Super Rare，SR 即 Super Rare，R 即 Rare，N 即 Normal。

6.2.4 资源投放节奏的调整

资源投放节奏的调整需要解决"投放什么样的资源""投放多少资源""以什么样的价格投放资源""什么时候投放资源""资源投放给谁"的问题。根据和研发团队确定的游戏商业化体验的目标，以及对游戏产出消耗循环结构分析的结论，综合发行团队的商业化运营经验，调整商业化资源的投放节奏。必要情况下，也可调整非商业化资源的投放节奏。

如果在资源投放层面上仍无法解决问题，则需要调整资源消耗的节奏。通过资源产出口（投放口）和资源消耗口的联动调整（本质上是调整资源供需关系），优化游戏的商业化体验。

1. 定价与降价

1）定价与价值认知体系

（1）定价。

为了解决"以什么样的价格投放资源"的问题，商业化运营人员需要考虑游戏内商品的定价策略，研发团队往往已经针对游戏中的资源和道具完成了定价，也就是在之前内容中提到的定价表。在这个基础上，商业化运营人员需要确认的是游戏价格档位、玩家活跃价值定价、游戏商品价值定价。

游戏内的价格档位一般不超过 10 个，且已经有约定俗成的价格体系，如表 6-4 所示。

表 6-4

价格档位	人民币	美元
低档位	6	0.99
	12	1.99
	18	2.99
	30	4.99
中档位	68	9.99
	98	14.99
	128	19.99
高档位	198	29.99
	328	49.99
	648	99.99

"玩家活跃价值定价"是用游戏内的货币衡量玩家的活跃、活动参与等行为价值的过程，定价的结果直接影响游戏内活跃类活动的奖励内容。玩家活跃相关行为的价值定价没有固定的标准，只要同一行为在运营过程中前后价格保持基本一致即可，不能出现前期和后期价格差异过大的情况。

商品价值定价是指对游戏中包装资源和道具后的商品进行价值评估和确定价格的过程，例如对常见的礼包等商品价格的敲定。这些商品的定价并不是简单地将其包含的道具或资源的价格相加，而是需要根据商品自身的定位和具体情况设定合理的返利比并最终确定价格。

在进行商品价值定价的时候，需要遵循已经被大众认可的价值规律。虽然游戏内的道具在现实生活中没有参照物，开发者在某种程度上拥有绝对的定价权。但是由于玩家群体受到市面上其他产品的影响和教育，大多数玩家对于战令、基金等商业化形式的价格和返利比的情况具备大致的认知。所以游戏内商品的定价和返利比都需要遵循这些不成文的默认规则，参考市场的主流做法，如表6-5所示。

表 6-5

返利比顺序	类型
从上到下，依次递增	一级货币商店、原价直购商店
	礼包
	商业化活动
	战令、基金等商业化形式

表6-5中所展示的是常用的返利比排序规则，部分特殊商品并不完全遵循这个规则。例如，推送礼包具有限时且随机的特点，因此它具备稀缺性，这直接导致其返利比可能落在战令、基金等商业化形式的返利比区间内。对于同一个类型的多个商品而言，一般来说，价格档位越高，返利比越低。例如，同时上架的常驻礼包分别有6元、18元、68元、128元、328元档位的，那么6元档位礼包的返利比必然高于18元的，以此类推，328元档位礼包的返利比最低。

返利比的作用是让玩家觉得自己购买的物品性价比高，而影响性价比认知的重要因素是"价格锚点"。由于游戏内构建的世界与真实世界不同，玩家对于商品价值和价格的认知来源于对游戏内众多商品价格的比较过程。

"价格锚点"的实现方式有两种，一种是同样价格、不同价值的道具或资源互相成为价格锚点。另一种是同样的产品有着不同的价格，相互之间成为价格锚点。

例如在游戏内的直购商城，玩家可以按照1∶10的比例购买游戏内的一级货币，

68元可以买到680单位的一级货币。同时，游戏内提供直购礼包，直购礼包包括680单位一级货币和其他道具，售价为68元。那么对于玩家来说，对比两者，自然会认为直购礼包的价值超过了68元，非常有性价比，因此玩家更倾向于购买直购礼包。

后一种的典型案例就是限时特惠礼包，例如限时特惠礼包6元送核心SSR角色，而直购商店中的核心SSR角色售价68元起，玩家会认为SSR角色的定价为68元，限时特惠礼包的性价比非常高。

（2）道具价格和价值认知。

价格认知：

玩家对于游戏中道具"价格是多少"的理解就是价格认知，而玩家的价格认知的来源是游戏中道具的直购价或者一级货币价格。玩家可以用现实货币直接购买的商品被称为直购型商品，直购型商品的价格即直购价。部分道具也可以使用一级货币购买，当现实货币购买一级货币的比例固定且没有发生贬值的时候，玩家可以通过转换得知道具的现实货币价格。当然，玩家还可以通过道具之间的合成、兑换等关系计算道具的现实货币价格，但是过程相对烦琐。

大多数游戏并不会将所有的道具和资源按照原价在游戏商店中单独标价直接售卖，因此玩家只能依据游戏中商品的价格构建对道具价格的认知体系，直白地的说就是玩家会通过估算的方式猜测道具的价格。例如，一个68元的礼包包含一个SSR角色、少许钻石和金币，那么玩家会认为SSR角色的价格大致为68元。

价值认知：

玩家对于游戏内的道具"值多少钱""什么东西值钱""什么东西不值钱"的感性认知就是他们对游戏内道具的"价值认知"，价值认知直接影响玩家的付费行为。商业化运营人员需要通过商业化设计塑造和影响玩家在游戏中的价值认知体系。价格认知和价值认知是两回事，价格认知是玩家认识到这个东西的官方定价是多少，价值认知是玩家主观上认为这个东西值多少钱。

受过市场长期教育的玩家会有一些"价值认知"方面基础的认知概念，例如"胚子比消耗品有价值""外观上闪闪发光且炫目的道具比长相平平的道具更有价值"。

对玩家的"价值认知"影响最大的因素是道具的"效用""稀缺性"和"必要性"。"效用"就是指对比同样价格的道具，什么道具带来的价值最高，价值的评价标准可能是战力提升幅度大小、外观是否好看（装扮类道具）。那些定价虚高，但是"效用"不高的道具就会被玩家"嫌弃"。"稀缺性"是指在游戏中获取该道具的可能性和难度的高低，产出多、容易获得的产品，就是不值钱的东西，没有必要专门花钱买，产出少、卖得也少的道具，往往价值高。"必要性"是指玩家在体验游戏过程中是否必须使用该道具，例如升级所需的突破道具，没有这个道具就没有办法继续执行养成流程，这个就是"必须性"。"效用""稀缺性""必要性"与玩家的"价值认知"之间的关系如表 6-6 所示。

表 6-6

效用（相对价格）	稀缺性（相对于需求）	必要性	价值认知
高	低	低	中
高	低	高	高
高	高	低	中
高	高	高	高
低	低	低	低
低	低	高	高
低	高	低	低
低	高	高	高

2）降价

如同现实生活中的商场打折一样，在面临各类节日或者营收压力的时候，游戏也会通过打折促销的方式刺激玩家消费。但打折降价也需要遵循一些基础的原则，且不能滥用该方式，否则这味"药"的剂量到后面只能越来越大，效果反而越来越差。

（1）不能在玩家的价格和价值认知形成期间进行降价。

一般来说，玩家体验游戏的前 7~14 天是他们构建道具价格和价值认知体系的阶段，这个时间段内游戏不能对道具和商品进行降价。一方面，玩家在这个阶段没有形成对道具价格和价值的认知概念，所以他们对降价的直观感受不会特别强烈。另一方面，这个时候进行降价会干扰玩家道具价格和价值认知体系的形成过程，他们可能会误认为降价后的价格就是正常价格，这会打乱游戏整体的商业化节奏。

（2）采取周期性的阶段型降价策略，而非阶梯型降价策略。

市面上有一部分短线产品，在开服一个月或两个月以后就进行降价，刺激用户消费，在开服 3~4 个月后会在第一次降价的基础上进行第二次降价，进一步刺激玩家消费。这种降价并非短期内的促销，而是跳水式的降价，后续也不会再恢复原价。这种阶梯式的降价对于游戏商业化生态的影响非常糟糕，玩家会认为官方是在收割流水，没有好好做游戏，且官方有关服"跑路"的征兆，所以他们会谨慎消费。另外，这样的降价方式往往伴随着资源的超发和滥发，高价值资源的稀缺性大大降低。最后，玩家会认为官方后续可能会继续降价，于是暂缓消费同时观望并等待后面更大幅度的降价。游戏一旦给玩家留下这样的印象，后续无论是通过商业化设计还是运营服务都没有办法再扭转了。

阶段型降价是指配合新版本和各类节日活动，游戏按照一定时间周期合理地进行打折和降价。一方面要控制频率，打折和降价不能太频繁，最好形成固定节奏，周期性地限时降价，降价结束以后马上恢复原价。周期性降价会让玩家养成消费习惯，在降价的时候进行大笔的支出和消费，尤其是对每月游戏内消费预算有限的玩家群体非常友好。控制降价频率可以保证资源不会被过量投放，玩家也不会有过分的资源囤积情况。

阶梯型降价策略和阶段型降价策略的对比如图 6-9 所示。

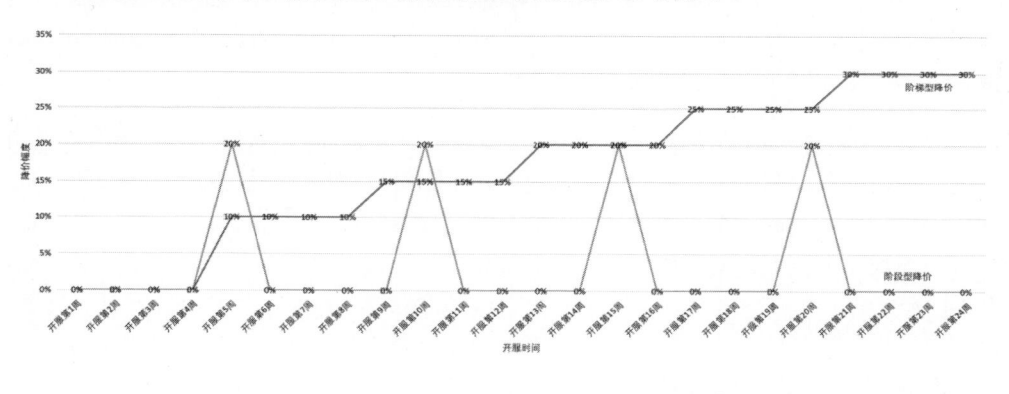

图 6-9

（3）降价形式可以多样化。

①打折。原价 128 元的礼包，折扣后 98 元可以购买。

②同样的价格，可以买到更多的内容。例如，68 元的礼包，降价前内容为 A+2B+3C，降价后还是维持 68 元的价格，但是内容为 A+5B+6C，礼包的返利比被提高了。

③嵌套付费。例如，购买商品 D 以后可以获得 8 折购买商品 E 的权利。

（4）降价对象和量级的选择。

降价对象：

并非所有的商品都适合降价。即使是促销季，商场里也只有部分商品打折，新品不打折，畅销款不打折，对于游戏内的商品而言同样如此。游戏内稀缺性高、必要性高且购买频次高（畅销款）的商品不降价，效用性高且购买频率低的商品可以考虑降价。

新上线的商品不打折，这是对刚刚购买了该商品的玩家的价格保护。设想一下，如果玩家在一款卡牌游戏中刚刚花了 98 元买到了新版本的核心角色，结果第二天游戏就开始做促销活动，其他玩家花费 68 元就可以买到新版本的核心角色。这对于之前已经花钱支持新品的玩家不公平，且官方的信誉扫地。后续新品上市时玩家只会观望，等待降价。正所谓"早买早享受，晚买享折扣"，如果要降价，那么也要等该商品的热度过去以后再对商品进行返场销售，建议间隔时间最好在 2 个月以上。

降价量级：

降价的商品必须限购，在数量上进行控制。玩家在遇到降价活动时，会大力购买未来一段时间自己大概率会使用的资源或者道具。如果不限购，那么玩家一次性购入过多的资源后，在未来很长一段时间内都没有消费动力，造成后面很长一段时间游戏流水低迷，这样同时也不利于维护游戏内的生态。

降价商品总量的上限对应养成线在这个阶段开放的最高养成目标的资源需求量，且无论如何都需要留出少量富余的养成空间。下限比较模糊，建议投放的资源量级最起码可以让玩家完成一个爽点循环。例如，针对装备养成资源进行降价，则降价投放的资源最起码可以让玩家完成一个阶梯的强化。

（5）降价幅度。

游戏内的返利比梯度设计如表 6-7 所示。

表 6-7

返利比顺序	类型
从上到下，依次递增	一级货币商店、原价直购商店
	礼包
	商业化活动
	战令、基金等商业化形式

由于各个商业化模块的返利比范围在设计游戏总体的商业化结构时就基本确定了，所以如果后续需要进行降价，建议也在该返利比区间内进行调整，不要和其他商业化模块相冲突。降价幅度的大小视降价的噱头、降价的节奏来定，例如游戏周年庆、国内的春节、海外的圣诞节、黑色星期五等，返利比幅度可以大一些，而一些普通节日的降价幅度可以小一些。控制降价的节奏是指游戏不能每一次都大幅度地降价，可以多次小幅度降价后再大幅度降价一次，不要滥用降价的手段。

2. 玩家群体差异化追求的分类

在明确拆分游戏中不同的养成线后，按照一定的标准对玩家的追求线进行划分，对应到不同类型的玩家群体。不同类型的玩家在游戏中的追求不同，所以他们的资源需求和消费倾向也不同，商业化运营人员在投放资源和设计投放形式的时候，需要考虑玩家群体和资源之间的匹配关系，也就是解决"资源投放给谁的问题"。

对养成线的养成方向进行分类的时候，最常见的方式是按照"单次养成消耗资源价格"和"数值养成深度"进行划分，如表 6-8 所示，某游戏有角色和装备养成两条养成线，两条养成线下又各自分为五个子养成线，不同的养成线和子养成线在设计时的目标人群不同。

表 6-8

养成线	子养成线	单次养成消耗资源价格	数值养成深度	目标人群
角色	胚子	低	—	小R/中R/大R
		中	—	中R/大R
		高	—	大R
	升级	低	浅	小R/中R/大R
	升星	中	深	小R/中R/大R
	进阶	高	深	大R
	幻化	高	浅	大R
装备	胚子	低	—	小R/中R/大R
		中	—	中R/大R
		高	—	大R
	强化	低	浅	小R/中R/大R
	洗练	中	浅	中R/大R
	突破	中	深	中R/大R
	镶嵌	高	深	大R

"单次养成消耗资源价格"是指每完成一次养成，需要消耗资源的价格是多少。例如每完成一次洗练，需要消耗洗练币 10 个左右，一个洗练币的价格为 12 元，一整套下来需要消耗 120 元人民币，所以单次养成资源消耗价格为中等。"数值养成深度"是指养满这个养成线需要消耗现实货币的多少。例如一个装备有 5 个词条，全部洗满需要 600 元人民币，数值养成深度为中等。不同群体的消费能力和偏好不同，对于同一个养成线或者养成方向，玩家的追求强度也不同。追求强度是指在明确"单次养成消耗资源价格"和"数值养成深度"的情况下，玩家愿意养成到什么程度，高追求就是愿意养满，低追求就是养成意愿不强，愿意养一点。

实际上，在针对具体产品展开分析时，商业化运营人员可以根据游戏内的数值情况将上述多个维度中的"低、中、高"等描述用语使用具体的数据代替，分析效果会更加直观。

在梳理完游戏内养成线的"单次养成消耗资源价格""数值养成深度"和"追求强度"以后，可以归纳出养成线所面向的玩家群体，如表6-9所示。

表 6-9

养成线		追求强度	面向人群
单次养成消耗资源价格	数值养成深度		
低	浅	高	小R/中R/大R
低	深	高	小R/中R/大R
中	浅	高	小R/中R/大R
中	深	高	中R/大R
		低	小R/中R/大R
高	浅	高	中R/大R
高	深	高	大R
		低	大R

后续在投放资源及处理不同价格档位和资源的关系时，可以参考资源和养成线所面向的目标玩家群体灵活进行调整。例如，商业化运营人员计划配置6个周礼包，根据不同玩家群体消费能力的差异，可以使用不同的档位和资源进行配置，如表6-10所示。

表 6-10

礼包档位	面向人群	资源配置
6元	小R/中R/大R	小R追求线的资源为主
18元	小R/中R/大R	
68元	中R/大R	中R追求线的资源为主
128元	中R/大R	
328元	大R	大R追求线的资源为主
648元	大R	

除了按照付费能力对养成线和资源投放面向的人群进行划分，还可以根据玩家游戏行为特点将玩家分为"收集型玩家""社交型玩家""竞技型玩家""单机型玩家""领袖型玩家"，根据玩家的购买偏好将玩家分为"外观爱好玩家""月卡玩家"等。每一类玩家群体的特点都不同，他们的追求倾向也不同，商业化运营人员需要根据不同玩家群体的追求倾向和特点来开展资源投放的差异化设计。

3. 资源溢出和贬值

不同游戏的资源产出消耗循环结构的设计是不同的，商业化运营人员在资源产出消耗循环结构中需要重点关注资源产出口、资源消耗口，以及在资源产出和消耗的过程中是否存在交易功能。

资源产出路径包括非商业化产出路径（例如活跃活动、副本）和商业化产出路径及混合类产出路径。商业化资源投放是在游戏资源正常产出和消耗之间产生的缺口的基础上，帮助玩家完成成长目标所提供的"数值工具"。资源产出和消耗的关系在本质上就是供需关系，在需求口需要资源的时候，给其调配适量的资源，完成供需的平衡。理解上述原理可以帮助商业化运营人员更好地解决"投放什么资源""投放多少资源"和"什么时候投放资源"的问题。

缺口的大小和供需关系同时受到商业化产出路径、非商业化产出路径所产出资源量级及资源消耗口的资源需求量级的影响，所以商业化运营人员在关注资源投放的时候，不仅需要关注商业化相关资源投放路径的资源产出情况，也需要关注非商业化产出路径的资源产出情况及消耗口的情况。但是因为修改非商业化产出路径产出资源的节奏和游戏中的资源消耗路径相对更为麻烦，所以优先考虑通过商业化产出路径处理供需问题，如若不行再考虑调整非商业化产出路径的资源投放节奏，实在不行的情况下再进一步考虑调整资源消耗路径的相关细节和设计方案。

如果游戏中不存在玩家间的交易情况，那么资源产出和消耗的过程都只面向单个玩家，玩家和系统之间的资源流动是线性的，供需关系相对简单，大部分以内购作为变现手段的游戏都采用这个逻辑。

如果游戏支持玩家之间进行交易，则游戏内资源的流动会呈现网状形态，这个时候分析供需关系必须将全体玩家看作一个整体，考虑可交易物品的整体供应和需求关系。具体可参考图 6-10。

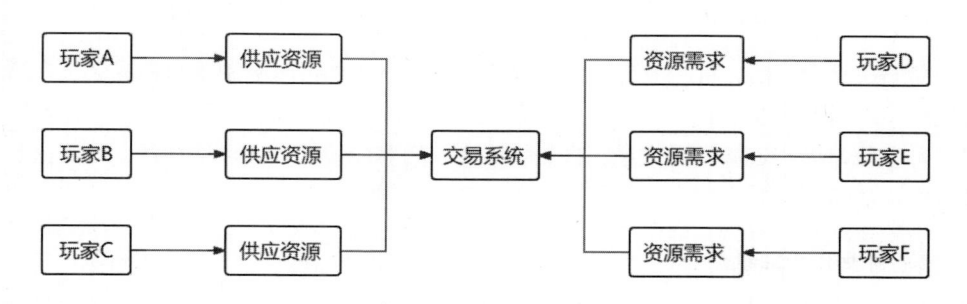

图 6-10

1）道具贬值问题

道具贬值是指道具在玩家心目中的价格和价值降低了。引发道具贬值的原因有多种。

（1）无交易系统的资源产出消耗循环结构。

在无交易系统的资源产出消耗循环结构中，商业化运营人员需要特别注意一级货币和普通道具的贬值问题。

非商业化产出路径中产出过量的一级货币容易导致一级货币贬值，作为和现实货币挂钩的一级货币的稀缺性一旦受到影响，玩家心目中对于一级货币的价值感就会减弱。通俗地说，玩家会认为一级货币没有那么"值钱"了。所以在一级货币的产出路径设计上需要格外谨慎，尤其是需要严格控制非商业化产出路径的产出总量和产出时间。

普通道具的贬值情况有两种。一种情况是游戏本身在数值设计上存在缺陷，游戏数值的膨胀直接导致道具贬值，例如 10 元人民币在游戏初期买到的装备可以带来 100 点战力的提升，在游戏后期数值开始膨胀，10 元买到的装备可以带来 200 点战力的提升，那么之前的装备在游戏商店中的售价就需要减半。

另一种情况是，随着游戏内角色等级的提升，角色在低等级时使用的道具对于高等级的角色来说没有了价值。目前可以通过系统回收资源或者资源合成的手段解决这个问题，例如角色在 10 级时使用的道具为 1 级宝石，角色在 20 级时使用的道具为 2 级宝石，以此类推。设计者就可以在价值对等的前提下，设计 1 级宝石到 N 级宝石的合成规则，保证资源在不同层次之间的流通性。

（2）有交易系统的资源产出消耗循环结构。

在存在交易系统的资源产出消耗循环结构中，可将交易道具的供应方和需求方各自看作一个整体。如果出现了道具的贬值问题，那么"供大于求"是常见原因。

要解决这个问题，首先考虑控制资源的产出量，例如可以限制某个极品装备在所有区服中的总产出量，保证总体供应小于需求，这样就能降低该道具贬值的可能性。另一种手段是提高资源的需求量，将消耗该资源的养成线的养成深度加深，保证该养成线在目前阶段的养成资源需求量超过当前的产出量。

2）商业化资源投放

商业化资源的投放是在供应侧"下功夫"，而供应资源的动力是玩家的需求。翻译成游戏中的语言就是，**玩家消费的原始动机是因为存在消耗的预期**。理解玩家消费的原始动机是商业化运营人员调整商业化资源投放节奏的前提。

通过分析资源产出消耗循环结构和不同玩家群体的差异化追求目标，可以了解游戏中每个养成线的开放时间节点、养成深度、消耗资源量以及不同消费能力的玩家群体的追求情况。具体案例可参考表 6-11。

表 6-11

养成线	子养成线	消耗资源	养成方式	单次养成消耗资源单价	数值养成深度	追求深度	面向人群	追求消耗
装备	突破	突破石	开服第 3 周，开放装备突破的子养成线，在第三周到第四周的时间内，装备最高可突破至 5 星。每升一颗星，依次需要消耗 1、2、3、4 颗突破石。非商业化产出路径在此阶段共产出 1 颗突破石	68 元	680 元	突破至 3 星	中 R	204 元
						突破至 5 星	大 R	680 元

以角色装备养成线下的子养成线"突破"为例，在不考虑玩家在开服第 1 周和第 2 周是否囤积突破石资源的情况下，游戏在开服第 3 周和第 4 周内可以向中 R 和大 R 提供的突破石数量上限为 10 颗。

一般来说，为了让玩家保持对游戏目标的追求感，最好不要让玩家在短时间内把所有养成线都养满。所以在养成周期内，面向所有的产出路径最多只投放 9 颗突破石。或者综合考虑多条养成线的配合关系，允许玩家在这个周期内将大部分的养成线养满，剩余养成线不饱和式投放资源，这个方式可以同样达成不让玩家丧失目标感的目的。

假定商业化运营人员需要在两周内通过商业化的途径投放 8 颗突破石给玩家，那么具体在什么时候投放？每一次投放多少颗合适？最稳妥的办法是按照两周的时间平均分配，达到缓慢释放的效果，这样既可以让大 R 玩家的战力和装备养成进度呈现一个逐渐平缓增长的过程，而不是短时间内快速拉满给其他玩家造成战力和数值上的压力，又可以让玩家在每一次提升自己角色数值后进行战力验证，获得成就感。如果玩家一次性提升大量的角色数值，那么战力验证带来的成长感会被削弱。

面向中 R 和大 R 投放资源的时候，大 R 和中 R 的消费习惯会呈现"向下覆盖资源"的特点。大 R 的购买力会覆盖小 R 和中 R 的购买范围，中 R 的购买力会覆盖小 R 的购买范围。大 R 和中 R 也会考虑购买某样资源时的性价比问题，如果同样的资源同时出现在不同的商品中，且返利比不同，那么玩家会优先购买性价比高的商品，再依次购买性价比相对低的商品，具体如图 6-11 所示。

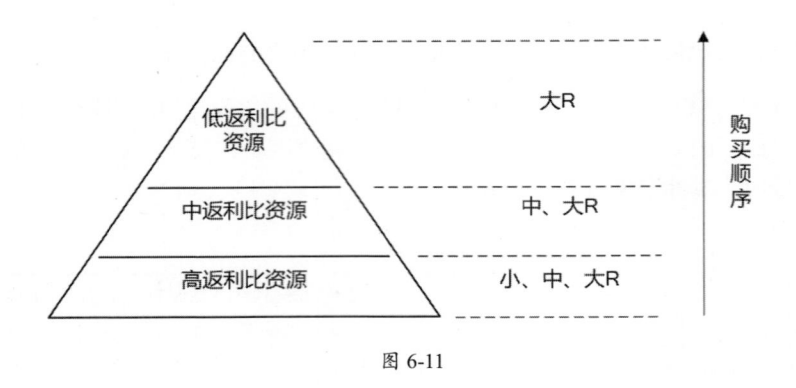

```
           低返利比
            资源                    大R
       ─────────────           ─ ─ ─ ─ ─ ─
                                              购
       中返利比资源              中、大R         买
                                              顺
   ─────────────────         ─ ─ ─ ─ ─ ─       序
     高返利比资源              小、中、大R
 ─────────────────────       ─ ─ ─ ─ ─ ─
```

图 6-11

例如突破石同时被投放在 18 元档位、68 元档位、128 元档位的限时礼包中，玩家会根据自己需求先把高性价比的礼包买完后再考虑性价比相对低的礼包。

装扮外观类的资源虽然不具备提升数值的效果，但是不要过分投放，因为一个角色在一个时间段内只能穿一套衣服，一个玩家也只能用一个头像框。过分投放这类资源后，玩家会因为无法同时使用多套外观资源而产生"浪费"的感觉。后面再遇到过度投放的情况时，玩家很有可能只购买同类型外观资源中"最好看"的那一个，这会造成剩余资源浪费。

6.3 商业化资源投放形式设计

商业化资源投放形式分为"固定商业化形式"和"非固定商业化形式"。固定商业化形式由研发团队负责设计。非固定商业化形式包括各类活动、礼包，由发行团队内的商业化运营人员负责设计。

商业化形式在精不在多，把游戏内常见的商业化形式做扎实做细致，已经可以满足 90% 以上的游戏商业化需求了。一个产品的流水好不好和商业化形式多不多没有决定性的关系，那种为了做活动而做活动、挖空心思设计各类复杂活动的商业化思路，反而是在增加玩家的负担。

6.3.1 固定商业化形式介绍

固定商业化形式的规则和基本设计原理经过多年的发展已经基本成熟且已有行业内惯用的解决方案，因此不再赘述。在具体应用时，需遵守目标发行国家或地区的法律法规要求。除此以外，这类商业化形式在游戏内上线后基本固定，除了资源内容和价格会调整，基础规则不会发生大幅度的修改。

6.3.2 非固定商业化形式设计

1. 礼包设计

1）礼包类型

礼包设计中最核心的要素是价格和内容，除此以外，按照是否限时、是否有购买门槛等影响因素，可以组合设计出多种多样的礼包类型，如表 6-12 所示。

表 6-12

礼包名称	礼包描述
限时礼包	只能在限定时间段内购买的礼包，例如日礼包、周礼包、月礼包、赛季礼包
限购礼包	限制购买次数的礼包
推送礼包	非常驻类型礼包，只在某些特殊情况下触发并弹出，往往性价比高且限时
定制礼包	礼包价格固定，礼包内的道具和资源由玩家在一定范围内自由搭配
阶梯礼包	玩家购买了低价档位的礼包才能获得购买高价档位礼包的资格，只能逐档位购买礼包而不能跨档位购买
嵌套礼包	购买礼包的资格和其他条件进行嵌套，例如和等级嵌套，角色等级达到某个程度后，玩家才可以购买某个礼包
免费礼包	这类礼包往往放置在礼包售卖页面首位，并带有红点提示，其存在的核心作用是通过红点吸引玩家到达礼包售卖页面，增加礼包售卖页面的曝光次数

2）礼包配置思路

通常情况下，礼包内会包括 3~4 种不同的资源，包括核心资源、次核心资源、填充物 A 和填充 B，核心资源和次核心资源及填充物之间的价格、价值层次要有明显的梯度区分。

根据玩家对道具的价值和价格认知规律，他们会大致认为礼包价格略大于或约等于核心资源价格，所以核心资源的价格应该至少是礼包价格 60%以上，次核心资源占据 30%以上的价格，填充物占据 5%~10%的价格。

在配置的时候，商业化运营人员需要考虑核心资源和次核心资源在使用上的配合关系，类似于超市中鞋油和鞋刷会捆绑成套餐售卖一样，核心资源和次核心资源最好归属于同一个子养成线，或者次核心资源是各类玩家都会追求的养成线所需的资源。

填充物往往是单价低且通用性强的资源类型，这类资源在所有的礼包中都可通用，数量颗粒度的把控宽容度高，可以根据实际需要配置不同的数量。

核心资源价值高，是吸引玩家购买礼包的重要因素，因此可以选择一些价值不高、平时售卖效果不好的次核心资源与其搭配售卖。高价值的次核心资源可以作为其他价格档位礼包的核心资源进行配置，从而增加了玩家的付费深度。

配置礼包的工作顺序大致如下：先确定核心目标人群、计划投放的核心养成资源、礼包价格档位及返利比区间。再根据核心资源的价值高低配置次核心资源，按照60%、30%左右的价格占比调整资源数量，最后使用填充物完成总体返利比和价格的调平。填充物可以给玩家营造一种礼包资源丰富的感觉，因此即便没有调平的需求，也要适当在礼包中添加填充物。

2. 活动设计

1）活动的分类

游戏内的活动按照开发逻辑可以分为原生活动、网页活动。原生活动主要由研发团队负责开发，但开发成本高，一般会通过设计可多次复用的通用型活动模板降低开发工作量，弊端就是活动规则和玩法相对固定。网页活动更加灵活，可以交由发行侧的技术部门完成开发工作，优点是可一定程度上支持个性化活动，开发周期相对原生活动短，网页活动的弊端是用户交互体验不够好，能够实现的功能有限，且程序的健壮性不够强。

按照活动目的可将活动分为付费活动、裂变活动、活跃活动、消耗活动、社交活动、赛事活动、回流活动、社区活动等，也存在同时满足多种目的的混合活动（也可理解为综合型活动）。付费活动是以拉动付费为目的的活动，消耗活动是以拉动玩家消耗行为为目的的活动，裂变活动是以促进玩家拉新裂变为目的的活动，而活跃活动是以拉动玩家的某个具体活跃行为为目的的活动，例如登录行为、参与副本行为等。社交活动是以促进某类社交关系的建立和存续为目的的活动，例如好友关系、情侣关系、队友关系等。赛事活动是以提高赛事曝光度和玩家参与度为目的的活动。回流活动是以促进老玩家回归游戏为目的而设计的活动。社区活动是以促进社区活跃为目的的活动，例如在社区内举办Cosplay比赛。

按照举办方的不同可将活动分为运营活动、市场活动，运营活动包括上述的付费活动、裂变活动、消耗活动、活跃活动、社交活动等，市场活动往往在形式或者奖励上与市场品宣方向的要素有关。

2）活动设计与上线流程

游戏活动的设计与上线流程分为活动上线前、活动持续中和活动结束后三个阶段。

在活动上线前的阶段，第一步需要明确活动背景信息并完成市场调研，第二步设计活动方案和原型，最后交付开发并完成测试和验收。

活动背景信息包括活动目的和活动目标用户。商业化运营人员需要考虑清楚这次做活动是为了什么，不能笼统地概括为"拉动付费""提升活跃"这类较为抽象的目的，而是需要具体描述清楚：在目前什么样的游戏数据表现、游戏生态构建、玩家体验反馈情况下，配合什么样的版本内容或者其他什么样的活动，为了提升某个玩家群体的某个具体指标，所以计划策划一个什么类型的活动。为了更好地证明活动的意义，还需要附上活动的目标数据，包括活动曝光率、活动参与率、指标提升目标等。

在明确活动背景后，可以对游戏竞品中目标类型的游戏活动进行市场调研，调研内容包括竞品活动的包装形式（什么样的噱头）、活动规则、UI 与 UE 设计理念，以及实际参与的体验感受。针对竞品游戏的活动分析是一个长期的过程，并不是在活动设计流程开启后才"临时抱佛脚"，商业化运营人员需要利用空余时间对市面上流水和口碑较好的游戏不断地进行活动分析，同时归纳与积累优秀的活动案例，所谓"熟读唐诗三百首，不会做诗也会吟"，当完成 30 个以上不同类型游戏的活动拆解分析工作后，运营人员会逐渐形成对各个类型活动的框架性认知，后续在设计活动的时候便可以博采众长，学习其他游戏中活动设计的优点和长处。

完成前期的准备工作后，可以着手撰写具体的活动方案，活动方案通常包括如表 6-13 所示的要素。

表 6-13

活动要素	要素说明
活动目的	阐述活动设计的目的
活动预估数据	活动上线后的预估数据表现
目标用户群体	活动的目标用户群体是哪些
活动持续时间	活动开放的时间，根据活动类型的不同可以将活动时间细分为参与期、公示期、兑换期等
更新范围	活动更新面向的区服范围
活动上线时间	活动上线的具体时间，用于倒推和评估开发和测试时间节点
活动规则	活动的具体规则说明，包括参与条件、参与环节和特殊情况说明等。规则描述需要清晰无歧义，如果有必要，需要穷举所有的情况

续表

活动要素	要素说明
活动内容	活动内容主要包括活动任务（玩家做什么）及活动奖励（玩家得到什么）。需要具体写清楚投放的道具名称、道具数量、道具 ID 及投放规则。 如果是以拉动玩家付费行为为目的的活动，则需要阐明商品设计方案（商品内容、商品价格等），以及该活动的付费深度和不同付费深度对应的资源道具获得情况。
活动文案	活动过程中使用的文案，如果是多地区发行，则需要准备多语言版本
数据埋点	根据后期的活动效果分析需求提出的数据埋点需求
风控需求	列举产品可能面临的风险，并提前制定风险控制方案
可配置内容	确认活动的可配置内容和"写死"的内容

在完成活动方案撰写后，商业化运营人员根据活动方案设计活动的低保真原型。设计原型时需要注意：

- 区分系统字和美术字，后期可能调整和配置的文字模块必须使用系统字。
- 活动整体的交互逻辑越简单越明确越好，页面层级不要过多。
- 要考虑活动的入口位置及入口位置的曝光度，需要确认是否可以在游戏大厅界面增加活动入口 ICON，是否需要配套的拍脸图，拍脸图是否可以跳转，是否有 Banner 位可以曝光活动。
- 原型设计要突出展示活动的核心奖励，奖励是玩家参与活动的核心动力。针对稀有道具、外观，一定要提供道具说明或展示试穿效果，增加道具资源的吸引力。
- 原型整体的布局和风格最好和以往的活动保持一致，降低玩家的认知成本。

商业化运营人员将活动方案和原型交付给研发团队后，研发团队进行开发工作。开发完成后，运营人员需要反复体验活动的交互感受和数值设计，最好可以将活动提供给其他没有接触过这个活动的同事，验证活动规则的表述是否清晰、交互体验是否顺畅、数值曲线是否平缓。

活动持续期间，商业化运营人员需要时刻关注玩家反馈和活动数据情况，如果发现有异常数据情况（例如道具发放错误、规则有漏洞）和集中、大面积的玩家反馈，则需要马上启动突发紧急事件处理预案。

在活动结束后，商业化运营人员需要全面评估活动效果，结合玩家反馈及游戏数据，对比活动设计方案中预估的活动数据目标进行复盘。

3）活动节奏的安排

商业化运营人员以季度、月度为单位编排游戏内的活动，因此会面临"什么时候上线什么类型的活动""同时上线几个活动"等问题，即如何安排活动节奏。

（1）活动在精不在多，同一个时间段内只开展一个核心大型活动（主活动）。

游戏内的活动并不是越多越好，玩家的精力是有限的，如果同时投放过多的活动，很容易造成弱势活动[①]的参与人数少，浪费开发资源。对于玩家而言，如果活动参与不过来，尤其是活跃类活动，则会产生"没占到便宜"所导致的"吃亏"的错觉，这反而会让玩家陷入"不爽"的状态。所以在同一个时间段内，游戏内最好只开展一个核心大型活动，视情况以填充的目的举办一些小活动。

（2）活动之间的配合关系。

不要连续投放同一个类型的活动，否则容易造成玩家审美疲劳。尤其是以提升付费为目的的活动，不能无节制地连续投放，否则玩家会认为官方"吃相难看"。以拉动活跃和以拉动付费为目的的活动可以有节奏地穿插开展。

活动和活动、活动和固定商业化形式之间也可以做嵌套与关联。例如，活动产出的活动货币，可以在常驻的商店中兑换道具而不会因为活动结束而过期。又比如玩家参与 A 活动获得的道具，可以在 B 活动中通过抽奖的方式消耗掉，这样就在活动和活动之间建立起了联动关系。

（3）游戏上线前期的活动实验。

在不同国家和地区，不同类型、不同消费水平的玩家群体对于活动类型的偏好是不同的。所以在游戏上线前期，游戏活动设计就是"摸着石头过河"，商业化运营人员在这个期间可以尝试各种不同类型的活动，根据玩家反馈和数据表现情况确定游戏核心目标用户群体相对偏好的活动类型，并集中精力迭代这若干活动类型，不要浪费太多时间在玩家"不感冒"的活动类型上。这个思路虽然相对保守，但是可以在开发资源投入、产品流水、玩家体验之间做一个比较好的平衡。

6.4 商业化数据分析

游戏商业化相关的数据分析包括"商业化相关数据发生异常变化后的原因排查"

[①] 特指那些奖励不够丰厚、曝光量不够大的活动。

"玩家的道具资源库存情况与养成情况分析""游戏内重要资源的进销数据分析""商业化效果分析"。

"玩家的道具资源库存情况、养成情况分析"与"游戏内重要资源的进销数据分析"是为了给资源投放节奏的优化工作提供参考依据，"商业化效果分析"包括对游戏内付费对象构成情况、固定商业化形式和非固定商业化形式效果的分析，其目的是帮助开发者优化迭代游戏中的商业化内容。

1. 按照付费水平区分用户群体

在对游戏商业化相关模块进行分析之前，需要了解在商业化数据分析中常用的用户分类方法。按照不同的付费总额，可以将玩家区分为不同付费能力的群体，一般可以划分为 5~10 个层级（R1~R10）。

随着时间推移，玩家的付费总额逐渐上升，并非一成不变，因此用户 R 层级的区分是动态变化的。当划定新增时间段和付费时间段后，可确定用户的 R 层级。例如游戏已经开服半年，划定开服 0~90 天内新增的用户（按照账号维度筛选，不同角色下的付费总额相加）为研究对象，将他们在新增后 0~90 天内的付费总额作为区分标准，就可以筛选出开服前三个月内不同 R 层级的用户群体。

通过付费总额区分用户群体的核心作用是帮助商业化运营人员可以从不同付费能力人群的角度更加细致化地分析商业化数据，便于聚焦问题并针对化地提出优化方案。

2. 商业化异常数据的原因排查

商业化异常数据排查过程中常用的方法为金字塔分析法，通过符合业务逻辑的拆分方式一层层地拆解指标并定位异常数据变化的根源。在商业化相关数据的分析过程中，常常通过 R 层级或付费点的维度拆分流水并定位数据异常变动的原因。

如表 6-14 所示，运营人员发现产品的付费金额从 6 月 21 日开始呈现断崖式下跌，付费率仍然在 10% 左右波动，没有发生较大的异常变化。单从付费用户数的绝对值来看，总付费用户数从 450 左右下降到 370 左右，总体下降了 20% 左右。ARPPU 从 150 元以上滑落至 100 元以下。由此可以判断，总付费金额下降是由付费用户数下降导致的。又因为 ARPPU 下降较多，则推测付费用户中的大 R 用户数下降是本次总付费金额下降的最深层次原因。

表 6-14

日期	付费金额（元）	ARPU（元）	PUR	ARPPU（元）	付费用户数	付费次数
6月15日	92323	18	9.5%	193	477	1640
6月16日	71246	22	12.6%	177	402	2366
6月17日	50925	18	12.2%	144	354	2149
6月18日	83418	20	11.6%	174	479	1582
6月19日	94475	20	10.2%	198	476	1387
6月20日	76247	18	10.6%	170	449	1417
6月21日	36952	9	9.5%	99	372	1327
6月22日	37246	9	9.0%	97	384	1271
6月23日	39974	11	9.2%	122	328	1397
6月24日	37540	12	10.2%	122	307	1496
6月25日	44928	12	8.7%	142	317	914
6月26日	57130	14	8.8%	165	347	869
6月27日	47333	17	10.5%	158	299	913
6月28日	47113	13	8.8%	152	310	792

分 R 层级拉取这段时间的付费数据情况，如表 6-15 所示。

表 6-15

日期	R1 付费用户数	R1 付费金额	R1 ARPPU	R2 付费用户数	R2 付费金额	R2 ARPPU	R3 付费用户数	R3 付费金额	R3 ARPPU	R4 付费用户数	R4 付费金额	R4 ARPPU	R5 付费用户数	R5 付费金额	R5 ARPPU
6月15日	67	901	13	133	7601	57	121	8148	67	74	13622	185	83	62051	752
6月16日	40	735	19	96	6044	63	125	10903	87	64	11611	182	77	41954	545
6月17日	41	752	18	79	5090	64	99	7510	76	63	8936	143	73	28637	394
6月18日	52	1313	25	145	9368	65	125	12298	98	74	14578	198	83	45861	556
6月19日	57	1773	31	134	8995	67	133	10156	76	72	18049	252	80	55502	691
6月20日	58	1456	25	125	8890	71	127	11180	88	64	16565	260	75	38155	510
6月21日	48	936	19	91	3244	36	105	8610	82	61	10018	166	67	14144	211
6月22日	62	1237	20	103	6659	64	97	7157	74	61	10976	181	62	11217	182
6月23日	33	875	27	79	4649	59	89	5536	62	61	13418	222	66	15496	235
6月24日	34	702	21	67	3635	54	86	8686	101	56	8300	148	64	16217	254
6月25日	36	1373	38	70	3758	53	87	8224	95	58	9972	171	65	21600	333
6月26日	55	1639	30	77	4640	60	91	9223	101	59	25218	425	64	16410	257
6月27日	47	1625	34	58	4241	73	85	7064	83	48	8463	175	61	25940	429
6月28日	48	1666	34	68	4090	60	79	7568	96	51	10380	205	64	23409	367

从表 6-15 可以看出，以 R4、R5 为代表的大 R 群体并没有出现明显的流失情况，但是这些用户的 ARPPU 大幅度降低，可以看到 R5 玩家群体的 ARPPU 由 6 月 20 日的 510 元下降到 6 月 21 日的 211 元，R4 玩家群体的 ARPPU 由 6 月 20 日的 260 元降低至 6 月 21 日的 166 元。通过进一步分析大 R 用户群体的付费对象分布情况，可以发现大 R 群体的 648 元大额礼包购买次数相比之前大幅下降，这是造成大 R 群体 ARPPU 快速下降的核心原因。

至此，在数据层面已经完成了此次流水异常变动的原因定位。至于为什么大 R 群体会忽然在 6 月 21 日开始降低大额礼包的消费频率，需要回顾 6 月 21 日当天及 6 月 21 日前几天的游戏更新情况，以及游戏在那段时间是否出现过游戏事故、舆论事件，同时结合社区的用户反馈及用户研究侧的结果综合确定此次流水异常变动的根本原因。

3. 商业化效果分析

商业化效果分析包括针对游戏内付费对象的构成情况和付费情况、固定商业化形式和非固定商业化形式的分析。

通过对游戏内付费对象构成情况的分析，可以得知用户的核心付费对象是哪些模块并适当倾斜更多的运营精力在对应内容上。按照时间节点对游戏内付费对象的付费情况进行分析，可以了解游戏内各个付费对象的相关付费指标的变化情况，并以此优化游戏内付费对象的设计思路。

商业化付费对象的付费情况有两种，一种是直购型商品的付费情况，另一种是消耗一级货币购买商品的情况。案例可参考表 6-16、表 6-17、表 6-18、表 6-19。

表 6-16

日期	商业化付费对象									退款	总付费额
	固定付费对象					非固定付费对象					
	商店	周卡	月卡	基金	战令	礼包	商业化活动			
							活动 A	活动 B		
2021/5/24	¥41,716	¥4,391	¥2,196	¥2,196	¥74,649	¥43,911	¥15,369	¥32,933	¥2,196	¥219,556
2021/5/25	¥26,209	¥2,184	¥1,092	¥1,092	¥34,945	¥22,933	¥5,460	¥15,288	¥546	¥109,203
2021/5/26	¥17,798	¥2,054	¥1,369	¥1,369	¥19,167	¥16,429	¥2,054	¥7,530	¥479	¥68,452
2021/5/27	¥14,856	¥2,122	¥1,592	¥1,061	¥13,795	¥13,264	¥2,122	¥3,714	¥451	¥53,057
2021/5/28	¥16,945	¥1,093	¥547	¥547	¥14,759	¥15,852	¥1,640	¥2,733	¥547	¥54,662
2021/5/29	¥17,101	¥977	¥489	¥489	¥11,726	¥15,635	¥977	¥1,466	¥205	¥48,860
2021/5/30	¥26,164	¥1,414	¥707	¥707	¥14,143	¥24,750	¥707	¥1,414	¥778	¥70,713
2021/5/31	¥49,499	¥4,243	¥4,243	¥2,829	¥29,700	¥46,671	¥1,414	¥1,414	¥1,697	¥141,427

表 6-17

日期	商业化付费对象								退款	总付费额
	固定付费对象					非固定付费对象				
	商店	周卡	月卡	基金	战令	礼包	商业化活动		
							活动 A	活动 B		
2021/5/24	19%	2%	1%	1%	34%	20%	7%	15%	1.0%	¥219,556
2021/5/25	24%	2%	1%	1%	32%	21%	5%	14%	0.5%	¥109,203
2021/5/26	26%	3%	2%	2%	28%	24%	3%	11%	0.7%	¥68,452
2021/5/27	28%	4%	3%	2%	26%	25%	4%	7%	0.9%	¥53,057
2021/5/28	31%	2%	1%	1%	27%	29%	3%	5%	1.0%	¥54,662
2021/5/29	35%	2%	1%	1%	24%	32%	2%	3%	0.4%	¥48,860
2021/5/30	37%	2%	1%	1%	20%	35%	1%	2%	1.1%	¥70,713
2021/5/31	35%	3%	3%	2%	21%	33%	1%	1%	1.2%	¥141,427

表 6-18

日期	固定消耗对象					非固定消耗对象			总消耗
	消耗对象 A	消耗对象 B	消耗对象 C	消耗对象 D	消耗对象 E	消耗对象 F	消耗对象 G	消耗对象 H	
2021/5/24	77	2837	1084	404	700	1800	0	6527	13429
2021/5/25	76	2931	1143	427	680	2033	0	6443	13733
2021/5/26	67	2830	1154	362	622	1860	0	5628	12523
2021/5/27	68	2926	1055	357	642	1901	1754	5252	13955
2021/5/28	69	2611	1015	369	550	1716	1199	4611	12140
2021/5/29	77	2594	921	309	524	1611	900	4164	11100
2021/5/30	70	2501	972	308	526	1557	770	3991	10695
2021/5/31	67	2339	894	300	455	1661	725	3794	10235

表 6-19

日期	固定消耗对象					非固定消耗对象			总消耗
	消耗对象 A	消耗对象 B	消耗对象 C	消耗对象 D	消耗对象 E	消耗对象 F	消耗对象 G	消耗对象 H	
2021/5/24	1%	21%	8%	3%	5%	13%	0%	49%	13429
2021/5/25	1%	21%	8%	3%	5%	15%	0%	47%	13733
2021/5/26	1%	23%	9%	3%	5%	15%	0%	45%	12523
2021/5/27	0%	21%	8%	3%	5%	14%	13%	38%	13955

续表

日期	固定消耗对象					非固定消耗对象			总消耗
	消耗对象A	消耗对象B	消耗对象C	消耗对象D	消耗对象E	消耗对象F	消耗对象G	消耗对象H	
2021/5/28	1%	22%	8%	3%	5%	14%	10%	38%	12140
2021/5/29	1%	23%	8%	3%	5%	15%	8%	38%	11100
2021/5/30	1%	23%	9%	3%	5%	15%	7%	37%	10695
2021/5/31	1%	23%	9%	3%	4%	16%	7%	37%	10235

对固定商业化形式和非固定商业化形式进行分析时，需要按照具体形式背后的规则拆解数据，以获得对该商业化形式更为详尽且具体的分析结果，便于后续针对性地优化和调整。

以常见的战令为例，若战令持续时间为 45 天，活跃值上限为 1000 点（用户在 45 天内达到 1000 点活跃值就可以获得对应档位的所有奖励）。战令分为免费档、初级付费档与高级付费档，用户可在战令持续期间的任何时间节点购买战令，且只有购买了初级付费档位的战令后才有资格购买高级付费档位的战令。如表 6-20 所示，可从 6 个维度对战令进行分析。

表 6-20

战令效果分析	分析维度
曝光情况	战令拍脸图、Banner 位、战令入口的曝光点击数据情况 战令详情页的页面曝光数据情况
付费购买情况	在战令可购买期间，用户付费总额与总付费人数是多少，同时购买初级和高级战令的用户有多少 购买初级战令的用户数量有多少，占当前具备购买资格用户数量的比例是多少 购买高级战令的用户数量有多少，占当前具备购买资格用户数量的比例是多少 分不同渠道、不同国家、不同 R 层级对比初级付费档战令和高级付费档战令的购买率与总付费额
购买节点分析	从战令开始的第 1 天到第 45 天，用户购买战令的付费行为时间分布情况是如何的 活跃值从 0 到 1000 点，用户购买战令的付费行为的对应分布情况是如何的
活跃值完成情况	在战令持续时间结束后，免费用户、初级付费档用户、高级付费档用户对应的平均活跃值及活跃值分布情况是如何的
任务完成情况	通过计算各个任务的完成人数相对于解锁人数的比例情况，了解战令中各个任务的完成情况
活跃拉动效果	对比分析免费用户、初级付费档用户、高级付费档用户的留存情况

4. 角色状态数据

角色状态数据包括角色的库存数据、养成数据。

角色库存数据包括角色目前拥有的货币数量、资源数量和道具数量，尤其需要关注一级货币及核心养成资源的存量情况。表 6-21 展示的是 R1～R10 的各个用户群体在某段时间内每天的一级货币平均库存数据。

表 6-21

日期	R1	R2	R3	R4	R5	R6	R7	R8	R9	R10
2018/5/24	5142	2685	2079	2293	4573	5693	5376	6120	6800	10752
2018/5/25	5256	2805	2265	2475	4877	5993	5748	6609	7343	11496
2018/5/26	5322	2922	2424	2606	5110	6291	5931	7089	7877	11862
2018/5/27	5417	3032	2589	2749	5323	6597	6237	7545	8383	12474
2018/5/28	5400	3072	2698	2851	5484	6863	6558	2444	2716	3935
2018/5/29	5475	3134	2800	2940	5653	7107	6909	2579	2866	4145
2018/5/30	5453	3175	2901	3005	5861	7302	7101	2690	2989	4261
2018/5/31	8015	3975	3352	3369	6653	8178	7833	2979	3310	4700

角色的养成数据用于描述角色核心养成维度的状况，需要细分为具体的养成线，例如宝石、武器、宠物、伙伴的养成进度，以及角色本身的属性养成情况，例如等级、战力、一级属性和二级属性的养成现状。表 6-22 所展示的是某游戏中某区服开服后不同时间点活跃用户的"护符"养成进度及战力养成情况。

表 6-22

养成维度			开服第 7 天	开服第 30 天	开服第 60 天	开服第 90 天	开服第 120 天
护符	护符星级养成情况	护符平均星级	5.66	14.98	25.32	28.45	31.78
		最大护符星级	13	32	36	41	45
	护符等级养成情况	护符平均等级	16.34	27.83	34.88	46.73	57.96
		最大护符等级	20	40	60	90	120
战力	战力养成情况	0～10W	100%	16%	10%	8%	6%
		10～20W	0%	59%	32%	18%	14%
		20～30W	0%	21%	45%	35%	30%
		30～50W	0%	4%	13%	37%	43%
		50～100W	0%	0%	0%	2%	7%

5. 资源进销数据

通过分析资源进销数据，可以掌握资源在游戏内的流动情况。所谓进销分析，对应的是资源的产出和消耗情况分析。

产出维度关注商业化产出路径和非商业化产出路径的资源产出情况。消耗维度关注资源的消耗去向和消耗量级。

以一级货币为例，表 6-23 与表 6-24 为某游戏在一段时间内的一级货币产出和消耗情况。

表 6-23

类别	钻石来源	2018/5/24	2018/5/25	2018/5/26	2018/5/27	2018/5/28	2018/5/29	2018/5/30
充值类	直接充值	1521286	2425869	2439646	2309126	2605251	2925131	2881440
	周卡	2151886	1592914	1543429	1227543	1286971	1466400	1157600
	月卡	749326	973537	1102743	983797	1055109	1252540	1077594
	成长基金	484600	399429	391286	569829	533400	946114	728114
活动类	活跃活动 A 产出	41137	176280	282811	333700	499422	622310	721978
	活跃活动 B 产出	162000	342617	378503	354446	308640	633863	508686
	活跃活动 C 产出	713086	627029	589486	494971	533257	626229	482338
玩法产出	主线任务产出	516114	573600	534943	459743	466371	554829	465371
	PVE 副本产出	378709	452320	420891	392777	393286	475314	443423
	PVP 副本产出	149903	280946	285459	303845	350190	408185	438439
系统产出	成就系统产出	199320	238063	221522	206725	206992	250165	413785
	任务系统产出	37651	104118	139773	186757	277029	362259	409878
其他	其他	56880	125897	159737	188229	223611	269177	288514

表 6-24

类别	消耗去向/消耗点	2018/5/24	2018/5/25	2018/5/26	2018/5/27	2018/5/28	2018/5/29	2018/5/30
抽卡	抽卡券	1014190	1617246	1626430	1539417	1736834	1950088	1920960
装备类	装备胚子	1537061	1137796	1102449	876816	919265	1047429	826857
	装备碎片	468329	608461	689214	614873	659443	782838	673496
	装备强化石	323067	266286	260857	379886	355600	630743	485410
	装备升阶石	29383	125914	202008	238357	356730	444507	515699
坐骑类	坐骑胚子	90000	190343	210279	196914	171467	352146	282603
	升星药	475390	418019	392990	329981	355505	417486	321559
礼包类	各类礼包	368653	409714	382102	328388	333122	396306	332408
外观类	各类外观	236693	282700	263057	245486	245804	297071	277139
战场消耗类	复活药	99935	187298	190306	202563	233460	272123	292293
	攻城车	142372	170045	158230	147661	147852	178690	295561
	指挥旗	20917	57843	77652	103754	153905	201255	227710
其他类	改名卡	37920	83931	106491	125486	149074	179451	192343
	创建公会	22752	50359	63895	75291	89445	107671	115406

第 7 章
用户运营

7.1 用户运营是什么

7.1.1 用户运营的目的

游戏带给用户的体验包括游戏应用本身的玩法体验，以及在客户端以外通过其他服务方式和平台提供的综合体验。官方搭建的各类用户社群是开发者在客户端以外给玩家塑造体验的重要途径。

用户运营的核心工作目的就是优化用户在游戏以外的体验，和用户保持良好的互动关系，强化用户黏性及用户对产品的忠诚度，维持良好的社区生态环境。

7.1.2 用户运营的作用

1. 沟通作用

依托客户端以外的社交媒体平台和用户沟通，可传递官方消息，获取用户反馈。

1）传递官方消息

- 游戏最新情报：如游戏封测、内测和公测的时间节点和测试内容；游戏的制作进度；游戏更新公告等。

- 游戏攻略：如游戏操作技巧及玩法策略。
- 官方态度：如官方通过社群发布关于严厉打击外挂的声明，直截了当地表明官方态度。

2）获取用户反馈

用户会通过社群反馈自己的想法、疑问和遇到的问题。用户反馈分为三类。

- 产品问题：玩家遇到的 Bug、兼容性问题等。
- 产品建议：用户会通过社群"吐槽"游戏中的不合理设计，也会根据自己的想法提出建议和解决方案。
- 用户疑问：玩家在体验游戏过程中产生的疑问。

2. 引导作用

官方通过举办社区活动并提供相应的奖励来引导用户的行为。

按照用户和官方联系的紧密程度，可以将用户群体划分为普通用户群体和外团用户群体。普通用户群体与官方联系较少。外团用户群体与官方联系紧密，与官方在某个固定领域具备合作可能性，可以为官方提供多方面的帮助。

1）普通用户行为的引导

- 付费行为：为了拉动用户付费行为，运营人员在游戏社群中直接宣传游戏商业化相关内容。
- 活跃行为：活跃行为包括玩家在游戏内的活跃行为、在社群上的活跃行为，以及流失用户被召回后产生的活跃行为。
- 创作行为：通过奖励悬赏等方式，引导、鼓励 UGC 内容的生产。
- 传播行为：用户在社群的转发、评论、点赞都是传播行为。
- 裂变行为：通过设计裂变规则，促使老用户拉新用户加入社群或者游戏。

官方可以提供的奖励如表 7-1 所示。

表 7-1

奖励类型	具体类目	对应群体
虚拟奖励	游戏道具	所有用户
	游戏礼包	
	游戏货币	
实物奖励	游戏周边	
	充值卡	
	实体奖杯、奖牌	高活跃、高付费、高内容贡献度用户
体验服务	专属客服	高付费用户
	专属活动	高活跃、高付费用户
	游戏专属公告、专属跑马灯	
	人物专访	
	线下活动	
精神激励	游戏内外显、称号	高付费、高活跃、高内容贡献度用户
	典型人物宣传	高活跃、高内容贡献度用户

2）外团用户行为的引导

- **团队管理**：引导外团用户帮助官方打理各类用户运营平台和社群，但运营人员需要控制外团用户的权限范围，防止因为权力滥用导致运营事故发生。如果外团用户数量较多，则需要指定外团负责人协助官方管理外团用户。

- **内容创作**：从用户群体中筛选出相对专业的作者，可以按要求定时产出高质量的内容。

- **传播行为**：用户群体中的意见领袖可帮助官方在核心传播节点上进行宣传，形成正向的舆论影响。如果遇到公关危机，KOL 也可以帮官方发声，进行危机公关。

- **裂变行为**：通过 KOL 和具备裂变号召力的关键人群，例如公会会长等角色，开展拉新和促流失用户回流活动。

- **运营工作协助**：可将外团用户分为策划组、美术组、Bug 组、质检组等，协助官方完成产品调优、测试等工作。

官方可以提供的奖励如表 7-2 所示。

表 7-2

奖励类型	具体类目	对应群体
虚拟奖励	游戏道具	外团普通用户
	游戏礼包	
	游戏货币	
实物奖励	游戏周边	
	充值卡	
	实体奖杯、奖牌	
体验服务	线下活动	
权力激励	外团管理权	外团管理人员

3. 培养用户黏性

构建社群生态环境可以极大地提高用户黏性，社群生态环境的内部结构可参考图 7-1。

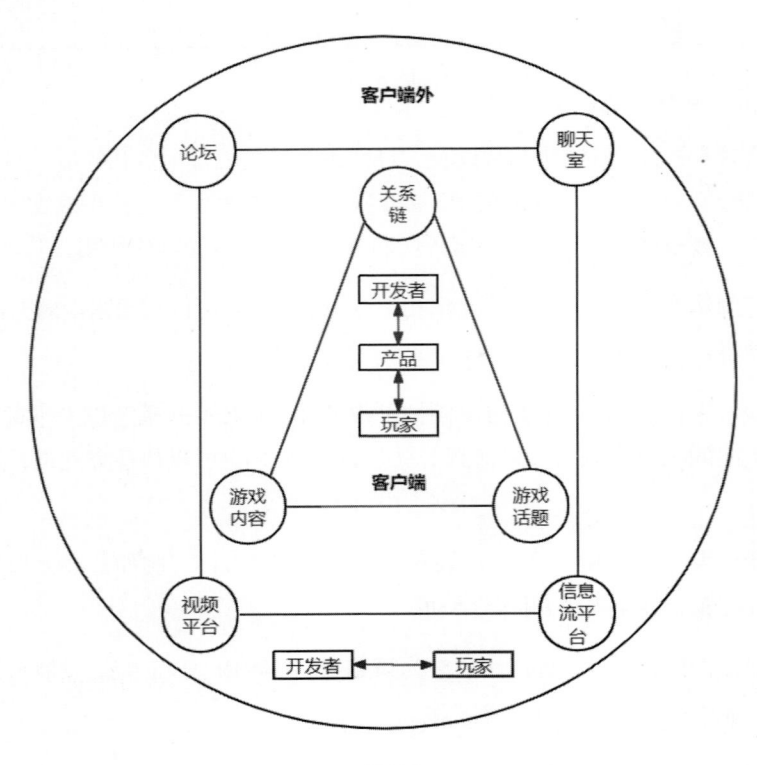

图 7-1

一个良好的社群生态环境是围绕内容构建的,没有内容就意味着用户之间没有话题和建立联系的纽带。在内容生态中,参与者包括官方、创作者、普通用户和内容传播者。游戏产品可以给平台提供关系链、游戏话题、游戏内容。官方要在以上内容和平台规则的基础上构建并完善内容生态环境,让每一个来到社群的人,都可以在这个生态环境中找到自己的位置,并在平台规则的引导下完成官方期望的行为并获得正向激励反馈,最后成为这个平台生态中稳定的成员。

7.1.3 用户运营相关概念的区分

在用户运营过程中会接触到这些概念:用户运营、粉丝运营、社群运营、新媒体运营、活动运营、内容运营。

用户运营和粉丝运营的内涵相近,但在实际工作中很少有"粉丝运营"这种提法。

用户运营以构建客户端外的生态圈为终极目的,维护客户端外的各类社群,尽可能地提升用户价值。内容运营的核心工作职责是创作内容或促进 UGC 内容的生产,搭建平台内容生态,让平台上有足够的内容供用户消费。活动运营的工作内容是在平台上举办各式各样的社区活动,以达到活跃社群并引导用户行为的目的。从最终效果来看,用户运营基本可以涵盖内容运营和活动运营的职责。

内容运营与活动运营的工作边界在某些时候会比较模糊,两者有一个交叉区域。如果某个活动鼓励用户产出内容,那么这个活动既属于活动运营范畴,也属于内容运营范畴。

有的社群的产品形式是聊天室,用户在其中针对一系列话题展开讨论和互动,那么维持这个社群活跃度的工作就是社群运营。新媒体运营则是基于传播媒介新兴的运营类型,同时涵盖内容运营、活动运营和社群运营。

用户运营的工作内容基本囊括了粉丝运营、内容运营、活动运营、社群运营和新媒体运营。其中最重要的是内容运营,好的内容是构建平台良好生态的前提。

7.1.4 用户运营与其他岗位的分工

1.用户运营与市场的分工

社群是指拥有流量且提供入驻资格和曝光的流量主平台,例如微博、豆瓣、小红书,任何人都可以入驻,通过平台流量规则获得曝光。

市场导向的活动,不可避免地需要通过社群获得曝光,引起目标用户的兴趣,引导用户参与活动或消费内容。所以用户运营的社群在某些情况下会充当市场的宣发渠道。

市场模块的核心任务是获客拉新，用户运营则是尽可能地维护现存用户的黏性和活跃度。

根据市场和用户运营工作重点的不同，可将社群划分为两类。

如果社群的定位是营销、曝光、拉新，则由市场部门负责运营。如果社群的定位只是沉淀、维护客户端导流过来的用户，则由用户运营人员负责。或者也可将所有平台的基础维护工作都交给用户运营人员，而将内容运营、活动运营或营销相关工作单独交给市场部门。

例如，在海外的用户运营工作中，Facebook 和 Discord 几乎仅用于沉淀核心用户并与核心用户交流，所以由用户运营人员负责运营。但是例如 Tik Tok、YouTube 等平台，更多地承担曝光和品宣的工作，所以由市场部门负责运营。

由于运营目的不同，用户运营人员维护的平台和市场部门维护的平台的运营策略也不同。对于市场部门而言，为了在短期内达到较好的曝光和品宣效果，在进行 Tik Tok 这类平台的运营工作时，不会纯粹依靠官方账号涨粉的方式获得曝光，而会通过其他 Tik Tok 大 V 或者高粉丝量的 YouTuber 进行前期宣传。后期如果账号粉丝量达到一定程度，也会通过营销方式尽量出圈获客。

用户运营人员会尽可能地将目前客户端上的用户引导至社群，重点通过内容运营和活动运营提高社群活跃度和用户黏性。

关于渠道，如果其是封闭式平台，则一般交由渠道运营人员处理，或者由版本管理人员兼顾这块的运营工作；如果其是开放式平台，则需要用户运营人员入驻平台并输出内容帮助游戏获得曝光和流量，增加下载量。

例如，海外的 Google Play Store 提供下载功能，但是不提供内容曝光功能。TapTap 则支持开发者入驻并分发内容以获得更多曝光。所以前者只需要渠道运营人员或者版本管理人员进行商店提审等相关操作，而后者需要进行精细化的用户运营。

2. 用户运营与客服的分工

通过用户运营，官方与用户，尤其是与核心用户保持着较高的双向交流频次，所以用户容易忽视游戏中的客服功能，直接在用户运营平台上反馈自己的问题。

面对这个情况，首先要甄别用户的问题类型，如果是玩法和版本方面的问题，用户运营人员就可以通过社区渠道进行解答。如果涉及用户的登录、充值或账号问题，就需要通过游戏内的客服解决，用户运营平台需要做好问题的分流引导。客服有专业的客服工具，更适合解决此类问题。另外，在解决此类问题时需要询问用户较多细节情况并反复查询用户相关信息，沟通耗时长且频次高，更适合在客服一对一的聊天场景下进行。

7.2 用户运营筹备阶段

大部分游戏会经历封测、内测、预注册、公测的过程，可将封测、内测、预注册及公测上线前的阶段称为筹备阶段。

在每次测试之前，用户运营人员都要做好基础的物料和内容准备工作，搭建基础设施，例如申请平台账号、填写基本信息等。

在两次测试之间的停服期间可收集用户对于未来测试版本的期待和建议，并及时发布未来测试版本的制作进度和情况，相对含蓄地暗示后面的测试内容，保持一定的神秘感。

在预注册期间要拉动老用户进行预注册，并鼓励他们拉动身边的好友预注册。

7.2.1 挑选用户运营平台

用户运营平台分为自有平台和第三方平台两类：自有平台就是自建论坛、自建应用等；第三方平台就是各类社群，例如国内的微信公众号、微博、小红书、抖音、快手等，海外的 Facebook、Discord、X、Instagram、YouTube 等。

国内自有平台一般以自建论坛为主，这一度成为游戏发行过程中用户运营的标配社群阵地。除此以外，部分游戏也会制作社区 App 或依托流量平台内部的组件和工具构建自有平台，例如在微信小程序上搭建官方社群。

在确定目标发行国家和地区以后，用户运营人员需要对目标发行国家和地区用户使用频率和市场渗透率比较高的社交平台和社群应用做对应的前期搭建和基础运营工作，例如韩国的 Lounge（原名 cafe）、泰国的 Line、日本的 X。

除了要考虑各类平台的渗透率和市场占有率情况，还要分析游戏产品的目标用户群体和社群上用户群体的重合度有多高。例如国内的小红书平台，女性中产用户比例较高，那么女性向游戏可以考虑将小红书作为主要运营阵地。

用户运营人员精力有限，因此在同类型社群中只筛选一个最合适的进行运营。例如在海外发行过程中，长视频类平台的只做 YouTube，短视频类平台的只做 Tik Tok，信息发布类平台的只做 Facebook，社群类平台的只做 Discord。

在发行的不同阶段，用户运营的工作重点也不同，需要根据游戏的具体情况而定。例如官方直播平台，在正式公测前只需做好搭建和测试即可，在正式公测后才会发力。

另外，不同社群的政策和功能会不断迭代，用户运营人员需要实时跟进平台功能的变化情况，探索平台的新功能和新玩法，抓住平台新功能带来的流量红利和政策扶持机会。

7.2.2 用户运营平台介绍

1. 国内平台介绍

国内用户运营常用的社媒平台如表 7-3 所示。

表 7-3

平台类型	举例
信息 push 类（图文、视频）	微信公众号、微博、小红书、知乎
长视频类	B 站
短视频类	抖音、快手
直播类	B 站、抖音、快手
论坛类	NGA
聊天室类	YY
群聊类	QQ 群、微信群

2. 海外平台介绍

参考表 7-4，海外用户运营平台按照信息载体内容和分发形式分为如下几类。

表 7-4

类型	举例
信息 Push 类（图文、视频）	Facebook、X、Quora、Instagram
长视频类	YouTube
短视频类	TikTok
直播类	Twitch、YouTube Live、Bigo live

续表

类型	举例
论坛类	Reddit、Facebook Group
聊天室类	Discord
群聊类	WhatsApp Group

7.2.3 媒介形象确定与虚拟偶像

用户运营媒介形象是指在社群运营过程中，官方向用户传递信息及与用户互动时通过特定的口吻和姿态营造出的官方形象。根据游戏最初的市场定位和对目标用户群体的分析结论，再结合市场团队给游戏定下的市场品牌形象，可以大致确定用户运营对外展示的整体媒介形象。

在用户运营的过程中，任何可以触达用户的信息，大到官方制作的图片、视频及文案素材，小到官方的回复，都在无形中塑造着官方的媒介形象。

《最强蜗牛》是官方媒介形象塑造较为成功的游戏之一，官方社群的运营者沿袭游戏本身的段子手风格，通过插科打诨的方式让社群的内容呈现诙谐幽默的风格，这极大活跃了社区的氛围，如图 7-2 所示。

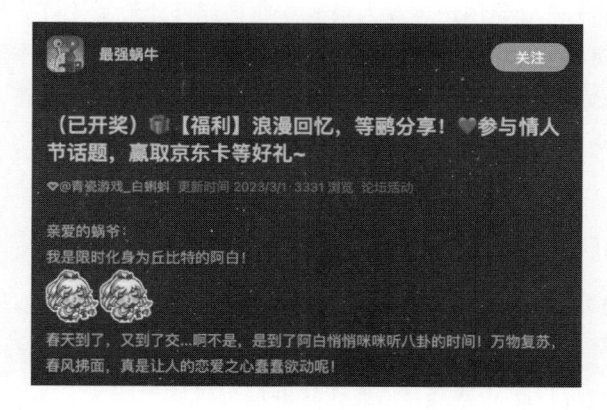

图 7-2

在塑造媒介形象的过程中，不少游戏也会选择通过设定虚拟偶像或者吉祥物的方式将游戏的媒介形象投射到具体的对象身上。例如《原神》中的派蒙，《Mobile Legends: Bang Bang》（以下简称 MLBB）中的吉祥物 Halpo。在 MLBB 的官方 Discord 社区中，Halpo 甚至被做成了官方 Bot，玩家可以借助 Halpo 查询自己在 MLBB 中的多种信息。

7.2.4　媒体运营矩阵思维

用户运营人员在用户运营过程中需要同时维护多个社群，多个平台之间存在属性差异、内部信息流动方式差异、运营模式差异等。所以既要根据每个平台自身的特点制定个性化运营方案，也要具备矩阵思维，以游戏本身为核心，将各个平台看作一个整体进行运营。

用户运营人员要充分利用各类曝光资源与各种导流方式将游戏玩家沉淀到不同的社群上。例如，可以通过客户端内的公告将用户导流到游戏官方 Facebook 上。或者通过异业合作的方式，在合作方的品牌文案内容中添加游戏官方 X 平台的地址，吸引玩家在 X 平台关注官方账号。

在导流和沉淀的过程中，需要根据不同细分用户群体的特点将他们分流到恰当的社群。例如，可以将相对沉默、互动性弱的用户优先引导到 Facebook 等平台，而将互动性比较强、交流欲望旺盛的用户引导到聊天室类的平台。

通过不同平台之间的联动活动或互相曝光，可以让玩家群体在不同平台之间流动起来，完成不同平台间的导流和"换量"。平台间的联动活动可以扩大活动影响范围，增加游戏出圈的可能性，营造出 1+1+1 > 3 的宣传效果。

除自身的流量矩阵外，用户运营人员还需要构建外团流量矩阵，具体做法是将对应游戏领域的 KOL 纳入自身的流量圈，形成半官方性质的流量合作伙伴。在需要宣传游戏版本内容及相关资讯时，外团流量矩阵可以作为信息传播通路，帮助游戏官方第一时间触达更多的用户。在游戏遇到舆论问题的时候，也可以通过 KOL 获得更多的舆论支持。

向社群导入用户的方式主要有以下五种：

- 在游戏客户端内进行曝光和引导：曝光路径包括公告栏、跑马灯、最新消息、全服邮件等。
- 市场品宣侧提供曝光路径：市场团队开展外部媒体曝光、异业合作时，可以顺势宣传游戏的相关社群，引导用户关注或加入。
- 官网引导：游戏官网可以展示社群的入口。
- 渠道引导：例如，在 TapTap 平台公布游戏的各个社群地址，引导用户关注。
- 通过老用户裂变拉新：借助活动奖励等方式，鼓励老用户邀请游戏内的其他好友加入社群。

7.2.5 如何设计社群运营方案

1. 设计流程

1）根据平台要求搭建账号

根据平台的政策要求搭建官方账号并完成官方账号的认证,同时完成相关基础物料的铺设,上传头像并填写简介和名称等资料。

2）了解平台的核心功能、平台上聚集的用户群体的特点

- 了解平台的核心功能、特色功能,以及依附核心功能而存在的辅助功能和系统。
- 了解平台的基础规则,包括操作规则和平台禁止的行为范围。
- 通过分析平台的页面布局,了解平台的曝光位情况,结合案头研究,大致梳理平台的曝光资源分配规则和推荐资源算法规则。
- 确认公司之前是否和该平台有过商务层面的接触和合作,未来是否有深度合作的可能性,对方是否可以提供资源政策上的扶持。
- 通过案头调研,分析该平台用户群体的人口学画像和游戏习惯。

3）根据自身产品特点和整体发行需求,确定该平台在媒体矩阵中的定位和媒介形象

4）确定该平台用户的行为引导方向

根据该平台特点确定对应的用户行为引导方向。例如,对于论坛这类以 UGC 内容为主的平台,用户的重点行为引导方向是创作、评论和回复。类似 X 这类平台,用户运营人员应重点引导用户分享、转发官方推文。

5）根据发行计划,确定该平台在每个时间阶段的运营目标

在不同的发行阶段,游戏会有不同的用户运营需求,用户运营在不同阶段的工作侧重点也会有所不同。用户运营人员需要确定平台在停服、预注册、公测预热等阶段的运营目标。

6）确定游戏在该平台的运营重点

根据平台的定位和之前收集到的信息,确定游戏在该平台上最重要的 1~3 个运营核心点及运营效果考核标准。

7）制定平台的内容运营规划,包括 UGC 和 PGC 内容规划

在用户运营的媒体矩阵中,不同平台上发布的 PGC 内容不会有太大的变化。因此大部分的 PGC 内容可以相互复用，只有少部分内容需要针对平台进行个性化定制。

UGC 内容的运营方式有两种。一种是针对普通用户的激励征集方式，这种方式在不同平台的落地执行方案不同，用户运营人员可以根据不同的平台情况单独实施。另一种是针对外团写手的"发布任务→领取任务→完成任务→发放奖励"方式，通过这种方式产出的内容可以同时发布在不同的平台上。

8）制定平台的活动运营规划

- 通用型活动：各个平台都可以复用的活动类型。
- 大型活动：跨平台开展的多平台联动活动。
- 平台特有活动：根据平台特点打造的、只在单一平台上开展的活动。

2. 案例解说

下面根据上述思路，以 TapTap 海外版为案例制定该平台的用户运营方案。

1）根据平台要求搭建自身账号

根据平台要求准备相关的物料，包括游戏内容展示图、置顶图、宣传视频、ICON 及相关资质材料，创建官方账号并完成身份认证。

2）了解平台的核心功能、平台上聚集的用户群体特点

（1）产品的核心功能是什么。

TapTap 是一个以玩家和开发者为主要聚集人群的游戏垂直类社区和应用分发渠道。TapTap 上所有的内容都是依托游戏产生的，没有开发者就没有游戏，没有游戏就没有玩家群体，游戏开发者所构建的游戏论坛是整个社区的重要信息节点库。TapTap 官方在产品功能设计上并不侧重于建立用户和用户之间的关系，而是更在乎如何链接玩家和开发者，如图 7-3 所示。

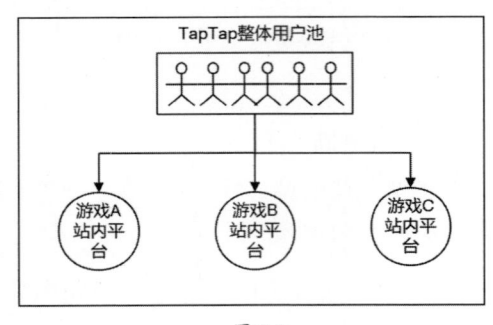

图 7-3

（2）了解平台的基础规则，包括操作规则和平台禁止的行为范围。

TapTap 不联运、不分成，在 TapTap 上对外展示官方的联系方式（例如官方群）不违规。

（3）通过分析产品的页面布局，了解平台的曝光位情况，结合案头研究，大致梳理平台的曝光资源分配规则和推荐资源算法规则。

由于 TapTap 平台的页面布局和资源分配规则变化较快，所以此处略过。

（4）平台上聚集的用户群体的特点。

TapTap 平台上的用户相对比较"硬核"、具备丰富的游戏经验、对游戏比较挑剔，属于精英型玩家，同时非常在乎开发者是否关注自己的想法、聆听玩家的意见。

3）根据自身产品特点和整体发行需求，确定该平台在媒体矩阵中的定位和媒介形象

TapTap 平台在媒体矩阵中的定位：

- 作为渠道提供导量的功能。
- 渠道用户的维护阵地。

媒介形象：严谨、认真、产品至上、关注用户体验。

4）确定该平台用户的行为引导方向（见表 7-5）

表 7-5

行为	描述
预约	预约游戏
下载	下载游戏，成为游戏用户（可理解为 TapTap 端内拉新）
评价	在 TapTap 中给游戏好评
内容生产	产出攻略、同人作品、心情随笔等内容
关注	关注游戏官方的 TapTap 账号
活跃	在 TapTap 中的游戏论坛内活跃或在游戏客户端内活跃
传播	在 TapTap 中传播游戏相关内容

5）根据发行计划，确定该平台在每个时间阶段的运营目标（见表 7-6）

表 7-6

阶段		预注册阶段	公测阶段
核心目标		提高预注册总量	提高用户下载总量
核心目标行为拆解	提高用户活跃度	促进用户尽可能参与预注册活动	通过活动提高粉丝的活跃度，扩大游戏在 TapTap 端内的影响力
	促进 UGC 内容生产	邀请参加过之前测试的用户产出游戏相关内容并进行传播	通过活动引导普通用户输出同人作品、游戏攻略等内容并进行传播
	提高用户传播力度		
	获取 TapTap 官方推广资源	争取 TapTap 中的 Banner 位、编辑推荐位等曝光资源	
基础维护工作		发布消息通告等内容；提前曝光部分公测版本内容	发布消息通告等内容
		回复用户评论；维护游戏评分；收集并整理用户反馈	

6）确定游戏在该平台的运营重点

- 与用户沟通交流，听取用户的反馈意见。
- 用户生产内容，营造良好的论坛讨论氛围与内容生态。

7）制定平台的内容运营规划，包括 UGC 和 PGC 内容规划

TapTap 内容运营的重点是 UGC，用户运营人员需要铺设基础 PGC 内容，重点引导玩家产出 UGC 内容。

8）制定平台的活动运营规划

- 通用型活动：复用 Facebook 上的通用活动方案。
- 大型活动：暂无。
- 特有活动：定期举办"盖楼"抽奖活动。

在以上方案的基础上，可以持续思考以下三个问题：

- 开发者想要什么：从发行计划和这个平台在整体媒体矩阵中的位置出发，在该社群进行用户运营的目的是什么？想要达到什么样的效果？
- 用户想要什么：基于这个平台，用户的需求是什么？
- 平台方想要什么：平台方的需求是什么？发行团队和平台官方有哪些深度合作的可能性？

7.3 用户运营维护阶段

游戏上线后进入用户运营维护阶段，用户运营人员需要做好内容运营、活动运营、外团搭建等工作。

7.3.1 社群内容运营

如果说各类平台是用户运营的土壤，那么内容就是土壤上的植被。用户像是逐水草而居的羊群，如果没有内容可以消耗，用户很快就会离开。

可以从以下四个维度划分内容运营中的内容。

- 产出途径：从创作者的角度可将内容分为 PGC 和 UGC。无论在哪一个社群，官方都不可能无限地、大批量地快速产出高质量内容。因此，用户运营人员需要具备打造 UGC 内容生态的能力。

- 内容形式：文字、图片、视频、音频、H5 或其他。

- 发布内容的目的：发布内容的目的多种多样，例如引发用户群体讨论、传递产品信息、表明官方态度、制造悬念、促进用户间传播等。用户运营人员在发布内容之前要尽可能考虑和预判用户看了内容以后的想法和感受，避免用户产生理解偏差和误会。

- 内容的目标群体是谁：内容的目标群体可能是全体用户、部分地区用户、部分区服用户，也可能是符合其他某些特定条件的用户，例如使用某种特定机型的用户、参与了某个游戏活动的用户。

1. PGC 内容

（1）官方消息通告。

运营方向的官方消息通告类型可参考表 7-7。

表 7-7

类型	描述
版本更新通知	更新时间、更新内容
活动更新通知	活动开展时间、活动内容
Bug 处理通知	Bug 处理情况、处理结果、补偿方式
停服维护通知	停服时间、停服原因
版本主题宣传	针对每个版本的主题定期做视觉曝光

市场方向的消息通告：曝光市场相关品宣活动，例如异业合作、品牌联动等。

（2）游戏相关内容曝光。

介绍游戏副本、角色、地图、功能玩法等内容，具体案例可以参考表 7-8。

表 7-8

内容曝光	角色介绍	介绍角色设定、基本资料、技能等情况
	副本介绍	介绍副本规则、副本场景、副本 BOSS 情况
	玩法曝光	介绍游戏内玩法规则、玩法资源产出等情况
	外观展示	介绍外观的设计理念，展示角色上身效果
	装备介绍	介绍武器装备的设定、基本资料、使用效果

（3）发布游戏相关话题。

游戏内的玩法、角色、剧情、世界观等都是可以引发玩家讨论的话题，具体案例可以参考表 7-9。

表 7-9

游戏技巧讨论	分享团队副本配合策略、装备使用技巧、角色与装备搭配技巧等内容，引发玩家讨论
新装备测评	对新上线的装备做体验测评，引发玩家讨论

（4）其他。

其他内容包括节日祝福、壁纸展示、表情包赠送等，具体可参考表 7-10。

表 7-10

节日祝福	如在劳动节、儿童节等时间，发布相应的节日祝福内容或与玩家进行节日互动
壁纸赠送	提供游戏高清壁纸供用户下载
表情包赠送	制作官方 Gif 表情包或者图片表情包赠送给用户

2. UGC 内容

在不同的平台上，UGC 内容的传递形式不同，具体可分为两种。

一种是以官方为信息发布核心的平台，用户只能根据要求投稿，用户运营人员审核后以官方账号身份给作者署名并发布稿件，稿件发布后平台会将内容推送给粉丝群体，用户阅读后再进行反馈和交流。海外的 Facebook，国内的微博、微信公众号都是这类平台。

另一种是允许用户发布信息、相互交流的平台，以论坛、聊天室（Discord）为代表，用户在平台上可以发帖交流，官方只起到引导和规范作用。

上述两类平台都需要用户贡献内容，具体方案有如下两种。

（1）通过活动奖励激励用户创作、发布内容。

通过内容征集活动可以引导用户创作、发布内容。这类以征集为目的的活动，往往对内容的要求比较低，投稿门槛低，可参与的用户范围广。用户在完成官方要求的打卡、发布内容的任务后，可以领取官方设定的奖励。同人作品是常见的征集活动内容主题，海外称为"Fan Art"。

（2）搭建写手团队。

通过征集活动收集到的 UGC 内容是远远不够的。这类内容的产量、质量不稳定，用户产出的积极性也不高，而且用户运营人员需要消耗大量时间去编辑修正，时间成本较高。

为了解决这个问题，可以选取一部分积极投稿的用户，吸纳他们成为官方的专栏作者。通过提供奖励的形式将这些作者固定下来。

与这些专栏作者合作的方式一般有两种，一种是固定产出制，作者需在固定周期内产出一定量级的指定类型的内容提供给官方，官方提供道具奖励或者现金奖励。

另外一种是定向征集制。官方在专栏作者群中发布命题内容需求，有时间和能力完成任务的专栏作者可以领取需求并交付作品。

UGC 内容以游戏技巧分享、游戏体验测评、用户故事等为主，可参考表 7-11。

表 7-11

游戏攻略技巧	邀请专栏作者撰写团队副本配合策略、装备使用技巧、角色与装备搭配技巧等内容
游戏体验测评	邀请精英用户对新上线的装备和角色做体验测评并发布测评报告
用户故事	用户讲述自己和游戏之间发生的故事
每周一秀	定期征集优秀副本通关视频，发布在各个平台
Fan Art Show	征集玩家创作的、与游戏有关的漫画、视频等作品

7.3.2 社群活动运营

按照活动目的的不同，社群活动可以分成多种类型，例如以引导用户付费为目的的活动，以促进用户活跃为目的的活动，以鼓励用户创作内容为目的的活动等。按照活动落地形式的不同，社群活动可以分为线上活动和线下活动。

社群活动运营工作主要由三大板块组成：设计活动、执行活动、效果复盘。

1. 设计活动

1）明确活动目的和效果预估数据

明确活动的目标用户群体是谁，希望这些用户做什么、完成什么样的特定行为。活动目的有多种，例如活跃社区氛围、响应近期用户呼声、安抚用户情绪、促进游戏生态发展等。同时根据以往的活动经验和目前游戏、社群的用户基数，预估本次活动的效果数据。

2）设计活动规则

"要把用户当成傻子，也不能把用户当成傻子"。要把用户当傻子，就是要把活动规则做得尽量简单，降低用户的理解成本。不能把用户当傻子，是指设计活动时要避免出现规则漏洞，也不要在规则设计上耍小聪明，更不能欺骗用户。

（1）简单易懂。

活动规则要足够明确且易懂。用户运营人员可以委托外团用户或者同事协助审核，确保规则说明不会产生歧义和误会。活动规则对外公布以后，如果造成了用户群体的误解，那么再想消除误解的成本就会非常高。

某游戏曾上线过一个网页活动，在活动规则中有一条是用户邀请别人给自己的战绩点赞，点赞数量达到一定规模就可以获得相应的奖励。但是部分用户误以为这个规则的意思是把自己的战绩分享到 Facebook 上，别人给他的这条内容点赞即可，这给官方造成了不小的麻烦。最后的解决方案是官方同意按照 Facebook 上的点赞数量发放奖励，这才妥善处理了这个乌龙事件。

另外，在活动规则中不能存在过多的主观判断内容。例如，若官方计划在社群中举办征文比赛，比赛奖项分为一、二、三等奖，那么官方需要公示具体的评定规则或者交由用户投票产生一、二、三等奖的作品和得主。如果只凭官方自己的喜好评定获奖作品，则容易引发用户群体不满。

（2）低参与门槛，高活动梯度。

除了那些单独为某一小部分用户专门设计的活动，其他活动的参与门槛要尽量低，保证绝大多数用户都有资格体验活动并领取基础档位的活动奖励。

高活动梯度是指活动具备一定的参与深度，可提供高难度的内容和高阶奖励供精英型玩家体验。

（3）风险评估。

从多个角度评估活动风险，穷举各类情况，评估活动规则是否有漏洞和风险。某游戏曾举办过一个用户裂变活动，因为没有规定"有效被邀请用户"的标准，导致大量用户建小号给自己大号充当"被邀请用户"刷活动奖励。后面通过修改活动规则，要求被邀请用户的角色在游戏中达到 5 级以上才算作"有效被邀请用户"，才遏制了这个趋势。

（4）预判工作量。

在社群运营活动的具体执行过程中，主要工作量集中在后期统计用户参与情况、核验用户身份及发奖环节。因此在前期设计活动方案的阶段，用户运营人员要考虑发奖流程的工作量情况并依此反向调整活动方案。

3）设计活动形式/主题

在具备落地可行性的前提下，活动形式没有限制。用户运营人员应该多研究、学习其他游戏的社群运营活动，尤其是点赞量高、留言数量多的活动。

在设计活动形式的时候要学会跨界思考，任何现实生活中好玩的、让人有参与欲望的、效果好的活动，都可以举一反三运用到社群活动中来。用户运营人员需要多总结、多观察、多记录，形成自己的"活动资源库"。

活动主题可以紧跟时事，紧跟用户的趣味点和关注点。例如近期举办了世界杯，就可以做一个和世界杯有关联的活动；近期是情人节，就可以借用情人节的主题举办社群活动。

4）设计活动奖励

活动奖励包括虚拟奖励（游戏道具、游戏礼包、游戏货币）和实物奖励（游戏周边、游戏充值卡、实体奖杯/奖牌等），如表 7-12 所示。

表 7-12

奖励类型	具体类目
虚拟奖励	游戏道具
	游戏礼包
	游戏货币
实物奖励	游戏周边
	游戏充值卡
	实体奖杯/奖牌

奖励价值需要和用户所完成任务的难度相匹配，确保奖励具备足够的吸引力和驱动力。

5）明确活动信息 Push 路径和执行配合范围

根据不同的社群活动目标用户群体，可以选择不同的信息推送通路。

如果活动只在社群内开展，目标用户是沉淀社群内的粉丝群体，那么活动相关信息只在社群内曝光即可。如果活动的目标用户群体也包括客户端内的玩家，那么该活动可以以网页活动的形式同时在客户端内和社群内开展，并通过端内的拍脸图和 Banner 等资源位进行宣传。

如果想要活动破圈，取得一部分营销效果，吸引其他用户群体的关注，则需要市场团队配合，帮助活动获得更多的圈外曝光资源。不过在这种情况下，活动有一定的拉新效果，活动的主动权往往会被市场团队掌握。

2. 执行活动

1）准备物料

根据活动设计方案准备所需要的图片、视频、文案物料，如果面临多国家发行的情况，则要同步准备多语言版本文案。同时，用户运营人员需要将活动相关资料同步给客服团队，以防用户咨询相关问题时客服无力招架。如果活动涉及实体奖励，那么在此阶段需要完成采购或准备。

2）发布活动

按照活动方案发布活动，并通过多个曝光渠道推广活动。

3）跟踪用户反馈/监控数据

跟踪用户反馈，尤其要关注用户是否清晰、明确地理解了活动规则。同时关注活动数据是否异常，是否存在数据漏报或用户刷资源的情况。

4）核验用户获奖情况并发放奖励

在发奖完成后需要保留发奖记录，以防面临奖励相关的用户纠纷时缺乏凭据。

3. 效果复盘

在数据层面上，要重点关注用户的活动参与率、任务完成率。同时根据活动数据，查看本次活动是否达到了预期目标。如果没有，则需要定位并分析是哪里出了问题。

另外，用户运营人员还需要从用户的反馈中了解用户参与这次活动的直观感受，例如活动规则设计是否简单易懂且足够明确，活动形式或主题是否有吸引力。

如果本次活动出现了突发事故，那么还需要撰写事故报告和案例复盘报告。

7.3.3 搭建外团

无论是国内还是海外的用户运营平台，都存在浓厚的外团文化，官方会招募一部分游戏的忠实粉丝或核心用户参与到官方的社群运营工作中来，海外用户一般称这些人为 GM（Game Master）或者 Mod（Moderator）。

根据协助官方开展的工作内容的不同，可以将外团划分为以下类型：

- 平台维护外团：维护论坛、Facebook 等平台，帮助官方回复用户留言、收集用户意见、做简单的翻译工作。
- 群管理外团：帮忙打理各类官方群，协助发布官方信息、解答用户疑问、收集用户反馈和意见。
- 专栏作者外团：为官方产出高质量的 UGC 内容。
- 流量外团：愿意为官方宣传和发声的 KOL 群体。

外团成员的基本招募条件如下：

- 时间充裕，外团工作需要消耗比较多的时间。
- 了解游戏，游戏体验时间较长。
- 具备基本的沟通能力和书面表达能力。
- 热心且真诚，愿意为游戏官方付出时间和精力。
- 海外外团成员的英语能力需要达到可日常沟通水平，小语种地区的外团成员能够熟练使用当地语言。

外团奖励由实物奖励（礼品卡、充值卡）、游戏虚拟货币/道具奖励、精神奖励（如游戏中的外团专属头像框和称号）、权力激励组成。

外团成员并不是官方正式工作人员，组织相对松散，官方无法用规定来约束他们，因此要严格控制给外团成员的授权范围。例如，在 QQ 群的管理权分配上，外团成员可以担任管理员，但群主必须是公司内的运营人员。

游戏的版本内容介绍、活动介绍、常见 FAQ 等内容都需同步给外团成员，便于他们在回复玩家留言、解答玩家疑惑时有据可依。另外，向外团成员提供上述资料会给他们建立被信任的感觉，增强他们对官方团队的向心力。

在海外社群的用户运营过程中，涉及跨国家、跨文化的情况比较多。如果运营人员没有在发行地区居住或留学过，那么往往无法与当地用户群体打成一片，也无法深入用户群体，理解他们的喜好和情绪。Mod 和 GM 作为 Native Speaker，了解当地的文化习俗和用户思维习惯，他们是帮助官方和本土玩家沟通的桥梁。因此用户运营人员要多和外团成员聊天，通过他们了解当地用户的真实想法和诉求，并在后面的运营工作中有所侧重。

7.3.4 获客拉新

除了维护现存用户的黏性和活跃度，在部分游戏的发行计划中，用户运营也需要通过社群承担一部分获客拉新的任务。获客拉新的手段除裂变活动外，通过社群内容营销出圈是近些年来的一个趋势。

1. 社区拉新的方式

第一种：借助社群活动、内容引发传播

官方在社群发布带有**传播性**、**可讨论性**的活动和内容，引发老用户进行**转发**。这类内容需具备较强的创意性，例如蹭时下流行的热梗，或者抓住、放大用户情绪点并结合游戏内容进行创作。内容的形式和表现力也要足够丰富，例如条漫、动画、短视频、H5 等。

官方举办促进用户转发游戏相关内容的活动，扩大影响力。

第二种：引发用户讨论

游戏中的内容（某个玩法、美术设计、传递的世界观或者功能）具备传播性和讨论性，可以引发用户群体在社媒平台上进行大面积的内容创作、发帖和讨论。

第三种：引发媒体讨论

游戏中的内容（某个玩法、美术设计、传递的世界观或者功能）具备传播性和讨论性，可以引发社媒平台上游戏自媒体人或 KOL 的关注和报道，进而获得大众的关注。

2. 相关案例

1）借助社群活动、内容引发传播

- 转发抽奖活动：国内常见的微博转发抽奖活动，可以扩大官方的影响力，使游戏获得针对新用户的曝光。海外平台如 X，许多游戏官方账号都热衷于在该平台上举办转发抽奖活动。

- 投票类活动：《剑侠情缘》手游会定期举办"选美比赛"和"好声音大赛"，鼓励玩家拉票，扩大游戏影响力。
- 官方内容产出：《CS: GO》国服在 B 站擅长利用《CS: GO》的各种元素"玩梗"，官方账号因此收获了较高的用户关注度。

2）游戏内容引发用户、媒体讨论

- **UGC 内容**：《蛋仔派对》中的创意工坊通过用户参与游戏设计并自发传播的方式，帮助游戏在各个内容平台，尤其是视频平台，获得了很大的声量。
- **画风或战斗表现极具个性和传播力**：《Hades》的美术风格非常有特色，在各大平台引发了大量讨论，获得了较高的关注度。
- **题材、世界观有特点和传播力**：《卧龙：苍天陨落》的神魔三国题材引发了大众讨论。
- **剧情故事和人物塑造具备传播力**：《恋与制作人》塑造的周棋洛、许墨、白起和李泽言广受追捧。
- **玩法本身具备创新性和传播力**：《艾尔登法环》提供的"受苦式"玩法成为玩家在各个社交平台上交流、自我调侃的重要内容。《和班尼特福迪一起攻克难关》的主角形象非常有特色，玩法也极具特点，许多高粉丝量的游戏主播在直播过程中也尝试挑战该游戏，给游戏带去了不少热度。
- **其他（游戏内有特色和传播力的地方）**：《最强蜗牛》以其幽默搞笑的文案叙事风格迅速在玩家群体中圈粉。

7.3.5 搭建用户运营体系

1. 什么是用户运营体系

用户运营体系也叫会员体系，提供一整套关于任务、目标、奖励的规则和机制，用户参与其中，完成其中的任务和阶段性的成长目标，并获得对应的奖励，以此形成良性循环。

生活中常见的如航空公司的以里程数作为升级标准的会员体系，超市的消费积分卡会员体系，都是用户运营体系。

按照规模大小不同，用户运营体系可以分为公司平台级别的用户运营体系和单一游戏使用的用户运营体系。

用户运营平台是综合性的专属社群，对应用户运营体系构建而成，承载用户社交、发布内容、交流等一系列功能。

大的发行商和渠道商都希望用户可以长久留在自己的平台上，所以往往构建公司级别的用户运营体系和对应的用户运营平台。发行商和渠道商会尽可能地将自己各个游戏的玩家群体导流到用户运营平台上。这个平台就是公司的"流量池"，既可以用于维护和服务自己的用户群体，也可以在平台上推广自家的其他游戏。腾讯的"心悦俱乐部"及米哈游的"米游社"就是典型的公司平台级别的用户运营平台。

单一游戏使用的用户运营体系对应的用户运营平台的产品形态多样，包括网页、小程序和原生应用。

2. 搭建方向

面向不同的用户群体，出于不同的搭建目的，存在不同的用户运营体系搭建方向。

面向游戏用户的用户运营体系，按照积分主要来源的不同可以划分为以下几类：

- 以付费为主要引导方向的 VIP 用户运营体系：积分额与用户的付费额对应，付费额越高的用户，其 VIP 等级越高。这类 VIP 用户运营体系在以大 R 为核心付费用户群体的游戏中较为常见。

- 以构建内容生态为主要目的的 UGC 内容激励体系：创作、阅读、点赞、留言等行为是用户积分的主要来源，这类激励体系在内容型产品中较为常见，可参考"米游社"。

- 以活跃行为为主要引导方向的激励体系：用户的活跃行为是用户积分的主要来源，这类激励体系在强调活跃度的游戏中较为常见，例如 MOBA 类游戏。

面向外团用户的用户运营体系，按照积分主要来源的不同可以划分为以下几类：

- 以运营行为为主要引导方向的管理激励体系：通过积分体系激励外团成员协助官方打理各类用户运营平台，管理各类用户群。

- 以内容创作为主要引导方向的用户运营激励体系：通过用户运营体系引导外团专栏作者为官方积极创作、贡献内容。

3. 搭建方案

用户运营体系搭建方案分为两种：一种是代币兑换制，例如超市的消费积分制，消费者可以消耗积分兑换礼品；另一种是会员制，例如用户在航空公司的里程数达到一定程度后，就可以成为白金卡会员并享受白金卡会员的特权。

1）代币兑换制

代币兑换制的核心要素是用户任务、积分、奖励及这背后的整套数值体系。简单来说，这套用户运营体系需要简单明了地告诉用户，他们做了什么可以得到多少积分，可以兑换什么奖励。

- 任务：告知用户完成哪些任务可以获得积分，任务和积分的对应关系是怎样的。以用户付费额作为获得积分标准的，需要说明积分和付费额的对应关系。
- 积分：用于兑换商城中的奖品，积分只是一种表现形式，也可以是钻石、代币等。积分可以设置兑换使用有效期。
- 奖励：使用积分可以兑换的奖品，包括游戏内的虚拟奖励（游戏货币、道具、礼包等）和现实奖励（游戏周边礼品等）。

2）会员制

会员制的核心要素是充值额、等级体系及不同等级享受的特权和服务内容。

- 充值额：充值额越高，VIP等级越高。
- 等级划分：可根据用户的付费总额将用户分为VIP1~VIP10。等级越高，每升一级所需充值的额度就越高。
- 特权和服务内容：会员制的特权和服务内容包括24小时专属客服、生日祝福、节日礼品、线下活动资格及游戏内的专属礼包资源等。

第 8 章
广告变现与投放

8.1　程序化广告的基础逻辑

在游戏发行过程中，"广告投放"相关业务为游戏提供了UA[①]支持，由广告投放团队负责。"广告商业化变现"是游戏商业化运营中的一个重要板块。两个模块在业务实操上没有交集，但是在业务逻辑上广告投放属于"广告获客端"，遵从流量买方逻辑。广告商业化变现属于"流量变现端"，符合流量卖方逻辑。两者都是"程序化广告"基础逻辑中的一环。

对于运营人员来说，"广告商业化变现"是需要掌握的业务能力。而为了更好地与广告投放团队进行沟通协作，运营人员也需要了解投放端的基础逻辑和常识。

如果将观察视野拉到互联网层面，那么程序化广告几乎存在于互联网的各个赛道中。为了更好地理解游戏行业"广告商业化变现"与"广告投放"的相关业务逻辑，可以先从互联网层面了解程序化广告的基础常识。

---

① User Acquisition，即用户获取。

8.1.1 什么是程序化广告

广告自古以来就存在，广告主（希望通过广告宣传自己的产品和服务，促进销售转化的需求方）通过在流量主（拥有曝光资源位，可以占据用户的一定注意力并且能够影响用户心智、想法、观念的渠道）平台上投放广告，用户看到广告、产生认知，进而产生转化行为，给广告主带来收益，流量主通过售卖广告从广告主处获得收益。

传统广告涉及构思广告素材、寻找广告投放渠道再到素材投放、效果转化，整个过程的开展速度都十分缓慢，且难以评估和追踪广告的实际效果。

程序化广告依托算法和数据，根据用户的个体化情况，"千人千面"地展示广告，并且可以准确追踪广告效果，投放效率相比于传统广告大大提高。

人们在浏览网页时看到的在网页中间弹出的横幅广告，在浏览各类应用的时候看到的信息流广告，都属于程序化广告。可以说程序化广告在互联网中无处不在，在有流量和用户注意力的地方就会有程序化广告的身影。

8.1.2 程序化广告的参与者和基础逻辑

程序化广告的参与者包括需求方（广告主）、供应方和第三方支持平台。流量主将自己的广告位资源卖给广告主，广告主支付一定的报酬。

广告主：

有推广计划和推广预算，希望通过展示广告促进自己商业化目标达成的人群。

需求方平台：

DSP 平台（Demand-side Platform），聚合了众多的广告主，可以简单地理解为广告投放平台，广告主在这个平台设定自己的投放需求，精准地投放自己的广告，并完成目标转化。

流量主：

手头有可曝光的资源位，可以给广告主提供曝光的机会。

供应方平台：

SSP 平台（Supply-side Platform），聚合了众多的流量主，拥有广告流量/广告位资源的平台。

第三方支持平台如下。

ADX（Ad Exchange）：

介于 SSP 与 DSP 之间，帮助双方完成需求和资源的精确匹配，可以简单地理解为"广告中介平台"。

DMP（Data Manage Platform）：

集合了各类数据的平台，用于分析用户并精准匹配广告。

以上各方（除 DMP 外）的大致工作逻辑如图 8-1 所示。但在实际情况下，无论是业务实现细节还是这个过程中的参与者与实际执行流程，都比图示要复杂得多。

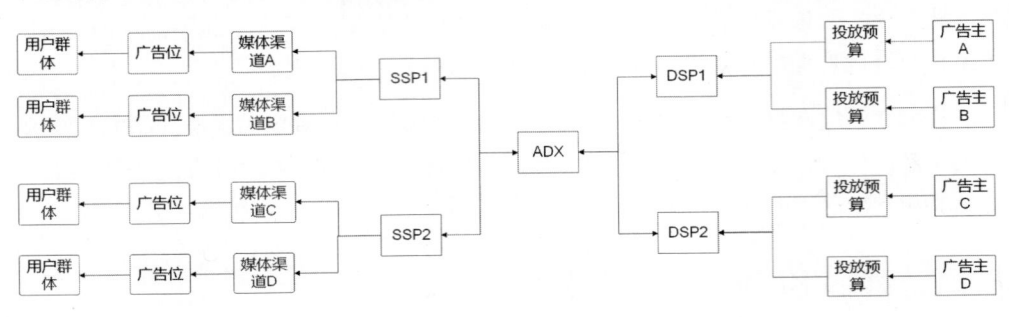

图 8-1

8.1.3 程序化广告交易模式与效果评价标准

交易模式：

交易模式是指广告需求方和供应方以哪一种方式进行相互匹配和交易，最大范围地满足双方需求并实现双方利益的最大化。程序化广告的主流交易模式包括 RTB、PDB、PD、PA。

体量大的媒体拥有优质且大规模的流量，它们会对自己的流量进行分类，借助不同的交易模式售出广告资源，核心诉求是将自己的商业利益最大化。大的广告主也会根据自己的预算和投放效果需求选取最有利于自己的交易模式。

在诸多的程序化广告交易模式中，作为运营人员只需要了解实时竞价模式（RTB，Real-Time Biding）即可。

RTB 是指广告主在广告投放平台上选定好目标投放人群、效果评价标准、出价等选项后，与其他广告主公开竞争符合自己要求的广告资源位，最后价高者得并以次高价结算的过程。这个过程是以毫秒为单位实时进行的，会在非常短的时间内完成广告投放需求和广告资源供给的匹配。

第 8 章　广告变现与投放

eCPM：

对于流量主来说，eCPM 通常用于衡量广告位每 1000 次展示所带来的收益。对于广告主来说，eCPM 是用来衡量自己广告竞争力的一个指标。

次高价结算：

为了维持广告投放市场价格的合理性，确保广告交易市场处于良性状态，目前采用"以次高价结算"的结算模式。即在竞价的过程中，多个广告主对广告展示资源进行竞价，谁出价高谁获得，但是会以次高价结算，然后在次高价的基础上加一个很低的价格（0.01 元）形成溢价。

流量主与广告主之间的利益矛盾：

广告交易的"标的物"是广告位展示资源，这个资源以"展示次数"作为计算单位。"流量主"持有展示资源，而"广告主"想要获得展示资源以达到自己的最终转化目的。

流量主作为变现端，最关心自己持有的流量资源的变现效率，关注广告位的每一次展示能带来多少收益，并不在乎展示的是哪一家的广告。

广告主作为投放端，他们最关心的是达成"投放目的"的单价是不是足够低，价格越低意味着成本越低。

广告投放目的分为"展示""点击"和"转化"，"展示"和"点击"较容易理解，"转化"是指广告主在投放广告时希望观看广告的用户最终达成的行为，例如付费、填写表单、完成注册等。

广告被点击次数与被展示次数之比被称为点击率（CTR）。用户点击广告到成为一个完成目标转化行为用户的转化率被称为 CVR（Conversion Rate）。

例如，某个留学培训机构想要精准获得现在准备出国考雅思托福的用户的联系方式，便于后续通过电话进行精准营销。如果该机构在广告投放平台上投放广告并邀请用户填写联系方式（表单），那么符合期望的完整用户行为路径为：用户看到广告→用户点击广告→看到表单落地页→填写表单→提交表单，这个路径中的"目标转化行为"就是用户填写并提交表单。

再比如，某个移动游戏厂商在某应用商店上架了一款原生应用，想要获得一批新用户，并希望新用户在游戏中付费。那么符合广告主期望的新用户完整行为路径是：用户看到广告→点击广告→跳转到应用落地页→点击下载并安装游戏→点击游戏 ICON 进入游戏→创建账号→登录游戏→创建角色→完成新手引导→游玩游戏→付费。

这个过程中的"目标转化行为"就是玩家的付费行为。

用户的行为路径存在漏斗转化效果，行为节点越靠后，玩家数量越少。

假定 CPM 为 10 元，广告共展示了 10000 次，广告点击率和转化情况如表 8-1 所示。

表 8-1

行为节点		数量	相对转化率	绝对转化率	总花费（元）	单价（元）
展示	广告展示数	10000	100%	100%	100	0.01
点击	点击数	100	1%	1.00%	100	1
转化	点击下载并安装数	30	30%	0.30%	100	3.33
	激活数	28	93%	0.28%	100	3.57
	注册数	25	89%	0.25%	100	4
	登录数	25	89%	0.25%	100	4
	创角数	25	100%	0.25%	100	4
	完成新手引导数	20	80%	0.20%	100	5
	付费数	5	25%	0.05%	100	20

对于流量主来说，他们不关注点击率和转化率，只关注 eCPM，这 10000 次的广告展示给流量主带来 100 元的收益。同理，还存在"按目标转化行为出价，但是以点击次数计费"的方式。

对于广告主来说，他们只关注此次目标转化行为的单价和总花费情况。本次投放共花费 100 元，产生了付费行为的用户的获得成本为每用户 20 元。

此时出现了利益冲突问题。流量主只关注每个展示次数卖出去了多少钱，并不关注后面的用户转化行为。广告主关注的是展示、点击和转化行为的单价（核心关注转化行为单价），两者就产生了利益上的冲突。

冲突表现为：如果只按照广告展示次数计价，那么流量主满意了，但是广告主不乐意了，因为他的转化目标无法得到保障。如果只按照广告主的目标转化行为完成与否进行交易结算，那么流量主不愿意了，因为他的流量已经提供给了广告主，即使广告没有产生转化也与他无关。

为了解决这个问题，广告平台的算法系统应运而生。广告优化师可以在投放平台设定预算、出价等参数，例如广告投放的预算为 10000 元，同时要求注册用户单价在 10 元以内，那么系统会先通过算法预估从展示到点击再到转化的各个步骤的转化率，计算出 eCPM 价格，然后寻找合适的流量主进行投放，通过"按目标转化行为出价，但是以展示次数计费"的方式保证双方利益最大化且交易可以顺利进行。

对于广告主而言,提高从广告展示环节到最后转化环节的转化率可以降低最终的投放成本,这也是广告投放优化的重点之一。

效果评价标准:

为了评估广告效果,描述广告效果和费用的关系,满足需求方和供应方的交易需求,存在诸多的效果评价标准,例如:

- CPM(Cost Per Mile):按每千次曝光进行收费。
- CPC(Cost Per Click):按每次点击进行收费。
- CPA(Cost Per Action):按每次行动进行收费。
- CPS(Cost Per Sale):按销售金额进行收费。
- CPT(Cost Per Time):按展示时间进行收费。
- CPI(Cost Per Install):按每次激活/安装进行收费。

8.2 广告变现

广告变现是互联网产品的主要商业化方式之一。游戏也不例外,广告变现是游戏变现尤其是休闲游戏变现的主要方式。

8.2.1 游戏广告变现的参与者

1. 流量主

1)流量主分类

流量主包括有广告变现需求的各类游戏产品,具体分为以下几类。

纯广告变现产品:

这类产品无内购,以广告变现作为唯一变现手段。一般以纯休闲类产品为主,游戏内养成线很弱,养成深度没有或者很浅,例如 Voodoo 旗下的各类超休闲小游戏。

侧重广告变现的混合变现产品:

这类产品存在内购和广告变现两种变现手段,但广告商业化是核心变现方式。通常情况下，这类产品也具备一定的休闲属性，有一定的养成线和养成深度。

侧重内购的混合变现产品：

这类产品内同样存在内购和广告商业化两种变现方式，但内购是核心变现方式，广告变现只是作为一种辅助变现手段存在，这类产品以中重度类型居多，产品具备完整的养成线和较深的养成深度，例如《江南百景图》。

前两类产品可被归为休闲游戏品类，第一类产品也被称为超休闲游戏，第二类产品被称为中度休闲游戏。

2）休闲游戏

（1）休闲游戏的特点。

上手门槛低：

休闲游戏具备较强的休闲属性。这类游戏的上手门槛极低，游戏规则简单易懂，没有非常复杂的核心战斗规则和养成规则，也没有非常复杂的养成线。

爽感反馈周期短：

无论是考验玩法控制力和反应力的操作类休闲游戏，还是考验玩家思考力的策略类休闲游戏，产品的爽感反馈周期都非常短，即成功或者失败的反馈来得非常快。失败了让人有挫败感，玩家会再次重复尝试。成功了有成就感，玩家想要尝试更多的内容。休闲游戏的"心流区间"带给玩家正反馈和负反馈的速度非常快。

目标用户群体范围广：

受到第一个和第二个特点的影响，休闲游戏的目标用户群体相比其他中重度游戏要宽泛得多，尤其在用户年龄层和性别分布上。例如，消除类游戏的女性用户比例远远高于中重度游戏。因此，休闲游戏总体的获客成本相比于中重度游戏会低一些。

养成线没有或者相对较浅：

与中重度产品相比较，超休闲游戏几乎没有任何养成深度和养成线，游戏的长线目标感相对较弱，中度休闲游戏的养成深度介于超休闲游戏和中重度游戏之间。这也是中度休闲游戏可以同时通过内购和广告变现两种手段进行商业化变现的原因。

题材丰富：

由于休闲游戏的玩法简单且制作成本较低，所以这类产品的题材限制较少。相比于中重度游戏，休闲游戏的题材宽泛程度要高得多。

（2）休闲游戏分类。

休闲游戏的分类情况如表 8-2 所示。

表 8-2

分类			产品类型
超休闲游戏/中度休闲游戏	对抗类		I/O 类
	非对抗类	强策略型	消除
			拼图
			找不同
			数独
			俄罗斯方块
			2048
			文字
			解谜
		强操作型	跑酷
			音舞
			竞速
			射击
			体育
		模拟类	绘画模拟
			各类职业模拟
			换装模拟
			模拟经营
			模拟养成

近些年来，休闲游戏逐渐出现了"品类融合"的趋势，这种趋势发生在休闲游戏品类之间或中重度产品和休闲游戏品类之间。例如，《梦幻家园》将休闲游戏中的"消除"玩法和"模拟建造"玩法融合在了一起，《Puzzles & Survival》将重度的"SLG"玩法和"消除"玩法融合在了一块，两个产品都取得了较好的市场表现。

2. 广告主

由于人群定位准确且足够垂直，游戏内的广告位资源更适合做游戏产品的推广，因此游戏广告变现的广告主以游戏厂商为主。

3. 广告变现平台

国内外游戏行业的广告变现平台不同，国内典型的广告变现平台包括腾讯系的优量汇、字节系的穿山甲，海外典型的广告变现平台如 ironSource、Unity Ads、AppLovin、Google Ads、Vungle、Meta ads、Liftoff 等。

4. 第三方平台

通过第三方平台或工具可以帮助游戏提升广告变现效率，实现广告数据跟踪、分析等功能。

8.2.2 游戏广告变现的基础逻辑

在技术层面，游戏向广告变现平台请求广告，广告变现平台下发广告给游戏，完成广告位的填充，游戏向用户展示广告。

由上述的"请求→填充→展示"的广告变现实现逻辑可推导出"广告填充率""广告展示率"两个重要指标。

1. 游戏广告变现商业逻辑

游戏广告变现的核心商业逻辑：只要产品成本回收率超过 100%，那么产品的用户数越大则利润越高，直到获客成本或收入无法维持成本回收率>100%的模型为止。

投入端：

只考虑纯广告投放渠道的获客成本（CAC[①]），不考虑CPS渠道或渠道联运。

收入端：

$$LTV\_X = LT \times ARPU$$

如果是纯广告变现产品，则

$$LTV\_X = (1 + \Sigma 留存) \times IPU \times eCPM / 1000$$

如果是混合广告变现和内购两种变现方式的游戏，那么还需要考虑游戏的内购变现情况。另外，LTV_X 需要扣除各方分成（如研发商分成）、税费以后才是发行商到手的游戏收入，后续使用"LTV_X（到手）"代表这一概念。

LT：

用户生命周期。

[①] Customer Acquisition Cost，即获客成本。

IPU：

每日活跃用户人均广告展示次数，受到人均广告请求次数、广告填充率、广告展示率的影响。

eCPM：

给用户展示千次广告获得的收益，该指标可用于衡量产品中的广告位质量。

所以，单用户利润 Revenue=LTV_X（到手）− CAC，总 Revenue=用户量 × [LTV_X（到手）− CAC]。

根据成本回收率模型，当单用户的 LTV_X（到手）=CAC 时，官方在用户新增第 X 天的时候已经完成了单用户投放成本的回收。当单用户的 LTV_X（到手）>CAC 的时候，意味着官方在用户新增第 X 天时已经收回了单用户的投放成本，且开始获得额外的利润。只要保证 LTV_X（到手）>CAC 就可以扩大用户量级，利润会随着量级的扩大而不断增加。

超休闲游戏以纯广告变现方式为主，单用户利润低，且游戏长线留存不好。一旦成本回收率 > 100%，就会迅速扩大投放量级，提升自己的利润规模，直到无用户可买，或收益已经无法覆盖逐渐上涨的投放成本，产品会停止获客。这类游戏的目标用户群体规模大，但是用户价值不高，商业化的核心思路是"薄利多销""快速验证""快速回收"。

中度休闲产品有一定的养成线和养成深度，玩家的长期目标感相对较强，整体的长线留存要优于超休闲游戏，这类产品通过广告变现和内购两种方式同时进行商业化变现。依托休闲产品的核心玩法和美术表现力，中度休闲产品可以以相对中重度产品更低的获客价格获得用户，用"数值坑"拉高玩家的日活跃 ARPU 值，在用户的生命周期中尽可能做高单用户生命周期价值和单用户净利润。

针对中重度产品来说，广告变现是游戏商业化的一个补充手段，不能影响内购相关资源投放的节奏和用户整体的游戏体验。

2. 游戏广告的主要形式

广告形式多种多样，移动端游戏变现所使用的广告形式主要以 Banner、激励视频广告、插屏广告为主。

横幅广告（Banner）：

在不影响用户游戏体验和游戏交互的前提下，横幅广告一般常驻展示在屏幕上方或屏幕下方。这一类广告的展示频率高，有一定的自动刷新频率，但是 eCPM 相对低。Banner 广告位以图片形式为主，少数情况下会以 Gif 图的形式出现，对用户游戏体验的负面影响一般。

激励视频广告：

用户通过完整观看视频广告获得游戏内的奖励，这类广告被称为激励视频广告，一般由用户主动触发观看，eCPM 相对较高，对用户游戏体验的负面影响小，也是游戏中的主流广告形式。

插屏广告：

用户在通过游戏关卡或者系统功能的某些节点时，游戏主动弹出的广告被称为插屏广告，这类广告会强制用户观看，对用户游戏体验的负面影响较大。

3. 游戏广告变现功能的接入流程

1）前期调研

在接入游戏广告变现相关功能之前需要进行前期调研，调研内容包括两方面，首先需要对计划发行地区或国家的各类广告变现平台进行调研，包括主流广告变现平台的广告变现市场份额、主要广告商有哪些、平台接入要求（尤其是技术接入模块）、接入后续服务水平（AM[①]响应速度和对接效率）、平台广告填充情况、广告价格水平、每个季度的eCPM波动幅度和大致波动规律、平台支持哪些广告类型及核心广告类型是什么等信息。在掌握了这些基本信息后，根据自己的工期、时间及发行需求判断需要接入哪些平台。

其次需要调研计划发行地区或国家休闲游戏广告变现的产品细节，针对当地主流休闲游戏产品的广告展示频率、广告展示类型、广告展示位置、激励视频广告按钮等细节问题做初步分析。不同地区或国家用户的"广告忍耐度"是不一样的，他们对于广告位置、广告按钮的认知也已经被市场塑造好了，在产品切入这些市场时，需按照当地市场通用的广告变现设计准则进行商业化功能本地化。

2）游戏广告位分析与设计

曝光数据分析：

在设计游戏广告位之前，可以通过测试和数据反馈了解游戏各个页面与功能的曝光率是多少，为设计广告位做数据铺垫。

[①] Accounts Manager，可理解为账户经理或客户经理。

广告类型使用分析：

移动端原生类游戏产品的广告基本上以 Banner 广告、插屏广告和激励视频广告为主，其他的相对较少。各个广告类型适用的场景和产品类型如表 8-3 所示。

表 8-3

适用场景	Banner 广告	插屏广告	激励视频广告
超休闲游戏	√	√	√
中度休闲游戏	√	√	√
中重度产品			√

广告位设计原则：

广告变现是一种商业化手段，这种商业化手段是以消耗玩家注意力为代价的，广告是玩家的"游戏负面体验"之一。广告商业化运营人员需要通过合理的设计让玩家理解广告变现在游戏中存在的合理性和作为游戏盈利方式的必要性，并逐渐接受广告。所以在设计广告位的时候一定要从用户的角度去思考广告的体验，不能竭泽而渔。如果广告带给玩家的负面体验过大，超出了玩家能够理解和承受的范围，则会造成玩家的流失，得不偿失。例如，游戏不分时机地疯狂地弹插屏广告，玩家会一直被广告干扰，无法正常地体验游戏玩法，这样的广告设计模式会让玩家快速流失。

（1）Banner 广告位设计。

Banner 广告位适合具有较长在线游戏时长的超休闲游戏，以强策略类超休闲游戏为代表，例如解密类游戏。这类游戏的单个关卡耗时长，提供了充足的展示时间。另外，强策略类游戏的玩家与手机屏幕的触控互动频率低、精准度高，不容易造成误触广告的情况。

在设计 Banner 广告的时候，需要注意 Banner 广告的位置不要过于接近游戏的互动区或者按钮，否则容易被玩家误触导致此次点击行为被广告变现平台判定为无效流量。

（2）插屏广告位设计。

从用户体验维度来看，插屏广告和其他两类广告的区别在于，插屏广告是主动弹出并播放的，玩家的游戏体验过程会在没有任何准备的情况下被打断。插屏广告给用户带来的负面体验较大，因此在设计插屏广告的应用场景时需要特别慎重。

设计插屏广告位的关键点是广告弹出时机的选择，这类广告通常会在游戏功能、游戏页面切换过程中或者游戏关卡开始前、游戏关卡结束后弹出。这三类弹出设计方案中，推荐的设计优先级排序是"游戏关卡结束后"＞"游戏功能、游戏页面切换过程中"＞"游戏关卡开始前"。

玩家结束一局游戏后，借助看广告的时间也可以做短暂的休息。这个时间段内玩家的广告抵触情绪较低，整体的广告体验也相对较好，所以在游戏关卡结束后弹出广告是最优的选择。

在切换游戏功能、游戏页面的时候，插屏广告弹出的突兀感会被切换时的停顿感缓冲掉一部分，所以在这个节点使用插屏广告不会给玩家造成太多不舒服的感觉。

在游戏关卡开始前，玩家期待尽快进入游戏，这个节点的插屏广告完播率相对较高。但是因为增加了玩家玩游戏的等待时间，所以用户体验不太好。

设计插屏广告位时需要特别注意，不能在玩家有互动行为计划的页面展示前插入插屏广告，玩家很有可能因为条件反射直接点在了插屏广告上，而非自己真的想要了解广告里的内容。这种误触类型的点击行为给用户带来的体验非常不好，用户会很懊恼自己为什么点到了广告，并迅速从广告落地页退出。此次点击行为也会因为"插屏广告展示时间非常短但用户进行了点击行为"且"用户在广告落地页面停留时间过短"，被广告变现平台认定为是无效流量，影响流量主的信誉等级和后续广告变现质量。

（3）激励视频广告位设计。

激励视频广告分类：

激励视频广告按照展示方式可以分为两类。一类是常驻型，例如广告按钮常驻在大厅或者游戏功能、玩法的二级页面，玩家点击按钮并完整观看广告后可以获得奖励。常驻大厅的激励视频广告按照玩家在游戏中的长线追求定制奖励，常驻在游戏功能、玩法二级页面的激励视频广告需要针对对应的场景设计奖励内容。

另一类是推送型，例如在关卡开始前、关卡中或者关卡结束后，针对玩家在该场景下的需求定制奖励并推送对应的激励视频广告播放按钮，玩家主动完整地观看了视频广告，即可获得奖励。例如，角色在关卡中死亡了，这个时候游戏弹出一个复活道具，玩家只需要完整观看激励视频广告，就可获得该道具并原地复活游戏角色。

激励视频广告按钮设计：

激励视频广告与 Banner 广告、插屏广告最大的区别点在于，激励视频广告是玩家了解奖励是什么以后主动触发广告按钮并观看广告，因此广告按钮的设计至关重要。

激励视频广告按钮的 UI 界面设计要能够明确告知玩家这是一个看广告的按钮，且按钮的设计风格需要与游戏总体美术风格保持一致。例如游戏是像素风，那么按钮必然也是像素风，如果使用一个写实风格的按钮就过于突兀了。如果想要提高按钮的点击率，则可以给按钮增加一些特效，例如红点特效、背景动效等，也可以选择在按钮下方显示按钮消失的倒计时，增加玩家的紧迫感。

激励视频广告奖励说明：

激励视频广告的奖励内容及获得奖励的具体方式都需要明确告知玩家。在任何应用场景下，游戏都要明确告知玩家观看完这个激励视频广告的奖励是什么，以及看完广告后需要提示玩家奖励已经获得，如果是道具类的奖励，那么还需要告知玩家奖励存放的具体位置，例如背包。通过明确的信息反馈，可以强化玩家"看广告→获得奖励"的认知概念。

休闲游戏的激励视频广告场景设计：

对于常驻型的激励视频广告，可以选择在游戏大厅或者二级页面展示广告按钮。对于推送型的激励视频广告，可以在关卡开始前、关卡中和关卡结束后展示广告按钮，详见表 8-4。

表 8-4

时机	奖励类型	适用游戏类型
关卡前	可携带至关卡中的道具	—
	补充游戏体力的道具	—
关卡中	跳过关卡	解谜类
	解谜提示	解谜类
	帮助通关的道具	消除类
	复活角色	—
关卡结束	结算翻倍	

中重度游戏的激励视频广告场景设计：

中重度游戏使用常驻型的激励视频广告居多，推送型的激励视频广告使用较少。

中重度游戏的大厅曝光位资源非常宝贵，所以除非激励视频广告所能贡献的价值在游戏总流水中占比较高，在其他情况下都不建议将激励视频广告触发按钮放在游戏大厅。可以考虑将按钮放置在游戏二级页面，例如在内购页面中，游戏每天给玩家提供若干次看激励视频广告领取奖励或免费抽奖的机会。

中重度游戏中推送类的激励视频广告相对较少，这类游戏倾向于玩家使用内购的方式填补养成目标缺口。如果确实计划在中重度游戏中增加推送类的激励视频广告，那么不建议在战斗过程中设计推送节点，可以考虑在战斗前以补充体力道具、时间加速道具（例如培育、建造时间加速）作为奖励设计激励视频广告，或者在战斗结束后允许玩家通过观看广告增加结算的奖励数量。

3）平台接入与测试

在完成前期调研工作和广告位设计工作以后，可以开展广告变现平台的接入与测试工作。通过接入广告聚合 SDK 的方式，游戏可以避免逐一接入各个广告变现平台，提高了整体的接入效率。广告聚合 SDK 分为公司内部自建广告聚合 SDK 和第三方广告聚合 SDK，可以帮助游戏优化广告变现的效率，最大程度地完成流量变现。

在完成广告变现平台的接入工作以后，需要对广告的请求、返回、预加载等功能进行测试和验收。

8.2.3　游戏广告变现效果调优

游戏广告变现效果的调优是一个长期的过程，广告商业化运营人员需要抓住游戏广告变现过程中的核心变量和调整点。

通过对广告变现商业逻辑和成本回收率模型的分析，可以明确游戏广告变现效果的调优方向是**压低投入端成本**、**提高收入端收益**，也就是提高产品的 LTV_X，尽可能地压低 CAC。

1. 降低获客成本：产品侧调优

假定产品只通过广告投放进行获客：

$$获客单价 = CPM / (1000 \times CTR \times CVR)$$

- CPM：向用户展示千次广告的花费。
- CTR：广告点击数相对于广告展示数的比例。
- CVR：目标转化行为数相对于广告点击数的比例。

广告商业化运营人员可以协助广告投放团队优化 CTR 和 CVR：

CTR 受到广告样式、素材内容、广告形式、广告位置、广告尺寸的影响。例如视频素材的感染力优于图片，插屏广告的效果差于激励视频广告。

对于运营人员来说，在选品阶段需要考虑题材、美术风格及玩法表现力的吸量程度，除了依靠自身对于市场、用户的调研分析和判断，还需要提前进行吸量测试，了解产品的未来买量成本范围。在广告投放素材制作阶段，运营人员可以协助广告投放团队输出以游戏玩法为核心的素材创意。

"CVR"指标中常见的目标转化行为：

- 激活：用户下载安装并激活应用。
- 注册：用户进入游戏以后，成功注册账号。
- 登录：用户成功登录游戏。
- 创角：用户成功创建角色。
- 完成新手引导：用户完成新手引导。
- 付费：用户在游戏中产生了付费行为。

以付费行为作为目标转化行为为例，广告主期望的用户行为路径为用户看到广告→点击广告→跳转到应用落地页→点击下载并安装游戏→点击游戏ICON进入游戏→创建账号→登录游戏→创建角色→完成新手引导→游玩游戏→付费。

在这个过程中，"在应用详情页完成下载、激活行为的用户数"相对于"访问应用详情页的用户数"的比例被称为"商店详情页转化率"，商店详情页转化率主要受商店详情页内容影响，运营人员可以协助广告投放团队进行商店相关素材AB测试并在素材设计方向上提供自己的建议，提高商店详情页转化率。

注册、登录、创角、新手引导属于游戏前端转化流程中的环节，相关优化方案可以参考版本管理章节中的相关内容。当以注册、登录、创角、新手引导其中任一行为作为广告投放的目标转化行为时，优化前端转化率可以有效降低获客成本。

2. 提高广告收益：产品侧调优

$$LTV\_X = LT \times ARPU = (1 + \sum 留存) \times IPU \times eCPM / 1000$$

IPU

=广告展示总次数/活跃用户

=广告展示人数×广告展示用户人均展示次数/活跃用户

=广告渗透率×活跃人数×广告展示用户人均展示次数/活跃用户

=广告渗透率×广告展示用户人均展示次数

=广告渗透率×广告请求用户人均请求次数×广告填充率×广告展示率

所以

$$LTV\_X = LT \times ARPU$$

=（1+∑留存）×广告渗透率×广告展示用户人均展示次数×eCPM/1000

=（1+∑留存）×广告渗透率×广告请求用户人均请求次数×广告填充率×广告展示率×eCPM/1000

每日广告展示总次数：每天所有广告展示次数总和。

广告展示人数：展示过广告的人数总和。

广告展示用户人均展示次数：展示过广告的用户中，人均展示了多少次广告。

广告渗透率：广告展示人数占活跃人数的比例，用来衡量广告展示的覆盖面。

广告请求用户人均请求次数：在请求过广告的用户中，人均请求了多少次广告。

广告填充率：广告填充数量占广告请求数量的比例，用来衡量广告填充效果。

广告展示率：广告展示次数占广告填充数量的比例，用来衡量广告展示的效果。

所以，留存、广告渗透率、广告请求用户人均请求次数、广告填充率、广告展示率和 eCPM 共同影响了广告变现的收益。其中产品侧可以调整的模块是留存、广告渗透率、广告请求用户人均请求次数，广告聚合 SDK 可以优化广告填充率、广告展示率及 eCPM。

1）留存

休闲游戏短期目标感强，爽感可以即时反馈，所以这类产品的次日留存数据较高。但是因为缺乏长线追求和长线养成目标，且内容玩法简单、重复度高，导致这类产品的长线留存较差。例如，超休闲游戏次留可以做到 50%+，但是七留只能做 10%+。

休闲游戏因为玩法简单，产品的制作周期也比较短，所以慎重地选择立项方向比后期调优产品更加重要。

休闲游戏的基础立项思路是"传统品类+微创新"。经过多年发展，休闲游戏市场上的基础子品类基本已经固定，不太可能有研发团队能在短时间内完成一款拥有"完全创新""前无古人，后无来者"式玩法的产品。所以在实际业务操作过程中，选择一个符合目标市场趋势和当地用户群体喜好的品类，在这个基础上进行微创新是一个相对稳妥的方法。例如，日本市场上的消除类休闲游戏和欧美市场上的文字类休闲游戏都是本土认可度比较高的品类。这些传统品类的核心玩法大方向已经确定了，后来者可以在题材、美术风格、玩法变种上做一定程度的创新，探索别人没有尝试过的题材和玩法细分方向。另外，正如之前所提到的，玩法融合也是当前休闲游戏市场的大趋势，通过融合休闲游戏和中重度游戏的玩法可能会迸发出更多创新点。

在确定了游戏的题材、美术风格、玩法方向后，可以继续通过调整游戏的首日难度曲线、优化玩家的首局体验提升产品的新增用户次日留存数据。

调整游戏首日难度曲线的目的是让玩家在第一天拥有"心流体验"。通过多次测试和调整，确保玩家在首日体验过程中既不会因为玩法太难而充满挫败感，也不会因为觉得游戏幼稚且过于简单而丧失兴趣。

在玩家的首日游戏体验过程中，首局体验的好与坏直接影响玩家对于游戏是否好玩的判断结论，进而影响次日留存数据。调整首局体验需要注意新手引导是否清晰、首局是否全面展现了玩法效果、难度是否适中、界面是否清晰不杂乱。运营人员可以找玩家和同事不断地测试和优化迭代游戏首局体验。

在休闲游戏新增用户七日留存数据的优化过程中，广告商业化运营人员主要关注游戏是否成功为玩家树立短期目标追求。中度休闲游戏有一定的数值深度，可以详细规划从次日到第 7 日的玩家成长路径，保证玩家每天都有养成效果和验证实力的正向循环，以及达成目标的成就感。

超休闲游戏可以考虑从玩法上增加游戏内容的随机性和变化性，例如定期增加新的道具、玩法或在不同时间段随机掉落不同的资源，尽可能保持玩法带给玩家的新鲜感。一旦玩法重复度过高且没有足够的新内容填充，玩家会在感到无聊后逐渐流失。

另外，可以考虑通过增加非数值向的游戏追求目标激励玩家的长线留存行为。例如设计游戏七天里程碑，玩家每天完成任务后获得一定积分，通过积分可以兑换皮肤。

2）广告渗透率

广告渗透率是指广告展示人数占活跃人数的比例，与游戏付费率的概念类似。广告渗透率越高，意味着用户人群中观看广告的人数比例越高，游戏的整体广告收益也会更高。

Banner 广告的广告渗透率受到玩家游戏时长的影响，活跃玩家每天的关卡游玩次数越多、单局平均时间越长，Banner 广告的广告渗透率越高。

插屏广告的广告渗透率受到插屏设计深度、插屏设计数量、活跃玩家关卡游玩次数的影响。如果插屏广告的触发节点设计得过深，则会导致触发的人数较少，广告渗透率变低。运营人员可以通过分析游戏内各个页面的曝光量、游戏按钮的曝光点击率等数据，选择不同的位置测试插屏广告，提高广告渗透率。

活跃玩家的平均关卡游玩次数越多，插屏广告的渗透率越高。但因为插屏广告对玩家游戏体验的负面影响比较大，所以不能因为想要提高广告渗透率而一味地增加插屏广告的数量和频率。例如，可以设置玩家每日首次进入游戏大厅后和游戏内功能、玩法进行的前 N 次的交互过程中默认不弹出任何插屏广告，玩家每天登录游戏后首次体验关卡的开始前和结束后不插入插屏广告。

常驻型激励视频广告的广告渗透率受到广告按钮位置、按钮设计样式和奖励内容的影响。推送型激励视频广告的广告渗透率受到按钮设计样式、弹出时机、奖励内容及玩家人均关卡游玩次数等行为的影响。可以针对性地调整按钮位置、按钮样式、弹出时机、奖励内容或提高玩家的人均关卡游玩次数，从而提高激励视频广告的渗透率。

3）广告请求用户人均请求次数

广告请求用户人均请求次数是指当日的总广告请求次数除以请求了广告的用户数量得到的数据，用来衡量请求了广告的用户看广告的强度，类似于内购中的 ARPPU 指标。

因为 $LTV\_X = LT \times ARPU = (1+\Sigma 留存) \times IPU \times eCPM/1000$ 且 IPU=广告渗透率 × 广告请求用户人均请求次数 × 广告填充率 × 广告展示率。

所以单从收益公式的角度来看，在其他指标不变的情况下，广告请求用户人均请求次数越高越好。但从长期来看，广告请求用户人均请求次数不断提升会导致 eCPM 下降，且广告展示过于频繁对于用户而言体验较差，所以广告请求用户人均请求次数维持在某一个区间内可以带来收益的最大化和相对良好的用户体验，在实操过程中广告商业化运营人员需要根据不同的游戏情况进行反复调试后确定大致的区间范围。

3. 通过广告聚合 SDK 优化流量分发逻辑

大的流量主往往会先在非公开市场将自己的优质流量进行售卖，再将剩余流量放到公开的 RTB 市场进行变现。对于中小流量主来说，只能通过广告聚合 SDK 优化流量的分发逻辑。

广告聚合 SDK 聚合多个广告变现平台，通过优化广告的请求、展示等逻辑，提高广告填充率并展示出价高的广告，实现流量主利益的最大化。同时通过数据监控等手段降低广告风险。

1）提高广告收益

在不接入广告聚合 SDK 的情况下，流量主的广告位每次只向一个广告变现平台请求广告，如果广告变现平台没有合适的广告进行展示，则浪费一次广告展示机会。

而广告聚合 SDK 因为聚合了更多的广告源，可以通过优化广告的请求、展示等逻辑提高广告填充率、广告展示率及 eCPM，从而提高整体的广告收益，具体可参考图 8-2。

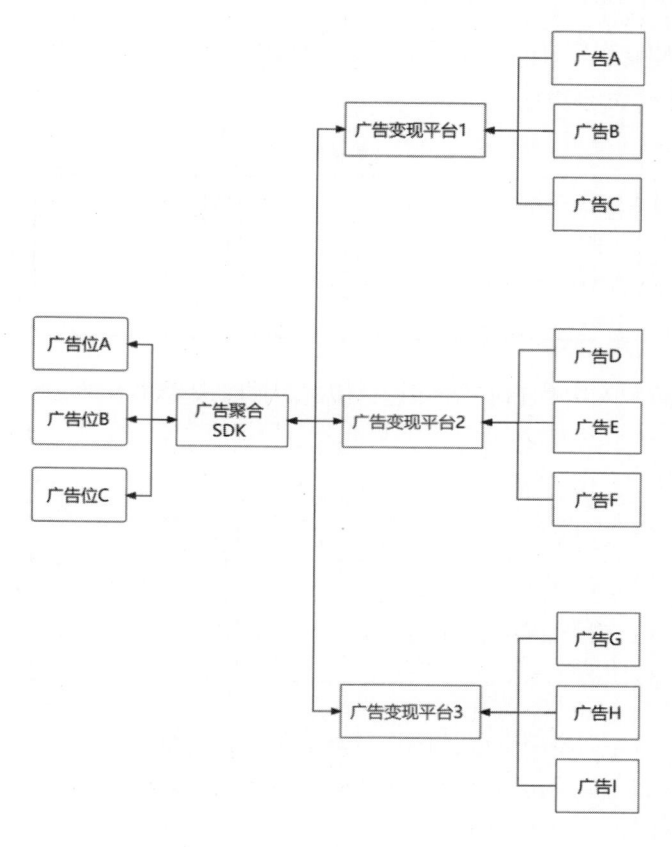

图 8-2

广告填充率：广告位曝光资源的交易受供需因素影响，并不是所有的广告位在请求广告后都会填充上广告，广告无法填充就意味着白白浪费了广告位资源，降低了广告收益。广告聚合 SDK 通过 Waterfall 逻辑/Header Biding 逻辑/Hybrid 逻辑可以帮助产品获得更高的广告填充率。

广告展示率：广告展示率受到网络条件等因素的影响。广告聚合 SDK 的广告预加载功能可以提前缓存、储备广告，通过超时补余的逻辑降低广告展示的失败概率。

eCPM：广告聚合 SDK 通过 Waterfall 逻辑/Header Biding 逻辑/Hybrid 逻辑不光可以提高广告填充率，还可以尽可能填充 eCPM 价格高的广告，提高广告总收益。

常见的广告聚合 SDK 的广告请求模式有三类，即 Waterfall 模式、Header Biding

模式和 Hybrid 模式。

（1）Waterfall 模式。

现在有 10000 次广告请求，可接入的广告变现平台有 3 个，填充率和 eCPM 如表 8-5 所示。

表 8-5

广告变现平台	填充率	eCPM（元）
广告变现平台 1	20%	10
广告变现平台 2	40%	8
广告变现平台 3	70%	3

如果产品只接入其中任何一个平台，假定广告展示率为 100%，那么收益情况如表 8-6 所示。

表 8-6

广告变现平台	广告展示次数	收益（元）
广告变现平台 1	2000	20
广告变现平台 2	4000	32
广告变现平台 3	7000	21

通过 Waterfall 可以实现同时填充三个平台的广告，假定广告展示率为 100%，则收益为 10000×20%×（10/1000）+10000×（1－20%）×40%×（8/1000）+10000－（10000×20%+10000×（1－20%）×40%）×70%×（3/1000）=55.68 元，此时广告收益实现最大化。

Waterfall 模式的典型特点是串行请求，即按照价格高低依次请求各个广告变现平台的广告，符合要求就进行填充，实现填充率和 eCPM 价格的最大化。

因为广告请求的逻辑是从价格高的广告变现平台依次请求的，所以这个模式被称为 Waterfall（即瀑布流）。具体可参考图 8-3。

广告变现平台的请求顺序确定方式：

广告变现平台的请求顺序根据该平台上广告的 eCPM 水平确定，eCPM 水平参考该平台过往的历史数据。

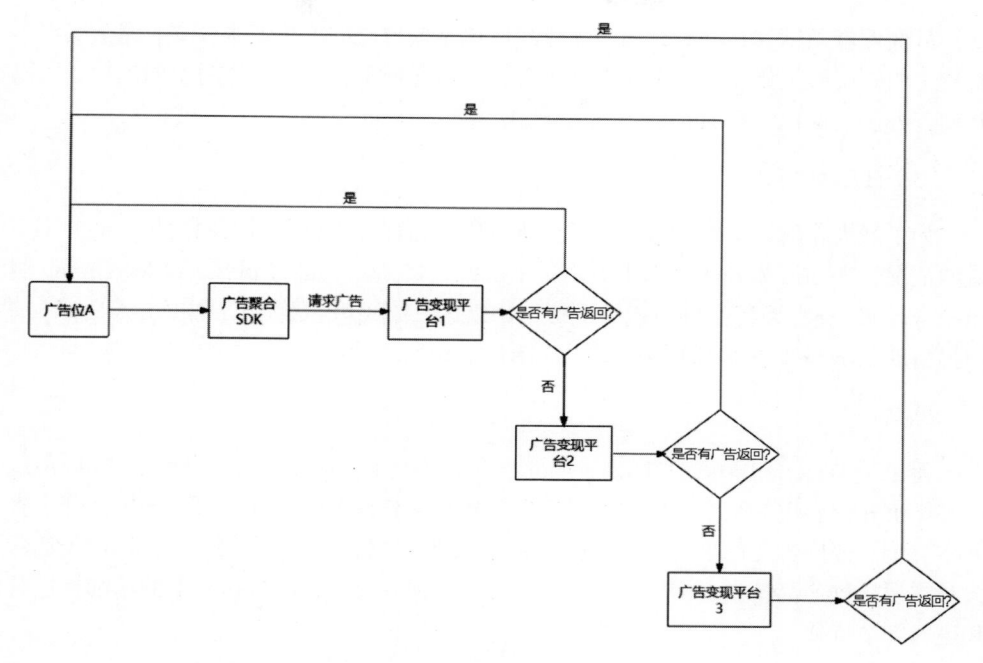

图 8-3

总结下来，Waterfall 模式可以提高广告的填充率和 eCPM 水平，缺点是根据历史数据排列广告变现平台请求顺序不够准确，且人工干涉程度高，自动化程度低，以及总体请求时间较长。

（2）Header Biding 模式。

Header Biding 模式是典型的并行请求逻辑，同时请求多个广告变现平台获得实时出价，并选择价格最高者进行填充。具体可参考图 8-4。

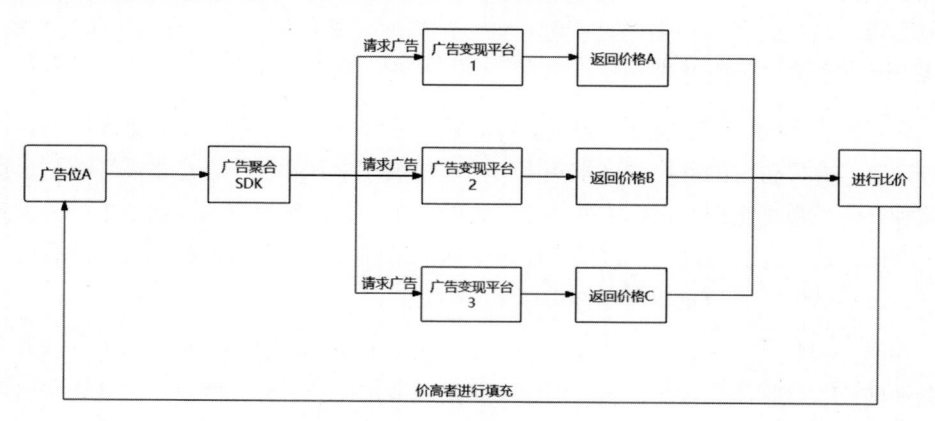

图 8-4

从变现者角度看，Header Biding 模式应该是最理想的广告请求模式，完全实现了流量主的利益最大化。但因为并不是所有的广告变现平台都支持实时返回出价，所以并没有办法大面积使用 Header Biding 模式。

（3）Hybrid 模式。

为了最大化流量主的利益，面对广告变现平台部分支持实时返回出价、部分不支持的情况，Hybrid 模式应运而生。简单来说就是将 Waterfall 逻辑和 Header Biding 逻辑结合起来，充分发挥两种模式的优势，实现流量主利益的最大化，如图 8-A 所示（请扫描封底二维码获取本书下载资源中的图片）。

总结：

无论是 Waterfall 模式、Header Biding 模式还是 Hybrid 模式，实际设计和应用逻辑都比上述内容更为复杂。广告请求逻辑的优化工作需要逐渐深入到分国家、分广告展示类型、分广告变现平台的阶段，后期细化到分广告位进行优化。广告商业化运营人员需要根据产品特点、广告展示类型、广告变现平台等情况进行长期的精细化运营和逻辑细节优化。

2）降低广告风险

为了保持一个相对公平合理的流量交易市场环境，各个广告变现平台都具备一套不对外的黑盒算法用于定义和监控无效流量与作弊流量。如果平台判断流量存在问题，轻则对于流量主发出的广告请求不做反馈，重则对流量主进行警告或封账号处理。

对于流量主而言，即便主观上没有恶意"刷假量"的想法，但也难免因为一些特殊原因出现被广告变现平台判定游戏存在无效流量的情况。为了尽可能规避这种情况，首先游戏需要严格按照广告变现平台提供的接入方案开展接入工作，符合平台的技术规范要求。其次运营人员需要紧密监控各个广告变现平台及各个广告展示位的数据，出现异常数据需要及时处理。

广告聚合 SDK 可以通过监控数据对异常情况进行自动报警和及时处理。例如，对分国家、分广告位的"广告请求频率""广告填充率"和"广告点击率"等指标进行监控，一旦数据出现异常，比如某个广告的点击率是往常数据的 3 倍以上，大大超过了阈值，广告聚合 SDK 平台便会通过推送消息的方式向值班人员报警，并暂停对应广告位后续的广告请求权限以保护账号安全。

在激励视频广告模块，部分用户会为了获得奖励进而频繁地"刷广告"，游戏会不断地向广告变现平台请求广告，但过于频繁地请求广告有时会触发广告变现平台对于无效流量的判定机制。为了避免这类情况，广告聚合 SDK 会对用户请求广告行为的间隔时间和单日总请求次数做限制，降低广告风险。

8.3 游戏广告投放

运营人员不需要掌握广告投放的具体技巧和方法，但由于广告投放是发行获客过程中非常重要的一环，所以运营人员需要了解广告投放的大致工作内容、工作思路和业务关键点，知道如何从运营工作的角度协助广告优化师[①]制定广告投放计划和策略，优化投放效果，从版本管理的角度确保广告投放模块的接入工作顺利进行。

8.3.1 概述

1. 游戏广告投放

游戏广告投放的算法逻辑：

广告投放获客的基础逻辑在"程序化广告基础逻辑"一节中做了简单铺垫，其中提到为了调和"广告主"和"流量主"的"利益矛盾"，平台会根据算法估算广告投放的 CVR 和 CTR 数据，从而得到一个估计的 eCPM 价格，综合进行合理出价。

除了估价，平台算法还存在匹配和寻找目标用户群体的算法逻辑。例如，广告投放侧"广告主"想要寻找 18～45 岁的一线城市男性白领人群，广告投放平台通过已有的 DMP 系统，可以针对性地筛选用户，对符合此类标签要求的用户精准地投放素材，尽可能地帮助广告主获得目标用户。

除了通过广告投放后台的人群标签筛选目标用户群体，平台还可以通过学习用户行为数据的方式寻找目标用户。例如，发行团队想要通过广告投放获得能够在游戏中完成创角行为的用户，则可以上报完成创角行为的用户相关数据给广告投放平台进行学习，平台完成用户特征的学习以后再寻找类似的人群。部分广告投放平台也支持广告优化师按照一定格式直接提供目标人群的"人群包"信息，平台通过算法学习这些人群信息，帮助广告主寻找目标人群。

目标优化事件：

"目标优化事件"也被称为"出价事件"，也就是在"程序化广告基础逻辑"一

---

① 负责广告投放的人员，也称为广告投手。

节中提到的广告主所关心的目标转化行为。广告优化师可以在广告投放后台设置出价事件和出价价格，告知广告投放平台广告主愿意花费多少钱去"购买"一个可以完成 XX 行为的用户。出价事件既可以是官方事件，也可以是游戏上报给广告投放平台的自定义埋点事件。

游戏广告投放的广告生命周期：

每个广告投放平台下的广告计划[1]都存在自己的生命周期，包括学习期、成长期和衰退期。

每个广告投放平台都有一整套自己专属的算法逻辑，除了前文所述的 eCPM 估算逻辑和目标人群画像学习与定向查找逻辑，还存在其他各种各样的算法逻辑。这些逻辑生效和学习的期间被称为学习期，有的媒体渠道学习期耗时长，有的耗时短。有时广告优化师会说："这个广告计划刚建，还没起量呢"，意思就是广告计划还在学习期，需要等待一段时间才能大量地获得目标用户。

学习期结束后，广告计划进入成长期，也就是广告优化师所说的"起量了"。在这个阶段，广告计划会有一个稳定的数据表现。但是随着时间的推移，广告计划会进入衰退期，也就是"没量了"，预算花不出去，获客数量逐渐下降。

游戏广告投放工作细分：

游戏广告投放的具体工作根据广告投放目的和服务对象的不同可以作进一步的细分。

按照平台和开发模式的不同，目前市面上的游戏可以分为主机游戏、PC 游戏、移动端原生应用游戏（安卓、iOS 渠道）、网页游戏、微信小程序游戏等，不同类型游戏的广告投放渠道和转化路径是不同的，本书只讨论移动端原生应用游戏的广告投放和获客。

根据广告投放目的的不同可以将广告投放分为"效果广告投放"和"品牌广告投放"，品牌广告是以 CPT 等形式进行合作的、以品牌推广为核心目的的广告。而效果广告是以某个目标转化行为作为出价事件的广告。本书只讨论效果广告投放。

移动端原生应用游戏分布在安卓平台和 iOS 平台，不同平台的应用分发路径也较为丰富，造就了对应不同下载路径的广告投放获客转化途径，如表 8-7 所示。

---

[1] 广告投放后台的系统层级一般分为三层，分别是"广告组""广告计划""广告创意"。"广告组"由多个"广告计划"组成，"广告计划"由多个"广告创意"组成。

表 8-7

渠道	地区	下载方式	广告投放路径	
安卓渠道	海外	应用商店内下载	媒体渠道广告投放	商店内广告投放
	国内	应用商店内下载（联运渠道等）	媒体渠道广告投放	商店内广告投放
		官网包	媒体渠道广告投放	—
iOS 渠道	海外/国内	应用商店内下载	媒体渠道广告投放	ASA[①]

无论是媒体渠道广告投放还是商店内广告投放的获客路径，用户通过广告在应用商店内下载游戏并最终进入游戏的路径均为看到广告→点击广告→跳转商店应用详情页→下载游戏→安装游戏→激活游戏→注册账号→登录游戏→创建角色→完成新手引导→。

由于官网包没有应用商店详情页进行承载，所以玩家通过广告下载官网包并最终进入游戏的具体过程为：看到广告→点击广告→下载游戏→安装游戏→激活游戏→注册账号→登录游戏→创建角色→完成新手引导。

2. 了解广告投放的工作内容

1）广告投放的工作思路

广告投放的工作流程决定了广告投放的工作思路，具体分为需求确认、方案制定、资源筹备和方案执行四个阶段，前三个阶段在游戏上线前完成，最后一个阶段配合游戏上线过程完成，详见表 8-8。

表 8-8

阶段	内容
确认需求	确认不同发行阶段广告投放的具体目的 根据发行计划，确认游戏需要获得什么样的用户（用户画像） 确认获客量级需求 确认目标转化事件 确认预算，包括日预算、周预算、月预算等 确定获客周期和时间 确定预期获客单价和可承受范围 确认广告投放地区

---

① Apple Search Ads，即苹果搜索广告。用户在 App Store 中搜索应用时出现在搜索栏下方的广告。

续表

阶段	内容
制定方案	根据游戏情况制定广告创意方向 确定需筹备素材的数量 和内外部团队确定素材制作的周期和节奏、价格 确定使用哪些媒体渠道进行获客，以及不同媒体渠道在整体获客方案中的定位 制定详细到每天的广告投放计划 制定广告投放的应急方案（AB 计划）
资源筹备	根据需要开展广告投放账号的开户、充值和搭建工作 筹备、跟进和验收广告素材进度 确认广告投放相关技术接入模块的对接和落实情况
方案执行	监控广告投放的前后端数据 根据获客效果针对投放策略、投放计划进行调整和优化 根据投放效果数据调整素材方向，并制作新素材

2）获取广告投放市场情报

广告投放市场的情报主要包括"广告投放市场相关大盘数据""媒体渠道情况""广告投放平台政策和规则"三方面。情报信息的变化更迭速度非常快，广告优化师需要根据短期内和未来预期的趋势制定投放策略并调整当下投放计划。所以获取广告投放市场的相关情报对于广告优化师而言非常重要。

（1）广告投放市场相关大盘数据。

分地区、分媒体渠道了解对应的 eCPM、CTR、商店详情页转化率和其他目标转化行为获客单价的大盘数据。针对刚上线的新游戏，尽可能打听到对方的获客成本情况。了解以上信息有助于广告商业化运营人员和广告优化师判断目前的广告投放数据是否符合市场平均水平，便于重点调整数据差异过大的模块。例如，目前对应品类的市场大盘 CPI 基本上在 15 美元左右，而自己游戏的 CPI 在广告计划的"成长期"也只能稳定在 20 美元左右，两者差距过大，需要快速定位原因并优化调整。

受到节日、大广告主入场等因素的影响，大盘 eCPM 也会产生波动。如果产品的大规模广告投放时间和大厂类似产品的大规模广告投放档期"撞上"了，那么很有可能因为对方的高广告投放预算和强势的媒体渠道资源导致自己产品的获客单价猛涨且获客量级达不到需求。所以在确定广告投放计划时，提前了解其他厂商的大致发行计划和获客节奏非常重要。

（2）媒体渠道情况。

广告优化师需要了解媒体的流量构成情况、用户群体特点、近期的流量质量情况，重点关注基于平台算法的媒体渠道获客节奏。有的平台"学习期"比较长，见效慢，但广告计划的"成长期"持续时间长且价格稳定；有的平台"学习期"短，见效快，但是获客单价飙升快，获客数量不稳定，广告计划的"成长期"持续时间短。了解媒体渠道的"脾气"才能更好地制定广告投放计划、调整广告投放策略。

（3）广告投放平台政策和规则。

广告投放平台政策包括"广告素材审核标准""广告素材审核流程""开户和充值要求""违规行为的定义和处罚政策"等。广告投放平台规则主要包括平台所规定的完成广告投放行为的标准流程和操作规范，以及平台所包含的各类功能和使用方法。广告优化师要善于探索、尝试、利用广告投放平台推出的新功能，有可能提升广告投放的效率和效果。

3）广告投放的调优思路

广告投放的调优思路需要根据媒体渠道特点、产品特点、广告投放目标、广告计划的获客数据表现等各方面因素来制定。作为运营人员，只需要了解广告优化师的大致调整思路。即关停目前处于"衰退期"的广告计划、根据广告投放需求新建广告计划，维持当前仍在"成长期"的广告计划，保持老中青广告计划有效接力。具体维持方式包括调整出价、调整预算、调整定向人群、调整素材、调整出价事件、调整出价方式、调整广告投放类型等。

3. 运营与广告投放团队的配合

广告投放和运营虽然属于发行中的不同模块，但是两者的交集相对较多，大致包括以下几部分。

运营人员通过产品侧的优化协助广告投放的优化：

在产品的选品和立项阶段，广告投放团队会根据产品题材、美术和玩法的吸量情况，给出一定的选品倾向建议。运营部门参考这些情报，有意识地在立项前期把产品的吸量和广告投放获客问题考虑进来。

产品具备可试玩版本后，广告投放团队可以通过吸量测试确定产品的吸量情况。

在产品生命周期后期，基于玩法和美术的投放素材创意会逐渐枯竭，除了游戏新版本内容带来的推广亮点和新素材，运营部门可以考虑通过在游戏内增加融合玩法和副玩法的方式拓宽买量素材创意空间。

开展版本管理前期相关工作：

根据各个广告投放平台的需求，在游戏正式上线前需要接入广告投放平台 SDK 并测试，制作事件埋点并验收，以及在各个广告投放平台后台填写产品相关的必须物料和信息，例如游戏的应用商店下载链接。

确定广告投放目的、效果、策略、计划与应急方案：

广告投放成本在产品发行总成本中占比非常高。在产品上线前期，广告投放一天动辄消耗几十万、几百万元的预算。因此在产品上线前，运营部门需要协助投放团队确定广告投放目的、广告投放策略、广告投放计划、广告投放效果与各类应急方案，确保广告投放花出去的每一笔钱都目的明确、效果真实。

在产品上线后，广告投放的效果数据变化很快，运营人员也需要持续监控前后端数据，和广告投放团队负责人共同分析数据，高频地沟通结论和信息，对广告投放策略进行快速动态调整。产品上线前期往往是广告投放获客的爆发期，广告投放的预算规模大且消耗快，这个时候广告投放相关决策的制定速度需要快，因为"时间就是金钱"。在拿到广告投放效果数据到做出调整决策的这个过程如果拖得太久，例如比预期时间多了 2 小时，那么这 2 小时所消耗的预算就白白浪费了。因此除了制定常规的广告投放计划、策略，还需要制定应急方案，便于在广告投放获客的爆发期遇到各类情况时可以快速调整策略并立刻执行，避免广告投放预算被白白浪费。

8.3.2　游戏上线前

1．吸量测试

在产品立项阶段，需要对产品进行吸量测试。通过制作一批游戏素材并在媒体渠道进行广告投放，依据 CVR、CTR、eCPM 等指标了解玩法表现力、美术和题材的总体采量成本及用户反馈。在这个阶段，运营人员需要协助广告投放团队确定测试方案，尤其是要确定测试目的、测试素材、明确吸量测试包上架相关问题等。吸量测试一般以安卓渠道为主，国内发行时可以通过官网包进行广告投放吸量测试，海外发行时可以通过 Google Play Store 进行测试。

1）测试目的

根据测试对象的不同，可以将吸量测试目的分为核心玩法测试、美术风格测试和游戏题材测试。

核心玩法测试的对象分为两种，一种是核心玩法吸引力测试，另一种战斗表现力测试。核心玩法吸引力测试的目的是想要知道核心玩法是否能够获得目标用户的认可。

战斗表现力测试的目的是通过素材直观地表现游戏核心玩法的战斗表现效果,了解市场上用户对于战斗表现力的喜好情况及战斗表现力的吸量情况。战斗表现力受战斗观察视角、战斗动画特效、战斗音效等因素综合影响,可以在测试时对这些模块分别进行针对性的测试。

需要注意的是,游戏的核心玩法包含策略性体验和操作性体验,在没有进行正式导量让玩家亲自体验的情况下,只依靠游戏核心玩法的吸量测试无法得到玩法好玩或者不好玩的结论。

"美术风格"和"游戏题材"是两个不同的概念,需要分开进行测试。

题材测试的目的是评估某个题材在某个地区的吸量程度,测试的时候需要在广告投放素材中侧重展示可以明显反映题材的元素。例如,中世纪西方魔幻题材可以通过巫师、魔杖、魔法、矮人、精灵、骑士、铠甲、盾和矛等元素进行暗示。末日题材通过满目疮痍的建筑、散落在道路上的逃生车辆、僵尸等元素进行暗示。

美术风格测试是吸量测试中的重点与核心,测试素材需要侧重游戏中的角色、大厅、战斗场景等可以典型反映美术风格的元素,了解目标用户群体对于产品美术风格的接受度和好感度。

根据测试深度的不同,吸量测试可以分为"eCPM+CTR 测试""eCPM+CVR 测试""eCPM+CPI 测试"。

开展吸量测试时,如果游戏不具备能用于上线的包体,则可以开展 CTR 测试(点击率测试)。将用于吸量测试的广告计划建在已有商店详情页的其他产品项上,这会造成玩家通过点击广告素材跳转到的商店详情页和下载的游戏并不是广告素材中所宣传的产品,因此商店详情页转化率和 CPI 数据无法反馈产品的真实表现,只有 CTR 指标具备参考意义。

CVR 测试和 CPI 测试都需要研发团队提供可上线的游戏包体并完整地搭建商店详情页,通过完整流程测试商店详情页转化率和 CPI 情况。如果实在没有可用的游戏包体,那么可以暂时使用空包进行测试。

以上测试方式都可以得到对应的 eCPM 数据。

2)测试方式

吸量测试的测试方式以对比测试为主,每一个测试对比组只能针对一个测试目的进行,严格遵循单一变量法。

对比组内需要设计对照对象,对照对象和测试对象需要在对照维度上存在一定的差异，否则很难通过广告投放得到明确的结论。如果两者在对照维度上的差异过小但仍有对比需求，则可以考虑通过用户研究的方式得到更为具象化的结论。

3）测试方案

根据测试目的确定目标测试国家或地区及测试方案，测试方案包括测试预算、测试数量级、目标用户群体、测试所用媒体渠道。

国内发行时多数情况下会通过官网渠道或联运渠道进行吸量测试，海外发行过程中多以 Google Play Store 作为应用下载路径进行吸量测试。确定了目标测试市场和应用包的下载路径后，运营人员需要根据产品立项时的计划设定产品测试的目标用户群体画像，例如 18~45 岁的男性卡牌玩家，并将相关信息提供给广告优化师进行参考。单次测试量级以对照组的数量、预算金额及测试深度综合确定，需满足对比数据的最低参考值。在预算充足的情况下，可以分不同媒体渠道进行吸量测试，但不建议选择前期"学习期"长、起量慢或总体量级小的渠道。

4）测试结果分析

在吸量测试结果中，运营人员需要核心关注 eCPM、CTR、CVR 和 CPI，通过对比对照组数据之间的差异大小判断吸量程度。eCPM 受多个因素共同影响，所以需要结合具体的情况与投放团队共同评估后得到更为准确的结论。CTR 高意味着素材吸量效果好，CVR 高代表商店详情页转化率及后续转化步骤的转化率高。CPI 越低越好。

需要特别注意的是，因为吸量测试的总体广告投放量级比较小，所以通过吸量测试得到的获客成本数据尤其是 eCPM 并不能作为游戏最终正式上线时的广告投放成本来参考。在进行大规模推广和广告投放的时候，随着广告投放量级的扩大，单用户的获客成本会逐渐爬升。

2. 素材创意效果摸索

运营人员需要和广告优化师一起摸索广告投放素材的创意方向，相比于广告优化师，运营人员更加了解游戏的目标用户群体和产品卖点，能够从这两个方向提供更多的素材创意思路。

1）素材和创意分类

广告投放素材按照形式分为视频素材、图文素材，按照内容可以分为游戏类素材、真人类素材、动画类素材、漫画类素材等。游戏类广告投放素材以游戏卖点作为核心展示内容，可能是展示炫酷的装备和武器、华丽的战斗场景、出众的角色美术设计。真人类广告投放素材多以情景故事短视频的形式展现。动漫类广告投放素材既可能是对游戏内容的二次演绎，也可能和真人类广告投放素材的内容方向类似，但是会在剧情和表现力上更为夸张和无厘头。

2）游戏卖点提炼

运营人员需要和广告投放团队、研发团队共通讨论并挖掘游戏的售卖点，尤其要站在玩家的角度思考游戏带来的爽感来自哪里，通过挖掘爽感提供更多的卖点建议。例如：

- 角色升级或穿戴装备的战力提升瞬间。
- 战斗胜利场景和奖励结算场景。
- 精彩刺激的战斗过程。
- 角色皮肤展示、游戏场景展示。

除了根据游戏特点提炼卖点，也可以依据广告优化师的建议与广告投放市场的大盘趋势反向优化产品，拓展素材制作方向，常见的优化路径包括以下三种。

追踪时下热点：

通过"蹭热点"，在游戏中增加与时下流行热点有关的游戏内容，并包装成广告素材进行投放。2021年，《鱿鱼游戏》在全世界范围内爆火，如果将《鱿鱼游戏》中的简单玩法快速复刻到游戏中，并制作广告素材进行投放，则可以在短期内带来一定的流量和关注度。

游戏内增加融合玩法：

在游戏中增加融合玩法，例如在卡牌游戏中添加模拟经营元素，可以为广告投放素材提供更多的表现维度，降低后期买量成本，扩大广告投放的目标用户群体范围。

游戏内嵌休闲游戏：

将流行的休闲游戏玩法嵌入游戏，例如解谜玩法、跑酷玩法等。通过休闲游戏玩法的广告素材进行吸量，并在游戏中实打实地提供广告投放素材中展示的游戏玩法，成功引导玩家体验游戏的同时避免出现"货不对版"的情况。

3）创意学习

关注各类视频、图文平台：

通过关注目标发行地区或国家的各类主流内容平台，尤其是视频平台和图文平台，分析当地近期流行的视频、图文内容，提炼关键元素后结合游戏卖点制作广告投放素材，充分利用当地"网络热梗"。

关注各类广告投放素材库：

第三方平台会收集各个厂商的广告投放素材并统计这些素材的效果数据。通过这些平台，运营人员和广告优化师可以了解当前市场上广告投放素材的创意流行趋势，并根据自己的产品类型和特点进行学习与借鉴。

3. 打通广告投放前后端数据

广告投放侧获得用户的过程包括广告素材曝光、用户点击广告、安装游戏并激活游戏，这个过程中产生的数据一般被称为前端数据。从各个广告投放媒体渠道获得的用户进入游戏后的留存、付费等行为数据被称为后端数据。

广告投放平台和"数据处理与分析系统"往往独立运行，导致用户的前后端数据相对独立。当广告优化师或运营人员想要分析"某个渠道、某个广告计划获得的用户的后端数据表现情况怎么样""从某个投放媒体渠道获得的自然流量用户和非自然流量用户的后端表现数据的对比情况如何"的时候就会束手无策。

大多数广告投放平台可以通过事件埋点上报游戏数据获知一部分的后端数据，但是如果计划对数据进行深入分析就会面临无数据可用的情况。

为了解决这个问题，运营人员需要协调各方，打通广告投放平台和"数据处理与分析系统"，将前端数据和后端数据完成匹配，便于全方位地评估广告投放效果。

前后端数据匹配的关键是寻找双方相同的用户身份识别信息，并根据该识别信息确定用户前后端数据的对应关系。在实践中，往往会按照此方法将广告投放相关数据接入公司的"数据处理与分析系统"并一一完成匹配。

4. 制定广告投放计划和策略

用户新增计划是发行方案中的核心，用户新增节奏、数量规模、新增用户画像都是综合考虑游戏特点、游戏定位、游戏内生态需求、目标发行地区或国家情况、用户规模情况等诸多因素后制定的。为了达成目标新增计划，需要市场品宣团队、广告投放团队、运营部门共同发力。

发行负责人需要确定用户新增计划及广告投放在该计划中的定位和所需承担的导量责任。发行负责人和市场品宣团队、广告投放团队、运营团队对以上提到的各个因素进行反复的讨论、研究，最后确定完整的用户新增计划和广告投放获客计划与策略。

广告投放计划与策略需要符合游戏的整体定位、发行计划、用户新增计划、预算范围及目标发行地区或国家的广告投放市场行情。在这个逻辑基础上，广告投放团队负责人需要按照游戏正式上线的时间轴安排确定各个阶段的广告投放计划。广告投放计划需要明确产品上线前和上线后各个阶段的核心目标获客群体，以及各个阶段（需要精确到每一天）的出价事件、预算、单价、总体采量规模和分媒体渠道采量计划。具体案例可参考表 8-A（请扫描封底二维码获取本书下载资源中的表格）。

制定应急方案（AB 计划）：

广告投放计划是综合过往测试数据、经验、市场数据、竞品数据在游戏上线前制定的，但因为广告投放市场的不确定因素太多，实际的广告投放情况无法精确预估。无论是前端的广告投放数据还是后端的新增用户数据表现，只要产生稍微的变化都会直接影响整体成本回收率。

因此在游戏正式上线前，广告投放团队还需要根据游戏上线后广告投放模块可能出现的特殊情况准备应急方案，在游戏上线后、出现问题时，可以迅速排查问题并调整广告投放计划和策略，尽可能压缩决策时间，降低调整期间浪费的预算规模。

前端数据问题举例：

eCPM 和获客单价成本过高，当前预算标准下新增用户量级没有达到预期，CTR 和 CVR 数据严重低于大盘。

后端数据问题举例：

新增用户的留存数据和付费数据没有达到预期，游戏的前端转化率低于市场平均水平。

账户相关问题举例：

账户违规被封禁，大批量素材被平台认定违规。

5. 开展版本管理前期相关工作

接入广告投放相关 SDK：

在确定广告投放方案后，研发团队需要根据广告投放方案中的媒体渠道采量规划接入媒体渠道 SDK 及归因平台等第三方平台 SDK。SDK 接入文档和接入需求由广告优化师提供，版本管理人员需要将投放 SDK 的接入需求纳入版本管理的版本时间轴排期，并协助广告投放团队完成广告投放 SDK 相关功能的验收工作。

埋点上报：

除了协调广告投放 SDK 的接入工作，版本管理人员需要协助广告优化师和研发团队一起确定广告投放侧的自定义埋点事件。通常情况下，上线前的自定义埋点事件包括注册、登录、创角、完成新手引导、付费、通过 XX 关卡/副本等。各个事件的具体上报位置需要版本管理人员确定，并提供给研发团队完成埋点的开发工作。在研发团队完成埋点的开发工作后，版本管理人员和广告投放团队需要对所有埋点逐个进行验收。

协助筹备广告投放素材：

版本管理人员要尽可能向研发团队索要目前已经完成的美术素材并提供给发行美术部门制作广告投放素材，原始素材越丰富意味着广告投放素材可选的制作方向越多。除了提供素材，版本管理人员还需要和广告优化师沟通好录屏素材所需要使用的游戏包体要求，并协调研发团队打包并交付给广告投放团队。

通常情况下，制作广告投放素材所使用的录屏包需要内置 GM 指令工具和高分辨率模式。如果是针对海外发行的游戏，那么录屏包还要具备相对完整的本地化资源。

协助配置广告投放后台参数：

版本管理人员需要协助广告优化师配置广告投放后台中与游戏相关的参数。例如，版本管理人员需要提供游戏的官网包下载链接或商店下载链接给广告优化师，广告优化师在广告投放平台的后台对应位置进行填写，确保用户在点击广告后可以直接下载游戏或跳转到正确的应用详情页并下载游戏。

8.3.3 游戏上线后 14 天

1. 监控和分析数据

游戏正式公测上线后的前 7～14 天是产品采量量级最高的阶段，这时游戏经过大规模的新增用户验证，广告投放的前端与后端数据可以反映最真实的情况。运营人员需要每天监控和分析前端和后端数据，通过数据反馈协助广告投放团队快速调整广告投放策略和方案。

监控前端数据：

运营人员需要关注投放侧整体及各个媒体渠道的 CTR、CVR、CPI、eCPM 数据情况，判断 CTR、CVR、CPI 和 eCPM 是否符合预估及之前了解的市场平均水平。如果数据有异常，则需要立即进行排查，并按照分析结果调整广告投放计划与策略。

监控后端数据：

运营人员需重点关注游戏的前端转化率是否存在异常，如果过低，则需要迅速定位是哪个环节存在较高的流失情况并排查具体原因。同时，运营人员还需确认当前的新增用户付费和留存数据是否符合早期预估的数据模型，并根据目前的后端数据预估游戏未来的 LTV_14、LTV_30、LTV_60、LTV_90 数据情况。

成本回收率情况：

综合已有的前端数据预估未来的采量成本情况，再结合目前预估的 LTV_14、LTV_30、LTV_60、LTV_90 数据情况判断新增用户在新增 14 天、30 天、60 天和 90 天时的成本回收率情况。如果和预期不符合，则需要和广告投放团队沟通并判断前端数据是否还有优化调整的空间。如果有，那么具体的调整方案是什么，需要多长时间的调整缓冲期。

2. 分析广告投放素材并评估创意效果

游戏公测上线后前 7 天～14 天的用户新增量级可以支持运营人员和广告优化师对广告素材与创意效果进行集中分析，分析对象主要是不同类型素材的前端数据和后端数据。

需分析的前端数据包括 CTR、CVR、CPI 和 eCPM 四个指标，后端数据包括新增用户的留存和付费情况。留存模块重点关注新增次日留存和新增第七日留存，付费模块重点分析用户新增七日内的付费率、ARPU、ARPPU、付费总金额及 LTV_7。

通过以上 9 个指标，可以使用交叉分析法将前后端的数据进行二维拆解，选出前后端数据均优秀的广告素材进行针对性的分析。

例如，选取 CVR 指标和七日留存数据作为交叉分析的两个维度，可以将广告素材分为四组，分别是"高转化高留存素材组""高转化低留存素材组""低转化高留存素材组""低转化低留存素材组"，再进一步集中分析不同特征的素材组。

8.3.4 稳定运营期

1. 调整广告投放策略

在稳定运营期，广告投放策略的调整不会过于频繁，但至少需要以周和月为单位分析广告投放效果数据并迭代投放策略。

针对新版本上线或者配合市场团队的品宣活动，广告投放团队可以适当采取冲榜、投放品牌广告、借助 Deeplink 召回流失玩家等措施。

2. 增加出价事件埋点

在游戏正式上线后，随着广告投放预算总消耗量级的扩大和获客数量的增加，常规的出价事件埋点逐渐无法满足广告投放平台算法系统的学习需求和广告投放团队的获客需求。另外，运营人员根据自己的业务理解和数据分析结论也会提出自己对出价事件埋点的建议。

例如，广告投放计划的目标获客人群是愿意在游戏中付费的玩家群体，但由于游戏的新增量级规模不够大，且付费行为的事件埋点点位过于靠后，可供广告投放平台算法系统学习的样本量不够，容易造成低预算消耗、无转化或有转化但单价较高的情况。为了提供更多的学习样本并降低最终获客成本，运营人员和广告投放团队计划寻找付费行为事件前的点位作为新的出价事件，这个点位需要满足的条件是"完成这个行为的玩家群体在后期付费的概率会比较大"。通过分析游戏内的数据发现，新增首日通过某个副本的玩家群体的后续留存和付费数据较好，那么可以将首次通过该副本的行为作为一个埋点事件上报到广告投放平台，并作为目标优化事件进行出价，最后综合评估这个目标优化事件的广告投放效果并进一步调整出价事件埋点，通过反复尝试直到找到合适的点位。

同样，运营人员也可以以提升游戏整体留存数据为目标调整广告投放的出价事件埋点。运营人员通过数据分析可以筛选出用户的诸多行为中和留存指标相关性较大的行为，选取其中相对靠前的点位作为新增的目标优化事件埋点并综合计算该点位的获客成本、新增用户留存数据和成本回收率，如果整体的留存数据和成本回收率相较之前使用的点位有所提升，则可以扩大此点位的广告投放预算和采量规模。

3. 持续调整广告投放素材

在稳定运营期，依然需要持续调整广告投放素材。随着游戏新版本的上线，广告投放素材也需要随之迭代。除此以外，广告投放市场和外界环境在不断地变化，广告投放团队要拥抱外界变化趋势，调整广告投放素材的制作策略，尝试不同的创意方向。

例如，2023 年伊始，AIGC 风靡全球，尤其是在美术领域，AIGC 拥有非常广泛的应用场景，许多公司开始尝试使用 AIGC 创作美术相关内容，并组建专门的团队探索落地方式。对于游戏发行过程中涉及的广告投放素材，同样可以使用 AIGC 进行制作，选择适当的算法模型、学习素材和关键词，AIGC 可以批量地制作相关素材，极大地提高广告投放素材的生产效率。

第 9 章
游戏数据分析

9.1 数据分析

9.1.1 数据分析是什么

1. 数据分析是工具

数据分析是面向实际业务需求的一种工具,以解决问题为直接目的,通过分析数据可以了解事物的现状、性质,定位问题的原因,预测未来的趋势,为业务决策提供情报和信息。数据分析的过程涵盖获取数据、清洗数据、分析数据、输出结论和报告四个环节。

2. 数据分析与"道法术器"

数据分析符合"道法术器"的逻辑,具体如下。

道:在"道"的层面,运营人员需要明白数据分析的核心作用是"解决问题",数据分析对于业务而言只是工具,工具不依附于实际业务是无法产出价值的,不要过分执着于"器"的具体使用方法而忽略数据分析的价值。

法：数据分析的"法"是指抽象化的理论，包括统计学、机器学习等数据分析理论，以及指导数据分析报告可视化的排版基础理论、色彩搭配相关理论。

术：数据分析包括两类方法论，一类是在分析数据过程中使用的方法论，包括各类相对通用的分析方法，以及基于具体行业和业务的分析方法论。相对通用的分析方法包括交叉分析法、金字塔分析法、单一变量法、漏斗分析法等。针对行业和业务的分析方法论需要结合具体情况来看，例如通过行业通用指标判断业务发展情况和健康度的分析方法论。

另一类是将数据和结论进行可视化表达的方法论，主要包括图表的使用方法和版面设计方法。

器：数据分析过程及工具，如表 9-1 所示。

表 9-1

数据分析过程	工具				
数据提取	SQL	Python	R	—	—
数据清洗与处理	SQL	Excel	Python	SPSS	R
数据结果和分析结论展示	PowerPoint	Tableau	R	—	—

数据分析的"道法术器"体现在数据分析的整个过程中。例如，在数据的提取、清洗、处理、展示过程中都会使用到"器"，而并非局限于某个环节。

对于运营人员而言，在数据分析模块上，需要掌握数据分析中简单的"道"、基础的"法"、精细的"术"，足够的"器"，具体如表 9-2 所示。

表 9-2

层次	内容		掌握程度	具体掌握内容
法	统计学基础理论		了解	此部分本章节后续会提到
	机器学习相关理论		知道	
术	数据分析方法	漏斗分析法	掌握	
		多维分析法		
		金字塔分析法		
		单一变量法		
		交叉分析法		
	可视化方法	文字可视化		
		数据可视化		
器	数据提取	SQL	了解或掌握	最好可以掌握基础的取数能力。如果不能，那么最起码需要了解基础的增删查改逻辑

续表

层次	内容		掌握程度	具体掌握内容
	数据清洗与处理	Python	了解	了解基础原理
		R	了解	了解基础原理
		SPSS	了解	了解基础原理
		Excel	掌握	掌握常用函数及数据透视表
		Python	了解或掌握	最好可以具备基础的编程能力
		R	了解	了解基础原理
		SQL	了解	了解基础原理
	数据展示	PowerPoint	掌握	掌握制作 PPT 的能力
		Tableau	了解	了解基础原理
		R		

3. 数据分析的"法"

数据分析的"法"主要是指通用数据分析理论，例如统计学理论、机器学习相关理论。

统计学是一门非常深奥的学科，机器学习是统计学和计算机科学交叉的一块领域。对于运营人员来说，不可能针对这两块进行深入的学习。但是根据"二八法则"，非科班人员出于工作和生活的需要，掌握 20% 对应模块的理论知识，可以解决生活和工作中 80% 的问题。

关于统计学，需要了解和掌握的基础理论知识范围具体可参考表 9-3。

表 9-3

统计学	理论模块	掌握程度
描述数据集中程度	中位数、平均数、众数、中位数	使用与计算
描述数据分散程度	四分位数、方差、标准差	
概率相关内容	概率分布与期望	
相关和回归	线性回归、非线性回归	了解两者，可使用线性回归

针对机器学习，运营人员只需要了解一些基础的机器学习方法和算法即可，具体可参考表 9-4。

表 9-4

机器学习	相关算法	掌握程度
回归	决策树回归	了解
分类	K-NN	
聚类	K-mean 算法	

4. 数据分析的"术"

1）数据分析方法

（1）漏斗分析法。

漏斗分析法可用于分析业务场景下单一路径的转化过程，帮助分析者了解各个环节的转化及折损情况。

漏斗分析法常用于分析用户流失情况，以新增用户的前端转化行为为例，详见表 9-5。

表 9-5

步骤	人数	相对转化率	绝对转化率
激活	1000	100%	100%
同意用户协议	950	95%	95%
注册账号	900	95%	90%
登录账号	870	97%	87%
创建角色	850	98%	85%
角色起名	840	99%	84%
完成新手引导	800	95%	80%

新增用户的前端转化过程共有七步，每两个步骤之间都会产生用户的流失和折损，相对转化率是指后一个步骤的绝对值与前一个步骤的绝对值的比值，可以用于衡量这两个步骤之间的用户转化情况。比值越高，转化率越高。比值越低，转化率越低，同时意味着流失率越高。如表 9-5 所示，在"同意用户协议"和"注册账号"两个步骤之间的用户流失率最高，达到了 5%，那么这个环节就是后期优化的重点对象。

绝对转化率是指某一个步骤的绝对值与第一个步骤的绝对值的比值，用于衡量该步骤相对于最开始的步骤的用户流失情况。

在使用漏斗分析法时，详细地划分转化步骤可以帮助运营人员更加精确地定位问题出现在哪两个环节之间，缩小待处理问题的范围，提高工作效率。

业务中最常用的模型是 AARRR 漏斗模型，该模型包括 Aquisition（获取）、Activation（活跃）、Retention（留存）、Revenue（收入）和 Referral（再推荐）。

- Aquisition（获取）：指获得用户，也就是用户新增，没有新增用户就没有后续的行为。

- Activation（活跃）：尽可能让用户使用产品并产生活跃行为，这样才有更多的业务接触点，为用户后续的转化行为做铺垫。
- Retention（留存）：指用户在新增后的第二天、第三天及以后多次使用产品的行为。如果没有新增和活跃，则没有留存。
- Revenue（收入）：在用户具备活跃和留存行为的前提下，产品通过更多的业务场景为用户提供服务，并借助各种方式促进用户付费，获得产品流水与收入。
- Referral（再推荐）：用户享受了良好的产品服务，有可能会将产品通过口碑推荐给其他人，帮助产品吸引更多的用户。

AARRR 是一个非常抽象的用于概括业务逻辑的漏斗模型。

（2）多维分析法。

个体的情况可以从多个维度进行衡量和描述。例如，小王体重 65 千克，身高为 175cm，月收入为 8000 元，年龄为 25 周岁，这四个数据从体重、身高、收入和年龄的维度描述了小王这个个体。如果将描述维度理解为被描述对象的一个标签，那么这个标签本身就可以成为分类的一个标准。另外，描述维度不仅可以是基础数据，还可以是复合数据[①]。

二维分析法：

将描述个体的多个维度中的某两个维度抽离出来，构建横纵坐标系对被分析对象进行分类和分析的方法就是二维分析法，也叫作矩阵分析法、四象限分析法。日常生活中常见的"重要性紧急性分类模型""瘦狗奶牛业务分类模型"都是二维分析法。

"重要性紧急性分类模型"可以判断一件事情的紧急性和重要性程度。紧急性和重要性是衡量一件事情的两个维度，根据性质的严重程度，可以将事情分为四大类型，"高紧急性低重要性型""高紧急性高重要性型""低紧急性低重要性型""低紧急性高重要性型"，如图 9-1 所示。

[①] 基础数据是指有明确指向、直白描述事物状态和性质的数据。复合数据是指通过某种定义将基础数据进行一系列运算以后得到的数据，复合型数据往往用于描述抽象事物。

图 9-1

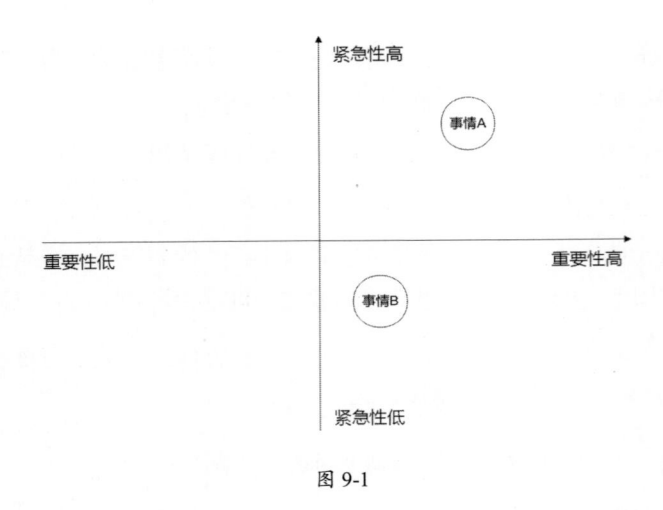

"瘦狗奶牛业务分类模型"同理，按照投入和收益的高低划分公司产品，投入低且收益高的产品就是奶牛业务，而投入高却收益低的亏钱项目就是瘦狗项目，如图 9-2 所示。公司决策层可以通过这样的二维标准划分公司内的业务，并制定相对应的战略。

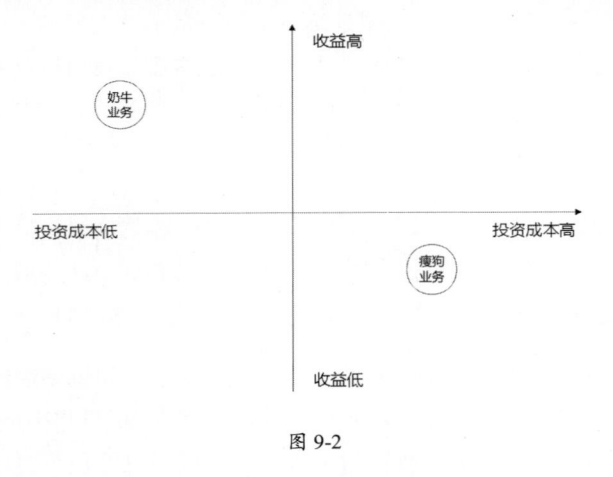

图 9-2

三维分析法：

将被描述对象身上的三个描述维度抽离出来构建三维坐标系，并以此对被分析对象进行分类和分析的方法就是三维分析法。三维分析法可以将事物交叉分为 9 种，RFM 模型是该分析法最典型的应用案例。

RFM 模型从 Recency、Frequency、Monetary 三个维度对消费者类型进行划分。Recency 是指距离最近一次消费行为的时间间隔，可以用来衡量用户的流失情况。距离最近一次消费行为的时间越长，意味着流失率越高。Frequency 是指一定时间内的消费频率，频率越高越好。Monetary 是指一定时间内的消费金额，消费金额越高，用户的价值越高。划分结果具体如表 9-6 所示。

表 9-6

Recency	Frequency	Monetary	用户类型
长	高	高	重点召回用户
长	高	低	重点召回用户
长	低	高	专属召回用户
长	低	低	低价值用户
短	高	高	高价值用户
短	高	低	高售后用户
短	低	高	高售后用户
短	低	低	一般价值用户

对于不同特点的用户类型群体，可以分类进行个性化专属服务。例如，用户的购买频率和金额都很高，但是已经很久没有来消费了，这类用户就需要通过短信、电话等方式重点召回。

无论是二维分析法还是三维分析法，都需要对连续型指标[①]进行分层划分。三维分析法和二维分析法的最终目的都是将对象按照一定的标准进行分类。在进行某个维度分类的时候，需要进行阶段性的划分，达到分层的状态。

例如，在表 9-6 中，RFM 模型中消费金额的描述方式只有"高"与"低"，实际上可以进行更加精细化的分层，消费金额在 0～500 元之间为低消费水平，500～1000 元之间为中消费水平，1000～3000 元之间为高消费水平，3000 元以上为超高消费水平。分层的标准和层数可以按照实际业务情况确定。

（3）金字塔分析法。

金字塔分析法也被称为树状分析法，通过层层拆解指标和数据，可以将宏观指标拆解为与业务实际场景一一对应的基础指标，便于对指标进行追根溯源，了解宏观数据变化表象下实际业务发生的变动。金字塔分析法常用于排查异常数据的产生原因。

例如，某公司 2022 年 Q4 的销售额为 1250 万元，同比 2021 年 Q4 下降了 200 万元。为了定位原因，可以将宏观指标拆解为更细化的数据，得到的结果如表 9-7 所示。

[①] 数据分为定性数据和定量数据，定量数据又分为连续型数据和非连续型数据，连续型数据例如长江水位的冬夏变化，从冬天到夏天选取任何一个时间点，都可以获得一个对应的精确水位数据。非连续性数据如人数，均为正整数，不存在 0.5 个人这种说法。

表 9-7

月份（2022年）	销售额（单位：元）	营业部	业务员数量	月开单数量	平均开单金额（单位：元）
10月	4315000	1400000	A营业部	5	7	40000
		1200000	B营业部	6	4	50000
		1715000	C营业部	7	7	35000
11月	4392000	2400000	A营业部	6	8	50000
		300000	B营业部	5	3	20000
		1692000	C营业部	4	9	47000
12月	3732000	2400000	A营业部	6	10	40000
		792000	B营业部	3	12	22000
		540000	C营业部	4	9	15000

同理再将 2021 年的同期数据进行拆分，得到的结果表 9-8 所示。

表 9-8

月份（2021年）	销售额（单位：元）	营业部	业务员数量	月开单数量	平均开单金额（单位：元）
10月	4315000	1400000	A营业部	5	7	40000
		1200000	B营业部	6	4	50000
		1715000	C营业部	7	7	35000
11月	4392000	2400000	A营业部	6	8	50000
		300000	B营业部	5	3	20000
		1692000	C营业部	4	9	47000
12月	5640000	2400000	A营业部	6	10	40000
		2700000	B营业部	6	15	30000
		540000	C营业部	4	9	15000

经过对比数据发现，2022 年 12 月份 B 营业部的销售额出现了大幅下降，由 270 万元下降至 80 万元，这是造成整个公司 Q4 业绩下滑的主要原因。进一步分析可以发现，业务员数量在 12 月份减少了一半，且月开单数量及平均开单金额均有所下滑。

至此，在数据层面上，基本上可以确定公司总体业绩下滑的原因是"B 营业部在 12 月份业务员大幅度减少且业绩水平下滑"。但是分析人员已然无法继续从数据的角度继续探究原因了。例如，为什么 B 营业部的业务员在 12 月份流失了一半，这不再是数据分析可以解答的问题范围了。后续通过实地调研得知，B 营业部负责人在 12

月离职了，带着部门内的核心成员集体出走，导致部门人员数量在短时间内骤减且整体业务水平下降。

在使用金字塔分析法的时候，拆分数据的维度可以根据实际业务情况进行灵活配置。例如，第一层的拆分维度是"月份"，第二层的拆分维度是"营业部"，两者互换位置也不影响最终结果的判断。但无论使用哪种排列组合方式，都需要尽可能保证拆分的结果"不重不漏"，确保拆分的维度和宽度可以容纳所有的数据。

（4）单一变量法。

只修改一个变量，保持其他环境变量不动，观察这个变量带来的影响和效果，这就是单一变量法。单一变量法是做实验的常用方法，在进行 AB 测试和验证相关性想法的时候会经常用到。

例如，运营人员发现用户在确认《用户协议》和《用户隐私协议》的过程中流失率较高，于是设计了两个优化方案，但是无法通过逻辑推理的方式知道两个测试方案中哪一个更好。于是运营人员在不改变其他因素的前提下对两个方案进行测试，根据测试后的转化结果确定最终使用哪一个方案。

在使用单一变量法的过程中，不要修改其他环境变量，尤其是参与测试的用户群体尽可能保持一致性，不能前一次使用渠道 A 的用户进行测试，后一次使用渠道 B 的用户进行测试。如果参与测试的用户群体发生了比较大的变化，那么最后结果的准确性会大大降低。除此以外，测试还需要保证充足的样本量，如果样本量过少，那么结果不具备参考意义。

（5）交叉分析法。

表 9-9 是某游戏从 1 月 1 日到 1 月 14 日的活跃用户相关数据，表中每一列都代表了一种描述维度。

表 9-9

日期	星期	活跃人数	付费人数	付费率	付费金额	ARPU
1月1日	星期一	24000	1500	6%	¥48,000	¥2
1月2日	星期二	25000	2000	8%	¥50,000	¥2
1月3日	星期三	23000	1700	7%	¥46,000	¥2
1月4日	星期四	23500	1600	7%	¥47,000	¥2
1月5日	星期五	24000	1750	7%	¥48,000	¥2
1月6日	星期六	25000	1880	8%	¥50,000	¥2

续表

日期	星期	活跃人数	付费人数	付费率	付费金额	ARPU
1月7日	星期日	23000	1820	8%	¥46,000	¥2
1月8日	星期一	23500	1650	7%	¥47,000	¥2
1月9日	星期二	24000	1490	6%	¥48,000	¥2
1月10日	星期三	25000	1390	6%	¥50,000	¥2
1月11日	星期四	23000	1690	7%	¥46,000	¥2
1月12日	星期五	23500	1570	7%	¥47,000	¥2
1月13日	星期六	24600	1480	6%	¥49,200	¥2
1月14日	星期日	22700	1670	7%	¥45,400	¥2

任何一个数据表都是针对一个数据描述对象产生的，第一列是"被描述列"，用来指向被描述对象，其他列是描述列，用于从各个维度描述对象。如表 9-9 所示，描述对象是活跃用户群体，第一列是日期，用于指代日期背后的活跃用户群体，其他列则从活跃数量、付费人数、付费率等维度描述首列指代人群的情况。

如果出现表 9-10 中的情况，例如"星期二"有两行，"星期六"有两行，这是为什么呢？

表 9-10

日期	星期	活跃人数	付费人数	付费率	付费金额	ARPU
1月2日	星期二	25000	2000	8%	¥50,000	¥2
1月9日		24000	1490	6%	¥48,000	¥2
1月6日	星期六	25000	1880	8%	¥50,000	¥2
1月13日		24600	1480	6%	¥49,200	¥2

实际上表 9-10 的表现方式只是为了分析人员更好地观察数据而已，本质上它和表 9-11 是一个意思。

表 9-11

日期	星期	活跃人数	付费人数	付费率	付费金额	ARPU
1月2日	星期二	25000	2000	8%	¥50,000	¥2
1月9日	星期二	24000	1490	6%	¥48,000	¥2
1月6日	星期六	25000	1880	8%	¥50,000	¥2
1月13日	星期六	24600	1480	6%	¥49,200	¥2

任何一个描述维度都是一个标签，当分析人员将其中两列数据的标签作为分类标

准的时候,所有的数据都会被这两个标签所框定,如表 9-12 所示。

表 9-12

	星期日	星期一	星期二	星期三	星期四	星期五	星期六
2022/1/1		24000					
2022/1/2			25000				
2022/1/3				23000			
2022/1/4					23500		
2022/1/5						24000	
2022/1/6							25000
2022/1/7	23000						
2022/1/8		23500					
2022/1/9			24000				
2022/1/10				25000			
2022/1/11					23000		
2022/1/12						23500	
2022/1/13							24600
2022/1/14	22700						

通过日期和星期两个维度可以筛选出 1 个或多个对象,将对象的第三个指标进行运算填充到表格里即可,表 9-12 中使用活跃人数作为填充对象。

用通俗的语言描述第八行第二列的数据:既满足日期是 1 月 7 日且为星期日的对象,它的活跃人数是 23000。

满足两个相同筛选维度的对象可能不仅只有一个,分析人员通常会使用分组的方式对满足前两个维度的数据组的第三个指标进行二次运算,运算方式包括计数、加总等,如表 9-13 所示。

表 9-13

	6%	7%	8%
星期日		¥45,400	¥46,000
星期一	¥48,000	¥47,000	
星期二	¥48,000		¥50,000
星期三	¥50,000	¥46,000	
星期四		¥93,000	
星期五		¥95,000	
星期六	¥49,200		¥50,000

表 9-13 中的"行"是付费率，"列"是星期，填充数据为满足条件的对象的付费金额的总和。用通俗的语言描述第三行第二列的数据：满足付费率为 6%且为星期一的日期的付费金额一共有 48000 元。

这种分析方法即为交叉分析法，也是分析人员在 Excel 中使用"数据透视表"时的底层原理。

2）可视化方法

（1）数据可视化方法。

数据可视化方法分为两种，一种是使用常见的可视化图表进行可视化表达，例如直方图、饼图、折线图等。

另一种是通过个性化的矢量图直观表达数据，这种矢量图需要制作者具备一定的美术设计能力才能完成，或者项目组内部有额外的美术人力支持才可以做到。大部分的数据可视化需求通过直方图、饼图、折线图等常见的可视化方式即可满足，因此运营人员掌握第一种数据可视化表达方式即可。

常见的可视化图表包括折线图、直方图、饼状图、雷达图、四象限图、流程图、漏斗图、桑基图、瀑布图、词频图等。使用者可根据数据类型和展现目的选择可视化方式，常见的可视化图表及适用的数据类型如表 9-14 所示。

表 9-14

图表形式	子图表	适用的数据类型	适用的场景/情况
折线图	堆积折线图/对比折线图/堆积百分比折线图	连续型数据	趋势描述/对比描述/占比描述
直方图	堆积直方图/对比直方图/堆积百分比直方图	非连续型数据	趋势描述/对比描述/占比描述
饼状图		比例数据	占比分布
雷达图		多维数据	多维对比
四象限图	散点图/气泡图/演变图	二维/三维/演进数据	二维/三维数据分布与对比情况描述
流程图		流程数据	流程描述
漏斗图		单一路径转化数据	流向/转化描述
桑基图		多路径转化数据	流向/转化描述
瀑布图		比例数据	占比分布
词频图		频次数据	频次展示

（2）文字可视化方法。

文字可视化是指将文字内容及内容之间的逻辑关系进行处理、排版和展示。

文字内容的可视化思路：

以制作 PPT 为例，如果 PPT 用于演讲，那么 PPT 上的文字内容需要精简、准确，以短句为主，不要出现长篇大论或者过长的句子。对于观众而言，长句的理解成本高、难度大，且会在他们聆听演讲者讲述的时候分散他们的注意力。

如果 PPT 用于他人阅读、浏览而不需要现场演讲，则制作者需要有的放矢地增加文本说明内容，但是也不宜在 PPT 中长篇大论，应该尽可能地精简文本，让阅读者在没有演讲者讲述的情况下也能清晰、快速地读懂 PPT 中的内容。

文字内容的可视化表达主要发挥辅助作用，用于更好地表达文字本身想要表达的意思。例如，给文字标题或者短句增加一个小图标进行说明和标识；加粗、高亮关键文字，或者将部分文字做成艺术字；也可以考虑给文字做简单的图形化变体。

内容之间逻辑关系的可视化思路：

文字内容和文字内容之间逻辑关系的可视化处理需要先梳理清楚文字内容之间常见的逻辑关系类型，具体如表 9-15 所示。

表 9-15

内容关系	解释
并列	例如对于现状的描述，并列多个要点
上下级/包含/交叉	事物的拆分、汇总、交叉、包含关系，例如组织架构关系，工作任务拆解
对立（矛盾）	对立关系描述
对比	两方/三方/多方情况对比
流程/阶段	事情处理流程描述、业务流程描述
原因和对策	对事情的原因进行分析，以及罗列对应的决策
推理	对事物发展的逻辑过程进行推理和演绎

在完成逻辑关系类型梳理工作以后，在具体排版阶段，可直接套用市面上较为成熟的 PPT 模板并稍加修改和优化即可。

9.1.2　数据分析的通用流程

数据分析的通用流程：明确分析目标和数据分析思路与方法→获取数据→处理数据→根据分析思路进行数据分析→输出结论→撰写分析报告。

明确分析目标和数据分析思路与方法：

"用一句话描述目前需要通过数据分析解决的问题"是进行数据分析的第一步。

如果问题没有梳理清楚或者问题不够具体，指向性不够明确、不够聚焦，就无法开展下一步工作。如果问题过于宏观，则可以尝试将问题拆解成更小的模块并逐个解决，过于务虚的问题只能带来不够务实的分析结论。如果问题需求太模糊，则需要从需求发起人的角度出发，结合业务场景去思考需求到底是什么，通过需求倒推亟需解决的问题。

明确分析目标和待解决的问题以后，才能确定分析过程中需要使用的分析思路和研究方法、数据源及数据分析工具，并大致预估整体分析难度和分析所需耗时。

例如，业务侧想要知道每一次停服换包更新是否会造成用户流失？以及是否需要针对这个问题采取额外的处理措施？

分析思路：选取某一个换包日期前 7 天内每天的新增用户，查看这批用户在换包以后 14 天内的留存数据和流失情况。同时选取同一版本时间段内某一天的前 7 天内的每日新增用户，查看这批用户在非换包情况下新增后 14 天内的留存数据和流失情况。

研究方法：对比两组样本数据，了解停服换包更新是否会造成用户流失。

获取数据和处理数据：

数据样本：换包日期为 5 月 15 日，则选择 Google Play Store 渠道在美国地区 5 月 8 日 ~ 14 日之间，以及 5 月 16 日 ~ 5 月 22 日之间的新增用户在新增日期以后 14 日内的留存数据。

根据已经确定的数据样本采集和筛选标准进行取数并完成数据清洗工作。

根据分析思路进行数据分析：

根据已经确定的数据分析思路对数据进行分析与解读。通过对比数据发现，停服换包更新相比正常情况会额外造成 15% 的新增用户产生流失行为。

输出结论并撰写报告：

在分析报告中，首先阐述分析目的和计划解决的问题，罗列整体的分析思路和研究方法。然后展示精炼后的数据结果及对应的可视化图表。最后说明数据分析结论并给出相应的建议。

9.2 游戏数据分析

9.2.1 游戏数据分析概述

1. 什么是游戏数据

游戏数据是游戏数据分析的分析对象。广义上的游戏数据包括"用户和产品有关的事物接触、交互产生的一切数据",狭义上的游戏数据仅仅包括"用户和游戏客户端交互产生的数据"。

广义上的游戏数据包括以下三部分。

第一部分:获客阶段的数据。

获客阶段的数据主要包括广告投放相关数据和市场品牌宣传数据,这些数据可以帮助团队衡量广告投放和市场品牌宣传的效果。

第二部分:游戏中产生的数据。

游戏中产生的数据以用户的行为数据为主,包括消费行为数据、养成行为数据等。

第三部分:游戏外产生的数据。

各类社群是用户和官方在游戏外互动的主要场所,由此产生各类数据,例如社群的粉丝量数据、互动率数据、图文和视频资讯内容的转赞评数据等。

在游戏数据分析的过程中,重点关注狭义上的游戏数据,后文中的"游戏数据"均指"狭义上的游戏数据"。

游戏数据包括用户相关的数据及角色行为在游戏中产生的数据。用户相关的数据包括描述用户本身属性和特点的数据与用户行为相关的数据,描述用户本身属性和特点的数据包括用户的来源信息(来自哪个平台和渠道)、人口学信息、游戏习惯及其他用户画像相关的信息,用户行为相关的数据包括用户的新增、活跃、流失、回归、付费等行为产生的数据。

游戏内容的提供过程实际上是用户与游戏互动的过程,用户通过操作硬件控制游戏中的角色在游戏中进行一系列的行为。角色的行为会与游戏中其他要素产生互动,导致角色本身和游戏内的环境发生变化,这一系列产生的数据就是角色行为在游戏中产生的数据。

角色行为在游戏中产生的数据被分为以下几种。

- 描述角色行为的数据：包括行为发生的频率、对象、时间等数据。
- 描述角色当前状态属性的数据：包括角色养成进度、库存数据等。
- 与战斗玩法、游戏系统相关的数据：包括角色与战斗玩法、游戏系统交互产生的数据，以及描述战斗玩法、游戏系统的状态和属性情况与变化的数据。
- 描述游戏内资源产出消耗情况的数据：包括各个资源产出路径产出资源的相关数据，以及用户消耗使用资源的相关数据。

通过拆分以上数据，可以知道玩家参与了什么玩法和系统（行为）、得到了什么资源或者结果（产出）、消耗了什么资源（消耗）、将养成对象养成了什么样子（养成效果）。

运营人员没有上帝视角，但是可以通过数据窥视游戏中成千上万的玩家在游戏中的芸芸众生相。用户控制角色产生各类行为，这些行为表面上看是角色行为，但本质上还是用户行为，所以当运营人员掌握了角色行为的相关数据后，可以以此反推用户的想法、动机和感受，并将此作为日后优化产品的重要参考信息。

2. 游戏数据分析的价值和作用

游戏数据分析的核心价值是"保证产品正常运转（及格线）"和"调优产品（绩优线）"。

游戏数据分析的作用可以分为以下四类。

第一类：现状分析。

现状分析是指通过数据描述并展现游戏中某个要素在某个时间点或某个时间段内的状况。比如游戏中的角色养成情况分析、用户付费情况分析、某个活动的效果分析等。现状分析可以帮助运营人员了解游戏内各个要素目前的情况，为后续的运营行为提供数据依据。现状分析中常用的方法包括漏斗分析法、多维分析法和交叉分析法。

第二类：原因探究。

通过环比、同比和过往经验判断数据是否存在异常情况，如果是，则需要借助金字塔分析法和单一变量法定位数据异常的原因。部分情况下，还需要结合用户运营、用户研究、客服反馈等多方面的信息进行综合判断。

第三类：猜想与验证。

业务猜想中最典型的是"相关性猜想"和"行为猜想"。相关性猜想表现为"XX

是产生XX现象的原因""XX影响了XX"。例如,"发放某个新手奖励可能可以提升用户的留存数据"。相关性猜想常使用单一变量法进行验证。

行为猜想是对用户或角色未来行为的猜测,例如"用户在角色等级 20 以后可能会集中产生付费行为"。

第四类:预测未来。

根据产品当前和过往的历史数据、版本内容和商业化内容的未来规划、行业内其他竞品的数据,可以预测产品未来的宏观数据,包括留存数据、活跃数据、商业化数据等。

3. 运营人员与数据分析师如何相互配合

大部分游戏发行公司会设置数据分析师岗位并组建数据分析团队,协助项目开展数据分析工作,但这并不意味着运营人员在数据分析模块上可以只做"门外汉"。

数据分析师科班出身居多,他们了解数据分析的相关理论知识,熟练运用各类数据分析工具。了解数据分析师的特点,便于运营人员更好地与他们配合。

数据分析能力是运营人员的底层能力,在版本调优、商业化运营、用户运营等模块的具体工作过程中都会涉及。运营人员需要在深刻理解游戏的基础上具备业务数据分析能力和经营数据分析能力。分析能力是指运营人员可以结合业务需求拆解业务命题并明确数据分析思路,在与数据分析师沟通需求的时候可以快速定位问题、明确分析思路及数据分析师需要承担的数据分析任务,提高双方的工作效率。

运营人员在入门阶段需要掌握基础的数据分析工具,如 Excel。这方面能力的缺失可以由数据分析师暂时进行互补。但如果条件允许,那么运营人员最好可以掌握基础的 SQL 技巧,通过 SQL 完成取数等工作,有效减少由于沟通、数据分析部门排期等问题带来的时间和效率损耗。

同时,运营人员需要具备一定的"游戏数据敏感度",具体表现如下:

- 深刻理解游戏的各类指标。非常清楚游戏相关指标所指向的业务情况,对于自己正在负责的产品的任何一个指标及相关业务数据都可以快速将它们还原到业务场景下,并知道这个指标或者数据的变化对业务意味着什么。
- 深刻理解游戏数据的基础商业逻辑。可以使用 AARRR 模型将游戏数据中的新增、留存、活跃、付费相关指标按照游戏的基础商业逻辑完成串联并运用到具体的数据分析过程中。

- 了解行业和市场的基准数据。对自己当前负责的市场和游戏品类赛道的基准数据有大致的了解，包括新增数据、留存数据及商业化数据的 S、A、B 水平。

培养"数据敏感度"最好的方式就是每天都"泡"在游戏数据中，将数据和业务实际情况进行关联与对应，分析和总结游戏数据之间的关系，感受游戏数据背后真正的现实意义。

在与数据分析师的配合过程中，运营人员需要根据业务需求，在产品上线前和后续迭代过程中，提出产品的固定数据看板需求，监控产品经营数据和业务数据，根据业务变化情况提出专项数据分析报告需求。

1）整理固定数据看板需求

为了快速查看产品的相关数据，可以将游戏中日常关注程度较高且伴随用户行为持续产出的数据制作成可以在"数据处理与分析系统"中随时查看的固定数据看板，固定数据看板完全按照项目需求进行定制，包括宏观数据相关报表、付费数据相关报表、用户库存数据相关报表等。

以宏观数据报表为例，运营人员重点关注新增、活跃、付费三方面的核心数据，新增数据包括新增设备、新增用户、新增角色，活跃数据包括活跃用户、活跃角色，付费数据包括新增用户的付费率、ARPU 值、ARPPU、平均付费次数和当日付费金额，以及活跃用户的付费率、ARPU 值、ARPPU、平均付费次数和当日付费金额。

根据实际业务需求定义宏观数据报表的"被描述列"，常见的被描述列包括"日期"和"区服"。当"被描述列"为"日期"的时候，具体内容参考表 9-A（请扫描封底二维码获取本书下载资源中的表格）。

当"被描述列"为"区服"的时候，具体内容参考表 9-B（请扫描封底二维码获取本书下载资源中的表格）。

在整理固定数据看板需求时，需要定义各个数据维度的统计口径，例如：

- 新增用户：以用户创建账号作为新增的标准。
- 活跃用户：以用户账号完成登录行为作为当日活跃的标准。

2）整理专项数据分析报告需求

当固定数据看板无法满足数据分析的相关需求时，运营人员可以向数据分析师提出专项数据分析报告需求，这类需求需要阐明以下内容。

需求背景：

需求背景包括需求产生的原因、产品目前的整体情况，以及涉及这个需求的相关版本和商业化内容的简要介绍，明确的需求背景介绍可以让数据分析师更快地理解需求并抓住需求的关键。

需求目的：

需求目的是指在需求背景的基础上业务侧想要通过数据分析达到什么样的结果和目的，例如了解现状、分析原因、验证猜想或预测未来。

分析思路：

数据分析思路是专项数据分析报告需求中最核心和最关键的部分，这一部分需要运营人员牵头完成梳理工作并与数据分析师确认分析方案内容及方案的落地可行性。

之所以需要运营人员制定数据分析思路，一方面是因为运营人员作为需求发起人非常清楚自己希望通过专项数据分析得到什么结论。另一方面，运营人员是发行团队中最了解团队且最贴近用户的人，他们知道通过什么样的分析维度和分析方法可以更快地得到结论。

输出数据分析结论：

专项数据分析报告的制作过程并非一蹴而就。在数据分析师完成数据的初步处理后，运营人员需要与数据分析师一起梳理整个分析过程并共同完成结论的输出工作。如果分析过程有问题或者存在亟待进一步明确的地方，双方会反复地进行沟通并完成分析报告的修改及数据分析结论的调整，最终确定专项数据分析报告内容。

9.2.2 游戏指标解读

不同的行业都会有一套符合行业业务特征的数据指标体系和常用数据指标。游戏行业同样如此，目前已经形成了一整套比较完整的行业通用指标。这些指标较为宏观，可以反映一个游戏的基本情况，所以也将这些指标称为"经营数据指标"。

和所有的 C 端产品一样，手游的商业逻辑包括获客、活跃、商业化变现三大环节。

抓住了这三个环节，也就抓住了游戏的核心指标，即新增类指标、活跃类指标和流水类指标。DAU 是串起这三类指标的关键，新增和留存共同影响 DAU，而 DAU 和流水成正比。掌握这三类指标即可迅速了解产品当前的整体状况。

1. 新增类指标

获客成本：

CAC（Customer Acquisition Cost）是指每获取一个新用户所付出的成本，单用户获取成本=获客总成本/总获客人数。如果获客总成本和总获客人数的统计口径不同，则最终计算出的单用户获取成本不同。例如，获客总成本是否包含市场品宣投入，总获客人数的统计标准是用户激活游戏还是注册账号，以上因素的变动均会影响 CAC 的计算结果。

新增：

新增是指在某个时间段内新用户的总数量，按照时间维度分为日新增、周新增、月新增。每个产品的新增用户统计口径也不同，例如完成账号注册、完成角色创建等。

2. 活跃类指标

活跃：

活跃是指在某个时间范围内，完成活跃行为的用户数量，按照时间维度分为日活跃（DAU）、周活跃（WAU）、月活跃（MAU）。不同产品对"完成活跃行为"的定义也不同，例如"完成账号登录""参加一局游戏对局玩法""在线时长达到 3 分钟"等。

不同日期的新增用户在后续时间内产生留存、登录行为，这些用户和当日的新增用户构成了这一天的活跃用户。

留存：

根据留存行为主体的不同，留存指标分为设备留存、用户留存、角色留存等。按照时间维度，可将留存指标分为次日留存、三日留存、四日留存一直到 N 日留存。N 日留存是指在第一天新增的用户中，有多大比例的用户在第 N 天产生了活跃行为。留存是直接反映游戏产品质量的指标，留存数据越好，说明游戏对用户的吸引力越大，游戏的质量越好。

日均在线总时长：

日均在线总时长是指活跃用户当日在游戏中的平均在线总时长，这个指标用于描述活跃用户每天在游戏内耗费的时长情况，进而了解活跃用户对游戏的"粘性"，也可以反映游戏是否"肝"及"肝"的程度。

3. 付费类指标

付费率（PUR）：

付费率=付费人数/总人数，例如活跃用户日付费率=活跃用户中的当日付费人数/当日的活跃总人数。这个指标用于描述有多大比例的用户产生了付费行为，比例越高说明产品的商业化能力越强。

ARPPU：

ARPPU（Average Revenue Per Paying User）是指每付费用户平均付费额，用于衡量用户的付费深度，ARPPU 越高，意味着付费用户的付费深度越深。每付费用户平均付费额=付费金额/付费人数，例如日活跃用户 ARPPU=日活跃用户当日付费总金额/日活跃用户中的当日付费用户数。

ARPU：

ARPU（Average Revenue Per User）是指每用户平均付费额，用于衡量某个时间段内平均每个用户贡献的付费额。每用户平均付费额=付费金额/总用户数，例如日活跃 ARPU=日活跃用户当日付费总金额/当日活跃总人数。ARPU 值同时受到付费率和 ARPPU 的影响，在数值上：PUR × ARPPU=ARPU。

推导过程如下：PUR × ARPPU × 当日活跃人数=当日总付费额，而当日总付费额/当日活跃人数=ARPPU，代入后可得到 PUR × ARPPU=ARPU。因此 PUR 和 ARPPU 的变化均会影响 ARPU 值。

LT&LTV：

LT 是 Life Time 的缩写，LTV 是 Life Time Value 的缩写。LTV 是指用户生命周期价值，也就是用户生命周期里创造的收益的总和。LTV 需要与时间挂钩才具备现实意义，通常以 LTV_N 的形式进行表达，其中 N 为时间。例如，LTV_7 是指新增用户从第一天到第七天的用户生命周期价值。如果一个用户在新增后七天内总付费 10 元，那么这个用户的 LTV_7 就是 10 元。如果某日新增了 100 人，这些用户在新增后七天内总付费 5000 元，那么这批新增用户的 LTV_7=50。

LT 是指用户的生命周期，如果一个用户在新增后的第一天到第七天都登录了，那么他的生命周期 LT=7。

在数值上，LT 等于留存数相加的和。例如，某日新增了 100 个用户，他们的次日留存为 50%，三日留存为 30%，四日留存为 20%，五日留存为 15%，六日留存为 10%，七日留存为 10%。如表 9-16 所示，在七天时间内，累计登录人次是 235 人次，相当于每人登录 2.35 次，则这批新增用户的 LT_7=2.35。若将这七日的留存数相加，则可以得到 100%+50%+30%+20%+10%+10%=2.35，即新增用户在这七日的 LT。

表 9-16

日期	登录人数	留存	ARPU
第一天	100	100%	2
第二天	50	50%	2
第三天	30	30%	2
第四天	20	20%	2
第五天	15	15%	2
第六天	10	10%	2
第七天	10	10%	2

如果知晓这批新增用户在这七天的平均 ARPU 值，则可以使用 LT×ARPU 的方式计算 LTV_7，LTV_7=2.35×2=4.7。

成本回收率：

游戏的成本回收率=LTV_N（到手[①]）/CAC。通过计算可以得知用户新增N天内，游戏获得的收入是否可以覆盖获客成本。如果成本回收率>100%，则完成了回收且有额外的利润。如果成本回收率=100%，则不赚不亏。如果成本回收率<100%，则游戏面临亏损风险。

9.2.3 游戏数据分析思维

1. 新增用户行为具备相似性

游戏设计者每天都会思考这么一个问题，自己的游戏究竟需要给用户带来什么样的体验？从时间维度上看，游戏设计者会考虑用户的第 1 小时、第 2 小时、第 3 小时到第 N 小时的体验感受。所以对于不同时间段的新增用户来说，在版本内容和新增用户群体没有发生较大变化的前提下，他们产生的游戏行为和按照时间轴获得的游戏体验具备相似性。

从数据上看，处于稳定运营期的游戏，新增用户的整体数据基本趋于"稳定状态"。即在版本内容和新增用户群体都没有发生较大变化的前提下，每日新增用户的后续数据表现和之前新增用户的数据表现几乎趋于一致。

在游戏没有停服的情况下，新增用户不断加入，新的游戏数据也在持续产生。而新增用户行为上的相似性，决定了分析人员通过抽样获得的新增用户的数据就具备了

[①] 流水扣除渠道分成、研发分成、税费以后，发行商到手的部分。

代表性，通过分析这些数据得到的结论也具备了参考价值。

例如，选取并分析某一天的新增用户在新增首日及次日的社交行为特征。那么分析结论可以代表这批新增用户所在渠道的用户群体或者整体新增用户群体在新增首日和次日的社交行为特征。

2. 用户分层思维

用户行为是产生数据的来源，用户状态是众多数据描述的对象。不同用户群体的行为模式和偏好不同，这也造就了不同的群体特征和行为数据特征。因此在分析数据时，一定要先将用户群体分层，明确目标分析用户群体后才能获得具备针对性的结论。

任何被描述对象身上的标签都是进行分类的标准，这个结论在对用户进行分层时同样有效。例如，通过新增行为发生的时间点可以划分出不同时期新增的用户群体。通过一定时间段内用户总付费金额的高低将用户划分为不同 R 级的用户。根据用户来源不同，可以将安卓用户分为安卓联运渠道用户、安卓官网渠道用户、安卓 CPS 渠道用户等。

3. 关注健康度指标

进入稳定运营期的游戏，运营人员需要关注游戏的健康度指标，及时发现产品的问题苗头，避免因为产品问题反馈到宏观指标的时间周期过长导致整个团队对产品现状反应迟钝。

不同类型和结构的游戏的健康度指标不同。对游戏内公会生态比较依赖的产品，运营人员需要关注新服的公会数量和公会活跃情况。重视游戏内交易生态的游戏，运营人员需要关注游戏内每天的交易数据。对于玩家成长对抗型游戏而言，运营人员需要密切关注用户的日均在线总时长数和每日对局数。对于游戏流水极度依赖大 R 的游戏，运营人员需要特别关注各个区服的大 R 用户的活跃和付费情况。

4. 数据对比是关键

数据对比是认知数据的关键。人对任何陌生数据的理解几乎都建立在与"参照物"或"对标对象"对比的基础上。例如，新闻报道说某地夏天最高气温为 50℃，大家会觉得温度很高，而产生这种认知的原因是大多数人有生活经验，知道夏天气温达到 35℃～40℃已经很炎热了，所以简单对比温度数据后，会得到该地夏天气温很高的结论。

如果是针对陌生的领域呢？例如有人说北京有 3000 条马路，普通人无法判断这个数量是什么概念。但是如果有更多的数据显示上海市有 2000 条马路、广州市有 1500 条马路、深圳市有 1400 条马路，那么通过对比数据可以得到一个结论：北京的马路条数很多，在北上广深四座城市中名列前茅，且高于平均水平。

所以在游戏数据分析的过程中，可以通过同比、环比、横向对比、纵向对比等方法分析与理解数据。理解数据量度（程度）的第一步，就是寻找"参照物"或"对标对象"进行对比。在获得一个陌生的指标或者数据的时候，要快速找到可对比的数据对象，才能建立起指标概念。

5. 根据需求构建指标

在实际业务场景中，除了常见的游戏数据通用指标，当分析人员需要对事物的某个特征或者性质进行描述但是没有通用指标可以直接使用的时候，还需要根据需求构建指标。

例如，业务侧想要了解游戏的社交活跃情况，但是没有现成的游戏通用指标来衡量游戏社交活跃情况，于是分析人员构建了一个名为"社交活跃度"的新指标。给这个指标的定义如下："当日发生过社交行为的用户数量"与"当日活跃用户数量"的比值为当日的社交活跃度数据。其中发生过社交行为的用户的统计标准为：当日产生游戏活跃行为，且产生了"主动回复他人聊天内容""发起任一频道的聊天行为""发起拜师/收徒行为""给他人赠送礼物""给他人点赞"其中任何一项行为的用户。利用这个指标可以监控用户在游戏内每天的社交活跃情况，并按照同比、环比的方式判定用户的社交活跃情况是否存在异常。

9.2.4 游戏数据分析

1. 经营数据分析

本节从数据监控、原因分析、猜想与验证、数据预估这四个维度阐述分析经营数据的思路。

1）监控经营数据

通过监控经营数据可以获知数据的异常变化并及时排查原因、定位和处理问题，避免问题扩大，影响用户的体验或者造成不必要的损失。另外，根据经营数据的表现可以了解产品的宏观情况，帮助运营人员结合产品定位调整产品的未来发行计划。

（1）监控什么数据？

在监控经营数据的过程中，运营人员需要重点关注财务层面和项目层面的核心数据和指标。

财务层面：对于公司而言，项目的核心价值是当下和未来可预期的利润，影响利润的关键因素是项目的支出和收入情况。收入是指在目前产品流水的情况下，扣除渠道分成、税费、合作伙伴分成以后，公司最终到账的数额。

成本包括人力成本和项目成本两部分，人力成本包括公司水电房租、人力开支费用等。项目成本包括服务器成本、外包成本（美术外包、测试外包、本地化外包、配音外包等）、广告投放成本、商务客情维护成本、市场品牌宣传成本等。

运营人员需要关注项目已产生的收入和成本，以及未来的收入预估和预算情况，并据此计算以月/季度/半年/全年为周期标准的项目盈利情况，确保项目收支在自己的可控范围内。

项目层面：在项目层面上，运营人员重点关注产品的经营数据指标，这些指标直接反映了产品的宏观情况。表 9-17 所展示的是某游戏开服前三天的经营数据指标情况。

表 9-17

开服日期	新增（UA）	留存（User Retention）开服首日新增用户留存数	活跃（DAU）	流水（Revenue）					用户生命周期价值（LTV_N）		
				新增用户付费率（PUR）	新增用户中每付费用户平均付费额（ARPPU）	活跃用户付费率（PUR）	活跃用户中每付费用户平均付费额（ARPPU）	当日总付费额	LTV_1	LTV_2	LTV_3
开服第一天	10000	10000	10000	8%	30	—	—	24000	2.4		
开服第二天	0	5000	5000	—	—	15%	55	41250		6.525	
开服第三天	0	3800	3800	—	—	15%	55	31350			9.66

表 9-17 中各个指标相互之间的关系如图 9-3 所示。

```
┌─────────────────────────────────────────────────┐
│ 首日新增用户                                      │
│  ┌──────────────────────────────────────────┐   │
│  │ 次日留存用户/活跃用户                       │   │
│  │  ↑                                        │   │
│  │ 次日留存用户/活跃用户=首日新增用户×游戏次日留存率 │   │
│  │                                           │   │
│  │ 付费用户数=活跃用户×付费率                   │   │
│  │  ↑                                        │   │
│  │ ┌────────┐                                │   │
│  │ │付费用户 │                                │   │
│  │ │付费金额 │                                │   │
│  │ └────────┘                                │   │
│  └──────────────────────────────────────────┘   │
│    ↑                                            │
│  付费金额数=付费用户数×每付费用户平均付费额         │
└─────────────────────────────────────────────────┘
```

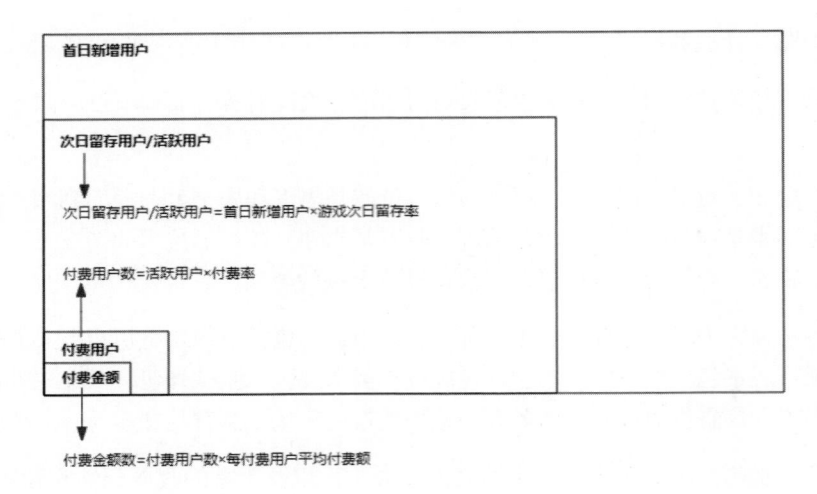

图 9-3

由图 9-3 可知，在"新增→活跃→付费"的流程中，越是位于上游的环节和指标，对其产生影响的变量越少。如果新增用户以广告投放获得的用户和自然流量为主，那么新增用户量级只受到广告投放效果和自然流量的影响。活跃用户数量同时受到新增用户量级和留存指标的影响。付费用户数受到付费率和活跃用户数量的影响，游戏营收受到付费用户数和每付费用户平均付费额的影响。

游戏流水作为整个商业化链条中最后的转化环节，受到以上所有步骤的影响。如果想要提高游戏流水，那么就要考虑优化影响游戏流水的各个因素，提高新增量级、留存数据、付费率、ARPPU 是游戏营收增长的关键。

在以上诸多指标中，最核心的指标是"新增""留存"和"游戏流水"，这三个指标是"新增→活跃→付费"流程中最核心的部分。运营人员必须每天实时关注这三个指标，其中任何一个指标出现了异常，都需要立即着手排查问题。

（2）监控经营数据的基础逻辑。

通过对比经营数据可以掌握数据在正常波动范围和可预期波动范围外的异常变化。不过在这之前，分析人员需要判断什么是数据的"正常波动范围"和"可预期波动范围"。

可预期波动范围：

新增策略调整导致的新增数据波动：广告投放计划与策略的调整，以及渠道资源获取情况的变化会直接影响游戏新增量级。这些人为调整的变化所带来的数据波动是可预期的。

商业化活动导致的付费数据波动：新角色、新装备等版本新资源会伴随着商业化活动登场，同时大大提升用户的付费积极性。商业化活动前期的流水较高，在活动中后期，随着活动热度褪去，活动流水数据会呈现明显的衰减趋势。

新版本上线导致的活跃数据波动：每一次新版本上线都会吸引一部分流失用户抱着尝试新版本内容的想法产生回流行为，造成活跃数据波动。另外，如果版本更新需要停服才能完成，那么停服当日的活跃数据也会受到一定程度的影响，属于正常情况。

正常波动范围：

处于稳定运营期的游戏，产品的整体数据基本趋于"稳定状态"。同一维度下的数据只会在一定范围内浮动，而"一定范围"需要通过分析该指标的"过往历史数据""预估数据"或者"竞品数据"得到，没有确切的标准。

- 过往历史数据：
  - 环比：与上一个周期的数据进行比较分析，例如上一个版本周期的数据、上一周的数据、上一个月的数据。
  - 同比：和去年同一时期的数据相比。
  - 分析该数据指标近 14 天或 30 天的总体变化趋势。
- 预估数据：与月初或者季度初制作的预估数据进行对比。
- 竞品数据：与竞品的相关数据指标进行对比。

表 9-18 是某游戏某 14 天的活跃用户付费率、活跃用户数及付费用户数。

表 9-18

日期	活跃用户数	活跃用户付费率	付费用户数
2018/5/24	7821	11.67%	913
2018/5/25	7605	12.4%	943
2018/5/26	8037	13.76%	1106
2018/5/27	7820	12.63%	988
2018/5/28	7741	12.16%	941
2018/5/29	7898	11.93%	942
2018/5/30	7874	11.46%	902
2018/5/31	7521	11.38%	856
2018/6/1	7369	13.24%	976
2018/6/2	7188	13.06%	939
2018/6/3	7068	12.41%	877

续表

日期	活跃用户数	活跃用户付费率	付费用户数
2018/6/4	6845	12.09%	828
2018/6/5	6944	12.34%	857
2018/6/6	7110	12.11%	861

通过分析表 9-18 可知，活跃用户付费率基本上都在 12%左右波动，数据上下浮动范围都在 15%以内。所以从这一段时间内的数据趋势来看，活跃用户付费率的正常波动范围是上下 15%以内，超过这个范围就需要提高警惕了。

2）预估经营数据

（1）什么是经营数据预估"？

经营数据预估是指在综合多方面信息的基础上，对游戏未来的经营数据指标进行预测，预测内容包括新增、留存、活跃、付费等数据指标。

预估经营数据的作用包括以下三方面：

- 结合新增计划、版本情况（留存水平）和商业化结构（付费情况），判断游戏未来的收入情况，并结合项目预算分析财务层面上项目未来的盈利情况。
- 根据项目总体目标数据，从宏观指标倒推出各个业务模块需要达成的指标要求，为制定个人和部门的KPI[①]或OKR[②]提供参考。
- 将项目所产生的真实数据与之前预估的数据进行对比，探究差距出现的原因并采取对应的措施进行改进。

经营数据预估的实操方法有两种。一种是运用数据模型和机器算法算出未来的数据变化趋势，这种方法更加高效，但需要足够的数据样本量和较高的数据分析能力。

另一种是根据"新增→留存→活跃→付费"的业务逻辑，使用 Excel 构建业务数据模型并预估数据。从个人的项目经历来看，这种方法基本上可以满足大部分游戏的经营数据预估需求。后续将重点介绍这种操作简单、门槛低的预估方法。

预估经营数据的核心思路是：将预估对象切分成具备变化一致性的各个群体，然后根据自身经验、以往的数据资料、用户调研和市场调研的结果、产品未来的规划，预估这些群体未来的数据指标，然后将这些数据指标按照金字塔分析法通过时间线和

[①] Key Performance Indicator，即关键绩效指标。
[②] Objectives and Key Results，即目标与关键结果管理法。

群体关系逻辑加总，就可以获得项目层面上总体的经营数据指标。这里所提到的"对象"和"群体"既可能是人也可能是游戏的功能点或者付费对象。

构建业务数据模型必须与产品特点及发行计划相结合。游戏不同，游戏内的生态和系统功能就不同，划分用户群体的标准也不同，而不同用户群体的行为逻辑也千差万别。如果目标发行地区包含多国家多渠道，不同国家、不同渠道的用户群体也不同，那么预估逻辑也会存在差异。

（2）经营数据预估方法。

运营人员在构建业务数据模型的过程中需要按照"新增→留存→活跃→付费"的业务逻辑细化各个环节的数据指标，具体详见表9-19。在经营数据指标的预估过程中，可以着重参考的数据样本包括本公司内过往类似项目的数据、行业内类似产品的数据、本产品在其他已发行地区的数据、产品的过往测试数据和正式上线数据。

表 9-19

预估维度		评估参考因素
新增	自然流量	品宣影响
		广告投放计划与策略
		节假日因素
		产品口碑
		自然衰减
	联运流量	合作时间
		产品自身数据情况
		产品版本节奏
		商务资源情况
		渠道自身流量池大小与导量能力
	广告投放流量	人为规划
留存		以往测试结果和历史数据
		发行地区的市场平均水平和用户习惯
		不同阶段新增用户的留存水平不同
		产品的调性、特点以及后期的版本更新情况
		广告投放计划与策略
活跃		由新增数据和留存数据共同确定
流水		以往测试结果和历史数据
		未来的版本、商业化规划
		发行地区的市场平均水平和用户习惯

新增主要来源于三个途径：广告投放流量、自然流量与联运流量。

根据发行策略和广告投放计划与策略，每日通过广告投放采量的规模是大致确定的，通过预估前端转化率可以进一步得到每天依靠广告投放获得的新增量级。

影响自然流量的因素较多，其中市场品宣相关行为的影响最大。尤其是在游戏公测时间点前后，市场品宣相关动作频繁，吸引众多用户下载、尝试游戏。另外，游戏内的裂变类活动、用户之间的口碑传播和社交推荐行为也会影响自然流量量级。

按照以往项目的用户访谈结果来看，部分用户即便是看了官方投放的程序化广告，也并非会直接点击广告下载游戏，而是自己主动打开应用商店搜索游戏并下载，这些用户在部分广告投放平台会被记入自然流量而不是广告投放流量。因此，广告投放量级某种程度上也会影响产品的自然流量水平。

除了受到广告投放量级的影响，自然流量还会受到节假日因素的影响。通常情况下，自然流量在节假日会有小幅度的增加。

随着公测时间的推移，自然流量会逐渐呈现衰减的趋势，尤其是非长线运营的游戏，自然流量难以保持稳定的水平。

联运流量受到双方合作时间、产品自身数据表现情况、商务资源情况、游戏版本节奏、渠道自身流量池大小和导量能力的影响。渠道自身的流量池大小和导量能力是客观因素，决定了联运渠道流量供给量的上限。合作时间是指游戏上架渠道的时长，大多数情况下，合作前期可以提供的渠道资源远多于合作后期。产品本身的留存、付费数据会直接影响产品在渠道的评级，数据越好，渠道可以提供的流量资源越丰富。商务资源情况特指发行商和渠道的客情关系维护程度，良好的渠道关系大概率意味着更深度的合作可能性和资源配合程度。产品版本节奏是指通过新版本上线的契机可以向渠道申请更多的合作资源，获得更多的渠道流量。

产品留存数据的预估过程受到以往测试结果和历史数据、发行地区的市场平均水平和用户习惯、不同时间阶段的新增用户群体情况、产品的调性和特点，以及广告投放计划与策略和后期版本更新情况的影响。

产品在正式公测前会经历数轮测试，每一轮测试的数据都是预估公测数据的重要参考信息，但是需要注意，由于前期内测、封测的用户规模小且核心用户居多，测试得到的留存数据相比公测数据偏高，在参考这些数据的时候需要适度地压低指标。如果是已经完成了公测的产品，那么从公测开始的留存数据则是预估后续留存数据良好的参照数据源。

同一个产品在不同地区和不同用户群体中的留存数据也不同，这就需要分析人员参考发行市场中同品类产品的相关数据指标，再依据该市场的用户群体习惯预估留存数据。

在公测的不同阶段，新增的用户的留存水平也不同，在公测前 7~14 天新增的用户主要包括预约转化用户、前几次测试所积累的种子用户和对游戏玩法感兴趣的核心目标用户，这些用户的留存数据相比公测后期的新增用户的留存数据要高。

广告投放计划与策略同样会影响用户的留存数据，通过不同出价事件获得的用户不同，留存数据也不同，以付费行为作为出价事件获得的用户的留存数据多数情况下高于通过其他出价事件获得的用户的留存数据。

在一个稳定的版本周期内，新增用户的留存数据基本趋于一致。如果是跨版本周期预估留存数据，运营人员需要和策划人员确认新版本的具体调整内容和调整目标。以此来评估下一个版本周期内用户的留存数据变化情况。留存数据很难在短期内发生较大的变化，因此在预估新版本的留存数据时，根据旧版本的留存数据稍作调整即可。

完成留存数据和新增数据的预估工作后，可以推算出游戏在预估周期内的活跃数据。

针对付费相关数据，存在两种预估方案。一种方案是通过分渠道、分平台、分国家的方式直接估计新增用户的付费率、ARPPU 与去新用户的付费率、ARPPU。针对公测首日新增用户、公测第 2~7 天新增用户及公测第 7 天以后的新增用户，需要分别预估他们的付费率和 ARPPU。在确认以上指标后，结合已经确定的新增和活跃数据推算得到产品流水相关数据。

另一种方案是通过拆分游戏内的付费对象和一级货币消耗情况，并根据各个付费对象的历史付费数据和一级货币历史消耗数据预估未来的数据。针对直购型付费对象较多的产品，重点分析并预估游戏中付费对象的历史数据。而面对直购型付费对象较少的产品，就需要通过分析一级货币的历史消耗数据，预估产品未来的一级货币消耗情况再反推付费数据。

3）异常经营数据原因分析

（1）分析流程。

步骤一：定位异常指标。

数据异常体现为数据产生"正常波动范围"和"可预期波动范围"以外的变化。

首先定位产生数据异常的指标及影响范围，确定是哪个国家、哪个渠道、哪些区服或者哪个模块功能、哪个用户群体的数据产生了异常。其次确定产生异常数据的时间段或时间点，越精确越好。最后需要明确异常数据的具体表现，指出异常指标在同比、环比等情况下出现了什么样、多大幅度的异常变化。

比例相关的数据，例如 XX 率之类的指标，一定要关注样本量。如果样本量过小，则数据没有参考价值，数据异常波动也可以忽略不计。

步骤二：确定数据统计口径。

确定异常指标，以及进行同比、环比时被比较的数据指标的统计口径，必须保证数据统计口径一致，有关数据异常的结论才有效。

步骤三：拆分指标。

依据金字塔分析法，按照多种维度对异常指标进行横向拆分和纵向拆分，寻找更深层次的数据异常点，直到指标无法被继续拆分为止。

横向拆分：复合型指标可以被横向拆分，例如 ARPU=ARPPU×PUR，如果 ARPU 发生了变化，那么应该关注 ARPPU 和 PUR 发生了什么样的变化，如果 PUR 没有发生变动，则 ARPU 值的变化由 ARPPU 引起。

纵向拆分：量化指标可以被纵向拆分。例如，产品新增量级未达预期，而新增量由自然流量、广告投放流量及联运流量共同组成。运营人员可以通过纵向拆分的方式，分析出是哪一部分的数据产生了异常情况，导致产品的总新增量级没有达到目标。

步骤四：反向查看并确认原因。

根据最终定位的异常数据点，查看异常时间点或时间段内对应产品功能和模块的状态及用户群体的行为情况，通过数据推理和用户研究，最终确认导致数据异常的原因。

（2）原因排查案例。

在监控某产品经营数据时，运营人员发现该产品 10 月份上半月的 ARPU 值环比下降 30%左右。通过纵向拆分 ARPU 值发现，所有的渠道和国家都出现了这样的情况。通过横向拆分指标发现，ARPPU 和 PUR 都下降了，因此推测可能是大 R 流失或者大 R 付费水平下降造成上述指标产生异常变化。

通过反向查看发现，当期版本为了提高产品流水，在 9 月底临时上线了一个顶级装备资源，售价较高，目标售卖人群为大 R 用户，共有 1153 位用户购买。所以推测该顶级装备导致用户付费行为前置，以至于用户在 10 月份上半月的消费动力不足，消费水平下降。

为了验证这个猜想，运营人员调取了这 1153 位用户近两个版本周期内的付费数据，发现这群用户在 10 月份上半月的付费总额、付费频率同比、环比都下降了。同时运营人员直接询问相关用户关于该顶级装备的消费情况，得到的结论基本与猜想一致。

4）经营数据的猜想与验证

经营数据猜想中最常见的是相关性猜想，相关性猜想应用最多的场景是用户行为和留存指标或付费指标的相关性分析。

即使运营人员可以拆分用户的行为路径，了解新增用户在次日登录后产生了哪些游戏行为，但是依然无法确定用户前一天在游戏中的某个行为就一定是他次日继续登录游戏的原因，两者的相关性存疑。如果无法确定相关性，就无法针对性地对产品留存数据进行调优。付费相关指标同样面临此类问题。

因此运营人员在优化用户留存数据和付费指标的时候，往往会产生这样的猜想：某某功能是否会影响用户留存指标和付费数据？如果会影响，那么是正面影响还是负面影响，影响程度有多深？

笔者在业务实践中曾遇到这样的问题：游戏在用户新手阶段会给用户免费赠送装备，从逻辑上看，免费赠送的装备越好，用户的前期游戏体验越好，留存数据也会更好，但是是否会因为免费赠送了价值更高的装备导致用户不付费或者付费数据变差了呢？面对这个问题，运营人员和游戏策划人员之间争论不休。为了验证"游戏给用户免费赠送的装备的价值高低"和"用户留存数据以及付费数据"之间的关系，运营人员采取以下方式进行分析。

使用单一变量法，对同一个渠道内的一部分新增用户免费赠送高价值的装备，给剩余的用户群体免费赠送普通价值的装备。

通过分析两个群体在新增次日的留存数据，运营人员发现获得了高价值装备且体验了核心玩法的用户中有52%的用户在新增次日登录了游戏。而获得了普通价值装备且体验了核心玩法的用户中有47%的用户在新增次日登录了游戏。持续关注这两批用户新增前7天的LTV，运营人员发现数据几乎没有区别。

在此基础上，为了保证结论的严谨性，运营人员扩大了数据验证的用户样本量，并连续观察3~7天，结论趋于一致。团队最后决定采用"给所有新增用户在新手阶段免费赠送高价值装备"的方案。

2. 业务数据简述

1）用户基础数据

用户基础数据包括用户来源、用户画像、用户设备信息，这些信息是用户的重要标签数据，在筛选用户时常作为筛选条件。

（1）用户来源。

按照平台和渠道可区分用户来源，如表 9-20 所示。

表 9-20

系统	渠道
iOS	App Store
安卓海外	Google Play Store
	其他安卓应用商店
安卓国内	联运渠道
	CPS 渠道
	官网渠道

如果游戏支持 PC 端和移动端互通，那么还需要考虑区分 PC 端的用户来源。

按照用户获取方式区分用户来源：

无论是国内还是海外，都可以按照广告投放流量、市场品宣流量、自然流量、联运流量、CPS 流量对用户来源进行区分。这种区分方式可以更加精确地掌握不同用户获取方式所获得用户的成本回收率。

广告投放流量可以进一步按照获客媒体渠道、出价事件、素材类型、获客单价、eCPM 价格等维度区分用户来源。

市场品宣流量在少数情况下可以进行追踪，例如游戏官方和直播平台主播进行品宣合作的时候，直播间可以挂载游戏的下载链接。游戏 PR 稿件在对外曝光的时候，正文可以附带游戏的下载链接。诸如此类，通过给不同的品宣流量渠道的下载链接打上不同的标签，官方可以追踪从这些渠道安装并激活游戏的用户，并识别他们的来源。

联运流量即通过联运渠道下载、安装、激活游戏的用户，CPS 流量同理。

自然流量是指通过非以上方式安装、激活游戏的用户。

按照国家和地区区分用户来源：

根据国家和地区的不同可以区分不同的用户群体。

按照区服区分用户来源：

不同区服内的游戏生态不同，用户群体的行为习惯也不尽相同。

按照新增时间区分用户来源：

不同时间段内新增的用户群体的行为特征不一样。一般情况下，在游戏公测上线前 7 天~14 天新增的用户较为核心，整体的活跃、付费水平和留存情况相比后续新增用户的表现要好。

（2）用户画像。

用户画像相关数据一般通过游戏内问卷采集，成功匹配问卷 ID 与 UID 后，可将用户画像与用户在游戏内的数据直接关联。用户画像相关数据包括人口学画像、用户游戏习惯等。

人口学画像：

用户人口学画像包括年龄、性别、职业、收入水平、学历、职业等基本信息。

用户游戏习惯：

用户游戏习惯包括近期游戏体验情况、游戏类型偏好、游戏题材和美术风格偏好、玩游戏频率和平均耗费时长、游戏付费频率和一段时间内的付费总金额等信息。

（3）用户设备信息。

硬件情况：

硬件情况包括手机品牌、手机型号、RAM 情况、ROM 情况，以及崩溃、闪退相关数据的机型分布情况。用户的手机品牌、手机型号等信息可以帮助研发团队更好地处理机型适配及崩溃、闪退问题。

网络情况：

网络情况包括用户的网络连接方式（Wi-Fi 或 4G）、Ping 值情况、网速情况。玩家成长对抗型游戏或发行范围跨多个大洲和国家地区的游戏需要重点关注、监控用户的网络情况，一旦出现问题应及时处理。

2）用户行为分析

（1）新增行为分析。

前端转化行为：

除了使用漏斗分析法分析用户的前端转化行为，还需要计算各个步骤之间的消耗时长。例如，运营人员需要关注热更阶段的资源下载和解压环节所耗费的时长，资源下载和解压的时间过长会让用户感到焦虑、烦躁。如果无法大幅度降低用户的等待时间，则可以考虑增加明确的提醒标语或者在等待界面提供小游戏，分散用户的注意力。还可以在用户等待期间更换等待时观看的 Loading 图，提前介绍游戏剧情和主要角色，帮助用户消磨等待时间。

前端转化流程在大多数情况下会出现分叉路径，所以运营人员也需要针对分叉路径的分流情况进行分析，确认游戏对用户的引导过程是否流畅，是否存在硬性卡点。

参与新手引导：

与前端转化流程一样，运营人员同样可以使用漏斗分析法跟踪用户在新手引导过程中各个环节的流失情况。按照经验来看，非必需的新手引导步骤都可以删去，繁杂的新手引导流程会让用户产生厌烦心理，造成用户流失。

刷号行为：

当遇到用户的大规模刷号行为时，可以通过关联设备、关联账号等方式剔除小号，以保证新增数据的真实性。

（2）活跃行为分析。

活跃/留存行为：

首先要定义用户的"活跃行为"和"有效活跃行为"，例如用户账号登录成功记为一次活跃行为，用户成功登录游戏并完成一次副本任务记为一次有效活跃行为。

除了关注用户是否产生活跃行为，还需要关注用户的日均在线总时长和登录频率、产品的ACU及PCU[①]数据。通过日均在线总时长及用户的登录频率了解用户对于游戏的"依赖程度"和"时间精力投入程度"。通过产品的ACU及PCU数据确定产品的最佳停服更新时间，降低停服对产品日活带来的负面影响。

（3）流失行为分析。

对于大多数游戏而言，用户连续14天及以上不再登录游戏就可以判定用户已经流失。如果是玩法黏性比较高的游戏，那么用户连续7天及以上不再登录游戏则可以判定用户已经流失。

用户流失原因分为两种。一种是"刚性流失"，例如用户遇到了游戏中设计不合理的刚性卡点且又无法绕开，最终只能弃游。或是用户在游戏中频繁遭遇闪退、崩溃、卡死问题，无法继续正常体验游戏。另一种是"体验流失"，用户在游戏过程中积累了过多的负面体验，在某个时刻因为某个导火索突然爆发情绪而最终弃游。

对于第一种情况，运营人员需要通过数据确定用户是否遇到刚性卡点，并还原用

[①] Peak concurrent users，即最高同时在线玩家数量。

户遇到刚性卡点的场景。通过对流失用户群体最后停留的等级和主线进度情况进行分析，确认流失用户群体流失前最后停留的等级和主线进度是否有集中的趋势，如果呈现集中趋势，则需要通过反复体验产品历程和用户访谈最终确认游戏在这个阶段是否存在刚性卡点。

在某游戏的某次测试过程中，测试前三天新增用户 2258 人，其中 47%的用户共 1068 人在新增后连续 7 日及以上不再登录游戏，被视为流失用户。拉取这批流失用户流失前最后停留的等级数据，分布情况如表 9-21 所示。

表 9-21

等级	流失人数	流失率
1	154	14%
2	299	28%
3	44	4%
4	157	15%
5	151	14%
6	115	11%
7	68	6%
8	21	2%
9	19	2%
10	9	1%
11	6	1%
12	10	1%
13	6	1%
14	3	0%
15	1	0%
16	3	0%
17	0	0%
18	1	0%
19	1	0%
20	0	0%
汇总	1068	100%

从表 9-21 可以看出，等级 2 的流失人数较多，且呈现集中的趋势。通过分析游戏历程可以发现，在等级 2 的时候，用户刚刚结束游戏第一局核心玩法的体验并回到大厅，因此怀疑在用户回到大厅后，游戏没有对用户顺利完成下一步行为的新手引导。但是因为运营人员和策划人员已经体验过太多次游戏的新手引导历程，无法回滚成新手状态走查功能。最后通过用户访谈的方式定位到了原因：部分用户在回到大厅后总是出现网络重连状况，导致用户体验较差并流失。

对于"体验流失"用户，无法只通过数据分析的方式定位流失原因，需要同时借助用户研究的相关方法共同推导结论。

（4）回归行为分析。

大多数游戏会将回归行为定义为上一个 14 天未登录游戏账号的用户重新登录账号的行为。

针对多区服的游戏，用户回归行为分为以下两种。

- 第一种回归行为：创建新角色。用户较长时间没有登录游戏，回归后在新服创建新角色。具体原因可能是用户回老服发现自己已经追不上同批用户的进度，因此只能进新服创角。也可能是用户关注到官方鼓励玩家去新服创建新角色并提供回归奖励和新角色奖励，于是去新服创建新角色。
- 第二种回归行为：依旧登录老服，不创建新角色，领取回归奖励。

通过监控用户回归行为，可以了解回归用户的数量和回归用户的倾向性行为，调整回归奖励的力度、回归活动的投放节奏及回归行为的引导机制，尽可能确保回归用户进入新服并创建新角色。

（5）付费行为分析。

对于大多数以内购作为主要变现方式的游戏而言，付费金额和付费人数会遵从"二八原则"，即 20%用户付费，他们的付费金额会占据整个游戏营收的 80%以上。在实际情况中，这个数值比例会更加极端，游戏里极少的一部分用户撑起了整个游戏的营收。

用户的付费能力和付费习惯基本不会被游戏改变，运营人员几乎无法让一个从来都不在任何游戏付费的 0 氪用户在自己运营的游戏中转化为付费用户，也无法让一个月付费能力只有 500 元的游戏用户转化为月付费能力超过 3000 元的大 R 用户。

对于付费行为，运营人员关注付费金额、付费次数、付费率、付费对象、付费深度、付费频率、付费间隔及付费动机（付费倾向）。不同用户群体的付费习惯不尽相同，运营人员可以通过一段时间内的总付费金额区分不同付费能力的用户，分群体分析这些用户在付费次数、频率、付费对象上的特点和偏好，并从这些行为特征中提炼出各个用户群体付费行为背后的付费心理和追求偏好。

3）角色行为数据

战斗行为：

用户在游戏中的战斗行为包括但不限于用户参与游戏内核心玩法的行为。运营人员需要根据不同的游戏类型来确定需要监控和分析的战斗行为类型。

TPS 游戏关注核心玩法的对局次数、匹配时长、对局完成率和中途退出率。MMORPG 关注用户的副本参与率、副本参与时长、副本完成率、副本组队成功率等数据。卡牌游戏关注用户的主线关卡参与率和推进进度、PVE 副玩法参与率等。

通过了解玩法的参与率和中途退出率，可以判定游戏中的各个玩法对用户是否具备吸引力。如果参与率低，则可通过用户研究定位具体原因并对产品加以优化。如果中途退出率过高，除了玩法本身的体验不好，极有可能是由于用户在游戏过程中遇到了无法绕开的"刚性卡点"。

社交行为：

根据社交行为类型的不同，游戏内的社交关系可以分为情侣、师徒、队伍、公会，重视社交生态的游戏会提供对应的游戏系统来支撑各类关系的衍生和存续，例如情侣系统、师徒系统、公会系统等。

社交行为需要依社交系统的具体功能确定。常见的社交行为包括加好友、社交互动行为（送礼、点赞、聊天）、组队、团队对抗等，监控游戏内的社交行为对于重视社交生态的游戏尤为重要。

MMORPG 中的公会生态是维持游戏各个区服正常运转的关键，如果游戏内没有持续的公会竞争生态，那么区服内的用户会快速流失。所以运营人员需要密切关注游戏内的公会生态情况，包括公会的活跃度、公会成员每日的上线比例、公会活动的参与率、公会核心人员（会长、副会长）的活跃情况。

养成行为：

针对养成行为，运营人员需要关注用户在一段时间内的角色养成过程和节奏，包括用户消耗养成资源的数量和频率、养成资源消耗的去向、被养成模块变化的节奏。同时从时间维度上分析用户的养成习惯，包括用户的养成顺序偏好、养成重点偏好、养成资源分配偏好。具体案例可参考表 9-22。

表 9-22

说明			5月24日	5月25日	5月26日	5月27日	5月28日	5月29日	5月30日
本卡养成线	卡牌角色升级	角色升级消耗金币，等级越高，消耗的金币越多	26	38	45	50	56	56	57
	消耗资源	金币	2600	6000	4200	4000	6000	0	1200
	卡牌品质提升	通过消耗固定数量的角色碎片可以提升角色品质，品质越高，消耗的角色碎片数量越多	传奇	传奇	传奇	传奇	传奇	神话	神话
	消耗品资源	角色碎片	0	0	0	0	60	0	0
武器养成线	武器强化	武器强化消耗强化宝石，随着强化次数的上升，每一次强化所消耗的宝石数量增加，且强化过程存在一定的失败概率	强化+1	强化+1	强化+2	强化+2	强化+2	强化+2	强化+3
	消耗资源	强化宝石	1	0	2	0	0	0	3
护符养成线	护符升星	通过消耗固定数量的护符碎片可以给护符升星，星级越高所需升星资源越多	0星	0星	0星	0星	0星	0星	0星
	消耗资源	护符碎片	0	0	0	0	0	0	0
	护符升级	护符升级消耗护符币，等级越高，消耗的护符币越多	0级	3级	3级	4级	5级	5级	7级
	消耗资源	护符币	0	30	0	15	15	0	40

表 9-22 所展示的是某卡牌游戏中某用户在 5 月 24 日至 5 月 30 日的养成行为数据，养成对象包括某张卡牌角色的"本卡养成线""武器养成线"和"护符养成线"。通过数据可以得知，该用户在这段时间内每天几乎都会对角色等级和护符等级进行提升，但是强化武器和提升卡牌品质的频率相对较低，没有对"护符升星"投入任何养成资源。

4）游戏要素相关数据

游戏要素包括游戏内的玩法、系统、功能、活动，通过分析用户与这些要素的互动情况和相关数据，为后续的优化工作提供数据支撑。

例如游戏内的常规PVP玩法，运营人员需要了解在活动开放时间内参加玩法的用户数量、排名情况、用户之间的竞争情况、PVP的资源产出情况和分配情况。

游戏内上线的全服活动，运营人员需要重点关注用户的参与情况和参与深度、用户在该活动中获得资源的情况（包括排行榜）、活动在开放期间产出资源的整体情况，具体案例可参考表9-23。

表9-23

活动类型	活动期间					
	符合活动条件的活跃用户数	入口点击人数	点击率	参与活动人数	活动参与率	人均获得钻石数量
活动A	4452	1202	27%	914	76%	27
活动B	3760	714	19%	486	68%	16
活动C	8972	1974	22%	928	47%	—

第 10 章
游戏用户研究

10.1 什么是游戏用户研究

10.1.1 概述

用户研究是以提升用户体验为目的，通过各种方法了解用户群体的情况及真实体验反馈，综合判断后得到相对客观结论的过程。

不同的行业和业务都具备自己的特点和特殊性，因此不同领域开展用户研究所面向的用户群体也大相径庭，游戏用户研究专门研究与游戏相关的用户群体。

游戏用户也被称为游戏玩家。研究、了解游戏玩家真实想法最直接有效的途径就是跨过游戏和客户端与他们直接沟通。

游戏用户并非仅指进入游戏客户端、注册成为新用户的玩家，只要是游戏发行过程中触达的或与产品有关的人群，都可以作为游戏用户。例如在游戏推广过程中品宣活动触达的用户，这类用户可能知道产品名称、产品 Slogan，但是并没有下载、体验过产品，可以通过对这类用户进行用户研究了解产品品牌推广策略在"从触达用户到转化用户"的过程中存在什么问题，以及优化的空间在哪里。

游戏用户研究分为"广义上的游戏用户研究"和"狭义上的游戏用户研究"。

狭义上的游戏用户研究指通过用户研究的各种方法，研究某个产品发行过程中所触达的玩家群体的客观情况和行为，了解用户的真实感受和想法。为一线业务调整游戏功能、玩法提供更多的参考信息。狭义上的游戏用户研究所面向的产品包括自己公司发行的游戏及其他公司的竞品。

宏观上的游戏用户研究相对更加抽象，偏向于市场研究概念，包括"针对目标发行国家和社会情况进行研究""对目标发行国家的社会群体心理与行为进行研究""对目标发行国家游戏用户群体的情况进行摸底"等。

与狭义上的游戏用户研究对比，宏观上的游戏用户研究不关注某个具体游戏产品的用户群体，而是关注某个国家和地区整体的游戏用户群体或者某个细分品类下的游戏用户群体。宏观上的游戏用户研究结论更多服务于发行策略及公司层面上市场战略的制定。

10.1.2 游戏运营与游戏用户研究

运营人员需要了解和掌握游戏用户研究的基础方法和常识。

从流程上来看，运营人员需要拆解业务问题，判断是否可以通过游戏用户研究解决业务问题，并大致评估使用什么样的用户研究方案、需要多少时间、人力和金钱成本，以及预判结果可信度和业务参考度。如果确认需要用户研究部门介入，那么运营人员需要把拆解后的问题转化为用户研究命题，将需求提给用户研究部门。

在用户研究部门完成命题探索并制作用户研究报告以后，运营人员需要牵头对报告中的结论进行判断、甄别，结合业务侧汇总的其他信息，综合分析后得到解决业务问题的方法和措施。如果运营人员对用户研究的方法和常识不够了解，也就无法判断游戏用户研究报告的可采信程度。

在以上配合过程中，运营人员作为需求发起方和结果验收方，需要掌握基础的游戏用户研究常识，确保和负责用户研究的同事沟通顺畅，不犯低级错误，不提完全不切实际的用户研究需求。

另外，很多中小型游戏发行公司内部没有设置专门的用户研究部门，所以需要运营人员代为执行一些专业度要求不高的用户研究命题，例如在游戏内投放问卷并做简要分析，招募若干用户进行简单的用户访谈等。这同样要求运营人员掌握用户研究的基础方法和常识。

10.2 游戏用户研究的目的与流程

10.2.1 研究目的

游戏用户研究的主要目的是了解玩家群体的基本情况，以及他们对于产品和服务的态度、评价、观点。

行为受到态度、评价和观点支配，通过研究用户的行为、表达内容、神情，综合玩家群体的基本情况，可以得到玩家对产品和服务的态度、评价、观点。从某种程度上说，游戏用户研究是融合心理学、人类学、行为学、社会学等多方面理论知识的综合研究方法。

用户行为最真实，可靠度最高，但通过研究用户行为反向推导用户反馈和态度的过程中掺杂了研究者的主观因素，因此在分析的过程中容易产生误差。

用户的神情，包括皱眉、颔首、嘴角上扬等一系列微表情，都能反映用户当时的情绪状况。通过对玩家神情的判断，能够了解玩家的情绪变化情况。但因为情绪受到的影响因素较多，例如玩家参与访谈当天可能情绪低落，这些干扰因素会导致判断过程产生一定误差。

用户的"表达内容"指用户直接阐述与产品、服务有关的态度、评价、观点，这是最直接、最有效的信息获取方式。但是玩家的表达能力参差不齐，不是所有玩家能完全表达清楚自己内心的真实想法。另外，玩家在受到外界压力或其他外界因素干扰的情况下，有可能会说"假话"。

通过对用户画像等玩家基本信息进行调研，可以了解用户的人口学画像、产品使用习惯、性格、价值观等信息。同时便于研究人员通过用户画像交叉分析对比不同类型用户的行为特点、态度和评价。

为了让游戏用户研究的结论尽可能客观，研究人员需要反复考量游戏用户研究方法和实施方案是否严谨、科学，尽可能地避免出现不可靠或者虚假的信息源和结论，以期给产品的优化、策略的调整、服务的提升提供翔实且有用的参考信息。

游戏用户研究的命题包含但不限于"玩家群体的基本情况"和"玩家群体对于产品和服务的态度、评价和观点"。

玩家群体的基本情况：

目标研究群体的范围根据研究的具体目的来确定，可能是竞品产品的玩家群体、某个国家和地区的玩家群体、自己公司发行的产品和提供的服务所触达的人群、自己公司发行的产品所面向的目标人群等。玩家群体的基本情况包括以下几点。

- 玩家群体的人口学画像。
- 玩家群体的游戏习惯。
- 玩家群体的分层情况。
- 玩家群体在互联网上的集中分布情况。
- 玩家群体的社会价值观和社会行为特点。
- 玩家群体对于产品和服务的态度、评价和观点。
  - 玩家使用产品和服务的行为习惯和行为特点。
  - 玩家使用产品和服务后的评价、观点和反馈。

从宏观上可以将游戏用户研究目的分为以下四类。

1. 验证猜想

当无法通过逻辑推理及数据分析得到关于事物之间"相关性"的结论时,可以通过用户研究进行验证。

例如,某个 IP 向游戏上线后留存数据不够理想。根据玩家侧反馈,IP 向粉丝玩家对游戏的 IP 改编方式不满意是他们"弃坑"的主要原因。为了验证"产品 IP 化改编"和"产品留存数据"之间的相关性,研究人员通过投放问卷的方式,采集游戏某时间段内新增用户的用户画像,依照用户画像区分 IP 向粉丝用户和非 IP 向粉丝用户,并通过问卷 SDK 采集到的 UID 反向追踪这两批新增用户次日到七日的留存数据。

如表 10-1 所示,在填写问卷的新增用户中,IP 向粉丝用户数占单日总新增用户样本数量的 30%左右,且这批用户的留存数据与非 IP 向粉丝用户存在差距,因此基本可以确认 IP 向粉丝用户对于游戏的不满意程度更高。

表 10-1

用户类型	新增用户数量	第 2 日留存	第 3 日留存	第 4 日留存	第 5 日留存	第 6 日留存	第 7 日留存
IP 向粉丝	4272	42%	24%	30%	25%	20%	15%
非 IP 向粉丝	13669	46%	38%	32%	29%	25%	19%

为了进一步验证结论,通过对这批 IP 向粉丝用户进行用户访谈可以得知,他们

不满意游戏的核心原因是游戏的"IP 化改编"不符合预期，例如 IP 角色的定位、技能设计和美术设计没有还原 IP 产品，且该 IP 产品的中文配音让很多玩家觉得非常奇怪。

2.定位原因

通过游戏用户研究可以直接从用户侧得到引发相关问题的原因，但是玩家可能存在"撒谎"的情况。

例如，研究人员想要知道新版本中的某个副本参与率低的原因，则可以通过投放问卷的方式获得初步结论，问卷具体内容如表 10-2 所示。

表 10-2

问题	选项
1.请问，是否参与过本游戏的 XX 副本【单选】	A：参与过 B：知道有 XX 副本，但没有参与过 C：不知道有 XX 副本
2.请问，你不参与 XX 副本的原因是【问题 1 选择 B】【多选】	A：对 XX 副本的玩法不感兴趣 B：XX 副本的奖励不够吸引人 C：XX 副本的单局时间太长，没有时间参加 D：在 XX 副本中匹配不到队友或匹配时间过长 E：XX 副本的难度过高 F：XX 副本的规则太复杂 G：XX 副本玩起来太累了 H：其他原因，请注明

3.现状分析

在游戏未上线阶段，用户研究可以协助项目发行团队完成对目标市场用户群体的现状分析，包括用户分层情况调研、用户画像调研、用户游戏习惯调研等。

在产品测试及正式上线阶段，可以通过用户研究的方式掌握新增用户的用户画像、玩家的游戏行为动向，以及玩家对产品的态度、评价、观点，帮助运营人员和策划人员更好地了解用户和用户行为背后的动机，以及用户对游戏的态度，为产品调优提供依据。

例如游戏版本满意度调研，研究人员通过问卷了解用户对于不同版本内容的满意度情况，以玩家打分的方式量化玩家群体的满意度程度并挖掘背后的原因，具体案例可参考表 10-3。

表 10-3

问题	选项	满意度得分（1 分代表"不满意"，5 分代表"感受一般"，10 分代表"非常满意"）									
		1分	2分	3分	4分	5分	6分	7分	8分	9分	10分
对于 XX 游戏的各个选项，您的评价如何【单选】	游戏策略性										
	游戏社交性										
	游戏耐玩性										
	游戏平衡性										
	游戏操作性										
	游戏性能										

通过筛选用户画像和用户行为数据，可以区分不同用户群体并对比他们的满意度情况。表 10-4 展示的是不同 R 层级的玩家群体的满意度评分。

表 10-4

玩家分类	0 氪玩家	小 R 玩家	中 R 玩家	大 R 玩家	总体
样本数量	5578	684	389	178	6829
游戏策略性得分（平均分）	8.76	8.08	8.32	8.36	8.54
游戏社交性得分（平均分）	8.44	7.98	8.04	8.28	8.46
游戏耐玩性得分（平均分）	8.1	7.86	7.88	8.12	8.3
游戏平衡性得分（平均分）	8.3	7.92	7.98	8.14	8.28
游戏操作性得分（平均分）	7.9	7.24	7.48	7.66	7.94
游戏性能得分（平均分）	7.68	7.8	8.02	8.28	8.42

4.需求分析

借助用户研究可以洞察用户需求。例如，可以通过问卷的形式询问玩家对于角色新皮肤的题材偏好，具体问题如表 10-5 所示。

表 10-5

问题	选项
在各个选项中，你倾向于哪些题材的角色新皮肤【多选】	A：武侠古装题材
	B：赛博朋克题材
	C：中世纪题材
	D：魔幻题材
	E：动物题材
	F：科幻题材

10.2.2　研究流程

1. 明确需求并拆解需求

1）明确需求

用户研究部门的人力资源有限，运营人员需要提交那些值得使用用户研究方法解决且可以明确指导产品或服务改进方向的用户研究命题给用户研究部门进行优先处理。不能把所有的命题都丢给用户研究部门完成，也不要提没有必要做或无法通过用户研究解决的命题。

没有必要让用户研究部门完成的命题如下。

- 可以通过分析游戏数据直接得到结论的命题。
- 行业内已经有成熟结论的命题，网络上可以搜到明确、翔实且可用研究结论的命题。
- 通过逻辑推理和讨论就能得到结论的命题。
- 在社群中和玩家简单交流就能解决的命题。

无法通过用户研究处理的命题和需求：过于宏大的命题，例如如何让用户更喜欢官方正在运营的游戏；工作量过大的命题，例如想要知道所有用户的用户画像及用户对游戏的评价。

另外，尽可能精准定位需解决的问题并缩小命题研究范围，例如使用数据分析的方式圈定问题研究范围。

2）拆解需求

从研发团队或者领导层面得到的需求往往模棱两可，运营人员需要把这些需求明确拆解成"XX群体的XX行为/XX态度是怎么样的"的命题。

例如，研发团队计划改进一款以欧美地区为目标发行市场的卡牌产品的美术风格，但是不知道玩家喜欢什么类型的美术风格，以及如何调整美术风格。

首先明确这个需求中需要研究的目标用户群体。通过讨论可以确定目标用户群体的特征：欧美地区、英语用户、18～45岁、男性、卡牌玩家、魔幻题材受众。

其次拆解美术风格。美术风格涉及的范围比较广，包括UI布局、UE反馈、战斗美术效果、动画效果、角色立绘、大厅效果等模块。通过讨论，最后将研究范围聚焦到角色立绘上。

进一步挖掘研发团队改进美术风格的目的，使目的足够具体。经过商讨，研发团队一致认为此次调整的目的是让角色立绘美术风格符合目标发行市场的受众审美，确保产品不会因为美术风格的问题而劝退玩家。因此研究命题转化为"欧美地区青中年男性卡牌玩家对于角色立绘美术风格的喜好是什么样的"，也可以理解为"如何完成针对欧美地区青中年男性卡牌玩家的游戏角色立绘美术风格本地化设计"。

但"角色立绘"仍然是一个包含较多元素的对象，因此需要对"角色立绘"进一步进行拆解并和研发团队确定他们目前疑问最大的设计点。角色立绘设计的模块包括身材比例、身体部位、服饰、脸型、表情、人物设定（人、兽、半人兽、机械）、肤色、发型、文身、展示动作、出场效果、角色取材（神话、魔幻故事）、角色风格（如赛博朋克）等。

通过进一步沟通发现，研发团队自己也无法判断哪个模块最需要进行本地化改进。所以研究人员需要确定在玩家的认知里，所谓的"本地化模块"是哪些，在明确这个问题以后，才能针对这些模块做进一步研究。

于是本次用户研究的命题被拆解成了两个：

- 在目标用户群体的理解中，角色立绘包含哪些本地化元素或本地化模块？
- 在目标用户的观点里，什么样的本地化元素才能满足他们对角色立绘的审美？

至此，需求已经拆解完成，下一步设计研究方案。

2. 选择合适的研究方案

拆解需求后要根据得到的命题选择合适的用户研究方法并制定详细的方案。这个过程除了要考虑各类用户研究方法的差异、精力耗费程度及成本的不同，还要从用户的角度考虑用户研究方案是否能够获得真实有效的信息。

例如针对上述第二个命题，研究人员无法直接询问玩家喜欢什么样的角色立绘，或者让用户告诉研究人员应该如何设计角色立绘。用户只是消费者，没有办法提出美术层面的准确建议。

最后，研究人员决定通过用户访谈和问卷的方式来探究上述两个命题。

第一步：通过开放性的用户访谈确定玩家理解的本地化模块有哪些，例如身体比例、脸型、服饰、人物设定、角色取材等。

第二步：通过量化的方式让玩家给目前角色立绘的各个模块进行满意度打分，满分 10 分，1 分表示非常不满意，10 分表示非常满意。

第三步：通过和竞品进行对比，在竞品中筛选出符合玩家审美标准的角色立绘供研发团队参考。

3. 用户研究结论的判断和使用

在用户研究部门出具用户研究报告以后，运营部门需要再一次通读用户研究过程中使用的方案内容（例如问卷原文、访谈提纲）和报告结论，了解清楚报告的分析逻辑和结论推导过程，有不明白的地方要和负责用户研究的同事进行确认。运营部门通过这种方式会更加深刻地理解报告内容，也会让用户研究团队感受到运营部门对他们劳动成果的尊重。

除此以外，运营人员还需要考虑样本数量、样本代表性等情况，综合判断用户研究报告的可信度。

另外，运营人员还需要通过数据分析结论、案头调研报告等不同信源的信息交叉验证用户研究结论，对存疑的地方进行二次验证。

10.3 游戏不同阶段的用户研究内容

每一个游戏都会经历前期立项、测试、公测这三个阶段，表 10-6 是这三个阶段需要通过各类调研完成的业务需求明细。其中加粗部分是用户研究重点关注的命题类型。

表 10-6

	前期立项阶段		测试阶段		公测阶段
	信息收集	概念验证	DEMO 测试	内测、封测	稳定运营
阶段核心任务/阶段目标	收集充足的商业情报与市场信息，为做决策提供参考	通过收集到的信息确定产品定位，具体包括目标用户群体定位、品类定位、品牌定位等，并进行概念验证	对 DEMO 的玩法、美术风格和题材进行测试验证	对游戏的功能细节和玩法内容进行调优	1.持续打磨和迭代产品的功能细节与玩法 2.评估和研究市场品宣效果和广告投放效果 3.研究用户行为、用户满意度以及用户画像
市场调研	1.宏观市场信息收集 2.品类细分市场调研				

续表

	前期立项阶段		测试阶段		公测阶段
	信息收集	概念验证	DEMO测试	内测、封测	稳定运营
用户研究	目标发行国家和社会情况研究				用户行为研究（例如用户流失行为研究）
	目标发行国家的社会群体心理与行为研究				用户画像精细化研究
	目标发行国家的游戏用户群体研究				用户态度研究（满意度调查）
	游戏目标用户群体研究				
产品侧调研	竞品玩法调研	玩法概念验证	核心玩法测试	玩法细节、功能打磨（打磨已有功能，确定新功能）	
	竞品美术风格调研	美术概念验证	美术方向测试		
	竞品题材调研	题材概念验证	题材方向测试		
发行策略调研	产品发行节奏调研				
	广告投放策略调研				获客匹配度研究
	品宣策略调研			1.品宣素材验证（ICON、KV等）2.品宣素材感知度研究	1.品宣效果研究 2.品牌感知度研究 3.品牌定位研究 4.品牌影响力研究

10.3.1 前期立项阶段

在前期立项阶段，需要收集足够多的商业信息帮助发行团队做决策，而且立项结论在最终敲定前存在反复论证的过程，因此这个阶段分为"信息收集"和"概念验证"两个子阶段。

1. 信息收集阶段

同一国家、地区和社会环境下的群体会有明显的共同特征，包括"价值观念"特征和"行为准则"特征，且这些特征受到人群所在地区文化、生活形态、社会形态潜移默化的影响。在产品前期立项阶段，研究目标市场的人群特征可以帮助发行团队更好地理解他们对游戏产品的偏好。

对"价值观念"和"行为准则"的研究严格来说属于行为学、社会学、心理学领域，用户研究通过分析目标市场人群所处的文化环境、社会环境和生活环境了解群体的"价值观念"及"行为准则"。例如，发行团队需要知道游戏产品在群体心目中的地位和作用是什么、带给他们快乐的具体体现是什么、他们玩游戏的核心追求是什么。

（1）目标发行国家和社会情况研究。

如果针对完全陌生的国家和地区进行产品立项，那么研究人员需要对目标发行国家和社会的情况进行研究。研究内容包括社会风俗习惯、政治经济结构、文化宗教情况、历史地理情况。了解一个国家和社会过去和现在的各方面情况可以帮助团队更好地理解目标市场用户群体。

（2）目标发行国家的社会群体心理与行为研究。

在目标发行国家和社会情况研究结论的基础上，需要对这个国家的民众集体性格、群众行为习惯等情况进行研究，每个国家都有自己的民众性格和民众行为习惯，了解这些可以帮发行团队更好地理解用户群体习惯。

具体研究内容包括价值观、行为习惯、利益、文化传统、人口学基本信息。

- 价值观：消费价值观（尤其是针对文娱类产品的消费价值观）、道德价值观等。
- 行为习惯：消费习惯（尤其是针对文娱类产品的消费习惯）、社交习惯等。
- 利益：玩家重视什么样的社会价值、个人价值及个人利益。
- 文化传统：文化习惯、文化观念、传统习俗等。
- 人口学基本信息：年龄、性别、职业、收入、学历水平等。

（3）目标发行国家的游戏用户群体研究。

在以上研究内容的基础上，需要进一步了解这个国家游戏用户群体的情况，包括群体游戏偏好、游戏习惯及游戏用户群体的人口学画像。

（4）游戏目标用户群体研究。

一般使用标签圈定未来计划发行的游戏的目标用户群体范围，例如 18～45 岁、男性、RPG 类、科幻题材游戏玩家，或者也可以指定竞品的用户群体作为研究对象。

针对游戏目标用户群体的研究会比较具体，如表 10-7 所示。

表 10-7

模块	研究内容
人口学画像	性别、年龄、职业、收入、学历等
游戏习惯	近期游戏体验情况、游戏类型偏好、游戏题材和美术风格偏好、玩游戏频率和平均耗费时长、游戏付费频率和一段时间内的付费总金额等

续表

模块	研究内容
用户媒介习惯研究	目标用户群体在互联网上的分布情况如何？集中程度怎么样？广告投放行为、市场品宣行为和产品口碑如何影响用户的游戏行为？玩家群体对市场品宣活动的形式有无偏好
群体数量、分层	目标用户群体的规模大概有多大？目标用户群体的分层情况如何？各层级用户群体之间的关系如何

以上任何一个模块下的任何一个问题，都可以单独作为一个命题展开研究。

在信息收集阶段，参考外部搜集来的信息，综合公司内部的战略规划与资源情况，经过发行团队和研发团队的不断讨论，会形成一个整体逻辑经得起推敲且内部团队一致认同的产品立项可行性建议。在此基础上可以着手进行概念验证。

2．概念验证阶段

概念验证包括玩法验证、美术验证和题材验证。在这个阶段，由于产品还停留在概念层面，所以缺乏可以直观展示游戏的实际资源或者素材。因此，尽可能让研发团队提供一些初期的游戏设定素材，素材要能够表达产品的题材、美术风格和战斗场景。如果研发团队也无法提供素材，那么可以找一些和当前立项方向贴近的网络素材，在不侵权的前提下将它们作为用户研究的临时素材使用。

概念验证的核心目的是了解项目设计理念是否被目标市场和人群接受和认可。如果认可，那么认可程度如何？如果不认可，那么原因是什么？在这个阶段，产品还没有进入大规模开发阶段，所以沉没成本低，"船小好调头"，通过用户研究可以反复验证自己的产品概念，不断地进行修正。

10.3.2 测试阶段

测试阶段包括初期的 Demo 测试阶段和后续的封测、内测阶段。

1. Demo 测试阶段

Demo 往往只是一个拥有不到 2 小时游戏体验内容的"展示包"，没有办法通过应用商店等线上测试渠道批量获取用户进行统一测试。所以要通过线下用户研究的方式招募一批目标用户，和目标用户签署保密协议后向他们提供游戏 Demo，通过问卷、用户访谈等方式了解用户群体对游戏题材、美术风格、核心玩法的真实反馈。

和立项阶段的概念验证一样，Demo 阶段的产品也没有进入大规模开发阶段，所以 Demo 验证的结果可能会对产品美术风格、题材、核心玩法产生"翻天覆地"的影响。但是无论如何，经历了"概念验证"和"Demo 测试"阶段以后，产品的美术风格、题材及核心玩法都会且都应该被基本确定。

2. 封测、内测阶段

在封测和内测阶段，可以通过用户研究的方式测试宣发素材的效果，关注目标用户群体对于宣发素材的感知情况，确认素材所传达的信息是否和产品的市场定位相一致，同时评估素材的感知力、吸引力和号召力。

例如，产品的市场定位是"休闲高福利"，那么要关注宣发素材是否有效地将这个定位概念传达给了目标用户群体，以及对用户的号召效果和引导效果是否达到预期。如果没有达到预期，那么原因出在哪里？在实际研究过程中，也可以根据需要对 KV 等宣发素材开展 A/B 测试，根据数据结果确定更加优秀的方案。

10.3.3 公测阶段

在公测阶段，游戏已经上线，研发团队按照节奏更新版本内容、修复产品 Bug、调整和优化既有功能和玩法。这个阶段用户研究的内容包括对特定用户行为的研究、以优化产品为目的的研究、对发行策略的效果研究。

对特定用户行为的用户研究包括对某个用户群体的用户画像进行精细化研究；对用户态度、观点想法的研究，例如用户满意度研究；对用户流失行为的研究，探究用户流失行为背后的深层次动机。

为了优化版本内容，同样会针对性地开展用户研究行动。在正式上线新版本内容之前，可以提前招募用户进行内部试玩，优化玩法方向。针对已上线的玩法，研发团队内部可能存在多种不同的优化方向，借助用户研究可以帮助研发团队敲定结论。

在广告投放模块，公测阶段更关注落地效果。例如获客匹配度研究，通过用户研究的方式确认通过广告投放获得的用户是否是目标用户。

在市场品宣侧，研究人员通过用户研究对品宣的效果进行评估，包括整体品宣效果评估、品牌感知度评估及品牌定位评估，了解游戏整体的品宣行为到底给用户塑造了一个什么样的品牌形象，以及用户对游戏的品牌感知力度如何；与同类竞品相比，游戏的品牌影响力在什么水平；针对不同的细分用户群体，游戏的品牌渗透率如何。

10.4 游戏用户研究方法

游戏用户研究方法包括"定量研究方法"和"定性研究方法"。定量研究指通过大量的样本获得同一维度下的可量化信息,然后对这些样本进行数据分析得到一定的结论。在游戏用户研究方法中,问卷调查往往被归为定量研究方法。

定性研究指通过性质分析、逻辑推理等方法对获取的信息进行抽丝剥茧的研究,定性研究的对象往往是描述性的、没有被量化的信息。游戏用户研究方法中的用户访谈和用户行为观察往往被归为定性研究方法。如果将定性研究的研究对象转化为定量信息,那么也可以对其进行定量研究。例如,研究人员对100个玩家的用户访谈内容中出现频率最高的10个词进行词频研究。

常用的用户研究方法包括"问卷调查""用户访谈""焦点小组""发声思维法""用户日志法""用户行为观察法""卡片分类法""可用性分析""案头调研"等。简单分类后如表10-8所示。

表 10-8

研究方法	直接研究对象	研究方法性质	常用研究路径	结论分析方法
问卷调查	用户观点/用户画像	定量	NPS[①]调查	数据分析
用户访谈	用户观点/用户画像	定性	—	词频分析
焦点小组	用户观点	定性	—	词频分析
发声思维法	用户行为	定性	用户行为轨迹地图	—
用户日志法	用户行为	定性	用户心流地图	
用户行为观察法	用户行为	定性	—	—
卡片分类法	用户观点	定性	—	—
可用性分析	用户观点	定性	使用SUS[②]分析可用性	—
案头调研	用户观点/用户行为/用户画像	定量+定性	—	数据分析/资料综述

(1)问卷调查。

通过大批量投放问卷,可获得被投放群体/对象的用户画像、对产品或服务的主观评价与感受及行为选择情况。简单来说就是:用户是谁?用户对某个事物的看法、态度和感受如何?用户产生了哪些行为?

[①] Net Promoter Score,用于计算用户愿意向他人推荐产品或服务可能性的指数。满分为10分,分数越高,推荐意愿越强。NPS也用于衡量用户对产品或服务的满意度。

[②] System Usability Scale,即系统可用性量表。

（2）用户访谈。

用户访谈指通过线上或者线下的方式直接和受访者沟通，针对用户的行为、态度、想法进行提问，用户直接通过语言表达自己的想法。用户访谈一般指一对一访谈，包括专家访谈、典型用户访谈、内部员工访谈等。

（3）焦点小组。

为了了解一群人的观点倾向和差异情况，可使用流程化或非流程化的方式，让他们进行讨论和互动，收集群体的观点和想法。

（4）发声思维法。

发声思维法分为"事中发声法"和"事后发声法"。事中发声法是在观察用户体验产品的过程中，研究人员主动询问用户或者用户主动告知组织者关于用户行为和行为动机的具体情况。而事后发声法则是在用户完成产品体验以后，组织者根据文字记录、录像等内容向用户询问或确认相关问题。

（5）用户日志法。

对于没有办法到现场体验产品的用户，组织方给用户提供一个 1~7 天甚至更长时间的"体验清单"，要求用户在规定时间内按照步骤体验产品并记录下自己的体验过程和体验感受等内容。

（6）用户行为观察法。

通过观察用户体验产品过程中的行为和神情去评估用户的想法、态度和动机。

（7）卡片分类法。

用来了解用户对信息如何进行系统化分类，以及他们对信息分类的标准是什么。组织者一般会提供载有各类信息的卡片，要求玩家按照自己的标准和想法进行分类，最后解释为什么这么分类。通过这个方式可以了解用户进行信息分类时的框架性思维方式。

（8）可用性分析。

定向招募典型用户，邀请他们填写系统可用性量表（SUS），通过量化分析得到产品或服务的可用性结果。

（9）案头调研。

案头调研指通过收集、整理各种公开渠道的信息，总结、归纳出自己所需要的结论和信息的研究方法。类似于"目标发行国家和社会情况研究""目标发行国家的社会群体心理与行为研究"这一类的命题，研究人员大部分情况下会通过案头调研的方式获取行业内外和网络上的公开材料并梳理总结得到相对可信的结论。

在以上研究方法中，游戏用户研究过程中最常用的是问卷调查、用户访谈及发声思维法。

10.4.1 问卷调查

1. 基础情况

问卷具备结构化的特征，问卷中的问题会严格按照顺序及自洽的逻辑进行编撰。问卷调查的特点是：问题深度一般、样本量大、以封闭式问题为主、问题相对结构化。

（1）问题类型。

问卷的问题类型包括单选题、多选题、量表题、填空题四种，其中填空题出现的频率较低，以前三种为主。

封闭式问题便于后续进行问卷分析，因此问卷以封闭式问题居多，开放式问题相对较少。封闭式问题会为问卷作答者提供具体选项或明确的作答范围，也可理解为客观题，例如单选题、多选题、量表题。而开放式问题就是主观题，作答者根据问卷提出的问题进行回答即可。封闭式问题和开放式问题的具体案例可参考表 10-9。

表 10-9

封闭式问题		开放式问题
题目	选项	题目
请问，你近半年最常玩哪些类型的游戏【多选】	A：角色扮演类	请问你对游戏还有其他的建议和看法吗
^	B：沙盒类	^
^	C：策略类	^
^	D：体育类	^
^	E：射击类	^
^	F：卡牌类	^
^	G：模拟经营类	^
^	H：MOBA 类	^
^	I：塔防类	^
^	J：休闲类	^

（2）问卷奖励。

问卷奖励需要和完成问卷的难度及消耗的精力与时长成正比，一般可以提供等值于人民币 5 ~ 50 元的资源作为问卷奖励。

（3）隐私问题把控。

涉及收入、性别、职业、学历等人口学相关问题时，要根据当地情况有的放矢地进行询问。如果本地用户比较介意这类问题，则可以将问题设计为非必答题，用户可以选择跳过不作答。另外，在问卷卷首需要注明问卷相关用户隐私协议，具体说明问卷的信息收集、处理、存储等情况，告知玩家官方会对通过问卷收集到的信息进行妥善处理。

（4）问卷体量。

问卷内的问题总数控制在 10 ~ 20 个即可，最多不超过 30 个。过多的问题会导致玩家丧失耐心，造成问卷完成率过低或者问卷中偏后的问题的答案可信度不高。另外，如果无法将问卷中的问题数量控制在 30 个以内，要么说明问卷设计者的用户研究命题不够聚焦，没有想清楚研究目的和究竟想要获得什么样的信息；要么说明问卷设计者过于"贪心"，想要一次性获得多个模块的研究结论。遇到这类情况，建议将一份问卷拆分成多份问卷逐份进行发放。

（5）问卷投放群体。

问卷投放群体根据用户研究的需求确定。为了促使问卷真实作答者和设定的目标群体尽可能匹配，一般会通过客户端内设定好的条件筛选作答用户。例如，研究人员想要高竞技水平的玩家作答问卷，那么可以将展示问卷作答入口的触发条件设置为段位达到 XX 级别以上的玩家在问卷投放期间每日首次登录时。

另外，研究人员也可以通过问卷内的问题筛选玩家段位，例如问卷中的第一个问题就可以设计为"你的段位是什么？"通过这个问题可以筛选出目标作答用户，并以此追踪他们后续的问卷回答情况。

（6）问卷数量。

问卷回收数量直接影响用户研究结论的准确性。一般来说，单个问题的有效作答样本最好不低于 100 份。问卷所需总回收数量依照问卷中作答人数最少的问题的最低有效作答数量进行反推。例如问卷通过收集用户的段位信息将用户切分成高段位、中段位、低段位三个群体，其中高段位的用户数量最少，而为了保证高段位玩家所作答问题的有效性，需要确保作答者中的高段位玩家至少有 100 位。如果预估高段位玩家数占总回答用户数的比例为25%,那么总问卷数量至少要达到400份才能保证研究人员对高段位玩家相关问题的分析结论具备参考价值。

2. 问卷设计

(1)问题拆分。

将计划通过既定的用户研究命题了解的问题和情况借助思维导图进行拆分。

例如,研究人员想要知道玩家对于某个PVP玩法的评价如何,不可以直接询问用户"你觉得这个玩法好不好?"然后提供四个选项"很好、好、一般、不好"让玩家进行选择。如此得到的结果没有明确指向性且无效,结论对于研发团队改进玩法没有任何指导作用。可以将针对玩法的关注点拆分为"你觉得规则容不容易理解?""玩法上手难度高不高?"等问题。具体拆分的维度可以根据业务的实际情况进行选择。

(2)逻辑设计。

在设计问卷时会涉及问题之间的嵌套关系,也可以理解为"追问",具体案例可参考表10-10。

表 10-10

问题	选项
1.请问,你认为游戏体验是否符合游戏的宣传【单选】	A:完全符合
	B:基本符合
	C:没看到过游戏相关宣传,所以不清楚
	D:基本不符合
	E:完全不符合
2.请问,你认为哪些方面不符合 【问题1选择D或E】【多选】	A:美术风格和宣传内容不一致
	B:奖励和宣传内容不一致
	C:玩法不如宣传内容中的有趣
	D:玩法不如宣传内容中的丰富
	E:没有见到宣传内容中的游戏角色
	F:其他,请注明

问题的前后关系可以按照用户的思维习惯进行递进式设计。问题和问题之间不要跳跃过快,否则容易打断用户的作答过程,从开始到结尾的各个问题之间最好可以保持平滑的逻辑推演关系。问卷开始部分的问题不要设置得过于困难,例如可以将与用户游戏习惯相关的问题前置,这类问题玩家回答起来没有难度,可以帮助玩家尽快进

387

入稳定作答状态。问卷中后部分的问题难度可以逐渐提高，越到问卷后面部分，用户放弃作答问卷的沉没成本越高。

（3）问题设计。

问卷中问题的题干和选项的表达都要足够清楚，避免产生歧义。问题的题干也不要过长，玩家遇到太长的题干会直接略读，容易导致错误理解题干含义。问题中如果有需要强调的关键词可以通过加下画线、高亮、加粗等方式提醒用户。在完成问卷设计以后，一定要将问卷交付给同事进行阅读和校验，同事可以从"小白"的角度走查问卷是否存在错别字、语病或者其他表达和逻辑上的问题。

在问卷设计过程中要使用玩家可以看得懂的词汇和表达方式，不要使用涉及游戏设计和发行的术语及专业内容。如果确实需要使用，则一定要进行标注和解释。

问题的设计要尽可能直观，能用视频、图片、示意图进行表达就不要用文字描述。例如通过问卷调查广告投放相关问题的时候，可以在问题下方直接展示相关的广告投放图片素材作为辅助说明材料。问题的答案选项要保证尽可能覆盖所有情况，且答案之间保持平行关系，也就是"不重不漏"。在确实无法枚举所有情况时，可以设置兜底选项："其他，请说明"。

针对问卷中带有利益导向的问题要学会转化提问方式，例如研究人员想要知道某个活动的奖励是否足够？不可以直接在问题中询问用户"奖励是否足够"，玩家从自身利益角度出发肯定会选择"不够"。这个时候可以将问题转换为：你认为某某活动的奖励会让你有想要参加活动的想法吗？

在设计问题的时候需要避免让问题本身带有诱导性。例如，研究人员想要知道玩家是否希望游戏后期推出 A 风格的角色立绘。如果直接这么询问，那么大部分人会倾向于回答"希望"。对于玩家来说，他们可能会认为游戏官方推出一个新风格的角色立绘也不是什么坏事，多多益善。这样的询问方式带有较强的诱导性，如果想要避免出现这种情况，则需要转换问题的询问方式，具体转换方式参见表 10-11。

表 10-11

问题	选项
你倾向于后续增加哪几种风格的角色立绘【单选】	A：风格 1
	B：风格 2
	C：风格 3
	D：风格 4

如表 10-11 所示，通过这种方式可以获知玩家的真实想法。

问卷设计完以后,需要在移动端检查最后的呈现效果:问题的布局是否合理,会不会出现问题的题干在上一页、选项在第二页的情况;图片、视频等模块的展示是否正常。

(4)作答进度提示。

对于用户来说,回答问卷的过程都是"煎熬"的,如果问卷作答的过程有进度提示,则会极大地缓解用户焦虑和急躁的情绪。例如,"当前作答进度已达 65%"或者"已回答 5/16 题"。

3. 问卷分析

研究人员往往会通过数据分析的方式处理问卷。

(1)数据清洗。

根据问卷回收系统的统计结果,剔除没有完成所有必答题目的问卷样本。根据问卷作答时间,剔除疑似胡乱选择问题答案的问卷样本。例如,计算所有作答时长的下四分位数,将作答时长低于下四分位数的问卷样本暂时剔除。

(2)数据转化。

将问卷结果转化为可分析的数据宽表,将每个问题和问题的作答结果进行数据化转化。例如,用户选择了选项 A,则转化为 1,选择了选项 B,则转化为 2,以此类推。

(3)问卷数据分析。

问卷数据分析主要包括"描述性分析"和"对比分析"。描述性分析指针对问卷中的具体问题,选择不同选项的用户群体的占比情况是如何的。

通过用户在问卷中的作答结果将用户群体进行分层,并对比分析不同用户群体针对同一个问题的作答结果,这个过程被称为对比分析。例如,在表 10-12 中,研究人员将在问题 2 中选择 A 的用户称为"固定队玩家",选择 B 的用户称为"散人玩家"。对比分析两个用户群体对于问题 3 的作答结果,可以了解"固定队玩家"和"散人玩家"对 XX 副本的满意度区别,并根据结果继续深挖原因。

表 10-12

问题	选项
1.你是否参与过游戏中的 XX 副本【单选】	A:参与过
	B:没有参与过
	C:知道但是没有参与过

续表

问题	选项
2.你在游戏中是否有固定队伍【问题 1 选择 A】【单选】	A：有
	B：没有
	C：不清楚什么是固定队伍
3.你对于游戏中 XX 副本体验的满意度评价如何【单选】	A：非常满意
	B：比较满意
	C：一般
	D：不太满意
	E：非常不满意

10.4.2 用户访谈

1. 访谈前准备

1）招募受访者

根据访谈的需求招募受访者。如果招募对象是目前所运营游戏中的玩家，则可以通过用户社群、游戏公告和问卷的途径进行招募，也可以基于用户数据筛选符合自己需求的玩家群体并通过邮件或者拍脸图的方式定向招募他们。如果计划招募未曾玩过目前所运营游戏的玩家或其他类型的用户，则可以委托第三方公司代为招募。

在招募受访者之前需要明确被招募对象的特点。受访者是某一类玩家群体的典型代表，所以需要清晰描述这类玩家最明显的特征，具体包括人口学条件、游戏习惯及特殊要求。例如，研究人员想要了解高竞技水平玩家的竞技需求，就需要挑选典型的高竞技水平玩家作为受访对象。因此筛选条件除了常规的人口学情况和游戏习惯，还包括对玩家的段位要求。

组织方需要提前和受访者沟通好访谈的形式、地点、时长，以及是否录音、录像等情况。而且为了避免招募到职业被试者，还要限制每个受访者的参加频率。例如，参加过访谈的受访者自此次访谈结束后半年内不可以参加本公司其他项目的任何访谈。另外，还需要避免招募到竞品产品的行业从业人员，从而减少无效访谈。

2）准备访谈大纲

用户访谈的内容组织方式分为"结构型""半结构型"和"非结构型"。结构型指访谈中所有的流程、问题都已经设计好了，主持人只需要严格按照设计好的流程推进。半结构型和非结构型的访谈流程是确定的，但访谈问题并没有严格限定，主持人可以根据现场的情况灵活发挥。一般来说，半结构型的用户访谈居多。

访谈问题以开放式问题为主，问题设计时需要注意以下几点。

避免设计抽象的问题：

尽可能避免将非常抽象或理论化的问题设置在访谈过程中，抽象的问题容易让受访者产生理解偏差。将抽象的问题提给受访者，组织方往往也容易得到抽象的回答。问题越具体，受访者理解起来越容易，得到的回答也越真实。如果确实需要询问相对抽象的问题，那么一定要附上案例作为说明。

关于"感受"类问题：

要将"感受"类问题尽可能转化为具体的"客观性"问题。例如，研究人员想知道用户参与某个游戏内活动的意愿，不能直接问"你愿意参加某个活动吗？"而是要询问"你参加某活动的频率是怎么样的？"通过用户参与活动频率的高低来判断他们参与活动的意愿强弱。

另外，研究人员也需要把"感受"类问题所指向的对象和"感受"拆分得足够细致。不能询问用户"你觉得这个玩法让你开心吗？"要把"玩法"拆分为更细致的点，具体可以指向玩法的某一条规则或某一个场景。然后将"感受"拆分为多个维度，让受访者先判断自己的感受是哪一种，再通过量表确定这种感受的强度，具体案例可参考表 10-13。

表 10-13

问题	选项
1. 你在体验 XX 玩法中最强烈的感受是什么【单选】	A：紧张
	B：刺激
	C：害怕
	D：兴奋
	E：难过
	F：开心
2. 你在体验 XX 玩法时，这种感受的强烈程度如何？请打分 【1 分代表"非常弱"，5 分代表"强度一般"，10 分代表"非常强"】	1 分
	2 分
	3 分
	4 分
	5 分
	6 分

续表

问题	选项
2. 你在体验 XX 玩法时，这种感受的强烈程度如何？请打分 【1 分代表"非常弱"，5 分代表"强度一般"，10 分代表"非常强"】	7 分
	8 分
	9 分
	10 分

避免诱导性的问题：

提出带有诱导性的问题是在用户访谈中最容易犯的错误。这种错误的隐蔽性很高，很多时候在不知不觉中，询问的内容和方式就具有了诱导性。例如，主持人询问受访者："你觉得某个功能有存在的必要吗？"受访者很容易认为提问者觉得这个功能没有存在的必要，进而为了"讨好"对方，说出"没有存在的必要"这样的结论。

前后询问的问题需保持逻辑一致性和难度递进：

访谈的问题要保持前后逻辑的一致性。和问卷一样，用户访谈的问题要按照用户的思维习惯进行层层递进式的设计，过于跳跃的问题会导致受访者不知所措。在问题难度上，尽可能把回答起来比较难的问题置后，不要一开始就询问难以作答的问题，这容易让访谈现场陷入尴尬，造成整个访谈流程停滞。

先询问评价再让受访者提建议：

如果想要受访者针对具体的事物提出建议，那么主持人需要先询问受访者对该事物的评价。在询问了评价以后逐渐过渡到建议阶段，切忌一上来就询问建议。

3）访谈的基础条件

确定访谈方式和时间：

用户访谈可以通过线上或线下的方式开展，线上用户访谈的机动性更高，尤其在面向海外用户时。线下访谈的成本高，但是线下面对面的方式可以更快地完成主持人和受访者的破冰环节，并且可以让主持人直接观察到受访者的神情及肢体动作，利于对访谈结果进行准确性判断。

访谈时间最好控制在 1 小时以内，中间可以休息 1~2 次。时间过长的访谈会导致受访者精神不集中，影响访谈的整体质量。

确定访谈环境和设备：

访谈环境一般选在公司内部，可容纳 3~5 人的会议室为最佳选择，安静即可，过大的会议室会显得空旷且容易让第一次参加访谈的受访者感到局促。另外，如果受访者和主持人离得太远，则容易让他们之间产生距离感，不利于进行破冰环节。

在提前征得受访者同意的情况下，可以进行录像、录音、录屏，方便后期进行回放和研究。

确定访谈参与者：

组织方的访谈参与者一般不宜超过 3 人，一人负责按照访谈大纲进行询问，一人负责记录，一人负责调试设备和录制现场内容。访谈过程最好不要有人旁听，过多的参与者会让受访者紧张，这种情况下获得的访谈结果可能会和真实情况存在偏差。

2. 访谈过程中的注意事项

破冰：

在访谈开始时，受访者来到陌生的环境，且主持人和受访者也是第一次见面，双方存在陌生感。这个时候主持人可以简单介绍一下这次访谈的目的和背景，和受访者简单聊一下目前市面上的游戏及最近的新闻等，创造一个比较融洽的开场氛围。

沉默与回应：

主持人需要适当保持沉默并聆听受访者发言，尽可能不打断受访者的表达和陈述过程。在聆听的过程中，主持人需要注视对方，并适当地回应"嗯嗯""了解""明白了"等内容，同时点头，保持专注的状态，和受访者维持一个比较舒服的沟通模式。

控场不偏题：

控场并维护访谈的整体节奏是主持人的职责之一。在有些情况下，受访者谈到自己感兴趣的话题会一直在这个问题上持续讲述。主持人需要适当地打断受访者的发言，并逐渐将访谈主题转移到下一个议程或话题上去。

有的放矢地询问：

访谈过程充满了随机性，即使提前准备了访谈大纲且主持人尽可能地控场，访谈内容也有可能出现偏差。针对这些情况，主持人可以不拘泥于访谈提纲，询问问题的节奏可以随着访谈具体情况的变化进行调整。

3. 访谈结果的甄别

"研究人员想要了解的问题""研究人员提出来的问题""受访者理解的研究人

员所提出来的问题""受访者所想的和他实际所表达出来的内容""研究人员听到并理解的受访者所回答的内容"——以上内容均存在信息衰减和偏差。所以当研究人员拿到访谈结果的逐字稿以后，需要对受访者的回答结果进行一定程度上的甄别和校正。

了解用户心中的"Benchmark"是什么：

询问态度、看法相关的问题时，除了使用李克特量表将主观感受量化且切分得尽可能详细，还可以事先了解玩家心目中的"标杆"及"对比对象"是什么，再判断受访者评价、描述某样事物的某个特性的程度时所表达的"高、中、低"是对于什么样的比较对象而言的。通过这种方式可以辩证地看待受访者的主观评价结论并适当地进行校正。

甄别用户的"假话"：

对于敏感性问题和带有人际压力的问题，需要特别注意受访者是否可能存在"撒谎"的情况。例如，针对与产品负面评价有关的问题，受访者可能出于"礼貌"而不会真实地反馈自己的负面体验。针对敏感性问题，例如收入问题，受访者可能会掩盖一些真实信息。

谨慎选用受访者提供的建议：

研究人员对于受访者提供的建议不能一味地采纳和接受，受访者更多是提供一种用户看问题的思路。一方面，受到用户访谈形式的限制，受访者的样本数量不够大。另一方面，即使受访者属于典型用户，他们在访谈过程中反馈的问题也不一定具备普遍性。另外，受访者的建议是从用户的角度提出的，他们没有办法从游戏设计者的角度考虑问题，建议内容存在一定的局限性。因此研发团队和发行团队要综合考虑多方信息以后选择性地采纳受访者提供的建议，不能一味地接受。

区分受访者的情绪：

受访者在遇到自己特别喜欢或特别讨厌的事物时容易情绪激动，当受访者进入情绪化的状态后，他们所表达的观点容易丢失"客观性"，尤其是在描述事物的"程度"时使用的措辞会更加夸张。所以在事后判断受访者在受访过程中所表达的内容时，需要关注受访者是否处于情绪化的状态中，如果是，则需要降低这些内容的可信度。

10.4.3 发声思维法

使用发声思维法进行用户研究时，以"事中发声法"为主，以"事后发声法"为辅。游戏产品的体验和操作过程伴随着比较多的交互行为，交互频率高、过程复杂。如果使用"事后发声法"，参与者很有可能想不起来当时的操作过程和心路历程。所以通常采用"事中发声法",在参与者体验产品的过程中就询问清楚相关问题。

1. 前期准备工作

1)招募被试者

发声思维法招募参与者的过程和用户访谈的相关流程类似,区别在于,在特定情况下,发声思维法的招募条件中会要求参与者在这之前从来没有体验过该产品,从而能够保证参与者以"小白"的状态体验产品,还原新手最真实的状态。

2)准备测试方案

根据测试目的准备测试方案,测试方案一般分为结构型和半结构型。结构型的测试方案指参与者在每个阶段体验什么样的内容已经提前完成设计,参与者需要严格按照这个流程完成测试。而半结构型的测试方案往往会提供更多的探索空间给参与者,也常常用于观察参与者作为一个普通玩家探索产品时的表现。

在测试方案中,组织方除了要设计好每一个需要参与者进行体验的模块,同时要准备针对每个模块计划询问的问题,并预设玩家的多种体验情况,为每一种情况准备若干问题。需要注意此处准备的问题不能带有"诱导性",组织方要保持中立的态度对参与者的交互行为、反应、感受进行提问。

3)调试测试设备和软件

组织方需提前准备好参与者使用的设备,保证设备可用且电量充足,不会在现场出现各类意外情况,同时需要准备1~2台备用设备。如果体验内容中包括多人玩法,则需要提前组织陪玩人员。组织方需要提前解锁游戏客户端中所有计划测试的模块,以免影响测试流程。

4)准备测试环境

测试环境最好可以选择公司内安静的会议室,并且装备录像、录音和录屏等设备。组织方需要提前告知参与者测试全程录像、录音、录屏以及这些行为具体的开始和结束时间。

5)确定参与测试的人员

参与测试的人员数量控制在三人左右比较合适。一人负责引导参与者按照既定流程完成操作和体验,控制整体测试节奏。一人负责提问和记录玩家的回答内容及行为、心流过程,另一人负责调试和操作设备。

2. 实施过程中的注意事项

节奏控制：

组织方会为每一个体验模块划定一定的体验时间，并按照既定的规划推进玩家体验游戏内容的进程。但参与者在某些模块可能出现体验超时的情况，组织方需要适时打断玩家的体验过程并引导参与者移步下一个体验模块。

是否进行引导：

如果参与者在体验产品的过程中由于各种原因被卡住了，那么组织方不可以下场提醒或引导，因为这也是产品测试内容的一部分。如果参与者确实无法自行"脱困"，甚至已经影响了整体测试进度，那么组织方可以适当进行提醒，确保测试流程正常开展。

3. 用户心流地图和行为轨迹地图

用户心流地图用于记录玩家的心流体验过程，行为轨迹地图用于记录玩家与游戏的交互行为过程，具体可见表 10-14。

表 10-14

		体验阶段 A			体验阶段 B		
		交互行为 1	交互行为 2	交互行为 3	交互行为 4	交互行为 5	交互行为 6
行为轨迹地图	用户行为						
	用户行为目的						
	是否达成目的						
	差异原因						
心流地图	心流感受						
	预期感受						
	差异原因						

组织方可将整体体验过程划分为不同的体验阶段，每个体验阶段均包括多个核心交互行为。在记录参与者的交互行为时，需要准确描述行为场景、行为细节、行为对象，最后可以附上相关截图或者录像，用于还原当时的场景。在记录参与者的心流感受时，除了要归纳玩家的反馈，还要尽可能附上典型的用户原始表达内容，更好地还原用户的情绪和感受。